王林 著

山东近代救济史

SHAN DONG JIN DAI JIU JI SHI

齊魯書社

本书系山东省社会科学规划研究项目《山东近现代社会救济研究》
（批准号：08JDC069）的结项成果

前　言

本书取名《山东近代救济史》，主要论述近代（1840～1949）在山东境内发生的各类救济活动。由于有些救济机构是由清代前期延续而来的，因此，为了弄清其源流，在时间上向前稍作延伸。青岛在近代一个时期内虽不属于山东省政府管辖，但考虑到它与山东的特殊关系及其在城市救济中的代表性，故也专列一章介绍其救济机构。

"救济"一词，《现代汉语词典》（第五版，733页）的定义是"用金钱或物资帮助灾区或生活困难的人"。若再详细一点，可以定义为政府、民间团体或个人对因自然灾害或战争导致的灾民、难民及日常生活中出现的贫困者提供物质上的施与、资金上的资助和技术上的训练，使其能维持生存或自食其力。"救济"也可以理解为"救灾与济贫"，包括灾后临时救济和日常贫困救济两方面。本书所指的"救济"，是一个通俗而宽泛的概念，既包括灾后临时性救济，也包括日常性救济；既包括官方救济，也包括民间救济（习惯上称之为慈善，但亦有学者将慈善分为官办、官绅合办、民办几种类型）。

本书在结构设计上，将山东近代的救济活动分为两大类：一是灾荒救济，二是贫困救济。前者指大灾大难发生后的官方与民间救济，多由临时性赈济机构来实施；后者指在平常年份政府或民间团体对各类贫困人群及鳏寡孤独者的救济，主要依靠经常性慈善救济机构来实施。虽然这两者之间会有交叉或重叠，但其间的区别还是很明显的。由于救济活动本身兼有突发性与经常性、集中性和分散性的特点，要做到面面俱到既很困难，也无必要，因此，本书根据山东近代救济的实际状况，采取专题研究的方式，这样做虽会有所遗漏，但主题更明确，内容更集中，论述更深入，各章既相对独立，又共同构成一个整体，读者可以根据自己的兴趣或需要选择性地阅读部分章节或全部内容，了解山东近代救济的局部或全貌。

本书分上下两篇，上篇以灾荒救济为主，涉及晚清时期由清政府主导的荒政，丁戊奇荒时期的官方与民间赈济，1920 年旱灾的救济，1926 年至 1928 年间的赈济，1933 年及 1935 年黄河水灾的救济，抗战胜利后行政院善后救济总署鲁青分署对山东的救济，中国共产党领导的人民政权在根据地实施的救济等。这类救济以政府为主导，各方力量广泛参与，是近代山东救济的主体和重点。下篇以慈善救济机构为主，涉及仓储的兴建、重建与管理，传统慈善救济机构的延续，新型慈善救济机构的设立，以及济南、青岛两个城市的慈善救济机构及其救济活动。这类慈善救济机构既有官办，也有民办，以日常济贫为主，也参与灾荒救济，它们与灾荒年间设立的诸多临时赈济机构一道，共同构成山东近代救济的组织体系。

近代以来，山东因自然灾害与战争引发的灾祸频发，有待救济的灾民、难民动辄数十万、数百万计，平常年份的贫苦人口及鳏寡孤独者也遍及城乡。由于政局动荡，经济凋敝，山东官民各界组织的慈善救济力量十分有限，根本无法满足需要。因此，每到大灾之年，转毙沟壑或逃亡他乡者都极为常见，山东人拼死闯关东，实际上就是本地救济不力的反证。这里有时代的因素，也有当政者的责任，天灾人祸叠加在山东人民头上的灾难是何其沉重！尽管如此，山东近代救济史也不都是悲伤和无奈，与前代相比，也有一些值得一提的变化或进步，其表现在：一、救济的组织化程度进一步加强。救灾与济贫既需要有爱心和物质基础，也需要有良好的组织与管理。近代山东在这方面有所进步，除大灾发生后设立的临时性救济机构外，平常年份的救济也主要依托相关的团体与机构来实施，特别是像红十字会、红卍字会这样的民间慈善组织，普遍实行会员制，组织严密，管理规范，救济效果显著。二、救济的社会化程度进一步提高。救济既是政府的责任，也是每一个社会成员应尽的义务，充分动员社会力量参与救济，是近代救济事业发展的最大动力。近代山东在这方面也有突出的表现，民办慈善组织成为救济中一支极其重要的力量，尤其是世界红卍字会的慈善救济活动充分显示了民间社会在救济中的巨大能量。三、救济方针发生了显著的变化。不再是单纯施舍与供养，而是养、教、劳相结合，使受助者自食其力。四、外国力量积极参与救济。如传教士对丁戊奇荒的救济、北京国际统一救灾总会对1920年山东旱灾的救济、抗战胜利后联合国善后救济总署对山东的救济、基督教会所办的各类慈善救济机构等。五、救灾的技术手段有明显提高。如报纸、电报能加快灾迅的传播，营造救灾氛围，动员社会力量参与救灾；铁路能加快救灾物资及灾民的集散，灾民坐以待毙或望粮而死的现象大为减少。所有这些，都显示出山东近代慈善救济事业的近代化特征。因此，在对山东近代慈善救济事业进行评价时，既要看到其救济不力的窘况，也要看到其自身的进步性，尤其是山东社会各界为救灾济贫付出爱心和善举是值得后人尊重和铭记的。

历史是一面镜子。研究山东近代救济史给我们留下深刻教训，也给我们带来有益启示。要避免悲剧的重演，实现人人有尊严地活着，就必须做到：一、政局稳定，这是防灾救灾的前提；二、经济发达，这是救灾济贫的物质保障；三、良好的组织和管理，这是提高救济效率的关键；四、全社会的广泛参与，这是救济事业发展不竭的动力；五、完善的社会保障体系，这是救济事业最终的目标。要实现这一目标，仍有很长的路要走，但阳光普照每一个人的日子终会到来，我们满怀信心地期待着、努力着。

目　录

上篇　灾荒救济

下篇　慈善救济机构

/上 篇/

灾荒救济

第一章　晚清时期的荒政

荒政是指国家救济饥荒的政策、法令、制度和措施。清代集历代荒政之大成，救荒的制度和措施已经相当完备。杨景仁在《筹济编》中，将荒政内容列为十二项，即救灾（水灾急救及抚恤）、拯饥（即赈济）、平粜、贷粟、蠲赋、缓征、通商、劝输、严奏报之期、辨灾伤之等、兴土工、反流亡。[①] 这十二项中的“严奏报之期”、“辨灾伤之等”，实际上是救灾的准备，即报灾、勘灾及查赈，其余各项都是救荒中经常实施的具体措施。

晚清以来，山东灾荒连年，由政府主导的荒政极为普遍，几乎年年都有。为节省篇幅，本章以咸丰和光绪年间为重点，兼及其他年份，主要从赈济、蠲缓和迁民三个方面，考察山东荒政的具体实施情况。

一、赈济

赈济就是向灾民发放钱粮，是荒政中最主要的措施之一，它包括直接给灾民发放赈银、赈粮，以及煮粥赈济灾民、以工代赈等。

赈济按期限又可分为急赈（抚恤）、大赈、展赈等。按照清朝则例，若发生水灾，在正式赈济之前，先对灾民进行抚恤。抚恤的具体

---

① 李文海、夏明方主编：《中国荒政全书》第二辑，第四卷，北京古籍出版社2004年版，第17～20页。本书脚注参考文献只在第一次出现时注明版本，以下同一文献只标页码。

标准,各省不尽一致,山东的标准是:水冲民房,居民露宿,不论极贫、次贫、又次贫,每户先给搭棚银五钱。经查验后,极贫者每户给修费银一两五钱,次贫者每户给银一两,又次贫者每户给银五钱。淹毙人口,每大口给银一两,小口给银五钱。① 正赈或大赈的发放标准,据乾隆五年议准:嗣后大口日给米五合,小口二合五勺,多少适中,著为定例。赈济的时间也有规定,据乾隆七年的议准:地方如遇水旱,即行抚恤,先赈一月,再行查明户口。(被灾)六分者,极贫加赈一月,连抚恤共两月。七、八分者,极贫加赈两月,连抚恤共三月;次贫加赈一月,连抚恤共两月。九分者,极贫加赈三月,连抚恤共四月;次贫加赈两月,连抚恤共三月。十分者,极贫加赈四月,连抚恤共五月;次贫加赈三月,连抚恤共四月。② 这里的"加赈"就是指抚恤之后的正赈(亦称大赈)。很明显,受灾越重,生存条件越差,赈济的时间越长。展赈是指大赈完毕后,灾民生计仍旧艰难或正值青黄不接,力不能支,由地方督抚临时奏请再加赈济,多从三月份起,赈一至三个月不等。

咸丰和光绪年间,山东因战事和黄河改道及漫决引发的灾荒极为频繁和严重。每次灾荒发生后,清廷和山东省都要对灾民进行一定程度的赈济。以下主要依据《清实录山东史料选》、《钦定大清会典事例》(光绪朝)、《山东通志》对这两个时间段的赈济进行综述。当记载不一致时,只选取一种。为简明起见,以下日期均为阴历。

先看咸丰元年至八年的赈济情况:

咸丰元年,九月,拨山东库银十万两,备济宁等处赈需。冬,给济宁等六州县并二卫灾民口粮房屋费。十二月,拨司库银十五万两赈济灾区。

---

① 光绪朝《钦定大清会典事例》卷二七〇,户部,蠲恤,救灾。

② 李文海、夏明方主编:《中国荒政全书》第二辑,第四卷,第111~112页。

咸丰二年，朝廷令于江广各帮漕粮内，截留米六十万石，分拨江南三十万石，山东三十万石，以备赈济。

咸丰三年，三月，加赈山东济宁等八州县被水灾民一月口粮。九月，朝廷准于山东本年应征漕粮内，截留十五万石，以备赈济之用。十一月，赈山东济宁等七州县被水灾民三月口粮。

咸丰四年，五月，赈临清、冠县难民一月口粮。

咸丰五年，七月，上谕准户部奏请，所有本年山东省未经起运之漕米，就近截留五万石，交山东巡抚崇恩确查被灾较重地方，速为赈济。另外，山东省已先筹银五万两，派员分路抚恤。九月，朝廷发内帑银十万两，交山东巡抚崇恩七万两，河南巡抚英桂三万两，以资抚恤。十月，朝廷准截留山东新漕二十一万石，并上年捐谷八万八千余石，省城防堵买存谷麦豆四万七十余石，及各州县应交津贴运费，备赈被水灾民。十一月，加赈济宁等二州县及临清卫一月口粮。

咸丰六年，三月，给山东聊城等五县被水灾民一月口粮。加赈山东菏泽等十六州县及各卫被水灾民一月口粮。

咸丰七年，四月，展赈山东濮州等十四州县被灾贫民一月口粮。十二月，给山东菏泽等十九州县及临清等三卫被水灾民一月口粮。

咸丰八年，赈山东菏泽等八州县并东昌卫被水贫民。

再看光绪年间的赈济情况：

光绪元年，山东大旱，章邱又发水灾。光绪二年(1876)八月，山东巡抚丁宝桢向朝廷汇报赈济情况：

> 总计以上办理接济，筹画抚恤，以工代赈，并给发搭棚修费各项，除由南北运余利项下动支不计外，共用过藩库银二万七千一百九十四两五钱，运库实银一万九千二百三十六两八钱二分三厘八毫，东海关采买杂粮连水脚等项，共用关税银三万三千五百三十四两八钱六分九厘六毫，济东道仓谷四千六百二十

五石。①

光绪八年,九月,朝廷准山东巡抚任道镕将本年新漕截留三万石,接办冬赈。

光绪九年,六月,朝廷准截留京饷银十六万两,江北漕米五万石,赈济山东省历城等县灾民。九月,又截留本年新漕五万石,并随漕轻赍等项银两,赈济历城等处灾民。另有各省官绅筹赈,据山东巡抚陈士杰奏,顺天府府尹周家楣代筹赈银三千两,并各官绅先后由上海筹解银七万六千两,棉衣一万件。本年,朝廷又令户部拨给山东库银四万两救灾。

光绪十年,七月,朝廷准陈士杰奏请,对历城等处被水灾民,再放普赈一次。又抚恤山东齐河县被水灾民。

光绪十一年,八月,因山东历城等处受灾甚广,被灾人口有三十万之多。朝廷将本年北海应修工程暂停,即由此项工银内发给山东银五万两,以资接济。十月,朝廷准陈士杰截拨来年京饷银五万两,于应解地丁项下,照数划拨。同月,朝廷又令户部于年节应进宫内银款,拨银五万两,发交陈士杰散放。

光绪十二年,截留新漕米十万石赈济灾民。另据陈士杰奏,普赈齐东等五州县水灾,放过银二万二千四百两有余。

光绪十三年,截留山东省本年新漕五万石,赈济濮州等七州县灾民。

光绪十五年,四月,谕内阁:

> 山东连年被灾,收成歉薄,民情困苦。上年张曜奏请截留京饷银五万两,本年奏请由藩库筹银五万两,并请饬部拨银十万两,作为赈济,先后降旨允准。惟念该省灾区甚广,现届青黄不接,小民觅食尤艰……著加恩截拨本年轮船起运南漕十万

---

① 朱寿朋编:《光绪朝东华录》(一),中华书局1958年版,总第289页。

石，由李鸿章饬令迅速运往山东，交张曜派委妥员，剥运被灾地方，及时分散。

本月，朝廷又发去宫中节省内帑银十万两，作为赈款，交张曜派员散放。五月，张曜奏："常平仓谷，除前借出十五万二千余石外，所有本年被灾各州县，实已放积谷三十五万七千八百余石。"①

光绪十六年，朝廷发内帑银十万两赈济山东连年被水灾区。濮州等三十七州县村庄被淹，截留漕米十五万石，拨粮道库银十万两赈济。

光绪十八年，黄河决于章邱、惠民，截留本省全数漕米备赈。

光绪十九年，登莱府属灾欠及沿河被水，截留漕米六万石以赈饥民。

光绪二十一年，截留本年运通仓米悉数赈济被水饥民。

光绪二十四年，黄河决溢于东阿、历城、济阳，发内帑银二十万两，并截留本年漕米以济灾区。

光绪二十八年，河决惠民、利津，发内帑银五万两赈济。②

除直接向灾民发放赈粮、赈银外，以工代赈在山东救荒实践中也经常使用。如光绪二年闰五月，曹州府属濮州知州恩奎向山东巡抚丁宝桢禀请以工代赈修筑护城堤，丁宝桢在奏折中称：

> 该州全境多在水中，小民每年专指春麦一季收成，以资糊口。今值亢旱异常，麦既无收，而秋禾又无可指望，实切隐忧，不得不力从其请。当经督饬该州相度地势，兴筑护堤一道，为暂时补救之计。计周围共长一千三百三十二丈，底宽五尺，顶宽三尺，高八丈。在于司库筹发银一万两，解交该州核实办理。目前饥民得此工作，均各担簣负畚，苦力营生，尚为安靖。即将

① 山东师范大学历史系中国近代史研究室选编：《清实录山东史料选》下册，齐鲁书社1984年版，第1857～1858页。

② 民国《山东通志》卷八十五，田赋，荒政。

来大汛盛涨，州城足资抵御，灾黎亦可免漂没。①

光绪八、九、十年间，山东黄河频繁漫决，为堵口修堤而开展的工赈亦很普遍。如光绪八年七月，山东巡抚任道镕奏："黄水盛涨，历城、章邱、齐东等处民堤漫决，利津民灶各坝亦被冲刷，现饬筹办工赈。"②得到朝廷允准。光绪十年三月，山东巡抚陈士杰奏："查明黄河两岸夹堤，请将未竣工段，在赈款项下，酌拨二、三千两，发给李道凝等集夫办理，以工代赈，用示体恤。"得到批准。③

煮赈亦称粥赈，也是救荒中经常采取的措施。如同治十年(1871)八月，郓城侯家林民堰冲决，九月，山东巡抚丁宝桢向朝廷奏请截漕煮赈。他在《黄水冲缺侯家林民堰请截漕备赈折》中称：

臣再四思维，与其散给银钱，似不若随处煮赈之为得。而煮赈所需之米，又不若就近截漕之为便。查曹州各属，除濮、范、观、朝四州县界在河北不计外，拟请将曹属之菏泽、曹、单、定陶、城武、巨野、郓城七县，济宁州并所属之金乡、嘉祥、鱼台三县，兖州属之汶上一县，泰安属之东平一州，共计十三州县，应征起运漕米四万三千数百石，将来除缓，实不过三万数千石，拟即截留，均就各属相近之区拨赈各境极贫之户，令择各乡适中之地分设粥厂，俾老弱穷黎就近得以领食。④

调粟和平粜也是救荒的措施之一，调粟即通过调剂粮食来救济灾民，包括移民就粟和移粟就民。在晚清时期，移粟就民的情况比较常见，前面提到的截漕赈济实质上就是移粟就民。除此之外，还有直接派人到外地采买粮食或采取优惠政策鼓励商贩贩运粮食。平粜就是将本地常平仓谷或从外地采买的粮食平价卖给灾民，抑制

① 朱寿朋编：《光绪朝东华录》(一)，总第236~237页。
② 《清实录山东史料选》下册，第1805页。
③ 《清实录山东史料选》下册，第1819页。
④ 丁宝桢：《丁文诚公奏稿》卷八。

粮价上涨。这些救荒措施在晚清山东荒政中也都有体现。

如光绪二年五月，山东巡抚丁宝桢向朝廷奏请："东省天时亢旱，粮价日增，拟招邻省贩买米麦杂粮商贩来东售卖，以济民食。奉天、江南省丰稔，粮价平减，即令该商等赴彼购运，经过关卡，请免抽厘税。"朝廷著照所请。①

山东为滨海之地，积歉之区，素鲜盖藏，多赖海船贩运奉天粮食接济。光绪二十年，因甲午战争影响，粮贩不通，沿海各属民食甚感缺乏，再加上大军云集，兵食浩繁，导致粮价上涨。光绪二十一年(1895)，山东巡抚李秉衡与司道商议，非筹款设局办理平粜不足以抑市价而安百姓。于是派员赴江、淮、豫、皖边境分头采购米麦杂粮，辗转运至缺粮之地。虽贵籴贱粜不无耗费，而民食、兵食得以不致匮缺，粮价也随之平减。自光绪二十年十二月设局起至二十一年三月撤局止，共籴市斗大米小麦杂粮九千八百七十一石四斗一合四勺零星，平粜接济贫民，统计折耗本银一万四百七十两四钱八分八厘，在于截留新海防捐输项下如数支销。②

二、蠲缓

蠲缓是指国家通过免征或缓征赋税来减轻灾民的负担，是清代最为常见的荒政措施。如果说赈济是由政府通过"给予"的方式来赈济灾民，那么蠲缓就是政府通过"少取"的方式来赈济灾民。两者在救灾中一般同时实施，互为补充，比较而言，蠲缓用得更经常、更普遍。蠲缓主要是针对地丁钱粮，也涉及漕粮，以及灾民向政府所借的粮款、种子等。

蠲缓又可分为蠲免、缓征、带征。蠲免是在灾情非常严重的情

---

① 《清实录山东史料选》下册，第 1775 页。

② 戚其章辑校:《李秉衡集》，齐鲁书社 1993 年版，第 332～333 页。

况下，经地方督抚奏请，朝廷部分地免除地主应交纳的赋税。缓征又称“停征”、“停缓”、“展缓”，就是延缓征收赋税。带征则是指受灾地区被缓征的赋税，待灾荒过后再逐年征收。一般说来，“缓征”是将夏季应征赋税延缓至秋后征收，或者将秋季应征收的赋税缓至来年夏季，原则上不超过一年。而“带征”的年限没有明确的规定，期限一般为两年到五年。

蠲缓、缓征、带征都是国家赈济灾民、减轻灾民负担的措施，它们之间既有本质的区别，也有密切的联系。蠲免因是免交，故最能明显地减轻灾民的负担。缓征的重点是“缓”，并没有免去，只是将征收的时间延迟，其对灾民的救济力度不如蠲免。带征的重点是“征”，即将原来延缓征收的赋税再征收回来，其对灾民的救济力度最小。就三者的关系而言，缓征最为普遍，若缓征征不上来就会出现带征，若带征征不上来，就形成积欠，最后朝廷不得不蠲免。当然也有受灾极重、朝廷直接蠲免的。因这三者有连带关系，故在有些文献中，就直接以“蠲缓”笼统视之。

至于蠲缓的标准，清代有明确的规定。如雍正六年(1728)对重灾区的蠲免力度为：“其被灾十分者，著免七分；九分者，著免六分；八分者，著免四分；七分者，著免二分；六分者，著免一分。”乾隆三年(1738)时，扩大蠲免范围：“嗣后著将被灾五分之处，亦准报灾，地方官查勘明确，蠲免钱粮十分之一，永著为例。”同年，对缓征与带征的标准也进一步完善：“各省偶遇水旱，勘明被灾不及五分缓征者，仍照例分别缓至麦后及秋后征收外，如本年被灾八、九、十分者，该年缓征钱粮，分作三年带征，被灾五、六、七分者，该年缓征钱粮，分作二年带征。”①

---

① 陈桦、刘宗志著：《救灾与济贫——中国封建时代的社会救助活动(1750～1911)》，中国人民大学出版社2005年版，第68、69、75页。

晚清山东因灾荒严重，蠲缓几乎年年都有。《清实录》、《大清会典事例》及《山东通志》中都有大量的记载。以下主要依据《大清会典事例》，兼采其他两书，对咸丰和光绪年间山东各年蠲缓情况作一简要叙述。

先看光绪年间的蠲免情况：

光绪元年，蠲免同治七年至十年积欠钱粮。

光绪二年，蠲免山东省被灾之郓城、濮、潍、沾化、范、临朐、寿张、益都、乐安、昌乐十州县暨东昌卫上忙钱漕。

光绪四年，蠲免山东省被灾之郓城、濮、范、寿张四州县新旧钱漕。青州府属灾区分别蠲缓。

光绪六年，蠲免山东省被灾之郓城等四州县钱漕河银等项。

光绪七年，蠲免山东省之郓城、齐东、濮、寿张四州县新旧额赋。

光绪八年，蠲免山东省被灾之历城、齐东、惠民、济阳、商河、郓城、濮七州县新旧额赋。

光绪九年，蠲免山东省被水之历城等十七州县上忙新赋。

光绪十年，蠲免同治十一年至光绪五年全省积欠钱粮。

光绪十一年，蠲免山东省被灾之历城等五十九州县卫，并永利、永阜二场新旧钱粮盐芦各课。

光绪十二年，蠲免山东省被灾之历城等七十五州县卫，并永利、永阜二场新旧钱漕暨盐芦各课。

光绪十五年，蠲免光绪六年至十三年积欠钱粮。

光绪二十年，蠲免山东光绪十四年以后积欠钱粮。

光绪三十年，蠲免连年积欠钱粮。

与蠲免相比，缓征则更常见，范围也更广大，几乎年年都有，有时一年数次。先看咸丰年间的缓征情况：

咸丰元年，缓征山东省被灾之临清等六十三州县暨德州、东昌、临清、济宁四卫新旧额赋。

咸丰二年，缓征山东省被灾之历城等五十七州县暨德州、东昌、临清、济宁四卫新旧额赋。

咸丰三年，缓征山东省被灾之章邱等五十七州县暨德州、东昌、临清、济宁四卫新赋。

咸丰四年，缓征山东省被灾之章邱等四十六州县额赋暨各项银租。

咸丰五年，缓征山东省被灾之临清等五十四州县新赋暨德州、东昌、临清、济宁四卫，东平所屯庄，永阜、永利、官台三场灶地钱粮。

咸丰六年，缓征山东省被灾之历城等六十七州县暨德州等四卫新赋。

咸丰七年，缓征山东省被灾之济宁等八十六州县暨德州等四卫新旧额赋。

咸丰八年，缓征山东省被灾之章邱等六十二州县暨德州等四卫本年额赋及漕项银米盐芦租课。

咸丰九年，蠲缓山东省被扰之济宁、金乡、嘉祥、鱼台、巨野五州县并歉收之青城县暨临清、济宁二卫新旧额赋。

咸丰十年，蠲缓山东省被灾之临清等六十五州县新旧额赋。

咸丰十一年，缓征山东省被灾之临清等八十六州县暨德州、东昌、临清、济宁、东平五卫并永利、永阜、官台三场本年额赋。

再看光绪年间缓征的情况：

光绪元年，缓征山东省被灾之郓城等六十州县卫新旧钱漕。

光绪二年，缓征山东省被灾之临清等五十七州县卫新旧额赋漕米。

光绪三年，缓征山东省被灾之郓城等六十五州县暨永阜、永利二场新旧钱漕盐课芦课。

光绪四年，缓征山东省被灾之济宁等七十五州县新旧钱漕。

光绪五年，缓征山东省被灾之历城等二十五州县卫暨永利、永阜二场新旧额赋灶课。

光绪六年，正月，缓征山东济宁等四十九州县，及德州、济宁、东昌、临清四卫，东平所及各场灶被灾地方应征新赋粮课有差。十一月，蠲缓山东郓城等七十八州县，及济宁、东昌、德州、临清四卫，东平所、永阜等处被旱被风被虫被碱被雹各村庄新旧额赋并租课有差。①

光绪七年，缓征山东省被灾之郓城等七十六州县本年额赋。

光绪八年，缓征山东省被灾之历城等七十三州县暨德州等四卫，并东平所，永阜、永利二场旧欠额赋。

光绪九年，缓征山东省被灾之历城等三十四州县暨德州、东昌、临清、济宁、东平所各卫所本年上忙额赋。

光绪十年，缓征山东省被灾之历城等四十州县暨东平、东昌二卫，并永阜、永利二场额赋盐课。

以上各年蠲缓情况都是由朝廷根据山东巡抚奏请一次或分批批准的，由于各类史料记载不完全一致，其中难免有遗漏和重复之处，但也能从总体上反映咸丰和光绪年间山东的蠲缓情况。

为了更具体地了解山东各州县的蠲免情况，下面选择几个县加以说明。

如临朐县，据县志记载：

光绪二年，蠲免正银八百十五两四钱有余，耗银一百十四两一钱有余。缓征正银一万四千三百八两有余，耗银二千三两一钱有余。

光绪三年，春旱，租银缓至秋征。秋，缓带征二年租银。

光绪十年，皇太后万寿，诏免光绪五年以前逋赋，共免正银一万一千有余，杂银一千五百有余。②

单县，据县志记载：

咸丰九年，免自道光三十年至本年民欠正耗银两及正耗米麦。

---

① 《清实录山东史料选》下册，第 1796 页，第 1800 ~ 1801 页。

② 光绪《临朐县志》卷十，大事表，1884 年。

同治六年，诏免历年灾乱实欠额赋漕粮。

同治十年，豁免逋赋，自七年起至本年正耗银两及正耗米麦。

光绪元年，蠲免同治七年至十年积欠钱粮。十年蠲免同治十一年至光绪五年积欠钱粮。十五年蠲免光绪六年至十三年积欠钱粮。二十年蠲免光绪十四年以后积欠钱粮。三十年蠲免连年积欠钱粮。

宣统三年奉文豁免以前积欠钱粮。①

齐河县，据县志记载：

同治二年，新旧赋并缓。

同治五年，丁漕并缓。

同治六年，缓征。

同治七年，免被扰地方民欠粮赋。

光绪十年，丁漕并缓。

光绪十一年、十五年有赈。

光绪十六年，蠲免钱漕有差。

光绪十七年，岁歉，重者钱漕并缓，轻者缓漕征钱。

光绪十八年，蠲免十分之一。

光绪十九年，蠲征有差。

光绪二十年，蠲免十分之一。

光绪二十三年，蠲免有差。

光绪二十五年，蠲免十分之二。

光绪二十八年，蠲免丁银有差。

光绪三十一年，蠲丁银十分之三。

光绪三十三年，蠲征银轻重有差。

宣统元年，蠲征银十分之二。②

---

① 民国《单县志》卷三，赋役，蠲恤，1929年。

② 民国《齐河县志》卷十九，恤政，1933年。

平原县，据县志记载：

光绪元年，奉谕蠲同治七年至十一年积欠钱粮。

光绪十年，奉谕豁免光绪五年以前积欠钱粮。

光绪十五年，奉谕蠲免六年至十三年积欠钱粮。

光绪二十年，奉谕蠲免十四年以后积欠钱粮。

光绪三十年，奉谕蠲免连年积欠正耗银两及正耗米麦。

又按，本年历年水灾，自二十年后至三十二年止，每年约免丁漕三分之一以上。

宣统三年，奉谕豁免以前积欠钱粮。又因水灾蠲免地丁一千四百九十四两四钱八分，米二十二石四斗二升三合二勺。①

综合以上记载，有以下几点值得注意：

第一，光绪元年、十年、十五年、二十年、三十年分别蠲免前数年积欠钱粮。这几次属于"赐复"，一般是因为新皇帝登基，或太后万寿，或积欠过多，朝廷格外开恩将各省所欠钱粮全行豁免。其他类似的情况还有：道光二十五年降旨将道光二十年以前积欠钱粮全行豁免；咸丰元年降旨将道光二十一年至道光三十年积欠钱粮全行豁免；同治元年将咸丰五年以前积欠钱粮悉予豁免；同治七年，因捻军被平，将同治六年以前积欠钱粮概予豁免。② 宣统元年将光绪十四年至三十三年各省积欠钱粮悉予豁免。③ 清廷之所以在新皇帝登基或太后万寿之年对各省积欠钱粮予以豁免，是因为这些钱粮本来就积欠已久，难以征收，不如借机用恩诏加以豁免，既能减轻民众负担，更能显示皇恩浩荡，这实际上是专制王朝借荒政笼络人心的一种手段。但不管出于什么目的，这类大幅度的蠲免毕竟减轻了民众的负担，有利于恢复和发展生产，还是应该给以适当的肯定。

---

① 民国《续修平原县志》卷一，疆域志，恩恤，1936 年。

② 《大清会典事例》卷二六七，户部，蠲恤，赐复三。

③ 民国《长清县志》卷六，食货志下，蠲缓。

第二,各年蠲缓的力度与本年受灾程度基本上呈正比,也就是说受灾越重蠲缓的力度越大,如咸丰五年至八年,光绪元年至四年及八年至十二年。

第三,蠲免与缓征往往同时进行,但蠲免的范围要小得多。如光绪初年山东大旱,朝廷蠲免的范围却很小,仍以缓征为主。

第四,蠲免的钱粮种类多种多样,几乎涉及所有应征的钱粮杂项,如本年上忙额赋、本年额赋、新旧额赋、新旧额赋漕米及盐课芦课、积欠钱粮等。

三、迁民

自1855年黄河改道以来,黄河泛滥成为山东最严重的自然灾害,山东的荒政也主要是围绕救济黄灾进行。为了减轻黄水对沿岸民众的危害,山东省政府在光绪年间曾进行过大规模的迁民工程,这在晚清山东荒政史上也是值得一记的大事。

山东黄灾频繁,危害极大,这其中除自然原因外,还与山东河道过窄、难容黄河之水有关。而河道之所以狭窄又是因为沿黄居民惜地护庐,不愿让地与水,其结果是人水争地,黄水横溢。特别是黄河"下游南岸不修民埝,展宽河身之处,终年浸于黄流,各灾民率皆无屋可栖,无田可种,结茅堤上,困苦堪怜"①。

为了从根本上解决人水争地的矛盾,山东赈抚局道员黄玑首倡迁民之议,守堤弃埝,让地与水。这样做的好处在于:"一则保全民命,悉出灾区,一则展拓河身,藉除水患。"②光绪十六年(1890)春,黄玑的迁民建议得到山东巡抚张曜的批准,于是大规模的迁民工程

---

① 黄玑:《山东黄河南岸十三州县迁民图说》,光绪二十二年点石斋石印本,第7页。《光绪朝硃批奏折》此句在"浸于黄流"下为"此外地被沙压者亦复不少,该灾民等率……无田可种",无"结茅堤上……"一句。

② 黄玑:《山东黄河南岸十三州县迁民图说》,第32页。

开始启动。

这次迁民工程是在山东巡抚张曜任内开始，在福润任内完成，由赈抚局道员黄玑为总办，候补知县杨建烈为提调，具体负责实施。其做法是：先查户口，酌定住房，填给执照；一面在大堤以外附近高阜之地，购地立庄；再凭执照分给宅基，按户发给钱文，督令盖房迁徙。①

迁民工程共分两次进行，第一次在光绪十八年十一月完成，统计迁出历城、章邱、济阳、齐东、青城、滨州、蒲台、利津八州县灾民三万三千二百九十七户，计三百五十村庄，设立新庄三百三十九处，共用银三十二万六千一百一十五两一分六厘。各新庄距其旧村或四五里或一二里，冬春水退，地仍可种，藉收二麦之利。②

以上八州县，除利津外，其他州县的迁民工程均由迁民局统一实施。利津则由其本县自行实施，其缘由是：黄河一向由利津北行经铁门关入海，光绪十五年南岸韩家垣漫口，水流甚畅。山东巡抚张曜奏准即由韩家垣筑堤束水入海，并于旧河口门筑拦黄坝一道，以遏分流。其旧河身数十里淤变良田数千顷，民争占据，纷起讼端。光绪十六年，当地廪生徐逢源绘图禀请，省府批准由该县知县钱镛领款承办，迁移附近灾民前往，发给屋价、口粮、牛具、籽种，试垦于滩，藉以安插。共移四十一庄，分立新庄五十六处，其办法与其他各县迥然不同。③

另外，齐东县旧城地势低洼，三面环河，盛涨即漫过半，官民危困，势难久居。光绪十九年设法筹款，详请奏准，迁建于城南三十里之九扈镇以避水患。

鉴于长清、肥城、平阴、东阿、东平五州县南岸向无民埝，每遇盛

---

① 黄玑：《山东黄河南岸十三州县迁民图说》，第 8 页。

② 黄玑：《山东黄河南岸十三州县迁民图说》，第 10 页。朱寿明编：《光绪朝东华录》（三），总第 3184 页。

③ 黄玑：《山东黄河南岸十三州县迁民图说》，第 29 页。

涨,悉被淹没,自应一视同仁,续筹办理。于是光绪十九年接办第二次迁民,至光绪二十年六月完成。这次共迁长清、肥城、平阴、东阿、东平五州县及历城、蒲台续迁各庄并齐东城内贫民,共计迁出二万六千六百零二户,一百九十三村,分立新庄二百一十八处。统共需银二十九万五千六百二十九两八钱二分。①

这次迁民工程前后历时三年,共迁出上下游十三州县沿河灾民五万九千八百九十九户,旧庄五百四十三处,立新庄五百五十七处。

光绪十八、十九年山东黄河南岸十三州迁民数量表②

州县名称	迁出旧庄(处)	分成新庄(处)	备注
东阿	44	54	
东平	7	7	
平阴	23	31	
肥城	35	37	
长清	62	62	
历城	21	24	
章邱、济阳	28	32	
齐东	58	59	县城迁建
青城	76	65	
滨州	70	55	
蒲台	78	75	
利津	41	56	本县自行迁建
总计	543	557	

① 黄玑:《山东黄河南岸十三州县迁民图说》,第15页。

② 黄玑:《山东黄河南岸十三州县迁民图说》,第19~29页。

值得称道的是，这次大规模的迁民工程，其经费竟全部来自赈捐。黄玑提议仿照顺直开办四成赈捐，由山东巡抚张曜两次具奏，始得议准。随后即制定章程，遴选委员，分驻江苏、浙江、安徽、江西、四川、广东、广西、河南、奉天、福建、湖南、湖北十二省设局劝办。自光绪十七年二月开办起至二十年九月交卸局务止，各省分局共捐解银九十八万七千余两，分别用于放赈、迁民及创办各善举并总局开支。光绪十八年，并协济河防局工款银二十四万五千两，待迁民工程完工时尚余银八万两，全部充公。①

光绪十八、十九年间山东黄河南岸的迁民工程，虽然一开始遇到一些阻力，但从总体上来看还是比较顺利，对减轻黄水的危害也能发挥一定的积极作用，正如山东巡抚福润奏称："筹办伊始，小民狃于安土重迁，颇形观望，不安本分者希冀常得赈济，尤复多方阻扰。各委员开导再三，先迁其被水最甚之区，灾民咸知得所，始各乐从计。"②

令人遗憾的是，利津县的迁民工程由本县自行筹办，结果却暴露了许多问题。光绪十九年十一月，利津籍御史王会英向朝廷上奏揭发利津县地方官在迁民中的欺瞒和贪污问题。王会英首先指出利津县以北迁民之地生存条件恶劣："利津迤北滨海，昔年本为斥卤之地，素无居人，因近年以来海潮不常泛滥，加以数年间河水灌溉，稍有淤出可耕之田。其实潮汐长落不时，甚属可虞，并非乐土。况地本苦寒，牛马与人多有冻毙，即素业捕鱼船户，莫不视为畏途。"接下来，王会英详细揭发了地方官在迁民中的恶行：前任利津县知县钱镛纵容利津汛官王国柱将临海无主被潮之地安插灾民，而以离海稍远、素有业主、淤出可耕之田大半夺为己有，尽租于殷实之家，利

① 黄玑：《山东黄河南岸十三州县迁民图说》，第 34 页。

② 黄玑：《山东黄河南岸十三州县迁民图说》，第 11 页。

其租税,居为奇货。灾民被驱赴海,地尚未种,先索税租,每亩制钱二千余文及千余文不等,通共约计二万余千,尽饱私囊。所领藩库银二万余两,本为灾民建房买牛之用,只稍稍与民,其余尽以肥己。又恐难以报销,遂逼令灾民出具甘结,以少报多,以假混真。继任知县吴兆鏶又在严冬之时纵容手下逼迫灾民尽驱入海,灾民牵牛挽车,怨声载道。待村庄刚成,喘息未定,正赶上风潮大作,猝不及防,村舍为墟,淹毙人口至千余名之多。而知县吴兆鏶假装不知,坐视不救,还为其母庆贺祝寿,大排筵宴,令民送万民伞。山东巡抚福润被其蒙骗,在奏折中称八州县灾民悉迁在大堤外附近高阜处所,试问利津大堤外何曾建一房、置一庄乎?最后,王会英在奏折中又将矛头指向偏袒下属的福润:"钱镛以害民之贼,民欲争食其肉。福润不惟不斥革之,反超擢为历城县。吴兆鏶行同市侩,今犹晏然待迁。是害民者,钱与吴,而使之害民者,则福润也。是钱与吴为贼党,而福润则罪之魁也。"①

御史王会英原籍利津,又询问家乡来人,众论皆同,因司职言路,故敢上奏揭露利津县迁民中的种种弊端。朝廷为此发布上谕,令直隶总督李鸿章就近拣派道府大员前往,按照原参各节,确切查明,据实复奏。至于此案的最后结果不得而知,从随后福润被调任安徽巡抚,直接负责迁民事务的黄玑则"被劾去官"来看,王会英的奏折及李鸿章派人调查可能产生了一定影响。

利津迁民案中暴露出来诸多问题,只是晚清吏治腐败的一个缩影,在救荒中应该说司空见惯。由此可见,在救荒实践中,仅有政策和制度是不够的,还需要有公正、廉洁、高效的官员队伍来具体实施,才能取得良好的救荒效果,晚清山东的荒政显然做不到这一点。

---

① 朱寿朋编:《光绪朝东华录》(三),总第3282页。

四、评价

清代是中国传统救荒体制最完备的朝代，在前期，清朝统治者对救荒极为重视，投入了大量的财力和物力，取得了明显的效果，但晚清以来，由于国势衰弱，政局动荡，灾荒连年，救济的力度和效果就大不如从前。

山东是全国的重灾区，山东荒政也是全国荒政的缩影，从救荒的效果来看却极为有限。每次大灾过后，因救济不力，灾民流亡或死亡的现象极为常见。咸丰初年，由于黄河屡次漫决，苏北鲁南受灾严重。尽管政府实施了赈济，但由于力度太小，灾民为活命仍大量外逃。咸丰三年(1853)，有官员向朝廷奏称：

> 经过茌平、东平、东阿、汶上等州县，途间饥民纷纷求食。至滋阳、邹县及滕县、峄县、邳州等处，男妇老幼十百成群，攀辕乞丐。询之途人，佥称数年来迭遭水旱，十室九空。自上年冬间至本年正月，冻馁尤不堪言状。当此青黄不接之时，少壮俱已逃亡，老稚不能相顾。若不及早抚馁，势必尽转沟壑。①

皇上接到奏报后即令山东巡抚迅速设法赈恤，但由于当时清政府正全力对付太平军，决没有财力物力给灾民以充分的赈济，灾民外逃或转毙沟壑的惨状不会有多大改变。

再看四十年后的光绪十九年(1893)，本年有人向朝廷奏称："山东登莱府属，上年春夏亢旱，秋雨连旬，宁海、莱阳、海阳、文登、荣城、即墨各州县被灾较重，地方官并不报灾，征收如故。贫民无力自给，迤逦北来，及投往奉天各海口，千百成群，致成饿殍。请饬派员购买米石平粜。"②

---

① 《清实录山东史料选》中册，第1220页。

② 《清实录山东史料选》下册，第1874页。

至于其他年岁,因灾后救济不力导致的灾民流亡或死亡的现象也很多,各地地方志对此的记载可谓俯拾皆是,难以细举。

综合起来看,影响山东荒政充分发挥作用的主要因素有以下几点:

(一)朝廷投入太少,救济力度太弱

荒政作为国家救荒制度,它能否有效地发挥救荒功能,主要取决于两个因素:一是制度本身是否完备,二是投入的救荒物资是否充足。就第一个因素而言,如果单从法令和条文来看,清代的荒政相当完备,防弊和惩罚措施也很多,但荒政毕竟是整个国家政治制度的一个组成部分,它需要有高效、廉洁的行政体制和官僚队伍作为支撑,而晚清行政体制僵化落后、各级官吏腐败成风已是不争的事实。因此,就制度本身而言,晚清荒政在救荒中难以发挥它应有的救荒功能。

再看救荒的投入,这直接关系到救荒的成败。显而易见,在大灾过后,如果投入不足,单靠完备的制度和官员的勤勉是无法救济灾民的,而晚清荒政正是因为投入太少极大地影响了救荒效果。从以上叙述中可以明显看出,晚清山东的荒政以"蠲缓"为主,赈济为辅,即以"少取"为主,以"给予"为辅。如光绪初年,山东遭遇大旱灾,饿殍遍地,但从《清实录》、《大清会典事例》和《山东通志》的记载来看,朝廷不仅给山东的赈济极少,而且蠲免的范围也不大,仍以缓征为主。由于当时山西的灾荒最为严重,清政府还不断地督促山东向山西解运漕粮、借拨库银,这无疑会直接影响到山东的救荒。就救荒的力度而言,蠲缓明显不如赈济,缓征又不如蠲免。清政府在大灾之际,仍以缓征为主要救灾措施,是投入不足最明显的表现。

如前所述,蠲缓是清代救荒最常采取的措施,但在整个清代,蠲缓的力度也在不断减弱。民国《夏津县续志》的编者对清代蠲缓的变化曾有一个评价：

> 兹考清乾嘉来，普免天下钱粮，普免天下漕粮，恩旨皇仁再书三书，实惠及民，深入人心。中历道、咸、同三世，或俱缓州县新旧赋，或通免州县漕粮租赋，或蠲缓州县新旧赋，恤民之政亦一见再见。降及光绪，对于人民灾祲，独采取缓旧征新一例，知有国而不知有民，饥馑余生，何以堪此？计光绪迄宣统几四十年，凡有灾案半循此例，已无恩恤可言。①

说光绪朝“独采取缓旧征新一例”也许有点言过其实，但就整个清代而言，蠲缓力度不断减弱，最后以“缓旧征新”为主，则是客观事实。

还有一点值得注意，晚清山东赈济所需的钱粮也是以本省截饷、截漕为主。由于漕粮是天庾正供，颗粒为重，因此，每次截漕都必须先向朝廷奏请，得到批准后才能截留。如同治七年（1868），山东巡抚丁宝桢为救济灾民向朝廷奏请：

> 今年东漕未能充裕，如果别款可动，断不敢轻议截拨，而辗转思维，舍此别无良策。臣与藩司往返熟商，万不得已，惟有仍照历届截漕成案，酌办以本省之粮石救本省之饥民，实属大有裨益。查上届系截留十万石，现已派拨军米三万二千余石，只可节而又节。请截本年新漕八万石，分别灾区均匀散放。②

把截漕视为成案，“以本省之粮石救本省之饥民”实际上是晚清山东赈济的主要方式。如咸丰五年黄河决口改道，山东赈济所需的粮食主要出自截留山东漕米，及劝捐兵粮、省城防堵储粮等。再如光绪八年至十六年，山东因黄河连年决溢，赈济频繁，其赈济钱粮来源有外省漕粮（江北漕米、南漕），有朝廷拨付的内帑银（国库中的银两），甚至还有北海工程之银和宫中节省之银，但主要部分仍是山东

① 民国《夏津县续志》卷四，食货志，清代恩恤。

② 丁宝桢：《抚恤灾黎截漕备赈折》，《丁文诚公奏稿》卷六。

巡抚在得到朝廷批准后截留本省应解京饷和漕粮。

(二)本省财政拮据,无法充分救济

既然晚清山东的赈济以截留本省京饷和漕粮为主,接下来我们就考察一下晚清山东的财政收支情况及对救荒的影响。

同治七年(1868),山东巡抚丁宝桢向朝廷汇报本省财政收支情况:

> 东省地丁项下虽约计三百三十余万,然除分解坐支外,司库所收实仅二百六十余万。自黄河改道以后,水灾日甚一日,蠲缓频仍,计除缓征以及民欠,每年所收实不过二百万两,以供本省防费及例支各款并京饷要需,已形竭蹶。而奉部筹拨按月协解各款,少则一二十万,多或四五十万,统计一年数至二百五六十万不等,为数甚巨。……自同治二、三年起,截至七年十月底止,除京饷解清不计外,实解过各路协饷经费等项银二百七十余万两。①

这虽然不是山东省每年收支的全部,但无疑是最主要的部分,从中可以看出山东每年财政入不敷出的拮据情况,特别是奉部筹拨协解各款所占比重过大,令山东不堪重负。

由于本省财政拮据,向朝廷上交的应解京饷和地丁银拖欠情况也很严重。咸丰四年(1854)十一月,朝廷因山东、河南两省拖欠京饷和地丁银申饬两省巡抚:"著该抚等按照户部所奏,自本年六月为始,将每月欠解银五万两,迅速派委妥员,如数起解,勒限于十一月内到部。倘仍前延宕,即著该部据实严参,以儆玩泄。至山东地丁银两,积欠至一百七十余万,尤属不成事体。"②在如此财政状况下,仅靠本省财政根本无法救济大批灾民。

---

① 丁宝桢:《截清拨款减营节费折》,《丁文诚公奏稿》卷六。

② 《清实录山东史料选》中册,第1314页。

对救荒更为不利的是，咸同年间，因战事不断，用兵频繁，朝廷一再严令山东协济军饷。如咸丰三年(1853)，因太平军围攻庐州，情形紧急，十一月十九日，朝廷谕令山东巡抚张亮基“于山东省无论何款，先行筹拨银五、六万两，即日派员解赴皖省，以济要需。毋得推诿贻误，并将起解日期具奏。”十二月初八日，朝廷又令张亮基“于山东省中，无论何款，再行筹拨银数万两，迅派妥员，解赴皖省，以资接济，不得以无款可筹一奏了事。并将前已起解之款，飞催沿途，妥速护送”①。在不到一个月的时间内，朝廷先后两次严催山东协济安徽军饷，前款未到，催款之令又下。而此时鲁南因黄河连年决口受灾严重，大量饥民亟待赈济，隆冬时节更是赈济的关口，协济外省军饷无疑会直接影响本省的救济经费。

除协济外省军饷外，在本省用兵，军饷更是主要出自本省。咸同年间，因太平军和捻军入鲁，山东成为清政府镇压农民军的主战场，几十万大军云集，其军费开支更是庞大，对山东赈济的影响不言而喻。

晚清时期全国灾荒频发，清政府因财政困难，不得不令各省协济救荒。山东作为重灾区，既接受过外省的协济，也协济过外省，前者有利于山东救荒，后者则会影响山东救荒。如光绪元年、二年、三年，山东连年大旱，大量饥民有待赈济，而此时山西的灾情更为严重，朝廷在无款可拨的情况下，多次谕令山东协济山西救荒。光绪三年(1877)山西巡抚曾国荃向朝廷奏请“请于山东司库运库存积款项内，借拨银六十万两，由山西分作六年归还”，朝廷谕令山东筹借。山东巡抚文格奏称：“晋省借拨六十万两，实难如数筹借，暂于解部漕仓款内凑银十万两，其余银两，请饬另筹。”②此前，山东奉命拨漕

① 《清实录山东史料选》中册，第1240页。

② 《清实录山东史料选》下册，第1781、1783页。

米八万石运往山西救灾,但由于路途遥远,山路崎岖艰险,每石运费至少需银三两,共需银二十余万两。山东虽同意借给山西银十万两,但仍缺运费十余万两。直隶总督李鸿章向朝廷奏请,令山东巡抚文格:"宽筹东漕运费,移缓就急,迅速设法添借,俾奉拨赈粮八万石,可到晋省灾区,接济穷黎口食。"①另外,山东巡抚文格还奏称:"晋豫一带及陕西之同州等处,荒旱成灾,督同司道分别倡捐,并劝谕官商捐助,共集银五万两,分解各该省以资接济。"②

前面提到,蠲缓是晚清时期最主要的荒政措施,可蠲缓在减轻灾民负担的同时也使地方政府的收入减少。为弥补蠲缓给地方财政带来的损失,山东有些州县竟在粮银折收上大做文章。因民众手中多是制钱,而官府征粮则是折成银两计算,这两者之间换算比例的大小直接关系到百姓负担的轻重。光绪二十二年(1896)五月,有人向朝廷上奏称:

> 莱州各属掖县、平度每银一两折收京制钱五千六百文,胶州、高密、即墨每银一两折收京制钱五千八九百文,均系同治年间所加,其时银价每两钱三千八九百文。现时库平足色银每两只京制钱二千六百余文,各属浮收多至一倍有余,请饬核减。

朝廷命山东巡抚李秉衡确查各州县征收数目,如有浮收情弊,一律从实核减,以恤民生。李秉衡在复奏中称:

> 山东各州县钱粮,有照银数征收,有照钱数折收。其照钱数折收者,当同治八九年间银价昂贵,每两连火耗加平解费折收京制钱五千六百文至五千八九百文不等。现在银价日低,以各处市价牵算,每两易钱不过二千七八百文,而收数仍相沿未改,实属浮多。……臣复督同藩司悉心核议,除照银数征收

① 朱寿朋编:《光绪朝东华录》(一),总第508页。

② 《清实录山东史料选》下册,第1787页。

者各仍其旧外，凡折收钱数之各州县、卫所、盐场，无论绅户、民户，统自光绪二十二年下忙开征为始，每粮银一两折收京制钱四千八百文，一切火耗加平解费等项均在其内，此外不准另加分文。其向来不及四千八百文者，仍应照旧完纳，不准籍口加增。①

同治八九年间银价昂贵时形成的银钱折算比例竟延至银价较低的光绪二十二年，无形中使百姓的负担增加一倍。如此敲骨吸髓的搜刮，只能使富者变穷、穷者变饥，平时没有积蓄，若遇荒年则毫无抵御能力，若政府救济不力，那只能转毙沟壑，沦为饿殍。

（三）救荒之弊难除，有限的赈款难到灾民手中

荒政本是救灾活民的善举，可自古以来就弊端丛生，导致某些救灾措施救民不成反成害民。清代集历代荒政之大成，救荒之弊也根深蒂固，无处不在。这就使有限的投入在救济中更难发挥实际作用，极大地影响了救济的效果。

山东荒政即是晚清荒政的一个缩影，因此，晚清荒政中的种种弊端在山东也都存在，前面提到的利津县迁民案只是冰山一角。光绪二十一年（1895）九月，山东巡抚李秉衡向朝廷上奏，请求将山东赈务依照义赈章程变通办理，其理由就是由政府主导的官赈弊端丛生，救济效果不如义赈。他具体分析道：

放赈以察核户口为第一要义，被灾村庄有束手待毙者，有稍可自存者，孰应多给，孰应减给，孰可不给，必须逐户挨查，方能核实。东省办赈日久，乃奉行不善，流弊滋生。查赈委员不下乡挨查，人数开自庄长，造册委之书吏，而户口之大小多寡，与极贫、次贫之差等，得以任意赢缩，重领冒领，习为固然，真正饥民反不得食。即同一得之，亦仍是均摊匀散，而沟中之瘠已

① 戚其章辑校：《李秉衡集》，第379页。

非一滴所能苏。每年公文下行，赈册上报，曰赈过若干人，其实灾民之生与死未尝过问，浮滥之与遗漏，其罪等耳。

与弊端丛生的官赈相比，江南绅士在各省散放义赈，皆亲历穷檐，察其贫苦等次，分别放给，最为法良意美。因此，李秉衡建议所有山东黄河下游各州县由江南绅士严作霖会同各地方官办理，上游则由赈抚局司道遴委操守可信、勤朴耐劳之员前往，会同各地方官仿照义赈办法，沿庄周历，户必亲填，人必亲验，票必亲给，于极贫、次贫中择其尤苦者，加给钱文，以资拯救。倘印委各员仍奉行故事，听凭书差、庄长捏开冒领，一经查出，立即严行参处。[①] 救荒本是由官方主导的善政，若不是弊端丛集，作为一省巡抚，李秉衡断不会将其交由江南绅士依照义赈章程办理，其荒政弊端之深、根除之难，由此可见一斑。

除救荒本身的弊端难除外，朝廷拨付的救灾治河之款被层层勒索、克扣的现象也很常见。如光绪十二年（1886）十二月，接连有御史上奏，告发户部书吏史恩涛勒索山东河工拨款达一万两之多。因山东黄河连年决溢，河工需款百万，户部先拨五十万两。当山东委员赴户部请领时，户部书吏任意勒索，每万两侵扣二百两，否则不照库平发给。委员领款回省后，山东巡抚张曜因库书侵扣太多，私下致函姻亲户部侍郎孙诒经，嘱其追问。孙诒经持函与该部各堂筹商办法，各堂官恐兴大狱，相率隐忍，既不据实奏闻，也不送交刑部讯办，仅将库书送南城坊看管，罚金万两，限五日呈交，希图了事。由于有多名御史告发，朝廷命刑部讯究。在刑部审讯过程中，该书吏坚不吐实，又查无实据，最后只得照刑部所议，将该书吏杖一百、徒三年，不了了之。[②] 黄河决溢是晚清山东最主要的自然灾害，治河经

① 戚其章辑校：《李秉衡集》，第 302 ~ 303 页。

② 朱寿朋编：《光绪朝东华录》（二），总第 2196 ~ 2197、2224 页。

费不足严重影响着黄河的治理，由此引发连年的灾荒。而一个小小的户部书吏竟敢借朝廷拨款之际大肆克扣卡要，充分反映出晚清官场上各级官吏的贪婪本色。特别是案发后，户部各堂官“相率隐忍”更令人感到整个官僚体制已无药可救。如此官场，如此官吏，使得本来就极为有限的赈款更难以如数发到灾民的手中，救灾效果必然会大打折扣。

第二章　丁戊奇荒的赈济

光绪初年，北方数省发生了近代以来最严重的大旱灾。这次旱灾从1875年开始，一直持续到1879年，席卷山东、直隶、河南、山西、陕西五省，波及苏北、皖北、陇东、川北等地，其持续时间之长、波及地区之广、造成灾民之众，史所罕见。特别是1877、1878年灾情最严重，这两年按阴历干支纪年分属丁丑、戊寅年，故时人称此次大旱灾为"丁戊奇荒"。[①] 在"丁戊奇荒"期间，山东是受灾最严重的省份之一，出现了"草木皆枯"、"赤地千里"、"道殣相望"等令人触目惊心的惨状。[②] 灾情发生后，清政府及社会各界及外国传教士分别采用不同的方式进行赈济，取得了明显的成绩，成为近代山东一次较大规模的赈济活动。

一、官方赈济

在中国传统社会，政府是赈灾的主体。旱灾发生后，清政府即命令"顺天府府尹、直隶总督、山东、河南巡抚体察各该地方情形，加意抚恤，毋令流离失所，并讲求救荒之策，督饬所属实力举行，用副

① 李文海等著:《中国近代十大灾荒》，上海人民出版社1994年版，第80～113页。

② "丁戊奇荒"中的山东灾情详见王林主编《山东近代灾荒史》，齐鲁书社2004年版，第165～177页。

朝廷轸念民依至意”。[①] 1876年6月14日，清廷再次发布上谕：“江北、山东被旱，流民失所，亟应设法抚绥。近畿一带，亢旱日久，灾黎荡析离居，亦可概见。若不认真绥辑，尤恐滋生事端。著李鸿章、沈葆桢、文彬、丁宝桢，各就所属地方情形，加意拊循，力求救荒之策，并严缉盗贼以安行旅。”[②]从这两则上谕可以看出，清政府进行救灾，既有“朝廷轸念民依”的“至意”，更重要的是，“若不认真绥辑，尤恐滋生事端”。在清政府“力求救荒之策”的指令下，山东巡抚丁宝桢、李元华、文格等官员在山东开展了一些赈济工作，其方式主要有蠲免钱粮、散发赈银、开办粥厂、以工代赈等。

严重的灾害必然带来农田失收，而农田失收会导致农民难以按期缴纳赋税。在这种情况下，蠲免钱粮是减轻农民负担的直接措施。“丁戊奇荒”期间，清政府多次下令蠲免山东受灾各县钱粮。

1876年1月29日，清政府发布上谕，缓征邹平、齐河、禹城、长清、东阿等三十三州县及东昌、济宁、临清三卫受灾各村庄“本年上忙额赋并地租杂课”。[③] 8月29日，蠲缓长山、范县、濮县、益都、乐安、昌乐、临朐、安丘、禹城、朝城、潍县等十一州县各村庄“新旧额赋并地租杂课”。[④] 12月20日，蠲缓郓城、濮县、潍县、沾化、范县等七十四州县及东昌、德州、济宁三卫“旧欠新赋有差”。[⑤]

1877年2月15日上谕，缓征历城、章邱、邹平、济阳、禹城等五十二州县暨德州、临清、济宁、东昌等四卫各屯庄，永阜、永利、王家冈、官台等场“上忙新赋及租课各项有差”。[⑥]8月30日，缓征阳信、

---

① 朱寿朋编：《光绪朝东华录》(一)，总第223页。

② 《清实录山东史料选》下册，第1776页。

③ 《清实录山东史料选》下册，第1775页。

④ 《清实录山东史料选》下册，第1777页。

⑤⑥ 《清实录山东史料选》下册，第1779～1780页。

滨县、蒲台、博兴、乐安、寿光、濮县七州县及坐落于县境的卫地屯庄“被雹被旱被风地方新旧钱粮租课及仓漕等项有差”①。11 月 22 日,又蠲缓郓城、濮县、范县、寿张、临清等七十九州县,德州、东昌、临清、济宁、东平五卫所,及永阜、永利、王家冈、官台等场“新旧额赋并地租杂课有差”②。大灾之年,清政府减免灾民应交的钱粮,这既表明了政府对赈灾的重视,又在一定程度上减轻了农民负担,对大灾之年安定民心有一定作用。

面对大灾之年出现的“饿殍遍地”的惨状,救命是最重要的事情。为此,就必须对灾民进行“直接救济”——散发赈银和设立粥厂。赈银的来源有两个:一是清政府拨款,一是山东省内自筹。1877 年初,清政府为赈济山东受灾最重的临朐、乐安、昌乐、潍县、寿光、益都、临淄、博兴八县,曾拨赈银四万三千两,令山东当局派员设厂施粥,救济灾民。③

就山东省自筹而言,截止到光绪二年八月,办理赈济的支出为:

> 除由南北运余利项下动支不计外,共用过藩库银二万七千一百九十四两五钱。运库实银一万九千二百三十六两八钱二分三厘八毫。东海关采买杂粮运水脚等项,共用关税银三万三千五百三十四两八钱六分九厘六毫。济东道仓谷四千六百二十五石。俱系酌量被旱最重、民情瘠苦各属,委员会同地方官查明极贫户口,亲身散放。④

“丁戊奇荒”期间,山东在多个地方开设了赈局和粥厂。在益都,有官办赈局九处,每局相隔二三十里,一局大约有六千人就赈,每日所发小米每人合钱十文。在临朐,有官办赈局十处,每局相隔

---

① 《清实录山东史料选》下册,第 1780 页。
② 《清实录山东史料选》下册,第 1782 页。
③ 《再论赈饥》,《申报》1877 年 3 月 13 日。
④ 朱寿朋编:《光绪朝东华录》(一),总第 289 页。

二十里至五十里，每人每日发给小米粉三两半。在昌乐，有官办赈局八处，每五日发放一次。在寿光，政府散赈两次，“大者十文，小者五文”。在乐安，有官办赈局四处。[①] 在寿光，知县胡堃在西关天齐庙设粥厂赈饥。[②] 在黄县，官方赈济饥民七千人，银两由富绅捐助。[③] 在烟台粥厂，灾民“每人给钱四文，虽不能饱腹，亦可免作饿殍矣”[④]。

开办粥厂需要大量的粮食，而山东作为灾区，仅在省内筹集赈粮是不够的，到外省买粮是筹集赈粮的重要途径。1876 年 6 月 5 日，丁宝桢上奏清廷：“东省天时亢旱，粮价日增，拟招邻省贩买米麦杂粮商贩来东售卖，以济民食。奉天、江南省丰稔，粮价平减，即令该商等赴彼购运，经过关卡，请免抽厘税。”得到应允。[⑤] 丁宝桢还动用东海关关税银三万三千五百三十四两八钱六分，派人乘船至奉天、牛庄一带采买杂粮，运至济南泺口分发。又“分委干员，携带银两，前赴直隶、宁津、河间、奉天、牛庄一带采买荞麦六百二十余石，克期运回，分发各属散给民间，作为籽种”。[⑥] 文格任山东巡抚后，筹银九万二千两，以一万二千两买米，在省城及德州等处设粥厂，剩下的八万两，派人赴奉天采买粮食，“留备来春青黄不接之需”[⑦]。

在官方赈济中，以工代赈是经常被采用的赈济方式。1876 年，丁宝桢应曹州知州恩奎请求，由司库拨银一万两，在曹州修护城堤

---

① 《译西教士述山左赈饥事来书》，《申报》1877 年 5 月 4 日。

② 民国《寿光县志 · 大事记》，1935 年。

③ 《再议西教士来书》，《申报》1877 年 5 月 5 日。

④ 《东省旱灾》，《万国公报》1877 年 1 月 13 日。

⑤ 《清实录山东史料选》下册，第 1775 页。

⑥ 朱寿朋编：《光绪朝东华录》(一)，总第 289 页。

⑦ 《光绪三年十一月十九日京报全录 · 文格片》，《申报》1878 年 1 月 16 日。

一道,“周围共长一千三百三十二丈,底宽五尺,顶宽三尺,高八丈”。这项工程既可以保卫城身,使失所灾民有所栖止;又可以以工代赈,安抚民心。① 同年,山东还用以工代赈的方法修筑利津县富国盐场的灶坝并疏浚潍县海口。据丁宝桢上奏:

> 永阜场坐落利津县属,为东纲产盐要区,自黄水改道以来,大溜现由该场附近奔腾而下,以致滩池节年被淹,堤坝冲决,且复顶托纳潮,卤气不升,历年产盐已属短少,近复加以异常亢旱,穷灶聚集,最易滋事。莱州府属之潍县得雨最迟,赤地无际,民情困苦,难以尽言,且该县逼近富国等场,枭匪亦易句聚生事。因据各该县议禀,欲求赈饥戢枭之法,计莫若招集饥众,疏浚海口,修筑灶坝,以工代赈,乃能有济。臣体察情形,所禀实为切中,当经照准由运库筹拨,饬发永阜场修筑灶坝银一万三千余两,潍县疏浚海口银六千两,委员解交承办印委各员遵办。俾其分别老弱强壮之民,酌给工价,使以担土负筐,身亲工作,养目前之灾黎,下安众心,维后日之利源,上裕国课,洵属两有裨益,为救济良法。②

此外,针对当时的灾情以及山东的实际情况,山东当局在赈济方面还开展了以下工作:一是修井。因为“亢旱之时,各属秋禾藉免枯槁者,实赖开井汲水之利为多”,所以,丁宝桢主张“仿照古人御灾之法,督饬地方官劝谕绅民,于田间择其地土相宜,多开井眼,汲水灌溉。各该州县绅民均能踊跃从事”。二是搭棚屋。在章邱,因为1876年春夏之交下雨过大,“忽然山水骤发,与小清、绣江各河漫溢交流,冲塌民间房屋,以致被水居民无处栖身,鸠形鹄面,情堪怜悯”,丁宝桢“饬司筹拨,按户搭棚,收费以资津贴”。三是捕蝗。大

---

① 朱寿朋编:《光绪朝东华录》(一),总第236~237页。

② 朱寿朋编:《光绪朝东华录》(一),总第288页。

旱之后，蝗灾容易发生。丁宝桢"严饬地方官随时搜查，间有生发，立即劝谕乡民实力扑捕，易以钱米，以资糊口"。[①] 四是收养孤儿。灾荒之年，无父母亲族依靠的孤儿较多，这些孤儿无依无靠，生活无着。针对这种情况，"临朐县宪收养儿童数十名，青州府宪收养百余名，益都县宪收养八九十名"。[②]

在这一时期的官方赈济中，也存在着一些问题，首先是地方官员报灾不实，这也是荒政的积弊之一。正如时人所说："地方官之遇灾而不实报，岂有他哉？灾有八分报四五分，而尚征其五六分之钱漕也。若十分而以十分告，则钱漕无着。"[③]丁宝桢任山东巡抚期间，在《清实录》和《光绪朝东华录》中，还能看到关于山东灾情与赈济的奏折。1876 年下半年，丁宝桢调任四川总督，山东巡抚先由李元华署理，1877 年下半年后由文格继任。李元华、文格在任期间，《清实录》和《光绪朝东华录》中就很少见到有关山东灾情的奏报。《申报》就此指出："今岁各省皆有水旱偏灾，屡阅邸抄，各省灾较重者均已奏报，屡见于邸抄，惟山东不少概见。"[④]不仅如此，在李元华和文格所上的奏折中，更多见到的是对山东灾情的"粉饰"。李元华在 1877 年曾奏称："经过各属察看，旸雨应时，麦苗繁茂，地方民情亦均安谧"[⑤]，并奏请"截止关卡停免米粮厘税期"[⑥]。而对于 1877 年的灾情，当时在临朐的美国长老会传教士倪维思也有过记载：1877 年 6 月，临朐"五百人的村庄就有三百人饿死。三百人的死了一百多。临朐有个村庄，去年夏天有一百八十人，现在只有九十三人。他们

① 朱寿朋编：《光绪朝东华录》(一)，总第 288 ~ 289 页。

② 《述山左荒灾情形来书》，《申报》1877 年 8 月 4 日。

③ 《再论赈饥》，《申报》1877 年 3 月 13 日。

④ 《论救灾》，《申报》1876 年 12 月 6 日。

⑤ 朱寿朋编：《光绪朝东华录》(一)，总第 385 页。

⑥ 朱寿朋编：《光绪朝东华录》(一)，总第 421 页。

衣服卖光了，没有衣服，就在地底下挖个大坑，拥挤着取暖，死了一个就补上一个，青州东关就有四个这样的大坑，挤着二百四十人。每个星期有三分之一的人死亡”①。同样面对山东灾情，地方官的奏报与传教士的记载却有如此大的差别。而传教士作为“外人”，他们或许更容易以一种中立的观点来看待问题。两相比较，可能传教士对灾情的描述更接近历史的真实。

灾情严重而地方官员却尽力掩饰，这必然影响救灾的实施，加重灾民的痛苦。瞒报灾情最直接的后果是导致清政府对山东拨款的减少。如前文所述，“丁戊奇荒”期间，清政府仅拨赈银四万三千两来赈济受灾最重的临朐、乐安、昌乐、潍县、寿光、益都、临淄、博兴八县。就当时严重的灾情来看，这些赈银简直是杯水车薪，“夫四万三千两之银，以每日每人用银一分计之，每月得三钱，仅足敷十五万人一月之粮，今藉此支持四个月，则仅能济四万人。青州八县之中，假如有饥民百万口，则国家仅救其百分之四，而其余百分之九十六尽置之不闻不问而已”②。时人针对这种情况指出：“现在青州之惨，究不得不归咎于地方官。在朝廷苟详知其情之重，而谓不设法筹办，余亦不敢信之。皆由地方官惮于据实详报，以至饥民之日罹死亡而无人救活之。”③

由于官员瞒报灾情，清政府对山东灾情不甚了解，非但对山东的赈济减少，而且还令山东支持其他灾区。1877 年，清政府下令将“山东省本年冬漕拨给山西、河南各八万石，以备接续赈济”④。而后，山西巡抚曾国荃又“因运费无出，请借东省库款银六十万两，为转东漕及江、广漕米之需”。山东巡抚文格覆奏只能“借给银十万两”。⑤ 大灾之年，调

---

① 顾长声著：《从马礼逊到司徒雷登——来华新教传教士评传》，上海人民出版社 1985 年版，第 172 ~ 173 页。

②③ 《再论赈饥》，《申报》1877 年 3 月 13 日。

④ 朱寿朋编：《光绪朝东华录》(一)，总第 478 页。

⑤ 朱寿朋编：《光绪朝东华录》(一)，总第 507 页。

走山东的钱粮,无异于雪上加霜,大大减弱了山东的救灾能力。

不仅如此,山东办赈还晚于其他各省,这也对赈济产生了一定影响,"青莱两府属旱灾情形及赈灾章程,亦均于他省一律筹办,而燕台一带之饥民困苦非常,又与他省被灾地方各异者,何哉?大约他省于甫遭灾荒之时,即行赈济,山东于既成灾荒之后照例举行,此即所谓灾荒待奏闻而议赈,则尽属疮痍事也"①。

综上所述,清政府和山东当局虽在赈灾工作中做了一些努力,并取得了一定的成绩,但同时也存在着较多的问题。首先,救灾措施以蠲免为主、赈济为辅。在蠲免中,又以缓征为主、蠲免为辅。这在"哀鸿遍野"的大灾之年,难解灾民燃眉之急,不能解决灾民"活命"的问题。其次,就赈济来看,朝廷对山东的救灾投入太少,只有区区数万两白银;不仅如此,而且还调拨山东的粮款赈济山西灾民,这直接影响到山东的救济。

二、民间义赈

除官方赈济之外,省内外民间力量还对山东灾区进行了义赈,其中,最引人注目的是江南士绅的义赈。在传统社会,由于地域观念和其他种种限制,义赈一般仅限于本地,跨地域赈灾的状况是很少的。而"丁戊奇荒"中,江南士绅突破了地域,对山东灾民进行救济,成为当时赈济中的一大"亮点"。对于江南义赈兴起的原因,李文海、夏明方认为是由于传统官方荒政的衰落所致,在官方荒政可以负担赈济的情况下,民间义赈的重要性就不是那么明显。② 朱浒则认为:"西方首次大规模对华赈灾行动的出现才对义赈的迸发起

---

① 《论山东办灾事》,《申报》1876 年 12 月 13 日。

② 参见李文海著:《晚清义赈的兴起与发展》,《清史研究》1993 年第 3 期;夏明方著:《清季"丁戊奇荒"的赈济及善后问题初探》,《近代史研究》1993 年第 2 期。

到了最大的刺激作用”。[①] 以上两种观点都有其合理之处。面对严重的灾情，官方的赈济不足以应付，这是江南义赈兴起的根本因素。西方人在华赈灾活动的刺激，是江南义赈兴起的直接原因。江南义赈的兴起，一方面表明近代以来政府势力的衰落，民间势力的兴起；另一方面表明在西方侵略背景下江南士绅阶层民族国家观念的强化。

江南士绅在对山东灾民进行赈济时，充分利用了自己掌握的资源，突破了传统的地域观念，较多地借鉴了西方模式，开创了赈灾的新理念、新形式。因此，这一时期的江南义赈具有较多的近代特点，表现出了对传统赈灾方式的超越。

从募集赈款的方式来看，江南士绅利用出现不久的近代报刊发动人们捐款救灾，这是中国传统社会所没有的。当时，《申报》是披露山东灾情、劝捐募赈的主要阵地。在这一时期，《申报》上多次发表劝捐启文。例如，1877 年 3 月 14 日，《申报》上刊登《劝办捐赈各董事公启》：

> 山东省旱灾甚剧，昨阅新闻，告急孔殷，阖省哀鸿千万，嗷嗷待哺，饥寒困苦，目观心伤，甚至老幼填于沟壑者不可胜数。虽有官绅善士解囊周济，而究不足以拯生民。为此广为劝捐，必当弥补其缺，赖以得生。恳请上海各省士绅商富协力同心，大发仁慈之心，以救灾黎。[②]

1877 年 6 月 7 日，《申报》刊载了果育堂的劝捐启文：

> 询得青州府属，独益都、临淄、临朐三邑为尤重，三邑中又以临朐一邑为更急。逃亡及半，残喘苟延，罗掘全空，息心待毙。迎眸鹄状，满耳鸿哀，有风皆酸，无日不惨。闻沪上客来，

① 朱浒著：《地方性流动及其超越——晚清义赈与近代中国的新陈代谢》，中国人民大学出版社 2006 年版，第 100 页。

② 《劝办捐赈各董事公启》，《申报》1877 年 3 月 14 日。

或扶羸欲起，或含泪相招，将疑父母之重生，若遇神仙而乞度。合急分驰诸处，体察情形，相机办理，敢辞蜀道，抱忧杞天。无如道纡势迫，款少人多，更设无法之法，以全有生之生。①

除此之外，《申报》上还刊登了一些为筹集赈款出谋划策的文章。1877 年 6 月 4 日，《申报》上刊登了求善堂散人对于筹集赈款的想法：

统沪上仕商工贾居民之男女老幼而约计之，当有数十万众，拟分上中下三等，上等每人捐钱二百文，中等每人捐钱一百文，下等每人捐钱五十文。或从上等钱数而捐，或照中下二等钱数而助，或于上等之外另行加捐，均听其人之自便，量力为之。其住在洋场者，拟请在沪之江浙闽广等各帮商董公议，禀请租界之各国领事饬工部局，协同设法，分别各路行栈、店铺、住宅，均按照人数设簿捐收。其在沪城内外不归洋人管理者，即请地方官拣派妥员，协同公正绅士，督率地保分别各街住宅、庄店，一律捐签。所有收过各处钱文，即为刻录日报，并贴通衢，令人各知其数。凡捐得之项，即如数由申办买粮食并办医治疫疠之药，仍请华洋各官商派妥人迅速解往，以应急需。其由局到烟台船费，即请招商局捐免。由烟驳运青州等处船只车费，即请该处官宪派人认真护送，以期省便。如此一转移间，集腋成裘，其补救目前赈项之不足者，想亦事易而功倍也。②

事实证明，江南士绅通过报纸劝捐取得了一定成绩。如轮船招商局的唐景星为山东饥民劝捐，两个月筹集赈银三万两，衣服万件。③ 上海著名士绅胡光墉捐输山东赈银两千两，白米五千担，制钱

---

① 《果育堂劝捐启》，《申报》1877 年 6 月 7 日。

② 《拟设法续捐赈济山东饥民管见》，《申报》1877 年 6 月 4 日。

③ 《签银施赈续闻》，《申报》1877 年 3 月 16 日。

三千一百串，新棉衣三千件。[①] 镇江居民“因闻山东饥荒，殷户倡议捐钱，先捐得一万串，请丹徒县学廪生严佑之作霖到东省放赈，正在部署行装，诸善士接迹而来者，又不一其人，计五六日内前后共凑得二万”[②]。

对于《申报》在募捐中所起的作用，时人已经有所认识：

> （申报）于去年青、莱饥荒景象，不惮烦言，备述困苦，业将中外商民捐赈之事累次登录以劝，而捐者果源源不绝。虽由捐之人实心行事，而贵报流传遐迩，见者兴感，因而输捐者有之。鄙人窃谓青、莱饥民自冬徂夏，得人抚恤，以延至秋收，亦未始非贵馆之功也。[③]

一位寓居外地的山东人在《申报》撰文感激道：“山东饿死情形，若非贵报传述，诸君子何从而知？我乡人何由而活？余所以代为叩谢也。”[④]

在募集赈款方面，另一个值得注意的现象是通过“义演”募款。1877 年 2 月，有人倡议上海“各戏馆于礼拜六夜，演戏一宵，各馆所得之资聚送一处，汇寄烟台等地，以助赈项”。但是，这次呼吁并没有得到响应。[⑤] 4 月份之后，情况逐渐有所改变，上海鹤鸣戏园的告白称：“从本月十五日起至端午日止，每日所得戏资除去房租伙食外，各伶人皆不取辛工，所有余银，愿为山东赈款。”[⑥]该戏园“每日昼夜可得三百余洋，除用度外，每日可剩二百洋内外。今愿以五十日所剩之洋，尽为山东救灾之项，可以至万洋光景。若据李佳来信所

---

① 《左文襄公全集·奏稿》卷五二，第 87 页。
② 《乐善可风》，《申报》1877 年 4 月 30 日。
③ 《彳亍生来书》，《申报》1877 年 6 月 6 日。
④ 《论山西赈务奇闻》，《申报》1877 年 9 月 19 日。
⑤ 《论演戏救灾事》，《申报》1877 年 2 月 8 日。
⑥ 《戏资赈饥》，《申报》1877 年 4 月 26 日。

言，现在山东情形，每人有洋三元即能延活以至麦秋。今得此款可以救活三千余人，其功亦不浅矣”①。5月11日，《申报》刊登久乐园顺天乐班谨启：“定于四月初二日起，试办一月，酌减位票价目，汇送绅商士庶光降敝园，即以所得票金支发园租、工食外，其余全数禀缴广肇公所代交招商局总宪，酌量分寄山东、江北各属助赈。”②“义演”募捐的出现，一方面表明了近代中国对西方风习的接纳，另一方面，“义演”的主体是伶人，他们处于社会下层，其参与救灾从一个侧面表明这次赈灾活动社会动员面之广泛。

在募集赈款的同时，江南士绅开始了对山东灾区的放赈工作。为了方便在山东施行赈济事宜，他们在青州府成立了江广义赈局，府属各县成立分局，会同地方官员进行放赈工作，“李秋亭、韩仲万、王艾卿、施湄川四君在寿光分局，杨殿臣、章秉彝、侯敬文三君在益都分局，瞿星五、秦怀齐、朱寿崖在临朐分局”③。大约在1877年初春时，已有镇江丹徒士绅严作霖、尹德堃、靳文泰等数人前往山东灾区放赈。初夏，李金镛等人前往灾情严重的青州、武定一带放赈。1877年5月26日《申报》刊载的《山东灾荒情形》一文，作者“修月主人”叙述其友人在山东临朐放粮情况，前后用银一万二千余两。④自1877年6月至9月，江广义赈局“共赈过益都、临朐、寿光、乐安四县灾民二十六万余口”。⑤

在赈灾过程中，江南士绅还特别注意对难童的收养，而进行这项工作的初衷也与西方传教士有关。由于传教士在灾区收养了一

---

① 《书本报戏资助赈告白后》，《申报》1877年4月30日。

② 《久乐园顺天乐班谨启》，《申报》1877年5月11日。

③ 《述山左荒灾情形来书》，《申报》1877年8月4日。

④ 《山东灾荒情形》，《申报》1877年5月26日。

⑤ 《光绪三年九月初十日京报全录·李元华片》，《申报》1877年10月27日。

些孤儿（详见下文），江南士绅对他们收养孤儿的目的表示怀疑，因此决定自己收养。谢家福在致李金镛的一封信中指出："东省灾后，子女流离者不可计数，为他族收养者，闻有数百名之多。窃恐人心外属，异说横行，为邹鲁之大患。"①为了避免"人心外属"，江南士绅开展了灾区难童的收养工作。在这方面，江广义赈局扮演了重要角色。义赈局为收养难童，专门设立了两局："一曰抚教，一曰留养。抚教者，就其资质之高下，分别教以读书习艺；留养者，收养残疾及生病之婴孩，延医生以疗其疾，给衣食以赡其身，一俟病退力强，再送抚教局习业。"②丁戊奇荒期间，江广义赈局共收难童约一千四百余名，用去经费五千余串。直到东赈即将结束，抚教留养局仍然共存难童六百名左右，而且还有两位南绅答应驻青三年，专门办理遗留下来的难童抚养事务。③

综观这一时期江南士绅对山东的赈济，不论是从赈灾理念上，还是从赈灾实践上，都与传统不同，呈现出"超越"传统的某些趋势。正如夏明方所论：

> 这次赈灾活动，就其具体赈灾内容来说，基本上没有跳出传统荒政的范围。但是，在选择赈济的对象和地区、确立赈济的标准和方法、实施赈济的程序和途径等技术方面，已突破传统荒政的限制，体现了极大的灵活性，从而使有限的赈款发挥出较大的实效。④

从这一层面上说，这一时期江南士绅对山东的义赈，体现了义赈的

---

① 《东齐孩捐收支录》，转引自朱浒著：《地方性流动及其超越——晚清义赈与近代中国的新陈代谢》，第109页。

② 《赈济奇荒记》，《申报》1877年11月20日。

③ 朱浒著：《地方性流动及其超越——晚清义赈与近代中国的新陈代谢》，第211页。

④ 夏明方著：《清季"丁戊奇荒"的赈济及善后问题初探》，《近代史研究》1993年第2期。

发展方向。

除江南士绅的义赈之外，这一时期，山东本地士绅也尽力捐输，为救灾作出了贡献。在益都，当地绅富捐银二万两，派为人正派者在各交通要道设厂八处施粥，每处领粥人五千至八千名不等。① 在潍县，官绅集资设立饭厂五处，即大石桥北饭厂、铁生饭厂、西南饭厂、西关饭厂、北关西头饭厂，“绅商及上中等户皆出资助赈”。② 在济南，官绅捐资在郊外搭棚施粥，报名领粥者二万二千余名。③

三、传教士的赈济

山东地处沿海，交通相对便利，是传教士居留较多的省份之一。“丁戊奇荒”期间，在山东的传教士有李提摩太（Timothy Richard）、倪维思（John Livingston Nevius）、明恩溥（Arthur Henderson Smith）、谢卫楼（Devello Zololos Sheffield）等。出于宣教目的和人道理念，他们都对赈灾非常重视，在赈灾过程中，他们带来了西方的赈灾理念，从而使赈灾表现出了新特点。“丁戊奇荒”期间是传教士大规模、有组织地在华实施救济活动的开始，而山东又是传教士最先赈济的省份。

由于亲临灾区，亲眼目睹了灾民生活的惨状，所以传教士对山东灾情之重更有切身的体会。为募集赈款，他们广泛宣传灾情，以求唤起人们的同情心，从而捐资助赈，其中英国浸礼会传教士李提摩太表现最为积极。1876 年山东大旱时，李提摩太正在青州府，为募集赈款进行救灾，他曾向海外披露山东灾情，进行募捐。1877 年 2 月，他在写给英国浸礼会差会部的报告中称：

去年夏天广大群众的呼声是雨、雨，而现在则是求生了。

---

① 《西教士劝捐书》，《万国公报》1877 年 4 月 14 日。

② 《潍县志稿》卷三，通纪二。

③ 《山东济荒七则》，《万国公报》1877 年 8 月 18 日。

玉米都已吃光，他们现在吃的是玉米壳、番薯茎、榆树皮、荞麦秆、芜菁叶和草籽。这些草籽是从地里采集的，把尘土筛净。当这些东西都吃光后，他们把房屋拆掉，把木材卖掉。据报，到处有许多人在吃屋顶上已经腐烂的高粱秆。晒干的叶子一般是用作燃料的，无疑他们都在吃那种干叶。千万人在吃它，另有千万人因吃不着它而死去。他们在卖衣服和卖孩子。①

此外，他还充分利用近代报刊宣传山东灾情，呼吁人们捐款、捐物赈济灾民。1877 年 2 月，李提摩太给《万国公报》寄去稿件，描述自己所见灾区情形：

灾民有食米糠麦麸者，有食树皮草根、草籽者，甚有抽撤屋上高粱秸子以充饥者。困苦如斯，真言之伤心，闻之酸鼻矣。……行见一村向有五百余家烟火，而所存者仅二百余家，且有一家五口已饿死三口者，其未死之人，步履维艰，虽欲行抢劫之事，而亦力不从心。②

1877 年 4 月 14 日《万国公报》刊登了李提摩太的“劝捐书”，详细描述了益都、临朐两县灾情：益都灾情最严重的黄家庄五十余家，饿死十二人，逃出十家；江家泉子四十余家，饿死五十二人，卖出二人；宿家庄百余家，饿死一百一十人。临朐灾情最重的孙家庄五十余家，拆屋三十间；两县庄五十家，饿死二十一人；河团五十余家，饿死二十二人，逃出二十家；杨家集六十余家，饿死三十一人，逃出十五家；安家庄一百一十家，饿死五十五人，卖出二人；卜家庄五十家，拆屋三十间，饿死二十二人，卖出二十一人；董家庄一百三十家，饿死一百零五人，逃去五十家。③ 通过李提摩太的宣传，山东灾情引起

---

① 转引自顾长声著：《从马礼逊到司徒雷登——来华新教传教士评传》，第 320 页。

② 《山东灾荒近况》，《万国公报》1877 年 3 月 17 日。

③ 《西教士劝捐书》，《万国公报》1877 年 4 月 14 日。

了国内外关注，国外慈善机构、在华西人、江南士绅纷纷响应，慷慨解囊，出资赈济。截至 1877 年 7 月底，李提摩太收到的捐款达一万三千八百三十五两。①

在募集赈款方面贡献较大的另一位传教士是倪维思。倪维思是美国长老会传教士，1854 年来到中国。1877 年 2 月，他来到青州府属临朐县，“看到沿途都是难民，灾情十分严重。他就决意放下别的事，专门从事赈灾活动”②。为了募集赈款，倪维思经常写信给在烟台的妻子，描述山东灾情，再由其妻转发至国内外。在山东赈灾期间，倪维思共收到赈银七千六百二十两二分。其中，由英国牧师慕维廉转来的有八十二两一钱，由烟台领事转来的有七千五百三十七两九钱二分。③

还有一位传教士由烟台至上海传教，由于亲眼目睹了烟台的严重灾情，“于前数礼拜日停书未讲，代陈彼处灾黎求生不得求死不能之势”。劝人们“少分余粮，集成巨款”，救济灾民。④ 另外，慕维廉也不断在《申报》上刊载文章，进行劝捐。1877 年 5 月 21 日《申报》上刊登了慕维廉的劝捐书《救灾有福》，其文曰：“山东灾荒，中外捐输赈济，可谓尽心焉耳矣。惟是青黄不接，穷众困苦益甚。昨接济南来信，死者竟有万人，半由饥饿，半由疾疫。闻信之下不禁酸鼻。特遍告同人，乞施仁恩……务祈诸君子再发慈悲，解囊慨助，则功德圆满，获福无涯矣。”⑤

传教士在募捐时对山东灾情进行了详细描述，使之为世人所知，

---

① 《寓青英国教士李提摩太五月十七日来札》，《万国公报》1877 年 7 月 28 日。

② 转引自顾长声著：《从马礼逊到司徒雷登——来华新教传教士评传》，第 172 页。

③ 《述山左青郡临朐左近济荒颠末（山东寄来）》，《万国公报》1877 年 8 月 4 日。《译燕台教士书》，《申报》1877 年 7 月 5 日。

④ 《论救灾》，《申报》1876 年 12 月 6 日。

⑤ 《救灾有福》，《申报》1877 年 5 月 21 日。

从而捐资助赈,这种大规模的劝捐活动是中国传统社会所没有的。一些素不相识的人也把自己的捐款寄给李提摩太,请他代发。据李提摩太记载:"南京一位职位不高的中国官吏在听了关于山东救灾工作的报告后,汇给我一百两白银(相当于30英镑),尽管他根本就不认识我。"①一些中国绅商也把救灾款寄给了传教士,委托他们代为分发。1877年6月1日,慕维廉收到的中国绅商寄来的赈银如下:

建帮同济善社三百元,惟心知二百元,愧无力五十元,通德堂郑怀忠、堂苏各三十元,滋茂号、同丰号、洛阳堂、张克仁各二十元,鼎崇兴号、协成号、元昌号、新合顺号、启兴号各十元,宁帮余庆会五十元、乾丰米行二十元,裕新号、新丰记号各十元,英商施智黄一百七十元。②

为更好地对山东进行赈济,1877年3月,山东赈灾委员会在上海成立。该会由英国牧师慕维廉主持,主要任务是募集赈款,有关灾区的放赈事宜则委托李提摩太统一办理。烟台也成立了以英国领事官哲美森为首的赈济委员会,并负责与上海赈委会及李提摩太等人的联络工作。③

募集到赈款之后,下一步是放赈。传教士放赈时面临的第一个问题是清政府部分官员对传教士放赈的顾虑。当时有人认为,外国人放赈,"其势虽在情理之中,而其居心则险不可测,彼盖知近畿等省,灾苦甚深,民多愁困,乘间而为收拾人心之计,且得窥我虚实,肆其诛求以逞志于我也"④。李提摩太在山东昌乐施赈时,昌乐知县也

① 李提摩太著:《亲历晚清四十五年——李提摩太在华回忆录》,天津人民出版社2005年版,第99页。

② 《捐款续登》,《申报》1877年6月1日。

③ 夏明方著:《论1876至1879年间西方新教传教士的对华赈济事业》,《清史研究》1997年第2期。

④ 瞿鸿禨著:《请防外患以固根本疏》,转引自夏明方著:《论1876至1879年间西方新教传教士的对华赈济事业》。

怀疑他的动机。据李提摩太记载:“他(昌乐知县)认为,通过向秀才们发放救济,我已经贿赂了县里的领袖人物;现在,通过向最需要救助的村民实施救济,我意在鼓动民众叛乱。”因此,当李提摩太带着赈银到昌乐时,遇到了知县所指使的一些人的围攻。①

面对这种情况,李提摩太决定走上层路线,在放赈时首先取得地方官的认可。1876 年6 月11 日,他收到了在烟台的朋友卡米吉尔博士所募得的捐款,把它送给了青州府的地方官,让地方官代为发放。地方官“看起来非常高兴,说他一定会告诉民众这笔钱是从什么地方来的”。② 在取得了地方官的信任后,自己放赈就成了情理之中的事了。但是,随之而来的问题是:“找到一个合适的办法,把救济金发放到所有人手里,同时又能确保已领过的不回来冒领,并不是一件容易的事情。”③为解决这一问题,李提摩太采用了以下方法:

> 我站在城里最贫困地区的一条狭窄小巷的尽头,让申请救济金的人排着长队从身边走过。每有一个人领到救济金,我就在他那脏兮兮的手上用墨水涂一个不易被涂掉的标记。有些人利用充足的时间跑到巷子的另一端重新排队,每当干干净净的手伸出来,我们就会怀疑这些人早已领过救济金,只不过用力把墨汁洗掉罢了。这样,我们只继续向剩下的那些依旧脏兮兮的手上发放救济金。④

赈济中遇到的另一个问题是灾民领取赈款时发生的拥挤。李提摩太采用的办法是让饥民坐在地上等候发放救济,“因为坐着的人群是不会发生拥挤的”。结果,“人民都得到了救济金,没有一

---

① 李提摩太著:《亲历晚清四十五年——李提摩太在华回忆录》,第 91 页。

② 李提摩太著:《亲历晚清四十五年——李提摩太在华回忆录》,第 85 页。

③④ 李提摩太著:《亲历晚清四十五年——李提摩太在华回忆录》,第 82 页。

个人离开自己坐的地方。他们是那样安静,就像在参加一场宗教仪式”。① 当李提摩太手中有了相对充足的资金,可以救助更多的灾民时,他又采用了一种新的放赈方式:“在发放救济金之前,我先派人到下边各个村子里去,仔细地把那些最需要救助的人的名字登记下来,发给他们一张领取救济的票证,并定下发放的日期,届时所有持票人将集中到一个地点。”②至 1877 年 7 月,李提摩太先后赈济了益都、临朐、昌乐、潍县等地饥民二万余口。③

倪维斯受烟台领事之命,1877 年春天赴青州府放赈。为了能使赈济顺利进行,倪维斯制定章程如下:

> 各庄受赈,必须遣人到庄,亲自验实,开写名姓,以备到局领钱。各庄上名者每口分给京钱贰拾文,每五日一领。各庄上名者必须公举一愿为帮办的公证人代为领钱,到家按各人名姓照单分给。本局既应许舍钱,并拟以定数,领钱人亦应许为照数分给,秉公办理,不可失信,至生出不交钱及□钱等病,反使局中人言不符惠也。倘或代领钱之人不按名分给,或于分给时扣留一二,凡在应得钱之人,须立即报明,为另举一领钱之人,秉公办理,其本庄仍受济照常。④

在这一章程指导下,受赈人数日益增多,“起初收接捐项未甚多时,注明领赈者唯与高崖邻近诸村庄而已,数不过三四千人。以后,别村连络不绝赴局告急求济,散施愈远,户口愈多,至四月间受赈人数增至三万二千五百三十九名,其村数计有三百八十三处,与高崖

---

① 李提摩太著:《亲历晚清四十五年——李提摩太在华回忆录》,第 83 页。

② 李提摩太著:《亲历晚清四十五年——李提摩太在华回忆录》,第 88 页。

③ 《寓青英国教士李提摩太五月十七日来札》,《万国公报》1877 年 7 月 28 日。

④ 《录美国教士倪维思施赈安局告白原文》,《万国公报》1877 年 7 月 28 日。

相距较远者至四十余里"①。

除李提摩太和倪维思外，在山东施赈的传教士还有谢卫楼、明恩溥等人。谢卫楼是美国公理会传教士，"丁戊奇荒"时，公理会华北教区派谢卫楼到山东协助李提摩太施行赈济。他于1878年夏天到达山东，一共带了六千两银子，到大约一百个村庄向一万多灾民发放赈济。② 明恩溥也是美国公理会传教士，山东发生灾荒时，"他进入山东省恩县的庞庄，向分散在附近的一百十五个村庄、四千余户人家、约二万二千人发放了近一万二千元（中国银元）赈款"③。

传教士赈灾的另一项重要工作是收养灾区孤儿。为此，李提摩太呼吁建立专门基金。"N. P. 安德生（Andrson）夫人（当时是赖松Lai Soon小姐）募捐了二百元，通过托马斯先生交给了我；烟台的外国人团体捐助了五百元，当地的中国人寄来了二百元。"④李提摩太在益都、临朐设立了五处孤儿院，救助孤儿400多名。⑤ 在孤儿院，李提摩太实施了"教养并重"的救助办法。

> 因为没有人能给孤儿们传授新式的工商业技能，我们不得不求助于各种古老的职业，以便使孩子们，从十二岁到十八岁不等，得以掌握谋生的一技之长。他们被教以铁工、木工、纺织丝绸和制作绳索等各种工作。我订购了许多外国机器，从各种小玩意儿到威力巨大的手动机床都有。同时我还根据需要购买了其他一些必要工具，向孤儿们推广了一种新的制毯工艺。

---

① 《述山左青郡临朐左近济荒颠末（山东寄来）》，《万国公报》1877年8月4日。《译燕台教士书》，《申报》1877年7月5日。

② 顾长声著：《从马礼逊到司徒雷登——来华新教传教士评传》，第306页。

③ 顾长声著：《从马礼逊到司徒雷登——来华新教传教士评传》，第358页。

④ 李提摩太著：《亲历晚清四十五年——李提摩太在华回忆录》，第90页。

⑤ 《西教士劝捐书》，《万国公报》1877年4月14日。

这发展成了一个拥有多种工具的工场——我以最朴实的方式做到了这一点。①

1877 年 4 月 2 日的《申报》披露了这些孤儿的生活状况:"前报西人名立则而脱者②,在山东灾区收得难孩四百人,兹闻有某者在青州府属见此等幼孩,晚饭共计一百十人,盖收养后分作数处居住也。时见佣人挑小米饭两桶来,各小孩俱环立桶旁,谢天而食,约计每人每日所用三十文足矣。"③在灾荒快要结束时,李提摩太请青州知府和益都知县参观自己建立的孤儿院,并建议说:

如果政府提供土地和房屋,并且承担一半的费用,我可以负责筹建几所类似于北京、上海、福州的学校。这些学校以孤儿中的佼佼者为对象,学生们将被教以英语和各种西方的学问;而其他智力稍差的孤儿则被教以各种新式的工业技术,以免增加传统行业的竞争者数量。当孤儿们完成专业训练后,便具备了为自己的同胞提供意义重大的服务的资格。④

这种"教养并重"的救助办法是中国传统社会赈济中所没有的,它的实施是中国救灾史上的创新。但是,清朝地方官员并没有采取这些措施。

除李提摩太外,倪维思也在灾区做了收养饥饿儿童的工作,并且,倪维思还实施了"救人救彻"的原则。灾情过后,倪维思将没有亲友的十几个"难童"带回烟台,把"将要饿死的孩童,收为学生,养至成人"。⑤

---

① 李提摩太著:《亲历晚清四十五年——李提摩太在华回忆录》,第 90 页。

② 可能是李提摩太。

③ 《再述难孩情状》,《申报》1877 年 4 月 2 日。

④ 李提摩太著:《亲历晚清四十五年——李提摩太在华回忆录》,第 100 ~ 102 页。

⑤ 顾长声著:《从马礼逊到司徒雷登——来华新教传教士评传》,第 173 页。

在赈济的同时，传教士还不断向清朝官员提出赈灾建议。1876年，李提摩太曾向山东巡抚丁宝桢建议从朝鲜和日本进口谷物、修筑铁路、开挖矿产，以便为穷人提供就业机会。丁宝桢深表赞许。[①]但是，不久之后，因丁宝桢调任四川总督而离开山东，这项建议没能够实行。

同年，李提摩太在《万国公报》上发表文章"救民必立新法"，系统提出了救灾建议。首先，李提摩太针对中国南北皆遭灾荒、粮食不足的问题，提议中国向外国借粮，"最善者莫如派大臣与相邻国立约，准其彼此客商粜籴免税，犹如邻省邻府相助一样，则商人定必踊跃争先，何用官家委员采买？"[②]其次，针对赈粮运输不畅的问题，李提摩太提议修建铁路："今越数百年来，民多数倍，开铁路，通火车，利国利民，亦势所必行也。"如果可以修建铁路，"则无业者立能滋生，有土者立能变产。如此办理，不止救目前之危，亦可获悠久之益，比之赈济放粮虚靡国帑而贫民仍不能长享其利，孰轻孰重？且用铁路运粮赈济，不取脚价，有如去岁印度，岂非更显爱心乎？"[③]再次，李提摩太还把开矿作为赈济的一种办法："地有矿而不开，犹治富家有钱，窖而不用。受风水之迷，宁肯饿死。闻之者，莫不伤心。今中国各矿皆有，而青州亦有汞、煤等矿，若派老成熟识之人专领是事，岂非富国富民之一善政乎？"[④]最后，李提摩太主张"开源"：

> 今若各按地产，各造机器，制办新货，则人皆有事业，丰年固可安居，荒年亦能保护身家。有如青州府出火硝、蓝靛，若用机器自造洋红、洋蓝，各省何必都用外国所来物乎？且可运他国之土产，用己之机器制造。售卖所有货物财帛，犹之内库移之外库，不较胜于买他国之物乎？[⑤]

---

① 李提摩太著：《亲历晚清四十五年——李提摩太在华回忆录》，第85页。

②③④⑤ 《救民必立新法》，《万国公报》1876年9月9日。

1878年灾荒将过之际，韦廉臣也提出了赈灾建议，分三部分：路宜通、矿宜开、学宜博，与李提摩太的赈灾建议有相似之处。①

传教士所提出的这些建议，与中国传统的赈灾方式不同，带有明显的近代特征。中国传统社会中，对灾荒的预防多采取鼓励农业、重视仓储、兴修水利、提倡林垦等措施，传教士的救灾建议是对中国传统救灾方式的突破，为中国的赈灾事业注入了近代气息。

需要指出的是，传教士来中国的主要目的是传教，他们所做的绝大部分事情是为传教服务，"丁戊奇荒"期间的赈灾也不例外。赈灾是途径，传教是目的。1877年以前，在华传教士发展的教民很少，传教成绩不佳。以李提摩太为例，他刚来中国时，采取街头传道的方式，但屡受挫折。据他自己在回忆录中所写，他到达烟台后，每天都去小礼拜堂布道，但是收效甚微，"当地很多做生意的人一起立了一个誓约，表示绝不进礼拜堂去支持外国人的布道。因而，那些参与聆听布道的，大部分是来自农村的、偶然路过的流浪者，他们出于好奇，来看看外国人及其野蛮的服饰"②。当李提摩太到宁海州（今山东牟平）时，租房都成了问题。当他散步时，会有一群孩子和一些成年人跟在后面，高喊"洋鬼子"，向他投掷碎石和土块，晚上在他门上涂上各种污秽肮脏之物。到1875年底，李提摩太在山东仅发展了三个教徒。③

随着李提摩太对中国人的了解，他认识到"使基督教本土化的最佳途径是采用中国人自己的传教方式。主要的问题在于，当把基督教介绍给中国人时，以什么样的方式诉诸他们的良知——比他们所拥有的任何东西都更崇高的事物"④。因此，当山东发生大旱灾

---

① 《著书弁言》，《万国公报》1878年7月20日。
② 李提摩太著：《亲历晚清四十五年——李提摩太在华回忆录》，第32页。
③ 李提摩太著：《亲历晚清四十五年——李提摩太在华回忆录》，第77页。
④ 李提摩太著：《亲历晚清四十五年——李提摩太在华回忆录》，第87页。

时，李提摩太认为："上帝给了英国教会一个千载难逢的机会，向中国人表明真正的基督教意味着什么：无论对这个民族整体还是对任何个人来说，都是上帝的祝福。"李提摩太希望通过赈灾"把中国人从饥荒下解救出来，使他们能够奉守正确的道德准则，使这个国家得到拯救和持续繁荣"①。赈灾伊始，李提摩太准备了几张用黄纸写的海报，上面写着："若想求得雨，最好抛弃死的偶像，追求活的上帝，向上帝祷告，按照他的戒律和要求生活。"结果是"效果出人意料地好。每到一个县城，我都住在最大的旅馆里休息。经常是还没等我吃完饭，由当地老人组成的民众代表们便来到旅馆，跪下来哀求我告诉他们如何侍奉上帝，如何向活的神明祷告。后来，有一些小脚女人跋涉二十里山路来青州府找我打听同样的问题。几年以后，这些人成为那一带山区的基督教堂的核心人物"②。除印刷海报张贴外，李提摩太还准备了宣传基督教的小册子，送给所有的咨询者《教义问答》和《赞美诗》，并要求他们背诵，"回到家以后，他们会把他们的书讲给自己邻居听。这样，以这些人为中心又会有许多问询的人。最后，每个中心成为一个教堂的核心"③。在每一个中心，都会自发地成立周日学校，由基督徒给前来探询的人上课，举行礼拜活动。一年之内，就有超过两千名对基督教产生兴趣者在数十个中心定期举行礼拜，遍及青州的东南西北。④

倪维思的赈灾同样具有传教目的。他声称："我的救灾工作从一开始就具有宗教因素"，"我所发放的金钱和我救灾的努力，都被认为是基督教的延伸和发展"。一年之内，他发展了一千多名教徒。⑤

---

① 李提摩太著：《亲历晚清四十五年——李提摩太在华回忆录》，第104页。
② 李提摩太著：《亲历晚清四十五年——李提摩太在华回忆录》，第79页。
③ 李提摩太著：《亲历晚清四十五年——李提摩太在华回忆录》，第86页。
④ 李提摩太著：《亲历晚清四十五年——李提摩太在华回忆录》，第87页。
⑤ 顾长声著：《从马礼逊到司徒雷登——来华新教传教士评传》，第173页。

在山东赈灾工作结束后，倪维思赈济过的灾民给他送了一顶“万民伞”，上面写着对他深怀感激的一万个灾民的名字。这种伞，一般情况下只有亲民的政府官员才有资格得到。从中可以看出，传教士通过赈灾取得了人们的信任。

美国公理会传教士明恩溥和谢卫楼通过赈灾而发展教徒的活动也取得了一定成绩。在明恩溥赈灾的地方，一年内有一百五十余人入教。明恩溥在总结效果时说：“灾荒结束之后，事情变得很明显，我们进入了一个传教的崭新时代。许多反对外国的偏见消失了，或是被压下去了。”于是，他着手经营这一新的根据地。1882 年在这里盖起了一座西式楼房，成为美国公理会在中国农村的第一个传教士驻扎地。① 谢卫楼和其他两位公理会传教士利用赈灾机会，向灾民传教。在他们的鼓动下，有一处村民，竟把一处庙宇内的大小菩萨全部搬走，把这所空庙让给外国传教士，充作礼拜堂。②

“丁戊奇荒”期间，传教士在山东的救灾活动产生了深远的影响。1878 年 1 月 26 日，在山东赈灾委员会的基础上成立了中国赈灾基金委员会，设局于上海，负责向国内外劝捐赈济，此后，每当大灾发生时，西人都会参与赈济。因此，传教士这次在山东的赈灾活动被认为是传教士具体参与中国事务、扩大在华影响的一个转折点。

---

① 顾长声著：《从马礼逊到司徒雷登——来华新教传教士评传》，第 358 页。

② 顾长声著：《从马礼逊到司徒雷登——来华新教传教士评传》，第 306 页。

第三章　1920年旱灾的救济

1920年，华北的直隶、山东、河南、山西、陕西五省遭遇特大旱灾，其灾情与四十余年前的"丁戊奇荒"相似，被当时的舆论称为"四十年来未有之旱灾"、"四十年来未有之奇灾"。灾情发生后，国内外救济机构和团体对救灾表现出了极大的热情，投入了大量的财力和物力实施救济，取得了明显的效果，在一定程度上避免了"丁戊奇荒"悲剧的重演。本章以华北旱灾的救济为背景，重点论述各种力量对山东灾区的救济。

一、四十年来未有之奇灾

特大旱灾发生之前一般都有持续数年的连旱或其他灾情，只是到了极其严重的程度才会引起全社会的关注。进入1920年9月，当时中国最有影响的几大报纸，如《申报》、《大公报》、《晨报》、《民国日报》竟不约而同地大量报道华北的旱情和饥荒。如9月3日《申报》以"中国北部之大饥"为题，报道河南、山东及直隶南部，上年既已歉收，本年春秋二熟复无所获，至少有两千万人将遭饥患。9月6日《大公报》以"哀鸿遍野之大河南北"为题报道河南、山东、南直隶各处粮食问题皆极为吃紧，至少亦有两千万人面面相觑，一筹莫展，饿死者已有数千人之多。9月12日《晨报》以"北方四十年未有之奇灾"为题，报道灾区面积九万平方英里，人口由三千万至三千五百万，最少统计亦须有二万万元始能救活灾民。9月13日，《大公报》

又以“四十年来未有之旱灾”为题，报道直鲁豫灾情奇重，如无大宗之紧急赈济，势必死亡接踵。

9月14日《民国日报》从济南来函中报道山东灾情：

连年以来，吾东土匪蜂起，水旱相乘，已陷于水深火热之地位，哀鸿嗷嗷，时有所闻，然未有今年之甚者。而灾区之广，灾民之多，灾情之重，更未有如今之厉者。自去岁秋间，大小麦安置之后，即亢旱不雨，越冬徂春，以至三伏，凡东省各县，除胶东一段外，无一场透犁之雨，土燔尽裂，麦苗槁死。各县之情形，虽轻重不同，然东临武定一带，约三十余县，如利津、惠民、聊城之属，其祸犹烈。

在如此大灾下，灾民的惨状更不忍睹：

各县灾民，类皆槁顶黄馘，形容消瘦，因饿而病，因病而死者，几道路相望。死者则听其自死，生者则坐以待毙。间有忍饥逃荒之人，亦病体怯弱。酷暑相逼，死转沟壑者，不知其数。至所谓鬻男卖女之说，在该处尤不可行，盖无人能鬻，无处可卖也。

9月25日，《民国日报》报道，直隶、山东等处灾民向人乞食仅能伸手作势，而口中已无生息，且树皮争食殆尽，青草每斤竟售四十文，尚多不得食者。灾民每有将其子缚于树上，弃而之他以求食。

以上各报的背景和主办者各有不同，它们同时将灾荒作为报道的重点，足以说明当时华北旱灾的严重程度，真正到了不能坐视、非救不可的地步了。

关于这次旱灾的受灾面积和人口，有诸多不同的统计，以下选录几种以见其严重程度。

1920年10月15日《大公报》据特派专员调查，综合直鲁豫三省，共三百五十四县，内受灾者凡一百六十县，面积共约六万二千英方里，灾区中居民约两千八百万人。其中灾情最重之地，直隶约三十县，山东约二十六县，河南约十一县，灾民一千二三百万人。这只是记者的调查，且只涵盖直鲁豫三省，尚不足以反映灾区的全貌。

北京政府内务部赈务处在致外交部函中称，此次北方灾区甚广，涉及京兆、直隶、河南、山东、陕西、陕西五省一区。据各省区调查报告，被灾县份共有三百四十县，灾区面积约有二百七十一万二千七百余方里。灾民总数，依各被灾县份原有人口总数推之，至少占五分之三，统计亦不下三千万人。① 这虽是官方统计，但受灾人数也只是推算而来。

另据北京国际统一救灾总会报告书称：

> 此次受灾最重之区域，为黄河以北，属直隶、山东、河南之地段，及北京天津交界之南。黄河流域如山西、陕西亦受影响。若欲以受难人数估计之，殊为困难，恐仅能得近似之数耳。当饥馑危迫著明之后，即由各受难区域之人民及居留该处之外人分投报告，此种报告颇称确实，复经各灾区救济委员会之评定，所谓贫乏者，乃专指倚赈济为生计截至秋收即止之人民而言。

以此标准，该会统计的受灾县份和人口如下表②：

省别	县数	人口	贫民人数
直隶	97	18819653	8836722
河南	57	11461791	4370162
山东	35	7488000	3827380
山西	56	4569497	1616890
陕西	72	6504834	1243960
总计	317	48843775	19895114

① 李文海等著：《近代中国灾荒纪年续编》，湖南教育出版社 1993 年版，第 1 ~ 2 页。

② 《北京国际统一救灾总会报告书》，第 9 ~ 10 页，1922 年。

北京国际统一救灾总会由中外诸救灾团体联合而成,被其他各会推为办赈总机关。它对倚赈而活的贫民有严格的界定标准,其统计数字也有较强的可信度。据此可以断定,在1920年华北五省旱灾中,依靠赈济才能活命的灾民至少有两千万人。

山东是这次旱灾的重灾区,其受灾程度仅次于直隶。1920年10月14日《大公报》报道山东灾况:(一)东临道所属二十九县,全境被灾,灾情之重,不亚于直隶大名道。(二)济宁道所属二十五县,内西部(即津浦路以西)十五县,灾情较轻,春秋二季均尚有二分收获。东部(即接近东临道属之地)诸县,灾情之重,与东临道不相上下。(三)济南道属所属二十七县,有部分县受灾。总计山东全省一百零七县中,受灾之县凡五十四,灾区面积约当全省面积二分之一,受灾状况,其重亚于直隶。

山东灾赈公会是这次山东旱灾最主要的救灾机构,1920年11月12日《大公报》刊登了它发给大总统、各部院、赈务处及各救灾团体的通电。电文称,本会据调查员报告,被灾最重者为临清、无棣、乐陵、德县、堂邑、平阴、阳信、武城、恩县、馆陶、济阳、平原、清平、邱县、濮县、德平、陵县、冠县、夏津、沾化、范县二十一县,灾民共三百四十一万四千三百人。次为临邑、齐东、禹城、长清、茌平、商河、东阿、齐河、博平、高唐、观城十一县,灾民共三十一万五千五百人。奄奄待毙,惨难言状。两项合计,受灾最重和次重县达三十二个,灾民达三百七十余万人。11月19日,《大公报》刊登山东灾赈公会名誉会长张永成的乞赈启事,称山东最重灾区共计三十余县,而各县难民已达四百余万人,饿殍载道,惨不忍闻。11月27日《大公报》刊登的《山东灾赈公会启事》也称,各区灾民,据调查报告,总数三百七十余万,极贫十居七八。

综合以上统计,可以认为,在1920年的旱灾中,山东受灾县份达五十余县,其中受灾较重之县达三十余个,待赈灾民约四百万人。

山东灾情之严重，赈济之迫切，显而易见。

二、国内外合作救灾

面对如此严重的灾情，由直系和奉系军阀控制的北京政府不得不进行救灾动员并多方筹款。1920 年 9 月 11 日，大总统徐世昌发布命令，着内务、财政两部会同各该省长官，迅速筹集款项，分派专员赶办急赈。一面督饬地方官绅办理平粜，所需米石杂粮经过各地方关卡，一律准免税厘，并由各该省长饬属查勘被灾情形，将应征钱粮，分别呈请蠲缓，以恤民艰。① 9 月 23 日，大总统又令江苏、江西、安徽等省将从前禁止粮食出省禁令，量予变通，各该省省长通饬所属，遇有被灾省份官绅赴各该省采买米麦杂粮，但系办理赈济，一律放运出境，毋得阻遏。②

1920 年 10 月，北京政府决定在京设立赈务处，附设于内务部，总揽赈灾行政事务，并特派内务总长张志潭为赈务处督办。10 月 16 日《赈务处暂行章程》公布，章程规定：政府为统一赈务行政起见，特设赈务处，综理直鲁豫秦晋各灾区赈济及善后事宜。赈务处置督办一人，会办一人或二人，坐办一人，委员若干人。赈务处办理事务与其他各官署有关系时，应会商各该署行之。办理赈务各官署所有灾区状况及关于赈济一切事宜，应随时报告赈务处。③

赈灾最重要的是筹款。直皖战争后，由直系和奉系新组建的北京政府政局不稳，财政枯竭，完全靠借债维持。据 1921 年 1 月 24 日《晨报》报道，财政总长周自齐特于昨日谒见总统，面陈近日财政状况，其大意谓：

> 目下急应支出之款，共计五千一百五十万元：（一）各方面

---

① 《大公报》1920 年 9 月 12 日。

② 《大公报》1920 年 9 月 24 日。

③ 《大公报》1920 年 10 月 17 日。

借垫款额二千四百二十万元。(二)各项借款本息一千三百一十万元。(三)军饷九百七十万元;(四)行政费四百五十万元。而收入之款,仅各省关税四百万元。出入相抵,不敷甚巨,实属无法维持。

在如此窘况下,北京政府根本不可能拨款救灾,只能通过强征捐税、借款及发行公债来筹款。由于交通部掌管国有铁路、电报电话、邮政,可以强制征收赈款,实际上成了这次救灾最主要的筹款机构。交通部附收赈款办法规定:

一、铁路(甲)客票,头等每张加二角,二等一角,三等铜元五枚。(乙)联运客票,每经过一路,按上列等级数目照收一倍。(丙)货票,加百分之五。(丁)包裹,加百分之三。

二、电报,本省每件加一角,外省加二角,国外加三角。

三、电话,每户每月加五角。

四、邮政,(甲)汇兑照原率加千分之五。(乙)挂号及保险邮,每件加收一分。(丙)普通邮票,加印附收赈捐字样,比原票面加收一分,但听人民随意购用。①

向外国借款一直是北京政府维持生存的惯用伎俩,赈灾救济更是非借外债不可。1921 年 1 月 19 日,北京政府与英美法日四国签订赈灾借款合同,合同内容如下:(一)名义:赈灾借款。(二)款额:四百万元,四国银行平均支出。(三)利息:周年八厘。(四)经手费:每百元五角,随款扣除。(五)期限:一年。(六)担保品:关税附加税为第一担保品,关余为第二担保品。(七)交付:须由监督委员会认可,于必要时随时交付。(八)偿还:每月规定数额,由中国政府税务处直接交付四国银行。②

① 《申报》1920 年 10 月 4 日。

② 《晨报》1921 年 1 月 21 日。

只借外债尚不足以救灾，于是又借内债。1920年11月，北京政府发行赈灾公债四百万元，利率定为按年七厘，以各省货物税及常关税加征一成赈捐，计年约四百余万元为偿本付息的款。①

除以上筹款措施外，交通部还通过减免赈灾物资运费来方便救灾。1920年9月20日，交通部发布《修正国有铁路运送赈济平粜粮食减价条例》，其中规定：凡运送赈济整车物品粮食前赴灾区，经行国有各铁路，依照该路普通运价四折核收现款。其赈济物品包括粮食（系指粗粮，如小米、玉米、高粱、山芋等）、赈济衣服、银钱、棚帐及赈济药品。凡运送整车米麦办理平粜，经行国有各铁路，按各该路普通运价七五折核收现款，其商家运送，平价出售者同。凡运送贱价之整车粗粮办理平粜，依照该路普通运价五折核收现款，其商家运送，平价出售者同。凡办赈人员乘车者，得照普通票价减半收费。② 11月4日，交通部又修改减价条例，规定自11月11日起至本年年底止，将运赴灾区之赈济粗粮及赈济物品之运价全行免收，办理重大急赈人员乘车亦得酌给免费乘车证。③ 此项减价措施原定截止到1920年12月底，后一再延长，最后延至1921年6月底止。

以上措施筹得的赈款，主要归赈务处和交通部收支。据政务处款项收支报告，赈务处收入包括海关额外税借款4000000元，常关附加税1989000元，交通部收入800000元，普通捐款1556022.75元，另有银两、日币若干，收入总额为8345022.75元，另有银两3780两，日币29560.03元。上述款项约4520000元为各处华洋赈团经理，其余3825022.75元及银两、日币均由政府直接支配。④

① 《大公报》1920年11月13日。

② 《民国日报》1920年9月27日。

③ 《政府公报》1920年11月7日。

④ 《北京国际统一救灾总会报告书》，第23~25页。

交通部赈款收入总额为3850746.99元。支出情况：沧石铁路（拟作铁路路基，实为公路）1554481.84元，烟潍铁路（拟作铁路路基，实为公路）1228144元，赈务处810000元（而赈务处款项收支报告称此款为800000元），其他支出包括内务部京都赈款及拨付甘肃省救灾。①

以上这些赈款，分配给山东的数额为：(1)赈务处支配部分：海关额外税借款分配给山东540000元；常关附加税分配给山东252000元；交通部拨付款分配给山东126000元；普通募捐分配给山东23707.89元，日币18780.03元。(2)交通部支配部分，支出烟潍路工赈1228144元。② 综合以上两项，山东从赈务处和交通部所得赈款总额为2169851.89元，日币18780.03元。

1920年旱灾救济的最大特点是国际性和合作性。除中国政府外，中外各慈善救济团体和社会力量更是积极参与救灾，多方筹款，实施赈济，其筹款数额和救灾效果都远在政府之上。1920年10月6日，在京的中外各慈善救济团体联合组成国际统一救灾总会，以统一中外各救灾分会、迅速收到救济实效为宗旨。与此同时，中国各大城市如天津、上海、济南、汉口、开封、太原、西安等处的华洋义赈会也次第成立。为谋求通力合作，北京国际统一救灾总会于11月间召集各地华洋义赈会代表在京开联席会议，讨论救灾办法，并将被灾之北五省划分为若干区，每区由一团体担任救济，以求普及而免重复。北京国际统一救灾总会因接近中央政府及外交团，故除担任直隶省西部灾区外，并承其他各会推为办赈总机关。各灾区之分配如下表③：

---

① 《北京国际统一救灾总会报告书》，第25页。

② 《北京国际统一救灾总会报告书》，第23～25页。

③ 《北京国际统一救灾总会报告书》，第3页。

会名	分任赈灾地面
北京国际统一救灾总会	除别处认赈各地外之直隶省全部
天津华北华洋义赈会	直隶省之东部
山东华洋义赈会	山东全省除去美国红十字会所担任之部分
美国红十字会	山东西部位于津浦路黄河及直隶省界之间
河南华洋义赈会	河南省
陕西华洋义赈会	陕西省
上海华洋义赈会(此会与天津华洋义赈会协力,同时对于其他各会及灾区各私立机关捐助大宗款项)	浙江、湖南及福建被水之区
汉口华洋义赈会(所余款项由河南义赈会经手办理河南赈务)	湖北一小部分
兰州甘肃地震华洋义赈会(此会自12月地震后举行办赈)	甘肃省

中外各救灾团体的救灾行动得到中外政府和社会力量的大力支持,各华洋救灾团体由各地收到的款项总额为17358633.39元。这其中包括北京政府的海关附加税借款400万元(实际为3960800元),美国赈款6540000元,全国急募赈款大会募集的200余万元,上海华洋义赈会拨付的150余万元,中外人士普通捐款100余万元等。① 其数额远远超过赈务处和交通部支配的赈款。

北京国际统一救灾总会在其报告中,对1920年华北旱灾的赈款收入总额有一个推算,这其中的数额有些是据实统计,有些是得之于推算,至于由中国救灾团体募款之数额,真可谓揣度而已。此外,

① 《北京国际统一救灾总会报告书》,第19页。

如铁路运输免费,如救灾员之乘车免票与自由通电诸特权,共耗约九百万元,此皆由政府协助。其各项赈款来源及数额列表如下①:

来源	数额(元)
由华洋救灾团体来者(包含海关附加税)	17358633.39
由政府赈务处来者(包含交通附加税之一部)	3859874.78
由交通部来者	3040746.99
由宣教会来者	2021178.90
由美国红十字会来者	2428000
由中国救灾团体来者	8000000
由日本来未列入项数目者	427548.56
总计	37135982.62

在当时的技术条件下,要准确统计一场大灾的全部赈款是不可能的,因此,上表仅能提供给我们一个概况。至于以上赈款到底救济多少灾民,更难以准确统计。北京国际统一救灾总会报告书中有一个《各华洋救灾团体及美国红十字会救济灾民总数简明表》:

区域	救济灾民总数
直隶西部	1971610
直隶东部	1732001
山东	600000
河南(含河南救灾会美红十字会)	2000000
山西救灾会	200000
陕西	300000
美红十字会	928000
总数	7731611

① 《北京国际统一救灾总会报告书》,第27页。

此表是根据财政支出表推算而编成的，救济灾民总数为七百七十三万一千六百一十一人，其中河北被救灾民最多，为三百七十余万人，河南二百万人，山东一百五十余万（山东六十万人，美红十字会救济九十二万八千人），陕西三十万人，山西二十万人。北京国际统一救灾总会在肯定这是一项救灾奇迹的同时，也承认这被救之八百万人中其大半数皆于饥荒最后之两月方遇拯恤，以保全其生命，其余一千三百万乃至一千四百万之未被各华洋救灾团体救济者，将如何解其困厄乎！那就只能依靠中央政府、各省及地方政府的救济了。①

三、山东省内的救济

山东是1920年旱灾的重灾区，也是国内外合作救灾的重点地区之一，上述北京政府和各华洋救灾团体及美国红十字会的救济活动，已包含山东灾区。本节再以山东为范围，重点论述山东省赈务处、山东灾赈公会及灾区各县的赈济情况。

（一）山东省赈务处的赈济

1920年9月，山东省成立了山东省赈务处，其章程规定：本处为赈务行政机关，综理本省各灾区赈济及善后事宜；本处设督办、会办、坐办综理或掌理本处事务；本处设置四科（总务科、赈抚科、调查科、考核科），每科设科长一人，科员若干人，由督会办选派，分别掌管本科事务；本处办理事务与其他官署或各团体有关系时应会商行之；办理赈务各官署所有灾区状况及关于赈济一切事宜应随时报告本处。② 从章程来看，山东省赈务处应是山东办理赈务的最高行政机构。

---

① 《北京国际统一救灾总会报告书》，第21页。

② 《山东省赈务处征信录》，第1页，1923年。

山东省赈务处的赈务活动自1920年9月开始，至1921年6月结束。它主要的任务是接收中央与各地官绅的拨款与捐款，发放中央赈务处及其他机构拨给山东灾区的赈济物资。从事后编印的《山东省赈务处征信录》中，可以了解该机构的主要赈务活动：

1. 赈款收入

（1）中央拨助赈款共计洋157164.5元，公债票额259400元。（2）官绅经募赈款共计洋77539.205元。（3）官绅捐助赈款89178.4元。

2. 赈款支出

（1）本处发放灾区各县赈款共计洋108674.315元。（2）本处拨交（山东）灾赈公会赈款共计103211.19元。（3）本处派员召集灾民实行以工代赈，兴筑济洛路工并一切开支杂费暨工资、红粮等，共支洋31509.033元，红粮242223斤。（4）本处发给德、临等二十三县汽车路地租价共计64741.625元。（5）本处补助馆陶、武城、沾化、冠县、邱县、乐陵六县运粮费津贴6300元。（6）本处发给菏泽三百名灾民前往吉林同江开垦补助费2000元。

另外，《山东省赈务处征信录》还记载中央及国内外其他机构赈济山东灾区的情况。这些赈济活动，有些山东省赈务处可能参与，有些可能只是根据报告记录在案，其主要有：（1）（北京）督办赈务处拨给山东被灾最重十三县籽种共计二千六百石，其中玉米籽种一千五百六十石，高粱籽种一千零四十石。（2）督办赈务处发给灾区各县赈衣共计两万件。（3）督办赈务处拨给灾区各县（馆陶、武城、沾化、冠县、邱县、乐陵）红粮共计二百零六万斤。（4）日本全国学校学生寄赠鲁省灾区学童赈衣共发一万套。（5）日本义赈会派员赴高唐、清平、夏津、临清、馆陶、堂邑、聊城七县散放红粮一百万斤。（6）日本运送赈米一千石分配给德县、馆陶等二十县。（7）临清县呈报上海广仁堂盛绅捐款派人散放冬春两赈赈款共计十四万余元，无棣县呈报上海广仁堂盛绅捐款派员散放赈款、赈衣、赈粮共计十六万余元。

从山东省赈务处直接经手的赈款收支来看，仅有三十余万元（其中十余万元直接拨给山东灾赈公会），数额极少。由此可见，山东省赈务处在这次旱灾救济中所起的作用相当有限。

（二）山东灾赈公会的赈济

山东省另一个重要的赈灾机构是山东灾赈公会（当时的报纸有时亦误称为"赈灾公会"）。该会成立于1920年9月，其简章规定：本会由地方绅耆、省议会（全体议员）、教育会（正副会长、评议员）、城内商会（正副会长、董事）、商埠商会（正副会长、董事）、农会（正副会长、评议员）联合组织；本会以募集捐款赈恤灾民为宗旨；本会推督军省长为名誉会长，设会长一人、副会长二人，议董若干人，并由议董中互推议董主任三人；本会事务由会员分组担任之，设总务部、出纳部、执行部、工程部；本会会员均尽义务，不支薪金夫马等费。①

山东灾赈公会推举山东省督军兼省长田中玉为名誉会长，吕海寰为会长，张振卿、何春江为副会长，张公制、车百闻、劳之常为议董主任。从简章和人员组成来看，山东灾赈公会是一个联合官绅商学农各界力量而成立的具有官方背景的民间救灾机构。该会具体的施赈方法可通过其施赈简章体现出来：

山东灾赈公会施赈简章

1. 本会募集赈款，由被灾各县知事领回散发并由本会派员监督。

2. 各县应分区散放，每区择适中地点，俾灾民便于就赈。

3. 放赈时，应慎选公正绅士分赴各灾区，会同各该区董事详查极贫、次贫、老幼各若干口，分别散赈，幼孩减半。

---

① 《山东灾赈公会征信录》，第1页。

4. 每口领款若干，须由各该区董出具证明书两份，一份送县署，一份交监察员，转交本会查核。

5. 放赈人员及各区董事如有串同弊混情事，一经告发，或被查实，应呈请省长按照新颁赈灾奖惩条例办理。

6. 各县如有愿将赈款改办平粜者，须由县叙明理由，函达本会核定施行。

7. 每购运粜粮一次，其种类、石数、粮价、运费，须由县报本会。

8. 平粜粮食，每月旧管、新购、粜出、余存各若干，须由县报本会。

9. 平粜价目，按买价加以运费共合价值若干，比较贩卖者减价若干，公同评定出售，并随时报告本会。

10. 各县设平粜局几处，各局用人若干及其姓名，均须由县报告本会。

11. 办理平粜人员，如有掺水、抬价、克扣斤两或购买劣粮等弊，照第五条之规定办理。

12. 平粜之款不准亏损，待赈务告竣时应由县将存款数目报告本会，听候支配用途。

山东灾赈公会赈款、赈粮的收支情况，主要有以下两项：

第一项：银钱收支四柱清册①

一、旧管：

1. 收山东灾区救济会移交洋 13505.97 元。

2. 收山东灾区救济会移交钱 6275 千 500 文，折洋 2124 元。共计旧管 15629.97 元。

二、新收：

---

① 《山东灾赈公会征信录》第一卷，银钱四柱清册。

1. 收士绅捐款洋 39422.66 元。

2. 收士绅募款及各机关团体捐募款洋 408875.646 元。

3. 收各县经募款洋 172995.317 元。

4. 收各游艺会劝募款洋 61321.433 元。

5. 收杂项收入款洋 215385.273 元,俄帖 6655 元。

共计新收洋 898000.329 元,俄帖 6655 元。

三、支出:共计开除洋 778744.565 元。

四、实在:共计剩余洋 134885.734 元,俄帖 6655 元。均移归本会改组续办之水灾赈务案内接收。

第二项:米粮收入①

共计新收粮二万五千八百二十一石五斗,除驳短粮十八石五斗外,实收二万五千八百零三石。山芋二十万斤,山芋干二千六百四十三包,麻袋三万九千六百八十二条,面粉五十袋。

除此之外,该会还曾商请交通部拨车两列,运粮九十四列车,计五万六千四百吨。

山东灾赈公会旱灾赈务概况表

县名	被灾轻重	灾民数目(口)	发放赈款(元)	发放赈粮(斗)	赈粮价值(元)	赈款赈粮合计(元)	发放赈衣(件)
临清	全境	279544	27986	12420	11614	39600	4020
馆陶	全境	125642	14799.72	11395	11000.28	25800	2560
武城	全境	265000	15600	14844	13500	29100	2560
德平	全境	230000	14100	12950	12000	26100	3560
平阴	全境	150730	22100	10620	10000	32100	3560
济阳	全境	230000	14100	12850	12000	26100	3560

① 《山东灾赈公会征信录》第二卷,米粮四柱清册。

（续表）

县名	被灾轻重	灾民数目(口)	发放赈款(元)	发放赈粮(斗)	赈粮价值(元)	赈款赈粮合计(元)	发放赈衣(件)
无棣	全境	220000	38100			38100	2560
恩县	全境	191000	18198.57	20235	19000	37198.57	3560
乐陵	十分之九	223000	35998.57			35998.57	3560
堂邑	十分之七	200000	31700			31700	2560
平原	十分之七	133144	32900	17485	8500	41400	3560
德县	十分之七	198000	23905	25225	24000	47905	3560
沾化	十分之七	73982	17900			17900	4560
清平	十分之六	60278	19307.8			19307.8	3560
邱县	十分之六	65000	14307.8	6865	6500	20807.8	2560
陵县	十分之六	43000	10307.8	8216	8000	18307.8	2560
阳信	十分之五	250000	32700			32700	4560
冠县	十分之四点五	81000	13307.8			13307.8	3560
夏津	十分之四	150000	5400	8235	8000	13400	3560
濮县	十分之四	150000	15400	7580	7000	22400	2000
范县	十分之四	55000	10307.8			10307.8	2000
临邑	十分之三	30000	4274			4274	1600
齐东	十分之三	40000	4274			4274	1600
禹城	十分之三	50000	8274			8274	1600
商河	十分之二	30000	3274			3274	1600

（续表）

县名	被灾轻重	灾民数目（口）	发放赈款（元）	发放赈粮（斗）	赈粮价值（元）	赈款赈粮合计（元）	发放赈衣（件）
长清	十分之二	52000	4274			4274	1600
茌平	十分之二	50000	4274			4274	1600
东阿	十分之二	18500	2524			2524	1600
观城	十分之二	35000	2274			2274	1600
博平	十分之一点五	17000	2274			2274	1600
齐河	十分之一	50000	2274			2274	1600
高唐	十分之零点五	13000	2274			2274	1600
聊城		1774			1774		
肥城			1774			1774	
历城			155.5			155.5	2000
总计		3761594	470620.36	168920	152888.28	623508.64	87700
备注							原表为86700

说明：上表中的赈款，中央颁发五县（平原、德县、陵县、禹城、恩县）30000元，山东灾赈公会急赈185000元，冬赈168500元，春赈188000元，全省学界筹赈会赈款13762元，代放青岛中日官商赈款16200元，代放日本公使署赈款8839元，特别赈款13207.64元，共计623508.64元。①

赈务活动结束后，山东灾赈公会编印有《山东灾赈公会征信录》，对其收支账目和赈济工作有详细的记录。山东灾赈公会议董主任兼华洋放赈委员会会长劳之常在该书序言中说：“（本会）自成立以来，先后收入各处赈款共计已达一百余万元。益以中央赈务处

① 《山东灾赈公会征信录》，第8页。

颁发之灾赈借款凡五十四万元，又有国际组募集之款亦一百三十余万元，同时美国红十字会亦捐六七十万元，专修东省灾区道路为以工代赈之举。”①

同山东省赈务处相比，山东灾赈公会的赈款收支要多得多，在救灾中的地位也更重要。从这两个救灾机构的对比中，能清楚地看出社会力量在本次灾荒救济中发挥的重要作用。这不仅是山东一省的赈济特点，其他受灾省区也是如此。

（三）灾区各县自办的赈济

山东灾区各县的赈济主要是办理平粜，《山东省赈务处征信录》有一份《灾区各县自行筹办平粜清单》，对此有详细记载，兹列表如下②：

县名	办理平粜情况
无棣	财政部潘次长（复）捐洋 5000 元，山东灾赈公会拨洋 2000 元，山东省赈务处拨助麦种改办平粜洋 1000 元，共洋 8000 元。
馆陶	由地方公款挪洋 5000 元，全县绅富捐洋 6000 元，知事捐洋 1000 元，湖北王督军（即王占元，山东馆陶人，时任湖北督军）捐洋 6000 元，嗣后购米又垫米价 39000 元。
临清	县知事杨凤玉捐廉 1000 元，绅富筹措 30000 元，士绅车鉴之捐资 5000 元。
德县	积谷本息大洋 4000 元，领回电话经费大洋 2000 元，灾赈公会拨洋 6000 元。
恩县	电话捐项下提拨 3000 元，灾赈公会发给赈款内酌留 4000 元，绅富筹洋 30116 元。
平阴	地方公款 4500 元，又籽种余款（钱）562 千，借贷商号 500 元。
阳信	由灾赈公会发给急赈款内提洋 5000 元，又由发给冬赈款内提洋 3000 元，山芋折价洋 1000 元，拨入平粜。

① 《山东灾赈公会征信录》，第 11 页。

② 《山东省赈务处征信录》，第 29 ~ 31 页。

（续表）

县名	办理平粜情况
冠县	湖北王督军（王占元）借款12000元，旅鄂同乡借款1000元。
夏津	由地方公款拨洋2000元，县知事徐毅借洋200元，又地方绅富借洋12000余元，又收没赃款洋1700元。
禹城	由绅董借洋11200元。
平原	仓谷存款3000元，商会接收修房未竣之款1000元。
德平	积谷变价（钱）4000吊。
乐陵	积谷变价京钱27866千762文，段家庄民范麟阁捐钱1100吊。
陵县	积谷变价、宾兴、惜字社三项京钱5500吊，并将征存应还民间之濮工附捐1900元，灾赈公会赈款4000元，拨充粜本。
茌平	东临道尹发还军警电话费洋917.679元，盐公店借洋1000元，商会借钱2000吊又2000元。
武城	地方公款洋7871元，绅富劝捐洋8193元，士绅王金镜自出洋20000元，商会集款5320元。
博平	公款洋15000元。
清平	县绅盛际烈等集资5000元。
济阳	卢子嘉督军（即卢永祥，山东济阳人，时任浙江督军）垫款洋10000元。
东阿	地方公款（钱）6000吊，商家借款（钱）4000吊。
长清	由地方公款挪用洋4000元。
堂邑	由灾赈公会拨给赈款洋1万元，内划拨办粜洋3000元，绅富息借6000元。
聊城	1920年4月筹洋1万元，举办平粜。1921年3月商会会长自筹大洋24605元办粜，粜亏2693元，全数认捐。
邱县	各村庄共筹钱13600吊，分区办粜。
滕县	县民叶宗濂自出大洋6000元，办理平粜。

从以上二十五县呈报的办理平粜情况来看,其经费来源主要有以下几项:一、山东赈务处、山东灾赈公会的拨款;二、外地或当地官绅商民的捐款;三、借款;四、挪用地方公款;五、积谷变价款。可以说,各灾区县为办理平粜也算是竭尽全力了。

至于灾区各县的具体赈济情况,民国所编的各县县志中亦有所反映:

临清:1920 年 9 月,华洋义赈会派员莅境勘灾放赈,县境分得赈款二十余万元。10 月,临清官绅各界发起成立了旱灾筹赈会,县长捐俸一千元为之倡。当时粮乏价腾,县长力劝富室借款平粜,共集款二万七千余元,在筹赈会内附设平粜局。由于文报之呼吁,代表之陈请,"自是南北中外各赈会所遣委之查灾赈灾诸使者,高足车尘相望于境,而冬春两赈之衣粮钱币纤挽运载,相继以输来此间矣"。临清为山东第一重灾县,"计诸赈款施及吾临者约三十万数千百元,又属山东第一重赈"。①

阳信:1921 年,山东灾赈公会分给阳信急赈银币一万元,冬赈银币一万元,春赈银币一万元,山芋赈变价分给一千元,分给棉衣六千五百六十件。华洋义赈会分给银币三万五千元。国际组赈分给银币三万元。日本赈分给银币一千一百元,学童棉衣七百件又分给银币二千元。②

临邑:1919 年,自春至秋旱魃为灾,赤地千里,粒米不获。民皆菜色,树叶菜根采掘殆尽。有美国教士戴锐者请国际华洋义赈会发来银洋二十八万元,散放急赈。自 1919 年 10 月至 1920 年 4 月,饥民八千余户,计四万余人得免饥寒流离之厄者,胥出戴教士奔走呼号之功。③

---

① 民国《临清县志》,大事记,艺文,《旱灾筹赈会记》,1934 年。
② 民国《阳信县志》卷二,祥异志,1926 年。
③ 民国《续修临邑县志》卷四,地慝篇一,天灾,1936 年。

无棣：1920 年，夏，无麦，土匪起。秋，八月，疫，无禾，民大饥。蠲免田租。由北京赈务处、山东赈灾公会（应为灾赈公会）、山东赈务处、华洋赈会、华北华洋义赈会、日本义赈会、上海广仁堂义赈会、本省学界筹赈会、青岛中日官绅捐赈、北京日本使馆捐款、日本学界助赈、财政部潘次长捐赈、安徽李经湘捐赈、本县赈灾会，共银洋 335400 余元，分别赈恤之。① 无棣县的赈款涉及国内外各方力量的赈济，基本上反映出了这次旱灾的赈款来源及其在一个县的施放情况，颇具典型意义。

四、烟潍路与德临路的修建

1920 年旱灾发生后，由于中央政府财政拮据，根本不可能拨款救灾。在中央各机关中，唯有交通部因掌管铁路、电报电话、邮政、航运，成为最容易筹款的机构。交通部在内部设立赈灾委员会，规划赈恤事宜，经研究认为以工代赈最为完善。由于修铁路需款费时，遂决定先修路基，暂作公路之用。交通部根据各局岁收状况，估计对路、电、邮、航四政附收赈捐，每年可得五百余万元，于是计划先从直隶之沧石、山东之烟潍两路入手修筑。此外，美国红十字会还独自出资，采取以工代赈的方式修筑德州至临清间的公路。

（一）烟潍路的修建

烟台与潍县间旧有大道，为鲁省东部咽喉，然此路东部山峦起伏、崖壑深邃，西部则古道低陷、芜秽丛杂，商旅每视为畏途。烟潍路工原拟以修筑铁路路基为宗旨，因时间短促，来不及按照勘测铁路办法，只能暂以行驶汽车合宜为标准，以便可以少购地，节约开支。烟潍路最后勘定的路线是，自潍县东北隅起点，沿旧有大道至昌邑，渡潍河、胶河东行，经沙河至掖县，复向东北，经朱桥、黄山馆

① 民国《无棣县志》卷十六，祥异，1925 年。

与旧道分路而至龙口，复折向正东至黄县，东经诸由观，又东北至栾家口，沿海东行至蓬莱，向东偏南，经刘家沟、八角口，又南至岗俞，至此复与旧大道合而为一，又东行至福源，渡夹河，东达芝罘（烟台）。此路原线长 288.97 公里，后改线缩短，全路实长 285 公里又 839 公尺。

为统一领导和组织，交通部设立烟潍路工处，掌理全路勘测、购地、建筑、会计等事项，路工处下设文书股、庶务股、工程股、会计股、地务股、材料股分别掌理各项事务。交通部任命津浦路工程师赵德三为烟潍路工处处长，在济南商埠津浦路办事处内暂设烟潍路工处临时事务所，后又在潍县、龙口设立办公处所。

烟潍路是以工代赈工程，所有民工均是灾区灾民。原计划招收六千人，后担心人多工期短，不及春暖而工程竣工，各人所得甚少，不能达到救人救彻的目的。再有，因时间过于仓促，来不及勘测，工人太多则无法安插，只得改为四千人。其招工办法是：由山东省长通知东临道灾区各县选送而来，以有家室者为限，其目的是为了避免游手好闲之人充杂其间，寄款时也易于调查，预计一人工作所得资金可养四五人。

灾民来济南时，由各县选齐编号填册，送路工处验收，并在济南租临时寄宿舍收纳。先照相注册，编列棚号，每棚三十人，然后乘胶济铁路运至潍县。下车后再暂时收容，待粮米器具备齐后，再由工务员督率至工作地点，扎棚屯驻。工人来自田间，不熟悉工作，每若干棚派一熟悉工作者，从事教导，定有工作勤惰牌，工头之上有监工及工务员分段巡视，随时由工棚正副目将各工人出勤、病假、旷工，分别志记，由工务员签字送路工处，以作结算依据。至于工资，按工作之难易定工价之高低，每一方难者二角五分至四角，最易者亦有二角之多，冬季天寒地冻或遇开山硬土，至多时亦有加至一元者。

工人自离家启程后，由各该县署每人垫发安家费两元，交由本人家属具领，以作度岁之资。后因各县署无款垫发，财政厅又将路工处交省政府代发的赡家费挪用，以致失去信任，工人纷纷逃逸，人心涣散，几至不可收拾。待三月间发第二次赡家费时，各工人均以前次赡家工资迟缓、家中断炊为由，请求自领自汇，不愿再经县署转发。可路工处又担心工人携款潜逃，有碍工作，遂改为工资虽用工人名义自领自汇，而款不先发，必须预定何日在何处邮司汇寄时，派员带款眼同交汇，以期核实。之后，家中收到银钱回信，工人多愿仍回原棚工作，工程遂得以恢复。

初开工时，正值冬令，工作艰难。严冬时，正在掖县以东，山地土质坚硬，尤难开辟，而灾民来自田间，素未谙习，一开始担心难收实效，待工竣结账，成绩颇有可观。除扣粮米家具价值外，勤者多至三十六元，惰者亦有二三元，平均每人所得约在十元以上。其结账手续均按考勤牌及工务员收方报告表，核对编册立单，开具银行支票，汇寄各县，发给工人家属，亲盖手印收领，仍将收据寄回路工处存查。工人回籍时，原打算由烟台乘轮船，由天津转由津浦路遣回，后因工人准备在烟台罢工，遂改由龙口登轮。其结果，各县工人共计三千七百二十四名，声明愿留工作者计九百三十人，待他日工毕，由路工处酌予川资自由回里。病死者六人，逃逸者九百七十一人。愿回籍者一千八百七十人，统由龙口分两期登船至塘沽，换由津浦、京奉两路局备车至德州、平原、禹城、济南等四站分别下车。①

烟潍路于1920年11月1日动工修建，原计划全部土工于1921年4月告竣，后因拖欠工钱，工人罢工，工程一再耽搁，直到1922年冬才最后修竣，1923年1月才完全通车。据《烟潍路工赈纪略》，工程开支及欠款如下：

总务费，截止到1922年12月底，支出总数计一百四十六万四千

① 赵德三编：《烟潍路工赈纪略》，1926年铅印本，第85~86页。

九百余元,负欠地价四十六万余元,拖欠工款十一万余元,共计二百零六万余元,与预算不相上下。

筹办费,系指勘测调查而言,计一万九千三百余元。

购地,已发价者计一千九百三十三亩余,用款十万零三千一百元;未发价者八千五百二十一亩余,计洋四十六万五千三百余元,总计五十六万八千五百余元。

路基筑造,计用款三十五万六千余元,再加拖欠工款五万余元,总计四十万余元。

桥洞各工,计用款七十二万四千五百余元,连同拖欠工价,共八十万余元。①

交通部利用附收赈捐实施工赈,这本是利民利国的好事,可烟潍路的修建并不顺利,其中颇多波折。由于社会各界对交通部利用附收赈款修路的强烈反对,交通部不得不将附收的赈款划拨一半给赈务处施放急赈,烟潍路因此大受影响,"因部款支绌,未能源源接济,拖欠工款至十数万之巨,包工者拖累不堪,工人多有散至村市乞讨者,其困苦概可想见"②。由于安家费、赡家费发放失当,一再拖欠,导致工人逃逸、罢工,工程停顿数月。一项利民利国的好事,竟被办得如此艰难蹉跎,怨声四起,令人感慨。

(二)德临路的修建

1920年11月,在烟潍路开工的同时,美国红十字会也计划独自出资修建德州至临清间的道路,经交通部允许后,该会遂派代表索克司来济南筹划进行。

山东方面因慎重国权及免事后之纠葛,主张该路告成后,须由鲁省完全管理,外人不得干涉。美国红十字会同意将主权让与中

---

① 赵德三编:《烟潍路工赈纪略》,第161页。

② 赵德三编:《烟潍路工赈纪略》,第139页。

国,并与山东灾赈公会接洽,设法购买地皮,双方订立合同,其内容如下:

1. 美国红十字会备款修路,约计五十万美金。

2. 应用地皮由山东灾赈公会设法购买。

3. 山东灾赈公会于临清、德州间设购地处。

4. 山东灾赈公会派员二人赴德州、临清一带,与美国红十字会工程师会勘路线,并协助该会办理一切工程。

5. 遇有与地方官接洽事件,由美红十字会告知灾赈公会前往接洽。

6. 美红十字会办理以工代赈,系专供工人及家属粮食,只发粮食票,不发工价。

7. 工成后,由中国官府验收,完全管理,美人不准有丝毫干涉。

8. 收到前项声明之后,即由省署通知有关系之各县晓谕人民,一体周知。

此项合同订立后,又由美国领事及红十字会代表德福兰发表声明:美国红十字会无论现在或将来,绝无对于所修之路有要求管辖权、主权及干涉使用之意。此路完全归中国公共管理。该路修筑完竣及灾荒期间过去,红十字会之义务即属终了,所有代表亦即撤回,特此声明。①

德临路的修筑情况,据1921年3月9日《大公报》报道,德临路自德州起点,经恩县、武城、夏津以至临清,约二百十余华里,分三段修筑,雇用灾民约四千余人,工程主任柏克(美红十字会代表)因该项工程本系以工代赈,故沿路设有粮栈,凡属该路工人,每日工资概行发给米票,令赴粮栈领米。现在该路已修至夏津,约阴历二月内

---

① 《大公报》1920年12月6日,原文中的"赈灾公会"一律改为"灾赈公会"。

可以告竣。

德临路修筑如此顺利，与烟潍路形成鲜明对比。虽然，由于地势和长度不同，德临路的修筑要容易得多，但两项比较，仍能清楚地看出烟潍路修筑过程中存在的问题：一、选址问题。德临路就在重灾区，灾民可直接上路干活，而烟潍路远离灾区，灾民需先赶往济南，再乘火车到潍县，然后再赴工地。最远的龙口、烟台离灾区有数百里之遥，其招工不便显而易见。二、发粮与发钱的优劣。德临路不发工钱，只发粮食票，凭票在沿线的粮栈领取粮食，简便易行，完全符合以工代赈之本意。而烟潍路发工钱，但又不直接发给本人，也不即时发放，而是由县署垫付或由省财政厅转发，以致出现拖延，导致工人罢工，工程停顿数月之久。在烟潍路工作的临清、德州、德平、阳信各县工人得知德临路放粮后，纷纷逃回原籍。烟潍路路工处处长赵德三不得不请求山东省长，“分饬各县速将逃回原籍之工人递送回路工作，一面函请德临路主管人员勿得收用本路逃回之工人，以免牵制本路工作”①。尽管如此，当烟潍路结束时，全部三千七百二十四名工人，逃逸者竟达九百七十一人之多，令人吃惊。同样是以工代赈的工程，其赈济效果差别如此之大，不能不令人深思。

1920 年山东旱灾的救济是在一个极为不利的政治经济环境下进行的。当时，山东各界正在发起两种运动：一是反对山东督军田中玉兼任省长，二是反对中央任命的张寿镛任财政厅长。前者是因为田中玉越权乱政，迫使原省长齐耀珊辞职；后者是因为山东财政积亏过千万，山东人要自理财政。1920 年 10 月 21 日《晨报》刊载了山东各界请核减军费、救济财政电，其文曰：“东省财政，日堕危机，揆厥原因，实以军队充斥，饷费浩繁，出入相悬，为数过巨。查山东国家预算岁入率九百余万，而军费一项，已占七百余万至多，政费三

① 赵德三编：《烟潍路工赈纪略》，第 56 页。

百余万，几等无着，是以数年积亏，已达千万。”11 月 25 日《晨报》又载山东省议会致电中央请求截留盐税，其电文曰：“东省财政情况，危急万分，旧欠新亏，统计已达一千五百万之巨。”如此财政状况，维持省政府存在尚且困难，更谈不上拨款来救灾。无奈之下，山东赈灾公会只得寄希望于各界捐款救灾，可成立二十余日，所有设法劝捐之数及各处协济之款仅区区十余万元。为动员各县捐款，灾赈公会发往山东各县的捐册共计七十五县，可一月之后，惟莒县周知事汇交洋三千元，其他县份渺乎无闻，置之不理。① 因此，仅靠山东一省之力来救济如此大灾是根本不可能的。

值得庆幸的是，在山东灾民嗷嗷待哺而本省又无力救济的紧要关头，中外各慈善团体、各慈善人士，纷纷伸出援救之手，他们或捐款助赈，或亲往灾区施放，其捐款数量之多、救济灾民之众在山东近代救济史上都是前所未有的。上海广仁堂盛绅捐款派员在临清、无棣两县施赈，赈款合计竟达三十余万元，其爱心和义举令人感动。浙江督军卢永祥向山东省赈务处拨交经募上海慈善救济会赈洋四万元，他本人向家乡济阳垫款洋一万元。湖北督军王占元向家乡馆陶捐洋六千元，后又垫购米价三万九千元，还借给冠县洋一万二千元，其任官外地、心系桑梓的情谊也值得称赞。

尽管由于种种原因，这次灾荒的救济说不上很成功，但毕竟在一定程度上减少了灾民的死亡，减轻了灾民的痛苦，对其取得的成绩和效果还是应给予一定的肯定。在政府几乎缺位的情况下，社会力量成为 1920 年山东旱灾救济的主力，那些为挽救灾民性命而付出爱心和辛劳的中外人士值得后人铭记！

---

① 《大公报》1920 年 11 月 19 日、12 月 12 日。

第四章　1926 年至 1928 年灾荒救济

20 世纪 20 年代中后期，是山东政局极为动荡的时期，也是山东灾荒空前严重的时期。除连续数年的天灾外，匪患和兵灾更是雪上加霜，天灾与人祸叠加，将山东上千万人推向了死亡的边缘。山东这几年灾荒之严重、救灾之困难在山东近代救济史上都是前所未有的。

一、天灾人祸叠加下的连年灾荒

1. 天灾

1924 年灾情：据《河北山东赈灾委员会报告书》及其他资料综合统计，本年山东共三十八县受灾，其中被水者十九县，春旱秋涝或夏潦秋旱者七县，被旱或淤沙者三县，因直奉战争中直鲁溃军过境，或县境驻兵发生兵灾，以及秩序混乱发生匪灾者九县。灾民约计二百万人。①

1925 年灾情：8 月至 9 月间，黄河在直隶濮阳李升屯（今属山东东明）和山东寿张黄花寺（今属梁山）先后决口，被灾之区约二千方里，灾民约二百万人。10 月至 12 月间，又发生鲁豫军阀战争，临沂、泰安、滕县、德县等被水县份又被兵灾。是年因处于战线内或被兵匪抢掠成灾之县还有宁阳、嘉祥、巨野、菏泽、定陶、新泰、莱芜等十

---

① 李文海等著：《近代中国灾荒纪年续编》，第 116 ~ 117 页。

四县。本年山东受灾县有四十七个,据《河北山东赈灾委员会报告书》不完全统计(部分受灾县灾民数目不明),灾民约计二百一十七万人。①

1926 年灾情:本年山东春夏间四十余县亢旱,7、8 月间,复又霪雨兼旬,黄河在直隶东明县刘庄决口,又在利津县八里庄改道。“全省一百余县,几无一不在被灾之中,亦无一不在待赈之中”。②

1927 年山东受灾县数和灾民总数,据华洋义赈会的一份报告称:灾区共五十六县,面积二十四万余方里,占全省面积十分之六,灾民二千零八十六万零一百二十一人,占全省人口二分之一强,灾况之重,实空前所未有。③ 又据北京赈济会称:“鲁省一百零七县,有三十五县收成不足百分之十,另有三十县收成自百分之十至四十不等。”④济南慈悲社致中国济生会函则称:“鲁省历经水旱兵蝗各灾,致颗粒不收者五十七县。”⑤

在以上数年灾情的叠加下,1928 年的灾荒更为严重。据 1928 年 4 月华洋义赈会的报告称:

> 鲁省待救难民,与欧战后欧洲难民待救之情形,不相上下也。据大概调查,山东最困苦之灾民,总计有千万以上,约占全省人数四分之一。其中三百万已赴外省就食,或在省内寻觅生路,二百万在家忍饿,所余之五百万,则以草根树叶等充饥。预计春季收成尚有月余方可成熟。在此四五十日中,青黄不接之时,设无得力之大宗救济,恐饿莩者,不免有二三百万之众。⑥

---

① 李文海等著:《近代中国灾荒纪年续编》,第 138 ~ 140 页。

② 李文海等著:《近代中国灾荒纪年续编》,第 161 ~ 163 页。

③ 山东省档案馆等编:《山东革命历史档案资料选编》第一辑,山东人民出版社 1981 年版,第 180 页。

④ 《民国日报》1927 年 12 月 28 日。

⑤ 《民国日报》1928 年 2 月 9 日。

⑥ 《晨报》1928 年 4 月 24 日。

另据《各省灾情概况》称,总计山东全年被灾者“已达八十三县,灾民总数约在五百万人”。①

2. 匪患

除天灾外,这几年山东的匪患也极为严重,可以说无县不匪、无地不匪。不仅鲁南、鲁东山区是土匪之渊薮,而且鲁西、鲁北平原地区也时有土匪出没;不仅穷乡僻壤土匪活动猖獗,而且城镇闹市乃至省城济南也出现土匪。说这几年山东成了土匪世界也并不过分,据估计,当时山东全省的土匪总数在二十万以上。②

1928 年 2 月 14 日《晨报》报道:“鲁省由沂州至泰安途中,蒙山附近因土匪横行,几无人烟,田野禾稼自行腐烂,至今无人刈收。”1928 年 3 月 24 日《大公报》在《鲁南匪劫之惊人报告》中称:

> 旧历正月十六日,有大股土匪四五千人,由沂水南境,抢至沂水北境,又由沂水北境,抢回沂水南境。全县十八区,被抢者遍十五区,所架男女肉票先后不下四五万人,死伤约五六千人。沂城几乎为匪占去,匪入境至出境共十余日,复于二月二十六日折回沂水城南,粮米牲畜,被抢一空,真空前之惨劫也。

土匪在灾区的烧杀抢掠,以及官兵名为剿匪、实为扰民的行动将灾民本来就微不足道的抗灾能力消耗殆尽。更为严重的是,土匪的泛滥也使得外部的赈济机构和组织无法进入灾区救灾。1928 年 2 月《晨报》曾报道说:“费、蒙二县,多崇山峻岭,向为盗寇之渊薮,虽有乐意前往赈济灾民者,亦多因土匪之故,而裹足不前,故该二处之灾民尤苦。”③在外援不济、内乱不已的绝境中,灾区的壮丁为了活命,或入土匪,或入行伍,其结果,灾区就变成了匪区、战区,直至最后沦为无人区。

---

① 李文海等著:《近代中国灾荒纪年续编》,第 214 页。

② 《东方杂志》第 24 卷,第 16 号,1927 年 8 月 25 日。

③ 《晨报》1928 年 2 月 22 日。

3. 兵祸

20 世纪 20 年代的最后五年，中国是在战争中度过的。这中间既有军阀之间为争夺地盘和政权的混战，也有南方北伐军推翻北洋军阀统治的统一战争，还有日本帝国主义对山东的侵略。这些战争都波及山东，有些更以山东为主战场。自 1925 年张宗昌督鲁后，山东境内发生或鲁军参加的战争有：1925 年 10 ~ 11 月，张宗昌与孙传芳之间爆发的浙奉战争，战场主要在皖北、苏北和鲁南。1925 年 11 月至次年 1 月，张宗昌与岳维峻之间爆发的鲁豫战争，战场主要在豫东和鲁西南。1926 年 2 ~ 4 月，直鲁联军与国民军之间爆发的战争，战场主要在冀南、天津、北京一带。1927 ~ 1928 年，张宗昌对抗北伐军的战争。1928 年 5 月，日本侵占济南，并制造了震惊中外的“五三惨案”。

战争对人民生活的直接破坏极其巨大。1928 年 5 月 9 日《大公报》刊载《劫后济宁之一瞥》一文，通过记者的实地考查，详细描述了战后的惨状：

> 盖当联军退却前，曾在此竭力抵御二十里铺安郡一带之国民军，双方炮火往还，火线内有村名薛屯，全部轰毁，村民死于枪炮弹下，不可胜计。事前逃难人民亦皆流离失所，事后十室九空。二麦收获，为期尚远，故物价飞腾，民生异常困苦。贫人皆以榆叶草芽充饥，有能得豆饼者，即视为珍馐之品。

除了炮火直接轰毁射杀居民外，军队的抢掠也十分普遍，“南关一带，各殷实铺户，因于南北军换防时，多被抢掠，尤以泰祥裕布庄，损失最巨，约在二十万之谱。其余商店民房，被焚者亦不下数百处，伤亡三十余人。全城原气大伤，故市况极显萧条”。

1928 年 8 月 3 日《大公报》报道：“据慈善团体调查，济南惨案后，济南居民凡中产以下者，因百业停顿，生活无法，已完全流为难民，十之八九赖各慈善团所放之红粮，维持生活。除流离四方者外，目下济南之难民仍在十万人以上。”

人祸加剧天灾，最终酿成大饥荒。1927 年 5 月 10 日，重灾区蒙阴县实业局长刘淑琪、教育局长刘玠邀同地方绅董具呈省署，请求免征、放赈以救灾民。呈文称：

> 蒙阴处万山之中，素为土匪出没之区。大股匪首刘黑七、李堂刚、刘天增、景德全、黄三、尹五、郑牛子、石增福、赵德胜等近万余众，均以蒙山为渊薮，烧杀淫掠，倍极惨酷。全县 700 村无一不被其蹂躏；一年 360 天，无一天无抢劫。人民死者死，逃者逃，十分之中去其四五。商绝贸易，市镇荒凉，农停耕作，山村丘墟。此匪灾之重，无有逾于蒙阴者。军兴以来，孙军过境，国民军继之，总预备军又继之。所需粮秣，动辄数万。上年沂州袁团来县驻防，80 余日耗费金钱近 30 万千，该团暗与土匪勾结，遂将蒙阴养成土匪世界。嗣后王旅，沂州黄旅，新泰杜旅，迭次来蒙剿匪，损失达数十万。闾阎之杼轴已空，军人之酒浆莫餍。兵去匪来，兵来匪去，兵匪交困，疮痍满目，转徙流离，此受兵灾之苦，无有逾者。更加去年春夏，禾苗亢旱未种；秋雨成灾，不容成熟，室如悬磬，野无青草，少壮逃亡四方，老弱转死沟壑。山穷水尽，十室九空，罗掘俱穷，告贷无门。哀鸿遍野，嗷嗷待哺。谋生乏术，奄亡垂毙。蒙民 18 万逃往关东者十之三四。所余之六七，能日举一火者不到半数。蒙民苦状已造其极。①

从这段滴血带泪的文字中，我们不难想象灾区的惨状。更值得注意的是，这份呈文先讲匪患，再讲兵祸，最后才提到天灾。可见在蒙阴人民心目中，匪患危害第一，兵祸次之，天灾又次之，人祸大于天灾，

---

① 临沂地区史志办公室编：《临沂百年大事记》，山东人民出版社 1989 年版，第 205 页。

由此得到最充分的证明。

山东人祸与天灾的关系，当时的报纸已有大量的报道。1928 年 2 月 22 日《晨报》在一篇文章中总结说：

> 鲁省灾祲无岁无之，而以民国十六年为最巨。其西南各地，如菏泽、城武、金乡、单县等数十县，既受民国十五年之水患，荡成泽国，复被十六年之旱灾，变为赤地。其南面如滕、峄、费、蒙等十余县，积旱连年，兵匪纷扰，致呈一片荒凉。其东南如莒、沂、胶州等县，因兵灾匪患，旱蝗灾祲，竟使若干人民，死亡离散。综而言之，鲁省灾情实因连年叠至，而至斯极也。

这段话中的“积旱连年”、“兵匪纷扰”、“兵灾匪患”无不说明人祸始终与天灾相伴。山东当局为了推卸人祸的责任，竟将荒灾诿诸亢旱蝗患，而外国赈济机构因中国灾荒全由战争及政治所致，竟不愿给中国拨放赈款。人祸之烈于此达到极致。

二、山东灾民救济会的救济

面对如此严重的灾情，山东官绅各界和中央政府再也不能坐视不管，但由于此时政局动荡，政权更替，救灾的力度和效果都大受影响。就目前所见资料，对这场大灾有组织的救济，主要是由山东灾民救济会和河北山东赈务委员会承担。本节先介绍山东灾民救济会的赈济情况。

山东灾民救济会是山东官绅联合组成的救灾机构，成立于 1926 年 5 月 13 日，结束于 1927 年 1 月 20 日，历时八个月，成为这一时期山东省最主要的救灾机构。

山东灾民救济会简章

> 一、本会定名为山东灾民救济会，由绅商军政各界组织之。
>
> 二、本会专办募捐赈恤各县灾民事宜。
>
> 三、本会会所设济南商埠公园。

四、本会设会长一人，综理会务，副会长六人，襄理会务。评议、干事二部，分别讨论、执行会务。评议部设部长一人，评议二十人。干事部设部长四人，干事无定额，分设八股，即文书股、会计股、庶务股、劝募股、施放股、采办股、调查股、交际股。

五、会长、副会长及各股职员均由在会人员共同推举。

六、会长、副会长、部长暨各股职员均名誉职，并不支车马等费。

七、本会办理赈恤事宜，完竣即行撤销之。

八、本简章如有不适宜之处，得临时由会长交评议会修正之。

山东灾民救济会推举张宗昌、林宪祖、吕海寰、赵尔巽、潘守廉、柯劭忞为名誉会长，推举何春江为会长，宋徽五、张子衡、于耀西、徐燕珊、吕伯韩、车百闻为副会长。从这个名单来看，山东灾民救济会确实是集中了当时山东军政绅商的头面人物，因此，这个机构虽是民办救济机构，但带有明显的官方背景。

山东灾民救济会在这次救灾中的收支情况，可以通过其四柱清册清楚地反映出来①：

一、旧管：无。

二、新收：赈款：大洋155955.66元，库券172176.5元，军票98314.39元，流通券874.5元，银行存息大洋183.42元，查放员公费盈余大洋29.45元。共计大洋427533.92元。赈粮：11438袋。赈衣：2183件。

三、开除：查放赈款：大洋317446元。旅费：大洋6007.34元。公费：包括库券贴水、军票贴水、流通券贴水、移助赈款等。共计支出赈款洋427533.92元。支赈粮11438袋。支赈衣2183件。

① 《山东灾民救济会赈务征信录》，1927年。

四、实在：无。

山东灾民救济会赈务概况表

县名	灾因	被灾情形	施赈情形
泰安	兵灾	121村,2054户,16502口	赈款5000元 赈粮900包
东平	兵匪灾		5000元
滕县	兵灾	438村,6074户,13951口	5000元,900包
东阿	兵匪灾		5000元
嘉祥	兵水灾	336村,5537户,33780口	9423元
峄县	兵灾	688村,3531户,16252口	5000元,900包
汶上	兵匪水灾	63村,2497户,12314口	12000元
单县	兵匪灾	138村,1950户,8884口	9000元
冠县	兵灾	131村,3791户,14804口	9000元
滋阳	兵水灾	390村,6530户,23529口	10000元,900包
巨野	兵水灾	58村,4398户,17533口	10423元
宁阳	兵灾	271村,8883户,34372口	5000元,900包
济宁	兵匪水灾	264村,8394户,37456口	10000元,900包
郯城	兵匪灾	151村,4327户,12686口	5000元,1500包
濮县	兵匪水灾	284村,4889户,8460口	10016元
德县	兵灾	252村,5175户,17023口	4000元,1000包
肥城	兵灾	144村,3908户,11930口	8000元
莱芜	兵灾	82村,1270户,8254口	5000元
郓城	兵匪水灾	182村,3242户,10835口	11033元
临沂	兵匪灾	713村,7876户,23628口	6510元,1500包
费县	兵灾	588村,6364户,20804口	5000元
邹县	兵灾	287村,7183户,26591口	5000元,600包
鱼台	兵水灾	227村,2987户,6180口	9000元
观城	兵匪灾	104村,2651户,10673口	9000元
阳谷	兵灾	116村,3592户,19700口	5000元

（续表）

县名	灾因	被灾情形	施赈情形
乐陵	兵灾	571 村,3124 户,12474 口	8000 元
范县	兵匪水灾	62 村,1821 户,9581 口	8000 元
阳信	兵灾	267 村,3718 户,11150 口	5000 元
寿张	兵灾	145 村,2450 户,10961 口	5000 元
平原	兵灾	113 村,4018 户,15944 口	2000 元,600 包
历城	兵灾	94 村,2977 户,12486 口	830 包
蒙阴	匪灾	159 村,1082 户,5944 口	3500 元
泗水	兵水灾	66 村,1156 户,4929 口	5500 元
城武	兵灾	57 村,1648 户,4943 口	3500 元
新泰	兵匪灾	178 村,1858 户,7922 口	3500 元
菏泽	兵匪水灾	928 村,4087 户,6130 口	9605 元
莘县	兵水灾	192 村,1506 户,4311 口	4500 元
恩县	兵水灾	53 村,1540 户,6221 口	6500 元
德平	兵灾	240 村,789 户,6976 口	3500 元
邱县	兵灾	149 村,2916 户,8748 口	3500 元
馆陶	兵水灾	268 村,1572 户,6082 口	4500 元
平阴	兵灾		3500 元
武城	兵灾	118 村,6213 户,18669 口	3500 元
临清	兵水灾	167 村,2509 户,7689 口	7996 元
临邑	兵灾	668 村,2816 户,10318 口	3500 元
无棣	兵灾	108 村,1732 户,10205 口	3500 元
陵县	兵灾	473 村,2189 户,11138 口	3500 元
朝城	兵水灾	153 村,2614 户,7871 口	4500 元
邹平	水灾	4 村,192 户,576 口	1200 元
金乡	水灾	350 村,3794 户,19060 口	7000 元, 棉衣 1000 件
利津	水灾	143 村,4319 户,30286 口	3000 元
沾化	水灾	37 村,3301 户,19146 口	1500 元

（续表）

县名	灾因	被灾情形	施赈情形
禹城	水灾	75 村,2431 户,6680 口	6000 元
定陶	水灾	753 村,2500 户,6984 口	3000 元
茌平	水灾	300 村,1894 户,5102 口	3000 元
夏津	水灾	93 村,3237 户,9894 口	3000 元
堂邑	兵灾	6 村,414 户,1240 口	1240 元
总计		13018 村,183520 户,705801 口	317446 元,11430 包,1000 件

上表是山东灾民救济会对山东五十七个县 1925 年至 1926 年受灾及施赈情况的统计,其中关于受灾原因及灾民人数的统计显然是不全面的,灾民的实际人数要远远大于此数。从此表中可以看出,这两年山东遭受的最大灾害是兵灾,其次是水灾和匪灾,而且有数县是诸灾并作。就救灾力度而言,上述五十七县共有灾民七十余万口,而山东灾民救济会直接施放的赈款只有三十余万元,赈粮一万余袋,棉衣一千件,平均计算,每个灾民获得的赈款不足五角,真可谓杯水车薪、微不足道。

除自行发放外,山东灾民救济会还移助各慈善机构,其机构名称及数额为:

> 济南红十字会,赈款 23198.24 元,赈衣 383 件。济南慈悲社,赈款 5000 元。济南悟善社,赈款 5000 元。济南临时灾民栖留所,赈款 5011.57 元。黄河水灾救济会天津协会,赈款 5000 元。济南庇寒所,赈衣 600 件。厚德贫民工厂,赈粮 8 包,赈衣 200 件。统计赈款 43209.81 元,赈粮 8 包,赈衣 1183 件。①

1925 年 4 月,张宗昌任山东督办(后兼省长)。此后数年,山东战祸不断,土匪横行,经济崩溃,人祸加上天灾,把山东人民推向了

① 《山东灾民救济会赈务征信录》,第 13 页。

痛苦的深渊。山东灾民救济会以张宗昌为名誉会长，显然是希望依靠他的权势多筹集赈款，但事与愿违，筹款寥寥，其对灾民的救济也微乎其微。有意思的是，笔者在山东省图书馆翻阅《山东灾民救济会赈务征信录》时，发现该书封面上不知何人留下一段批语："呜呼山东！呜呼灾民！灾民之居在山东，宜乎其为灾民也。民既灾矣，又从而救济之，此可谓猫哭老鼠也。"对山东当局造灾又救灾的嘲讽可谓一针见血。尽管如此，山东灾民救济会在当时的条件下，还是对灾民进行一些力所能及的救济，虽然效果有限，但聊胜于无，总比听任灾民转毙沟壑要好吧！

三、河北山东赈灾委员会的救济

1927 年 4 月，南京国民政府成立。鉴于直隶山东两省久经战事，水旱频仍，满目疮痍，流亡载道，国民政府为救济直隶山东灾荒，特设直鲁赈灾委员会。1928 年 4 月，国民政府特派许世英、王震、虞和德为直鲁赈灾委员会常务委员，以许世英为临时主席。后因直隶改名河北，故该机构名称也相应改为河北山东赈灾委员会（以下简称赈灾委员会）。由于该会成立之初，河北尚在军事争斗时期，故河北的赈务主要由各方代办，所拨赈款也较少，赈济的重点是在山东。本节主要介绍这一机构 1928 年在山东的赈济情况。

河北山东赈灾委员会总事务处设在上海，会内设执行部和监察会。执行部内分劝募、采运、调查、放赈四组，每组设主任一人，副主任一人，干事若干人，均为外勤工作。监察会设主任一人，副主任二人，会员若干人，专为钩稽赈款、查核账项及监督放赈事务，所聘会员均系办理慈善事业素有经验之士。

1. 筹款办法

甲、捐税附加。原本打算征收海关附加税，因此时尚未统一，外交牵制，未能举行，只能先就山东省内征收。中兴煤矿每吨附加赈款一元，以十万吨为限，但因车辆缺乏，运输困难，仅由整理中兴煤矿委员会拨到二千元。另外，收到山东烟苗捐 6686.514 元。

乙、华侨捐款。由国民政府及财政部先后拨到槟榔屿华侨捐款五万元，新加坡华侨捐款六十万元，赈务委员会拨来八万元，共收七十三万元。这是该会最主要的收入。

丙、国内捐款。共收捐款 145949.76 元。①

河北山东赈灾委员会账款收入支出总表②

赈款收入名称	赈款收入数目(元)	赈款支出名称	赈款支出数目(元)	赈款经费支出(元)	余存赈款数目(元)
国民政府及财政部交来华侨捐款	730000	河北放赈	184169		
零星捐款	145949.76	山东放赈及已拨鲁南贫民习艺所基金	609675.12		
中兴煤矿附加	2000	总事务处直接发放赈款及补助费	16166		
赈款存放银行利息	2260.64	总事务处第二次发给补助费	1100		
捐助貂皮外褂变卖	300				
运输公债	701.40				
购粮变卖盈余	1766.039				
采运组购粮余款	303.435				
山东烟苗捐	6686.514				
福果券得奖变卖	5.61				
合计	889973.398		811110.12	69166.45	9696.826

① 《河北山东赈灾委员会报告书》，第 16～17 页，1928 年。

② 《河北山东赈灾委员会报告书》，第 25～26 页。

2. 山东赈务

河北山东赈灾委员会成立之时，上海各慈善团体亦多有筹办鲁赈之举。为避免重复不均之弊，该会召集各慈善团体会商，议定分县担任办法。由上海临时义振会担任峄、滕、费、滋阳、泗水、曲阜、蒙阴等七县，上海红卍字会担任济宁一县，红十字会担任邹县一县。各慈善团体担任放赈之县，即由各善团独立负责办理，赈灾委员会不再派员查放。另外，泰安一县已经政府拨款，由战地政务委员会交该县自行散放。其余郯城、临沂、宁阳、汶上等四十九县概由赈灾委员会直接拨款办理赈务。

赈灾委员会办赈人员到兖州后，与战地政务委员会主席蒋作宾及委员丁惟汾等商议，决定将山东受灾县份分为八区，计五十九县，按灾情轻重分甲乙丙三等。款项支配当时虽有决定，嗣后以灾情过重陆续增益。临朐、安丘因临时发生水灾后始加入。又因山东距上海遥远，采运、调查、放赈三组不便接洽，于是议定设驻鲁办事处于兖州(后迁泰安)。采、查、放三组工作情形如下：

甲、采运组。赈灾委员会成立后，即首先在上海购买面粉二万包，准备经沪宁、津浦两路运往兖州，并向交通、财政两部接洽减收半价运费，并免纳关税。后因车辆缺乏，运输极感困难。在转运一半之际，赈灾委员会主席许世英与总司令部兵站总监黄朴存会晤，后者慨允由兵车装运，此项面粉遂得以安全运达，节费省时，灾民受惠实多。采运组在蚌埠成立后，即分途调查粮食行情，购买黄豆花费九千余元，由蚌埠运至徐州，以便分运于徐州附近的山东各灾县放赈。后因运输困难，延时甚久，再加上山东麦季已收，灾区尚有粮可购，以发放现款为宜。于是，决定停止购粮，将采运组撤销，将黄豆变卖改放现款。此时豆价尚昂，连同运费计算，尚盈余一千七百六十余元。

乙、调查组。调查组设于驻鲁办事处内，由主任胡抱一、副主任黄维时总其成，于每受区设干事长一人，干事若干人，分派勘灾员、摄影员分途出发。先行调查各县灾情，预计赈款数目，按户发给赈票，然后由放赈组照票放赈。其赈票之暗记，以“天下为公”四字区分等级。另派复勘员随时复查，以免疏漏，并将调查灾情及户口数目随时报会查核。

丙、放赈组。放赈组也设于驻鲁办事处内，由主任刘玲生、副主任冯仰山总其成，于每受灾县分派干事、副干事若干人。待调查组勘灾员发给赈票后，携带赈款或赈粮前往，会同各该县长及党部、地方团体等按票发放。放完后并取县政府、县党部、地方团体证明文件，连同册据报告查核。

综计所放各县，除临朐、安丘临时水灾赈款较少外，其余四十九县，最多者计洋六万三千余元，最少者四千元。①

赈灾委员会其他与山东有关的赈济还有：1. 发放济南赈款。“五三惨案”后，济南灾情甚重，查放人员不能前往，除电驻鲁办事处拨款一万元救济失业工友外，复直接汇拨一万元，托济南治安维持会济生分会代放急赈，经该会函报均散放完竣。2. 拨给苏州残废军人教养院二千元，收容直鲁两省残废军人，施以教养。3. 资助遗留济南士兵来沪给养及回籍川资各九百六十元。4. 补助山东灾童入上海孤儿院寄养费五百元，后因赈款有余续拨三百元，共八百元。5. 因上海残疾院收养山东来沪老弱残废之人甚多，拨给补助费三百元。②

河北山东赈灾委员会为临时救灾机构，自 1928 年 5 月 1 日在上海开办，至 10 月 30 日截止，为期六个月。其在山东的查放情况见下表：

---

① 《河北山东赈灾委员会报告书》，第 18 ~ 19 页。

② 《河北山东赈灾委员会报告书》，第 21 ~ 23 页。

河北山东赈灾委员会查放山东各县赈务结束表(共61县)

县别	被灾状况	灾户总数	赈款总数	备考
郯城	历受兵匪水旱之灾,秋季又遭蝗患	11887户	30000元	
临沂	历年受兵匪水旱蝗雹之灾,秋季颗粒无收	45521户	63606元	
峄县				由上海临时义振会担任放赈
滕县				同上
费县				同上
宁阳	上年鲁军与红枪会战于汶上,波及宁阳	19688户	面粉6500袋,合洋18850元	
汶上	自1925年以来历受灾患,达于极点	5981户	面粉5800袋,合洋16820元	
东平	历受水患兵灾,近则蝗灾水祸又复继起	10751户	面粉5800袋,合洋16820元	
东阿	历受旱荒,复被兵祸、蝗灾	5470户	15000元	
滋阳				由上海临时义振会担任放赈
泗水				同上
曲阜				同上
邹县				同上
济宁				由红卍字会担任放赈
嘉祥	历年兵灾	5624户	8600元	
单县	兵匪蝗相继为灾	8997户	17500元	
金乡			8000元	红卍字会已查未放,本会拨款托山东赈务会代放
鱼台	兵匪兼水蝗为灾	7491户	10000元	
郓城	历年歉收,今岁复以蝗虫为灾	10784户	16000元	

（续表）

县别	被灾状况	灾户总数	赈款总数	备考
巨野	兵灾	9056 户	13000 元	
城武			5600 元	由本会拨款托山东赈务会代放
菏泽	兵旱为灾极重	19027 户	15000 元	
定陶	连年歉收兼兵燹蝗灾	6827 户	8000 元	
濮县	黄水为患，军队过境给养甚多，土匪日炽	7908 户	10000 元	
曹县	兵灾最烈，蝗蝻为虐，雹灾尤重	14564 户	15000 元	
寿张	水灾	9729 户	10500 元	
朝城	夏旱秋蝗	7981 户	8000 元	
观城	城被匪占月余，加以蝗蝻成灾	3189 户	5000 元	
范县	历受兵匪之祸	9715 户	10500 元	
新泰	匪灾最重，兼以蝗蝻为患	6075 户	8267 元	
莱芜	历受兵匪水旱之灾	8490 户	14000 元	
肥城	历年旱灾奇重，又兼兵匪	9322 户	15000 元	
长清	水兵匪灾	19233 户	30000 元	
平阴	旱涝不均，兵患迭见	7599 户	15198 元	
泰安				由该县自行散放
历城				由上海临时义振会担任散放
蒙阴				同上
聊城	旱潦为灾，过境军队给养过多，飞蝗为灾	6491 户	7000 元	

（续表）

县别	被灾状况	灾户总数	赈款总数	备考
阳谷	水旱，军队给养甚重	4722户	7000元	
馆陶	历受兵匪水旱，又遭蝗螟	5828户	7000元	
清平	旱蝗为灾	3487户	4000元	
莘县	历受水灾，近复旱蝗	2994户	7000元	
堂邑	匪患兵祸虫害俱有	6764户	7000元	
茌平	历受水旱之灾，兵灾甚重	4500户	7000元	
博平	迭受兵灾，又受蝗灾	5164户	7000元	
冠县	历受兵匪之祸，近复蝗螟为灾，颗粒无收	10956户	14000元	
邱县	风旱兵灾	3998户	8006元	
临清	水旱蝗患	3994户	8000元	
平原	驻军与红枪会发生冲突，全城被劫	3996户	6000元	
恩县	旱涝不均，复以旱蝗螟虫	2760户	4000元	
夏津	水旱为灾兼以蝗蝻匪祸	6971户	7000元	
高唐	旱蝗匪灾	3991户	4000元	
德县	历年旱蝗为灾，复受惨烈兵匪之祸	3946户	4000元	
禹城	兵匪为患，今岁旱蝗成灾	3293户	5000元	
齐河	风灾兼以蝗螟为害	3809户	4000元	
武城	旱蝗水患相兼，复受兵匪之祸，孤儿甚多	4000户	4000元	
日照	兵匪为患，惨烈至极	7657户	14000元	

（续表）

县别	被灾状况	灾户总数	赈款总数	备考
莒县			17500 元	地方匪乱不能前往放赈，该款交山东赈务会保管代放
沂水	匪灾兼旱涝蝗螟为虐	9490 户	15000 元	
安丘	水灾	1500 户	2000 元	
临朐	水灾		4000 元	交山东赈务会代放

说明：河北山东赈灾委员会拨发山东赈款 609675.12 元，除上列各县发放 580062.25 元，扑蝗费支用 100 元，面粉损失 17.4 元外，余存 29495.47 元作为创办鲁南贫民习艺所基金，以收养鲁南贫民授以艺能，俾谋生活。①

四、赈济计划书

1928 年，河北山东赈灾委员会对山东灾区的赈济只持续了六个月，其经费和效果都很有限。因此，这次赈济只能是“急赈聊维现状”，暂时减轻灾民的痛苦，无法从根本上改变山东灾荒连年、饥馑遍地的状况。值得注意的是，河北山东赈灾委员会在赈济结束后编印的《河北山东赈灾委员会报告书》中附录了一份山东实施工赈和农赈的计划书。这份计划书内容相当详细、具体，有些甚至还拟定了概算书，只要有资金即可实施。由于这些计划都是根据勘灾员的调查编制的，有较强的针对性和可操作性，对了解山东灾荒的成因及如何从根本上消除灾荒颇有参考价值，兹简要介绍如下：

① 《河北山东赈灾委员会报告书》，第 27 ~ 48 页。

(一)工赈计划书

1.开凿自流井工程计划。根据勘灾员亲赴各灾区实地调查灾况,如宁阳、嘉祥、寿张、朝城、泰安、新泰、莱芜、肥城、清平、博平、冠县、临清、平原、齐河、沂水等县,在最近五年中,连年迭受旱灾,既无河流灌溉,又无池塘储水,一遇久旱,唯有坐以待毙,农民生计顿呈危险。补救之道,唯有速开自流井之一法。兹查开自流井概算书,不过五百零九元四角可开一井,目前亦可用一千一百零八工代赈,一举两得。所需费用可请中央于赈款项下拨给或由本省筹措,交各县政府及民众团体共同负责保管,一面由省建设厅指导工程,待井成后规定田户灌水价格。倘每县能开凿自流井百口,所费仅五万零九百四十元,即可代赈十一万零八百工。上述宁阳等十五县共需洋七十六万四千一百元,可代赈三百二十九万二千三百工。以陆续收回之款,补偿所贷之款为止,此后则将该自流井公开抽水,不复再行缴价,所有修理等项则由地方团体负责。

2.疏浚山东南北运河工程计划。山东水患,黄河为最,惟黄河绵延数省,其治理根本计划应由中央建设委员会从速妥订实施,方可保全齐鲁。惟运河直贯鲁省南北,东西支流到处蔓延,故山东治运极其重要。该计划书所列南运河工程共十三项,北运河工程八项。

3.建筑山东汽车路干线计划。为发展山东文化与救济遍野哀鸿,拟订以济南为中心建筑汽车路干线共十一条,再以青烟路相联络,总计全省干线路十二条,足以沟通直豫苏三省,连接津浦、胶济、陇海三路,经过县治六十一处,长约六千五百里。就现在情形及时筹修之干线有三条:即济孔路(经济宁、金乡、城武、曹县孔庄)长约三百四十里、聊济路阳谷济宁段长约二百九十里、潍峄路诸城峄县段长五百里。以上三路总共需洋一百八十一万六千六百元,可代赈七十八万工。

(二)农赈及筹设工厂信用社等计划书

1. 筹设利津垦务局之意见书

其内容包括:(1)利津、沾化、无棣三县共有荒地三百余万亩,盐地一百余万亩,农地一百余万亩。每户以三十亩计之,共可殖民八万户。(2)应请政府派军清匪。(3)每户酌给资本一百元,作为建筑草屋、籽种、农具、器具、晒板等及未收货时生活费,以八万户计之,共八百万元。

2. 创立工厂之意见

山东除设农场改良农业外,亟宜设立工厂,提倡工业,以便彻底拯救灾黎。山东一百零七县,被灾最重、土地碱瘠、民众困苦者,首推鲁西北一带。而此处产棉甚丰,每县亟宜设立平民纺织工厂,每厂分为纺科、织科、染科、营业等部。鲁东、鲁南一带产草帽辫甚富,而成本亦甚微,均可因地制宜,分设各种工厂以增富源而裕民生。

3. 广立农场之计划

山东土地甚宜农业,但种植方法与栽培种类均极有碍发展,故亟宜设立农场,分实验、农作二部,实验专为农业改良,农作专为经济收入。全省应设五场,省区一场,鲁东南西北择适中地点各设一场,每场设立棉业、蚕桑、园业、作物、昆虫等五科。

4. 提倡林业之计划

山东全省暂分十一区,每区设一林场。造林不尽在山,即河堤、河边、城脚、路旁及空隙地均可。每年育苗除林场自植外,余苗供给县乡,给价购植。

5. 设立山东常平仓与义仓意见书

赈灾委员会勘灾员亲往各县调查救济行政,发现常平仓、义仓之设备,百不得一。编者由此感叹道:“夫山东为我国之骄子也,土地肥沃,物产丰富,且有海风之调剂,气候温和,最宜种植之地也。

虽遭水旱兵匪之灾，尚不致有七年之久，何以老弱转于沟壑，壮者散而之于四方，甚至数十里无一人烟，悲惨状态令人目不忍睹耶！”①为此建议执政者参照古今中外之恤贫法规，次第举办常平仓与义仓，国家与地方通力合作，不难解除人类痛苦，共臻乐利。该意见书还附有《安徽省各县常平仓积谷章程》和《安徽省各县社仓章程》，以便参照。

6. 创设各县信用合作社计划书

其目的在于共同出资，互相流通，以便经营各种生产事业，享有全部利益，此诚调剂金融之唯一利器。可于每县设一县社，或在各重要乡集另设分社。社内组织计分三部：基金部、贷金部、储金部。全省各县依经济状况分为五等，第一等为青岛、济南、威海卫；其余为二三四等。

7. 设立山东昆虫局

山东省最近五年中，迭受蝗灾，计有历城、章邱等四十八县之广，占全省有半。蝗虫所过，谷粒无余，受害之大，无以复加。故欲发展民生，非扑灭蝗虫则决无自全之道。为免除后患，应速设昆虫局，另置专员，竭力研究，以期互相奋勇扑灭，庶可弭蝗灾而富农藏。

8. 拟办鲁南贫民习艺所

为收容流离失所的灾民，发展本省工业，实有举办贫民习艺所之必要。拟在泰安先行试办，专收各县失业贫民，授以适合社会需要的制造技术。在学习期间，使免流离失所，出所以后也可以自谋生活。另外，在习艺所内附设孤贫院，专择灾民中实乏工作能力者而收养之。本次赈灾结束后，赈灾委员会将余存的29495.47元作为创办鲁南贫民习艺所基金。

综上所述，可以看出，这份计划书不仅是一个救济山东灾荒的

---

① 《河北山东赈灾委员会报告书》，第130页。

计划，也是一个发展山东经济的蓝图，立足于救荒，而又着眼于发展。尽管这份计划书由于资金缺乏等原因，后来大部分未能实现（也有部分计划得以实施），但编制者用心之良苦、调查之仔细、编制之完备，都值得肯定。而当时山东救荒最亟待解决的问题，正如赈灾委员会报告书中所言，仍是“严剿土匪，豁免苛捐，使灾劫余生得以安居乐业，则人事既修，而天灾亦鲜”。① 这两个问题不解决，任何长远的发展计划都无从谈起。

① 《河北山东赈灾委员会报告书》，第 91 页。

第五章　1933年山东黄河水灾的救济

1933年8月，黄河下游发生大范围溃决，决口达五十余处，仅河南、河北、山东三省受灾面积就达一万二千七百九十二平方公里，四十余县受灾（其中山东二十二县、河北三县、河南十九县），被灾人口三百余万人，财产损失达二万万元以上。① 在这次黄灾中，山东受灾面积最大，受灾人口最多。灾情发生后，山东省政府和中央政府对灾民进行了大规模的救济，取得了一些成绩，也存在诸多问题，从中也反映出中央与地方及各省之间在黄河治理及黄灾救济中存在的分歧和矛盾。

一、灾情与损失

1933年8月11日，由于上游来水凶猛，河南、河北境内的黄河大堤相继溃决。11日晨，河南兰封段黄河由蔡楼乡小新堤溢出，水与堤平。兰封小徐庄故道决口，水流大量向东南流，高与堤平。② 同日，河南境内考城以下八里许燕庙南岸大堤决口，宽约数十丈，溜势极猛，山东菏泽南曹县北均属灾区。③

11日，河北长垣黄河北岸又决数口，口门宽数里。同时对岸东明县境二分庄11日午决口，口门已达三十余丈，午夜水头已过东明

① 《黄河水灾救济委员会报告书》第一章，第3页，1935年。

② 《兰封黄河昨晨决口》，《大公报》1933年8月12日。

③ 《大公报》1933年8月14日。

城,12 日可流至菏泽境。水头初高丈余,至鲁境仍高七八尺。①

据黄河水灾救济委员后事后调查,1933 年豫冀两岸漫决共计五十八口。豫省境漫口在温县境内十八处,在武陟境内一处,在开封县境内二处,即铜瓦厢黄河故道口小新堤决口及四明堂直冲考城之决口。冀境在长垣县境北岸计太行堤六口,及大车集至李石头庄三十口。其中李石头庄原有二口,系 8 月 3 日被土匪掘决,未及全部堵闭,而 11 日洪水峰至,乃复漫决,冲成一口,南岸小庞庄亦有一口。②

这次黄河水灾决口处虽在豫冀两省,但山东鲁西数县因地处下游,地势低洼,受灾面积最大。据黄河水利委员会 1934 年 3 月份发表的《民国二十二年黄河水灾调查统计报告》称,鲁西灾区于三省(豫冀鲁)为最广,而灾情视河北稍轻。鲁西之水,均来自兰封、考城及长垣两岸决口。兰封小新堤漫决之水,循黄河故道东南流,经曹、单两县之南部,东至于江苏砀山,北注大沙河,经丰、沛两县入昭阳湖。考城之水,东注曹县之西北部,又东经曹县及单县之北部,菏泽、定陶、城武之南部,又东北经金乡,又东南经鱼台,循旧运河入南阳湖。长垣南决之水,东流淹没菏泽全境四分之三,巨野全境五分之二,而嘉祥、鄄城、郓城、寿张、东平、汶上、济宁等县亦各有一部分被淹。长垣北决之水,自滑县、濮阳入山东境,经濮、范、寿张、阳谷至东阿陶成埠,汇归黄河正流。

因四路决口之水均灌注山东,故鲁西受灾极为严重。调查统计报告称:灾区在山东境内者,东西一百六十里,南北十余里至三十里不等,四路来水,惟兰封一路水行所至,有槽可循,为患较轻,余皆泛滥成灾,区域甚广。其中南岸来水,不久断流,而南运诸湖,可资为尾闾,各县被水时期较短。北岸来水凶猛,水势特大,当时仅恃一线

---

① 《申报》1933 年 8 月 13 日。

② 《黄河水灾救济委员会报告书》第三章,第 1 页。

金堤为河北屏障。然金堤以南之地，迄今犹在水中，村落田禾，悉沦水底。综计全省被灾有十九县，濮、范、寿张、阳谷最重，曹县、菏泽、巨野、嘉祥次之，单县、定陶、城武、东阿、鄄城、郓城、东平、汶上、济宁、金乡、鱼台又次之。①

至于山东各县受灾情形，这份调查统计报告中也有详细的说明：

最重四县：濮县被淹田禾二千余顷，村庄二百余，灾民六万余，死者亦众，房屋倒塌不计其数。范县灾区面积六百余方里，占全境四分之三，被淹村庄三百余，灾民九万余。寿张两岸皆被灾，占全境十分之七，淹没田禾二千九百余顷，村庄三百余，灾民八万余，死者数百人。阳谷全县被淹四分之一，毁田禾一千余顷，村庄一百余，灾民四万余，冲毁房屋七千余间。

次重四县：曹县西北境内灾区，东西六十余里，南北二十余里，毁田禾四千余顷，村庄二百余，灾民八万余，倒塌房屋三千间。菏泽西北境靠近黄河，地势卑下，被灾最为惨重，淹没田禾九千余顷，村庄一千余，灾民三十余万，死者一百余，冲塌房屋九万间。巨野西北境赵王河及潴水河漫浸成巨灾，东西九十里，南北三十余里，淹没田禾五千余顷，村庄四百余，灾民十余万，县城四面被水。嘉祥亦为赵王河及潴水河所经流，河槽狭窄，而洪流猛注，亦漫溢成灾，淹没田禾三千余顷，村庄二百余，灾民八万人。然曹、菏、巨、嘉各县积水，因赖赵王河为宣泄之路，消落较速，故受灾程度轻于北岸的濮、范、寿、阳四县。②

这次黄河水灾发生的原因主要有三：一是上游来水过大。1933年七、八月间，黄河上游地区阴雨连绵，山洪怒发，宁夏、绥远、陕西各省，均以灾闻。而陕西居暴雨之中心，雨量最多，渭泾各河，又同

---

①② 《民国二十二年黄河水灾调查统计报告》，《黄河水利月刊》第一卷第三期（1934年3月）。

时暴涨，不旬日间，而黄河下游，大泛陡至，其水位之高，流量之大，为历来测量记录所未有。① 关于1933年黄河的最大流量，有多种不同记载。黄河水利委员会委员长李仪祉认为，陕县实测黄河最大流量，系于1933年8月9日以浮子测得之，水位高出大沽基点上297.08公尺，计算流量得14300秒立方公尺。9日晚水位复涨，翌晨猝然下降，与9日施测者齐平，故当时未能觉察9日夜有一极高之水位。至11月间，黄河水利委员会又派工程师施测标准断面上下遗留高水痕迹时，知其高度较施测流量时之水位高出1.1公尺，即最高水位为298.23尺，由是推算流量最小为23000秒立方公尺。② 这是黄河有记录以来的最大流量，上游来水之大由此可见。

二是土匪掘堤未能及时堵闭，经上游来水冲刷，骤然扩大。8月3日，河北北一段长垣石头庄大堤，被土匪掘开两口，一长五十余丈，一长二十余丈，出水不多。正在抢堵间，上游洪水猛涨，11日陕州大水骤至，石头庄首当其冲，两口冲成一气，成为这次黄河溃决中的最大口门。③

三是治河机构不统一，各省各自为政，豫冀堤决而淹山东。黄河南岸，在长垣县境，虽占有五十余里，因地处冀鲁边界，实际关系以鲁西之单、曹、定、菏等县为重，遂由该数县修成民堤一段，名曰山东小民埝，完全由山东民修民守。1923年豫鲁两省当局议决收归官守，规定每年经常修守等费，由两省分担。三年后颇具规模。自1926年后，山东方面经费因未照拨，民夫亦不上堤。1933年大汛，堤顶低处，顿行普漫，8月11日午刻，庞庄西北之大堤，遂告漫决。④ 由

---

① 《黄河水灾救济委员会报告书》第一章，第1页。

② 李仪祉：《1933年黄河特大洪水之测算》，《黄河史志资料》1984年第2期。

③ 《黄河水灾救济委员会报告书》第三章，第10页。

④ 《黄河水灾救济委员会报告书》第三章，第11页。

于各省之间缺乏合作与信任,水灾发生后,山东灾民竟认为兰封决堤系河南省政府主席刘峙派人有意挖掘,遂向中央控告。河南方面则极力辩解,认为是无端捏造,也电请中央派人彻查。此事最后不了了之,豫鲁两省在黄河治理及防洪方面的矛盾由此可见一斑。

关于这次黄河水灾鲁西各县的损失情况,1934 年 1 月 31 日黄河水利委员会总务处编制的《民国二十二年黄河泛滥沿河各县受灾状况统计表》中,山东受灾二十二县,受灾面积一万四千八百五十五方里,受灾人口一百六十七万零五百六十三人,淹没村庄六千五百八十一个,伤亡人数一百八十四人。财产损失:房屋二十九万八千五百八十七间,田禾四百五十万八千二百六十五亩,牲畜六百八十四头。财产损失估计:房屋五百五十一万一千九百八十元,田禾五千五百一十七万六千八百六十四元,牲畜及财物九百一十八万三千零八十九元,总计六千九百八十七万一千九百三十三元。此表中的被淹村庄数系根据各县向山东省建设厅报告,故与下表一中的受灾村数完全一样,但此表中的伤亡人数仅 184 人,牲畜仅 684 头,显然太少,与实际损失显然不符。①

另外,山东省建设厅和黄河水灾救济委员会灾赈组也通过不同途径对灾情进行了调查统计,具体情况见表一及表二。

表一　鲁西灾区损失统计表②

县名	灾区面积(亩)	受灾村庄(个)	灾民数目(人)	财产损失(元)
菏泽	927268	1102	325761	27433423
曹县	499600	1219	175300	2712000
定陶	53200	104	7800	266700
城武	143358	347	50036	1909800
单县	20000	130	10445	40000

① 《黄河水利月刊》第一卷第一期(1934 年 1 月)。

② 此表系山东省建设厅令受灾各县查报统计,《申报》1933 年 11 月 6 日。

（续表）

县名	灾区面积（亩）	受灾村庄（个）	灾民数目（人）	财产损失（元）
郓城	281000	270	61987	1363680
巨野	345000	455	151897	1525900
鄄城	200000	202	18000	1000000
济宁	300000	290	50000	1470000
金乡	97000	218	28253	500000
嘉祥	160000	191	60000	1000000
鱼台	163504	168	315060	777400
濮县	320000	370	89890	3477090
范县	298700	252	65748	4320000
寿张	290000	380	106000	6400000
阳谷	90000	160	37300	1300000
汶上	120000	83	27500	500000
东平	355000	342	81285	3635000
东阿	200000	203	78000	1332800
肥城	80000	40	33757	1101742
长清	100000	50	未详	220000
平阴	4000	5	未详	13000
总计	5047630	6581	1774019	62298535

表二　黄河水灾救济委员会灾赈组调查灾情表（山东省）①

县名	受灾口数	待赈口数	全县农田亩数	被淹亩数	被灾村庄数	被损房屋间数	被淹牲畜头数	全县损失总估（元）
菏泽	325761	213270	1534652	927268	1105	96813	6805	27433823

① 《中国经济年鉴续编》下册，商务印书馆1935年版，第67～70页。略有调整，并据《国民政府黄河水灾救济委员会灾振组工作报告书》第45页改正。

（续表）

县名	受灾口数	待赈口数	全县农田亩数	被淹亩数	被灾村庄数	被损房屋间数	被淹牲畜头数	全县损失总估（元）
定陶	24413	7395	854961	81514	104			250000
寿张	1223828	118484	710100	207272	458	50124	484	2128763
阳谷	29198	29198	970462	91828	418	3200		1300000
范县	69370	68591	675423	314879	296	63123	723	2594210
濮县	75718	48578	309764	279538	375	58951	560	2328490
东阿	81680	40745	758158	242210	158	6175	41	6150837
东平	167175	83708	1129956	439104	320	21102	156	24520086
长清	25403	4988	599462	54359	36	423	8	74370
肥城	34712	3797	771303	69196	34	416	5	68290
巨野	152028	80000	1400000	600000	474	9754	18	4000000
郓城	82014	41193	1700000	321500	345	2274		4500000
鄄城	56937	18963	1072980	132809	218	276		1285000
单县	72756	41016	2046695	250000	230	23		600000
曹县	72366	44258	2092355	599595	1219	3128	3	1700000
鱼台	46333	21943	992030	208500	269	591	113	308208
金乡	38280	16013	932909	113280	222	22		450000

（续表）

县名	受灾口数	待赈口数	全县农田亩数	被淹亩数	被灾村庄数	被损房屋间数	被淹牲畜头数	全县损失总估（元）
城武	49225	5500	1050834	140000	344			300000
济宁	79861	48254	171024	113278	301	253		795210
汶上	25454	15000	1476300	150000	121	400	70	
嘉祥	73784	30955	510000	312000	203	7995	122	1136451
合计	1704796	981849	21759368	5648130	7250	325043	9108	81923738
备注		原表为981840				有未填报者	有未填报者	有未填报者

附记：本组于 1933 年 9 月成立之初，即先印就灾情调查表，分寄冀鲁豫三省政府，转发受灾各县填报，一面并发各查放处，派员查填具报以资考证。嗣以各县填报之表，有能于十月初报来者，本组即对于一切支配衣粮钱款之工作，藉以参考，得获助益。其有未能报到者，由各查放处按照所派各员填报之表，参酌情形，会商各灾赈委员会支配。至于未报各县，几经函电交催，于本年（1934 年）七月间，始行填报。时查放工作已经完成，此项填表，只列入统计备查，毫无所补，而且与调查灾情目的，相去甚远。

以上三种灾情统计，由于统计的时间、统计的途径及统计目的不同，在有些项目上比较接近，在有些项目上则差别很大。比较而言，山东省建设厅的统计较为客观。尽管存在诸多差异，但鲁西在这次黄灾中损失极为惨重则是不争的事实。

二、山东省政府的救济

黄灾发生后，山东省政府迅速作出反应，一方面面向中央政府呼吁救灾，一方面尽力筹款，实施急赈。在行政院黄河水灾救济委员会(以下简称黄救会)实施赈济之前,山东省政府及省赈务会独自承担本省的救济工作,待黄救会灾赈组山东查放处成立后,山东省又奉命成立山东灾赈委员会,协助其继续实施救济。山东查放处结束后,山东省赈务会又接办粥厂,并实施春赈。因此,这次山东黄河水灾的救济是由山东省政府及赈务会与行政院黄河水灾救济委员会共同完成的。为便于叙述,本节先介绍山东省政府及赈务会的赈济情况,下节再介绍黄救会灾赈组山东查放处与山东灾赈委员会实施的赈济。

(一)向中央呼吁救灾,制造救灾舆论

山东在这次黄灾中受灾面积最广,受灾人口最多,而且又是豫冀河决淹山东,山东所受的是"无妄之灾"。因此,山东在黄灾发生后,反应最强烈,表现最积极,一再通过发电和请愿大造舆论,向中央政府呼吁救灾。

据8月18日《申报》载,山东省政府主席韩复榘已三次致电林(国民政府主席林森)、蒋(军事委员会委员长蒋介石)、汪(行政院院长汪精卫)及内政部、赈务委员会,呼吁筹划堵口,施放急赈,以救民命。8月19日《申报》载,韩致电国民政府,请中央筹放急赈,并电冀豫请堵沿岸决口。韩还先后致电汪及蒋、汪,由财政部在前拨扬子江防汛委员会之六十万内将未付之款,先行移拨救灾;请在美麦变价项下拨二百万,以资全活。①

8月25日《申报》载,山东省赈务会电呈中央,请自二十二年(1933)起,准由山东收入国税项下留用百分之十,以救巨灾。8月26日《申报》载,省赈务会、商会、各同业公会、佛教会、鲁西水灾救济会等团体,特电林、蒋、汪等,请山东省政府将国税收入盐税烟酒项下,准借拨百万办水灾善后。8月28日,鲁西水灾救济会致电林、

① 《申报》1933年8月25、26日。

汪、蒋，对中央救灾迟缓不满，吁请拨巨款施放急赈，其文曰："赈灾之事，尤不容缓，否则从容计划，往还磋商，堵口之工未兴，孑遗之民已尽。"①8月31日，山东省赈务会致电林、汪、蒋及许世英（行政院赈务委员会委员长），言辞激愤，历述鲁对中央负担过多，而中央对鲁灾未惠分文之经过。请求中央政府破格特沛恩施，准由山东国税项下暂借拨百万元，或准留用百分之十，以资救济。②

除致电呼吁外，山东省还组织省政府代表、省赈务会代表和灾民代表到南京请愿。据8月30日《申报》报道，中央对鲁西水灾迄今未拨分文，省府推何思源、赈务会推赵新儒，定31日偕同鲁西灾民代表数十人，赴京请赈，不达目的誓不还。9月3日，山东请愿代表在南京招待新闻界，省政府代表何思源、省赈务会代表张苇村、赵新儒等先后报告。首先说明水灾成因，并非由于鲁省河防不力，十五年来黄河决口六次，均在豫冀两省。此次水灾，鲁人虽竭人力财力以防范，但以地居下游，终不免水患，实为可痛。赈款发配，冀豫地居上游，被灾县份不如鲁省之多，鲁人希望中央分配赈款，要以灾情轻重为标准，庶得其平。③ 很明显，山东请愿代表的使命就是向中央及社会各界说明山东受灾是因为豫冀两省河防不力，并希望多分赈款。

从以上叙述可以看出，山东方面向中央发电呼吁救灾的既有省政府主席，也有专门负责赈济事务的省赈务会及其他团体，到南京请愿救灾的既有省政府代表，也有省赈务会代表，更有灾民代表。这些电文和请愿活动，都刊登在当时最有影响的《申报》和《大公报》上，形成了一个灾情严重、急需救济的舆论氛围。尽管这些要求拨款、借款的电文均未能获批准，但山东各界制造的救灾舆论仍给中

---

① 《申报》1933年8月29日。

② 《申报》1933年9月2日。

③ 《申报》1933年9月4日。

央政府带来一定的压力,促使行政院在8月29日召开会议,讨论救灾事宜,决定成立黄河水灾救济委员会,以四百万元办理急赈。山东方面的致电呼吁和赴京请愿,虽主观上多是从山东自身利益考虑,但从实际效果来看,豫冀鲁三省都是受益者。在当时的历史条件下,向中央政府呼吁救灾,既必要又正当,值得肯定。

(二)筹款措施

由于向中央要求拨款和借款均未得到批准,山东省政府为救灾不得不在省内筹款,其主要措施包括裁减机构、减少办公经费、公务员减薪、停发建设教育经费、加征未受灾地区田赋等。

8月22日,省政府常会议决,裁实业厅,在建设厅内设一科,全年经费七万元,年可省二十万元。① 8月25日,经省府会议通过,未被灾县份,每丁银一两改征(加征附捐)三角。各县党费自9月1日起,停发三个月。②

8月28日,韩复榘下手谕,自8月份起,省府办公费月减三千,各厅办公费月减五百,公务员月薪五十元以上者发八成,各县公费亦发八成,五月为期。又自9月份起,灾区公安局、民团人数裁减一半,建设教育费停发,区长及区内职员,月薪减半,六月为期。③

以上筹款措施中有三点值得注意:

1. 公务员减薪标准和时间后来有所变化,各机关也有拖欠情况。10月27日省府议决,公务员薪金百元以上者,减百分之十,以下者减百分之八,用以救灾,五月为限。④ 减薪时间后来又有所延长。12月8日,省政府第282次会议议决:公务员扣薪办法,续办三

---

① 《申报》1933年8月23日。

② 《申报》1933年8月28日。

③ 《申报》1933年8月29日,《山东省政府行政报告》1934年第1期(1934年1月)。

④ 《大公报》1933年10月28日。

个月，扣缴一成。以前欠缴各机关，照章记过。除灾区各县外，限本月月终缴齐，逾期仍照二成扣薪。①

2. 裁并公安局、民团、联庄会，全省治安体制大变革。省政府因此次水灾奇重，库收锐减，特令民政厅将各县公安局、民团、联庄会，除重要市县处所酌留外，其余一律裁并，以节经费。民政厅据此拟定计划，除济南、烟台等三十处仍旧办理，暨荣成、掖县等十三县酌予缩编外，其余各县公安局、民团、联庄会一律裁并，另组省警察队，集十数县设一大队，每县编一分队至三分队，于省政府下设保安委员会，或就现有民团总部改组全省保安处，办理全省保安事务，并仿照菏泽实验县办法，于各县设立民众自卫训练班。所有警察队经费，以不超过原有公安局、民团两项经费合计总数二分之一为标准。②

3. 停发灾区各县教育经费后果严重，不得不加以变通。因各县迭请教育厅设法维持教育，教育厅对于灾区 20 县教育经费，分别议定救济方案：1. 灾区学校酌量停办；2. 区立学校以地租作经费者停办；3. 停发私立学校补助费。各县救济办法也各不相同，如郓城县：动用上年度结余八百元，停发小学教员奖金一千元，寒假期间停发全体教职员薪金一个月，约节省六千余元，由 1933 年度教育预备费内弥补七百元。阳谷：全县学校教职员及教育机关职员，均扣薪二成，以六个月为限，计节省一千五百元，动用上年度结余一千六百元，动用行纪捐一千元，动用 1931 年度教育预备费一千四百元。濮县：拟以本县 1930 年军事还款第四期应还之款三千余元维持。③

尽管以上某些筹款措施不尽合理，甚至有饮鸩止渴、不计后果之嫌，筹得的赈款也不可能全部都用在赈济上，但从总体上来看，其

---

① 《山东省政府行政报告》1933 年第 12 期（1933 年 12 月）。

② 《大公报》1933 年 9 月 29 日，10 月 2 日。

③ 《大公报》1933 年 10 月 29 日。

积极态度和客观效果还是值得肯定的。以减薪为例，全省公务员扣薪，“月可得十余万元，扣五月可得五十余万，连节省其他费用，共可得百余万元”①。再以加征田赋为例，灾区豁免丁漕损失约八十万，非灾区每丁银一两加附捐三角，可收百万，足以抵补。② 总之，山东省政府在本省财政拮据、中央赈款迟迟未拨的窘境下，为筹集赈款确实作出了很大的努力。

（三）施放急赈

在黄河水灾救济委员会实施赈济之前，山东灾区的急赈是由山东省政府及省赈务会承担的，主要是发放赈款和赈衣，中央政府也向山东拨付了十万元赈款。

8 月 25 日晨，山东省政府特别召开临时会议，韩复榘与省政府全体委员及赈务会委员出席，议决事项包括：一、决定由省府、省赈务会各拨二万元，发放急赈；二、决定由省府、省赈务会各拨五万元，备置棉衣，以发给灾民御寒；三、各县被灾逃出灾民，多麇集在县城，无处栖止，拟由政府查勘情形，在兖州或济宁或济南等处，设置栖留所，以收容此项灾民；四、省赈务会各委员自即日下午起一律到会上班。③

灾情发生后，韩复榘派省政府参议赵允携洋一万九千元，前往鲁西施赈，复派李天倪携洋一万五千元，赴濮县、范县、寿张、阳谷四县施放急赈，并慰问灾民。据李天倪放赈后称，濮、范、寿、阳四县共施放洋三万四千元，由韩主席前后拨去一万九千元，本人携洋一万五千元。计寿、阳两县共放一万七千五百元，范县放九千元，濮县放七千五百元。灾民所得赈款，每人不过二角。④

---

① 《大公报》1933 年 9 月 13 日。

② 《申报》1933 年 9 月 27 日。

③ 《山东民国日报》1933 年 8 月 26 日。

④ 《大公报》1933 年 9 月 3 日。

因濮、范、寿、阳四县受灾最重，省政府又派参议郭文升、王万青二人，前后三次携款赴该四县散放急赈。第一次放赈携款一万五千元，濮县分四千元，范县分五千元，寿、阳两县共分六千元。第二次携款一万五千元，濮县分三千五百元，范县分四千元，寿、阳两县共分七千五百元。第三次携款两万元，濮县分四千五百元，范县分五千五百元，寿、阳两县共分一万元。三次共计散放急赈五万元。①

黄河南岸也在同时施放。省参议范筑先赴鲁西黄河南岸菏泽、巨野、嘉祥、郓城、曹县、鄄城、济宁、城武、单县、定陶十县，两次发放赈款，共洋三万五千元。第一次赈款一万元，各县分配情况是：菏泽二千元，巨野、嘉祥、郓城各一千元，曹县一千五百元，鄄城八百元，济宁九百元，城武七百元，单县六百元，定陶五百元。第二次赈款二万五千元，分配情况是：菏泽九千元，巨野三千七百元，嘉祥三千二百元，郓城二千二百元，曹县一千五百元，鄄城二千元，济宁一千六百元，城武七百元，单县六百元，定陶五百元。②

9 月 17 日，中央汇往山东的第一批赈款十万元到济南，18 日省赈务会开会讨论，按照灾情轻重分配，连同以前收到各方捐款八万二千元，一同施放，共计十八万二千元。放款人员，黄河南岸仍归省府参议张受骞，北岸各县仍归参议李天倪，并由省赈务会派员随往协助。议定分配各县赈款数目如下：1. 濮、范、寿、阳、菏泽、曹、巨野、东阿八县，前分捐款每县六千元，今再分中央赈款每县七千元。2. 嘉祥、单、城武、定陶、东平、郓城六县，前分捐款每县四千元，今再分中央赈款每县各四千元。3. 金乡、鱼台、肥城、鄄城、长清五县，前分捐款每县各二千元，今再分中央赈款每县各一千元。另外，将赈款分济

① 《大公报》1933 年 9 月 18 日。

② 《大公报》1933 年 10 月 3 日。

宁三千元,汶上二千元。以上中央赈款共分配九万元,其余一万元,补助菏泽灾民收容所六千元,补助寿、阳灾民收容所四千元。①

为帮助灾民御寒,山东省政府及赈务会曾以十万元制作棉衣。10月10日,赈务会已将棉衣四万六千套制妥,决定先发菏泽一万三千套,寿张、阳谷共一万三千套,范县七千五百套,濮县五千五百套,东阿三千套,巨野三千套,嘉祥一千套。由民政厅、赈务会各派二人,于11日携往分赈。② 据11月份民政厅报告,为制备赈衣四万六千套,用洋九万七千七百元,包装运送各费用洋一千二百八十七元四角二分,余款一千零一十二元五角八分,交省赈务会。③

由于缺乏详细的统计数字和赈济本身的复杂性,以上所列并不是急赈的全部内容,但也能大体上反映出当时山东省政府在本省实施急赈的情况。需要说明的是,这些急赈都是在黄救会灾赈组山东查放处与山东灾赈委员会成立(两机构分别成立于10月3日与10月16日)之前,由山东省政府及省赈务会具体实施的。

(四)接办粥厂,实施春赈

1934年3月初,黄河水灾救济委员会灾赈组因财政缺乏、堵口工程重要,决定结束灾赈事宜,并令山东查放处准备撤销机构。

当时鲁西东平、濮县、范县、寿张、阳谷、东阿等七县粥厂,吃粥灾民尚有三万六千余人,均系老幼残疾无告之民。此时正值青黄不接之时,一旦粥厂撤销,救济无方,恐仍不免委身沟壑。3月11日,山东查放处主任杜延年谒见山东省政府主席韩复榘,请设法续办,以救灾黎,韩应允接办。省政府即转省赈务会派员分赴各该县接办粥厂。④

---

① 《鲁赈务会分配中央赈款》,《申报》1933年9月21日。

② 《大公报》1933年10月11日。

③ 《山东省政府行政报告》1933年第11期(1933年11月)。

④ 《鲁西粥厂归省府接办》,《山东民国日报》1934年3月12日。

1934年2月后，山东灾赈委员会多次致电黄救会请求拨款实施春赈，言辞恳切，几近哀求，并言若不速筹巨款，办理春赈，不但农村恢复无望，即此青黄不接之难关，亦恐不易渡过。黄救会对此均置之不理。无奈之下，山东省决定拨三万六千元，办理鲁西春赈，东平一万二千元，濮、范、寿、阳各六千元。① 这虽然只是杯水车薪，但多少也能减轻一些灾民的痛苦。

三、黄河水灾救济委员会的救济

如前所述，1933年山东黄河水灾是由山东省政府与行政院黄河水灾救济委员会共同实施救济的。就时间先后而言，山东省政府急赈在先，黄救会救济在后，待黄救会结束救济后，山东省政府又接办粥厂，实施春赈。当然，山东省的急赈也得到财政部的拨款，黄救会在山东的救济工作又主要是由灾赈组山东查放处与山东灾赈委员会来共同实施的。

（一）黄河水灾救济委员会的成立

鉴于灾情严重，山东等省又强烈呼吁中央拨款救灾，行政院于8月29至30日召开会议，专门讨论黄河水灾的救济，决定由行政院组织黄河水灾救济委员会，急赈款定为四百万元。1933年9月1日，行政院黄河水灾救济委员会正式成立，以内政、财政、实业、铁道、交通各部部长，赈务委员会委员长、黄河水利委员会委员长、全国经济委员会筹备处主任、内政部卫生署署长，暨以上各部会次长、副委员长，陇、陕、晋、豫、冀、鲁、苏、皖等省建设厅厅长为委员，以财政部长宋子文为委员长。11月7日宋呈请辞职，由孔祥熙继任委员长。黄河水灾救济委员会设总办事处于上海，执行一切事宜。总办事处分设总务、财政、灾赈、工赈、卫生五组，由委员长指定曾镕浦为总办事

① 《大公报》1934年4月8日。

处处长兼总务组主任,秦汾为财政组主任,席德炯为灾赈组主任,周象贤为工赈组主任,刘瑞恒为卫生组主任。

与救灾关系最为直接的是灾赈组,灾赈组掌理灾区灾赈之计划及赈款赈品分配发放各事宜,其具体任务包括:查放急赈事务、收容灾民事项、设立粥厂事项、协助灾民复业事项以及其他交办事项。灾赈组于河北、山东、河南三省各设一查放处,综理各该省查灾、放赈、办理粥厂招待所、移民等事项。查放处又视灾情之轻重,每一县或数县设一查放分处,直接办理上述各事。另外,各省还设立一灾赈委员会,辅助灾赈组指导本省查放处及灾区办事人员处理灾赈事宜,其委员由 13 至 15 人组成,包括省政府代表、慈善团体代表、地方士绅代表、灾赈组代表等。

山东查放处于 1933 年 10 月 3 日在济南成立,下设七个查放分处,并附设八粥厂。山东灾赈委员会于 1933 年 10 月 16 日成立。自黄河水灾救济委员会成立以后,山东的救济工作主要由山东查放处与山东灾赈委员会具体实施。①

(二)山东灾赈委员会实施的赈济

10 月 16 日,在山东灾赈委员会成立会上,山东灾赈委员会主席赵新儒、山东查放处主任杜延年及副主任殷诚之相继作报告。会议议决事项有:一、赈粮采用最廉之红粮、小米、四等面粉、麦子四种;二、中央棉衣运到,再定分配办法;三、无收容所处,设粥厂。②

10 月 24 日,山东灾赈委员会开会,讨论救济具体办法,议决:一、点人均赈,分等配款;二、致电灾赈组主任席德炯转黄救会宋子

---

① 本节资料主要来自《国民政府黄河水灾救济委员会灾赈组工作报告书》(懋成印务局承印,1934 年),《黄河水灾救济委员会报告书》(1935 年),《中国经济年鉴续编》下册(商务印书馆,1935 年)。

② 《大公报》1933 年 10 月 17 日。

文，请将灾赈组所汇十万元内购种之五万元改为赈款，冬赈、春赈均改为现款；三、请鲁省府督饬各灾县县长赶组灾县救委会，就地采购赈粮；四、请省府转令邻灾各县长、公安局长，分任采运分处正副主任。棉衣三万八千套，即刻由常委会分配数目。东平改一等灾县。①山东灾赈会之所以请求将购种款改为现款，冬赈、春赈均改为现款，是因为当年山东未受灾地区普遍丰收，粮价甚低，用现款在山东本地购种、购粮更实惠。东平改为一等灾县后，分配赈款就与北岸四县及菏泽同一标准了。

10 月 31 日，山东灾赈会议定中央赈款赈衣发放方案：一、中央赈款十万元，分配濮、范、寿、阳四县及菏泽、东平各八千元，巨野七千，东阿五千，郓城、嘉祥、单县各四千，济宁三千，汶上二千，金乡、鱼台各一千。另拨菏泽四千元，寿、阳九千，范、濮各四千，补助收容所。二、灾民赈票分三角、六角、一元等。

另外，黄救会分派山东棉衣三万八千套，11 月 29 日已到二万套，查放处规定的分配办法是：菏泽七千套、寿张四千、濮县三千五百、范县三千四百、东平三千、阳谷三千、巨野三千、东阿二千，郓城一千七百、嘉祥一千五百、曹县一千、单县一千、鄄城六百，定陶、城武、济宁、鱼台、金乡各五百，汶上四百，长清、肥城各二百。②

12 月 11 日，山东灾赈会议决，就余款二万五千元，在鲁西设四粥厂，并电中央再添三处。新制棉衣四万套，仍按上次三万八千套分配办法，余二千套酌分灾重区域，及济南收容所灾民无衣者。③

（三）赈款赈衣分配统计

黄河水灾救济委员会成立之初，急赈款定为四百万元，其计划

---

① 《大公报》1933 年 10 月 25 日。

② 《大公报》1933 年 11 月 1 日。

③ 《大公报》1933 年 12 月 12 日。

分配方案是:以一百五十万元办理冀鲁豫三省灾赈事宜,以一百五十万办理工赈事宜,以三十万办理卫生事宜,其余七十万元充机关经费及补助冀鲁豫以外受灾省份赈务之用。到 1935 年 1 月黄救会撤销时,其经收的赈款共 3189526.25 元,这其中包括财政部拨款、国内外捐款、存款利息、由本会代收转拨的指定捐款及指定工款。支出项目包括行政费 232990.83 元,灾赈费 1052464.36 元,工赈费截止到 1934 年 11 月共计 1310652.61 元,卫生费为 125320.12 元,补助费(补助冀鲁豫以外受灾省份办理赈务)26 万元,借款利息 10000 元,移转全国经济委员会(工赈组所需经费及工务费)22500 元。以上总计,收入为 3189526.25 元,支出为 3187467.5 元,收入相抵结余 2058.75 元。①

那么,这些赈款有多少直接发给灾民呢?这就要看灾赈组的办理情况。灾赈组急赈用现款发放,共四十万元,另拨凌灾急赈一万二千元,总共四十一万二千元。计发河北十一万二千元,山东二十万元,河南十万元。其中山东有十万元系由财政部汇交山东省政府主席韩复榘转交山东省赈务会施放(前文已视为山东省政府实施的急赈),其余均由灾赈组拨交各查放处,再由查放处会同各该省灾赈委员会商定,分配于各受灾县份,然后由查放处拨交各分处,于查户完毕后发放。灾赈组发放的赈衣共二十一万套,另有捐助的赈衣一万一千零四十七套又一件。灾赈组发放的赈粮共十五万八千五百元,计河北五万元,山东六万元,河南四万八千五百元,除山东悉数移办粥厂外,余均由各该省查放处发放。山东先在菏泽、济宁、濮县、范县、东平、寿张、阳谷各办一粥厂,共七厂,后因灾民过多,又在东平加设一粥厂。②

---

① 《黄河水灾救济委员会报告书》第六章,第 11 ~ 18 页。

② 《黄河水灾救济委员会报告书》第二章,第 7 ~ 10 页。

黄救会灾赈组在山东施放急赈一览表

县别	赈款（元）	赈衣（套）	赈粮（斤）		实赈灾民（人）
			红粮	小米	
总支配数	200000	78700	74100	512166.8	
菏泽	15000.00	14000			33907
定陶	4000.00	1940			1040
寿张	18190.50	9874		89800	39498
阳谷	11809.50	4626		152567	22045
范县	15000.00	7300		107590	36827
濮县	15000.00	6960		90822	30521
东阿	12000.00	4000			14106
东平	12000.00	7000		67913	44791
长清	1000.00	400			410
肥城	1000.00	400			410
巨野	14000.00	6000			21675
郓城	8000.00	3360			11667
鄄城	1000.00	1000			1200
单县	8000.00	2000			13040
曹县	7000.00	2000			2600
鱼台	2000.00	1040			3289
金乡	2000.00	1040			3011
城武	4000.00	960			1220
济宁	6000.00	1040	74100	3474.8	15116
汶上	4000.00	800			5022
嘉祥	8000.00	2960			10557

（续表）

县别	赈款（元）	赈衣（套）	赈粮（斤）		实赈灾民（人）
			红粮	小米	
余数	31000.00				
实际放赈总数	169000.00	78700	74100	512166.8	311952
备注	其中10万元由山东省赈务会发放。余款31000元，拨归东平、范县、濮县、阳谷、寿张、菏泽、济宁七粥厂及菏泽寿张两收容所支配。	另有700套属义捐，指定捐给济南，故济南市收赈衣700套。	山东赈粮全数用于办理粥厂，施放赈粮系办理粥厂完毕后之余粮。		另有东平第一粥厂实赈灾民6083人，东平第二粥厂实赈8200人，范县粥厂实赈3163人，濮县粥厂实赈3190人，寿张粥厂实赈2742人，阳谷粥厂实赈2357人，菏泽粥厂实赈2956人，济宁粥厂实赈5218人。

材料来源：《黄河水灾救济委员会报告书》附表

黄救会灾赈组在山东的急赈工作主要是由山东查放处与山东灾赈委员会具体实施的。山东灾赈委员会成立于1933年10月16日，1934年5月15日正式结束，历时七个月。在正式结束之前，山东灾赈委员会在《山东民国日报》上公布其收支赈款赈衣明细账，使我们能更清楚地了解黄救会灾赈组在山东实施急赈的情况。

山东灾赈委员会支配灾赈组拨来的赈款赈衣等，计收支赈款十三万余元，连赈衣在内约在四十万元以上。

收入项下：（甲）赈款。收灾赈组汇发赈款洋十万元，收采运股拨来赈款洋一万四千元，收灾赈组2月汇发赈洋一万元，收灾赈组3月汇发赈款洋一万元，共十三万四千元。（乙）赈衣。收灾赈组第一批赈衣三万八千套，收灾赈组第二批赈衣四万套，又收灾赈组赈衣七百套，共计收赈衣七万八千七百套。

开支项下：（甲）赈款。1. 急赈，支第一至第七查放分处经发急赈洋共七万九千元。2. 粥厂，支东平第一粥厂、东平第二粥厂、寿张粥厂、阳谷粥厂、范县粥厂、濮县粥厂、济宁粥厂、菏泽粥厂，支筹办各粥厂旅费，共计支洋 53865.57 元。以上两项共支洋 132865.57 元。余款洋 1134.43 元，已得中央核准，拨整理东平湖工赈。（乙）赈衣。支第一至第七查放分处经发赈衣共计七万八千七百套。

山东灾赈委员会的这份总账，还提到山东省政府主席韩复榘设法减政筹赈并全省公务人员扣薪等拨款计为五十七万余元，远近各慈善团体向灾区施赈者，约五十万元，若再加上山东灾赈委员会经发的四十万元，各方对于救济鲁西水灾，赈款总额达一百五十万元。①

四、民间捐款与赈济

1933 年黄河特大水灾，引起了海内外民众的关注，诸多慈善团体和个人或向救灾机构捐款或直接前往灾区施赈，奉献自己的爱心，帮助灾民渡困，成为这次水灾救济的一支重要力量，其善心和义举值得彰扬。

（一）国内外团体和个人捐款

黄灾发生后，省会济南各界成立了济南市鲁西水灾急赈会，并决定请平津名伶演剧，于 9 月 9 日起开三天游艺会筹款。除向各机关团体派发游艺票外，再募捐，预备筹集五万元放急赈。这次游艺会共收入券价、捐款洋 22433 元，开支 4954.3 元，除花费外净存洋 17478.7 元。②

① 《救济水灾一页总账》，《山东民国日报》1934 年 5 月 11 日。

② 《水灾急赈会收入券价捐款及支出各种款项等数目清册》，济南市档案馆藏档，档案号：77—16—15。

上海各界成立了上海各慈善团体筹募黄河水灾急赈联合会，连续在《申报》上刊登捐款启事。9月6日召开第一次联席会议，讨论放赈办法。决定先行筹借五万元，拨山东洋三万元，由济生会派员发放；拨河南二万元，交红十字会及中国佛教会散放。经上海大亨黄金荣慨允，于9月11日、12日、13日三天在上海大世界举行筹赈游艺大会，所得券资悉数送交上海各慈善团体筹募黄河水灾急赈联合会散放急赈。①

因资料所限，无法准确统计各慈善团体及个人捐款的数额，兹就《大公报》、《申报》中的报道，对捐款情况略举几例：

9月2日《申报》载，山东大学教职员捐薪赈济鲁西水灾，该校校长赵畸昨日电韩复榘，由金城银行汇去三千元。

9月10日《申报》载，美国全国红十字会捐助鲁西赈款五万元，已由北平美使馆令驻济美领事史特芬送交省赈务会。

9月13日《申报》载，12日水灾救济会在省府开会，全体职员当场捐三千五百元。

9月21日《申报》载，前河南军务善后督办寇英杰，特捐五千元，指明专赈东阿、寿张两县。又威海专员徐祖善慨捐一千元。以上两起捐款共六千元，统由赈务会代为施放。

10月3日《申报》载，第三路军捐一万二千三百二十元，赈鲁西灾民。

10月5日《大公报》载，民团第三路指挥谷良友倡捐赈款洋二千元，施放急赈。

10月17日《大公报》载，华北慈善联合会会长朱子桥（庆澜）命康振普来菏泽散放急赈八千元。

11月17日《大公报》载，11月16日晨，八十六旅旅长荣光兴到

---

① 《申报》1933年9月7日，9月9日。

济南接洽公务，并携带烟台进德分会募集的鲁西急赈捐款八千元交省赈务会，分配鲁西灾黎。

12 月 4 日《大公报》载，山东旅京同乡会迭接各方函电，请求援助，除已决定呈政府速筹冬赈外，并由该会出名募捐，现已募得两千余元，购办棉衣一千六百套，分两次运送济南，交山东赈务会转发灾民。

1934 年 1 月 20 日《大公报》载，青岛各团体因鲁西灾情惨重，特发起募集赈款，前后共得捐款 2324 元，旧棉衣 2290 件，日前特推定张乐古携带来济，会同进德会总干事郭清甫送交省赈务会查收。

山东旅津同乡水灾急赈会在天津也积极筹集捐款，1933 年 9、10 两月共收洋 13407.16 元，支出鲁西五县放赈洋 5200 元，红卍字会代放赈路费洋 181.15 元，汇山东赈务会代放 5000 元。① 11 月份共收洋 7887.76 元，汇山东省赈务会代放款洋 5000 元。12 月存捐款大洋 9116 元，汇山东省赈务会 5000 元。②

山东自古就有乐善好施的传统，每遇灾荒总有一些善人出面救济乡邻，这在黄灾救济中也有体现。据 1933 年 9 月 18 日《大公报》载，寿张有义民武邦乾，家本中资，且未受高等教育，此次因见县境水灾过重，竟自动在寿张南门外文庙内设立粥厂，每日散放灾民约需小米七八斗之多，此厂已设立十三天。正在此地放赈的省政府参议郭文升，遂由第三批赈款中，提出三百元，交彼继续放赈。此粥厂成立于水灾始发之时，活人无算。现该县灾民群呼武氏为亲老爹，每到一处，群众欢呼，可见其受人爱戴之深。

山东在这次水灾救济中收到的最大一笔捐款是陈嘉庚组织募集的南洋华侨指定捐款，总额为 73539.58 元。可这笔捐款汇至财政

---

① 《大公报》1933 年 12 月 11 日。

② 《大公报》1934 年 1 月 16 日、24 日。

部后,因一桩控案未结,迟迟未汇至山东。1934 年 3 月初,韩复榘曾致电财政部长孔祥熙,指出该项捐款既因案暂为保留,计时已逾两月,如果纠葛业已解决,请即速汇来鲁,以资救济。直到 1934 年 5 月,这笔捐款才汇至山东。经山东省政府议决,平均分配给特重灾区濮、范、寿、阳、东平、东阿、菏泽七县,遵照建仓积谷办法,赶速购买新谷。① 也就是说,这笔捐款因汇至山东太迟,并未在这次水灾救济中发挥实际作用。

(二)世界红卍字会的急赈与华洋义赈会的农赈

在这次黄灾救济中,除团体和个人捐款外,还有一些救济机构直接到灾区实施救济,这主要是指红卍字会的急赈和冬赈及华洋义赈会的农赈。

世界红卍字会是起源于山东的民办慈善救济机构,在这次黄河水灾救济中表现积极。据 1933 年 9 月 6 日《大公报》报道,世界红卍字会原定组织救济队五队,赴豫鲁水灾区域散放急赈,第一二三等队已于前日出发赴豫鲁两省,第四队已派聂承临率队携款药今日去鲁,商同前派苏、曹两队长分别查放。韩复榘特意发电致谢,并令各该县长协助保护。9 月 12 日《大公报》又报道,济红卍字会共拨六万元赈三省水灾,已在鲁西放四万余元。

当时红卍字会对灾区的救济一般是组织救济队,亲赴灾区施救。以红卍字会青岛分会救济队对鲁西的救济为例,在 9、10 月间,该救济队在濮县、范县、寿张三县共放大洋 6878.8 元,其中濮县发放 2229 元,范县 3649.8 元,寿张 1000 元。青岛红卍字会救济队还前往鲁西菏泽一带办理冬赈,共放大洋 8129 元。②

中国华洋义赈救灾总会是当时中国最大的国际性民间救灾组

---

① 《山东省政府行政报告》1934 年第 5 期(1934 年 5 月)。

② 李光伟:《道院 · 道德社 · 世界红卍字会——新兴民间宗教慈善组织的历史考察》,第 166 页。山东师范大学硕士论文,2008 年。

织，曾承办1931年江淮水灾皖赣两省农赈，取得显著成绩。这次黄灾发生后，华洋义赈会在《大公报》上刊登捐款启事，主张在灾区实施农赈。之后，根据捐款情况在灾区逐步施赈。据1934年2月7日《大公报》载，中国华洋义赈救灾总会，在山东菏泽县设立黄灾农赈第一事务所以来，已将一月，所有菏泽县之同和、西河、岗峰三乡，业经该所指导灾农组织互助社。经审查可以贷款者，截至1月30日止，共四十八社，2月1日至5日止，贷放十五社，计洋五千二百余元，尚有十六社亦已定于日内贷放。此后，华洋义赈会的农赈在冀豫鲁三省持续进行。据5月24日《大公报》载，华洋义赈会收到捐款十六万四千余元，冀鲁豫已办农赈共七县，其中河北三县、河南三县，山东菏泽一县，已组织互助社二百六十三社，已贷出赈款九万元。尽管此后华洋义赈会的农赈还在进行，但无论规模还是成效都无法与1931年江淮水灾后的农赈相比。

五、总结与评价

这次黄河水灾救济的时间，若从黄河水灾救济委员会1933年9月1日成立算起，至1935年1月结束，为时17个月；若从1933年10月份各省设立查放处及查放分处成立算起，至1934年5月结束，实际救灾时间应为7个月。为配合山东查放处的工作而成立的山东灾赈委员会，其存在的时间是1933年10月16日至1934年5月15日，也是7个月。当然，在黄救会成立及实际开展工作之前，山东省政府及省赈务会已开展了急赈，其实际救灾时间应从8月下旬开始。

据《黄河水灾救济委员会灾赈组工作报告书》（下文简称为《灾赈组工作报告书》）的统计，黄救会灾赈组实际开展的工作和取得的成绩为：施放临时急赈一次，赈粮一次，棉衣或单独散放或附同急赈赈粮施放，设立招待所四所，粥厂十四厂，共用赈款一百零数万元，三省四十五县灾民之受赈者,计一百零一万余口。[①]

要客观地评价这次水灾救济的成效至少需要从两个方面来分析:一是灾民人数与受赈人数之比例,也就是说,看有多少灾民得到了赈济;二是灾民得到了多少赈济。据《灾赈组工作报告书》称:冀鲁豫三省受灾户数 561130 户,受灾口数 3272021 口,待赈户数 416850 户,待赈口数 2206650 口。三省统计实际受赈户数为 350315 户,受赈口数为 1015427 口。三省统计,受赈口数占待赈口数的 46%,受赈口数占受灾口数的 31%。也就是说,受赈口数不到待赈口数的一半,受赈口数仅占受灾口数的三分之一。再就山东而言,山东受赈户数为 154686 户,受赈口数为 345561 口,受赈口数占待赈口数的 35%,受赈口数占受灾口数的 20%,而河北这两项的比例分别是 71% 与 57%,河南这两项的比例分别是 42% 与 33%。三省相比,山东比例最低,有 65% 的待赈灾民或 80% 的受灾人口未得到赈济。山东受赈人数之少,受赈比例之低由此可见。[②] 需要说明的是,中央汇往山东,由山东省赈务会经放的急赈款十万元,其受赈户口,由赈务会自行造报,不在此列。另外,由山东省政府及赈务会自行施放的赈款也不在此内。因此,山东实际受赈的口数要多于上述统计数字。

再看灾民实际得到的赈济数额。虽然这次水灾救济是分批施赈,每次灾民得到的赈济不尽相同,也无法作准确统计,但仍可从有关记载中看出大致情况。9 月 2 日《大公报》载,山东省参议李天倪前往濮、范、寿、阳四县放赈,共放三万四千元,灾民每人仅得两角。9 月 18 日《大公报》载,山东省参议郭文升、王万青二人,前后三次赴濮、范、寿、阳四县放赈,其中第一次携款一万五千元,濮县分四千

---

① 《黄河水灾救济委员会灾赈组工作报告书》,第 92 页。

② 《黄河水灾救济委员会灾赈组工作报告书》,第 50 ~ 54 页。

元，只对重灾区难民散放，每人计得四角；范县分五千元，普遍施放，每人计得钱一千(五十枚)；寿、阳两县共分六千元，普遍施放，每人计得钱一千。10月2日，《大公报》载，省府散放中央拨到赈款十万元已毕，惟范县、寿张、阳谷等县灾民，因每人所分到赈款只合两角余，较菏泽等邻县灾民每人所得为少，公推代表呈请省府，要求散放急赈应以各县灾民人数为准，以免受惠有厚薄之分。再以重灾县范县为例，据11月1日《大公报》载，该县共计查放急赈四次，省府二次，红卍字会二次，灾民云每人得赈款一角或数十枚不等。综合以上报道，可以看出，即便是重灾区，灾民每次所得的赈款少者只有数十枚铜元，多者也不过几角。当时鲁西各县生活程度极低，每月每人仅需洋六角。① 也就是说，发到鲁西灾民手中的赈款竟不够维持一个人一月的最低生活费，更何况还有35%的待赈灾民和80%的受灾人口没有得到赈济！

对这次救灾的效果，黄救会灾赈组在工作报告中总结道："虽以灾情过重，户口过多，灾民所得至微，所幸各该处风俗俭朴，生活程度素低，加以地方官义各赈，相辅而行，灾民又能吃苦耐劳，故得免于沟壑。"②"灾民所得至微"是实情，至于灾民是否仅靠吃苦耐劳就能"免于沟壑"，那只能是报告撰写人的自我安慰或自欺欺人了。

综合以上分析，可以认为，黄救会对这次山东黄河水灾救济并不成功，受赈灾民太少，灾民所得太少。即便加上山东省政府、赈务会及各慈善团体的赈济，仍然是成绩有限、效果不佳，灾民活命尚且困难，更遑论恢复生产、重建家园了。

这次黄灾救济不成功的原因固然很多，但最主要的原因有两点：一是中央政府重视不够，投入太少；二是山东省财政困难，救济

---

① 《大公报》1933年12月30日。

② 《黄河水灾救济委员会灾赈组工作报告书》，第92页。

乏力。

中央政府重视不够，投入太少，可以从以下几个方面体现出来：

1. 救济行动迟缓。1933 年 8 月初，黄河上游暴涨的消息已见诸报端，因治河机构不统一，各省交界处河段平时疏于治理，待大水来时又抢堵不及时，才导致 8 月 11 日豫冀黄河大决口。灾情发生后，山东省政府及省赈务会一再致电中央要求速拨赈款，而行政院赈务委员会则仍按常规办理，委员长许世英致电山东省赈务会，令将灾区面积、灾民人数、财产损失估计，统于电到日立即分县列报，地方救济至何种程度，一并电复，以便统筹救济。山东省赈务会当即答复："请先发急赈，如待调查清楚，则人早已饿死。"①当时灾区一片汪洋，交通中断，外人无从进入，何从调查？若待调查清楚，灾民早已成饿殍。在山东省各界的强烈呼吁和请求下，中央政府才于 9 月 1 日成立黄河水灾救济委员会，10 月初旬及中旬才在受灾各省相继成立查放处、查放分处及各省灾赈委员会，救济工作才真正开始，此时离灾情发生已两月有余。救灾如同救火，这灾后的两个月对挽救灾民之命是何等关键！迟迟得不到救济对灾民来说又是何等难熬！

2. 赈灾经费太少。8 月 29 至 30 日，行政院连续召开会议，讨论救济黄灾问题。议定的赈济方法包括三部分：第一为急赈，第二为工赈，第三为黄河水利工程，尤以急赈为目前刻不容缓之举。决定成立黄河水灾救济委员会，并增加急赈款为四百万元。黄河水利委员会委员长李仪祉报告治黄费用计一千零六十五万。② 需要指出的是，当时议定的这四百万元全部是救济黄河水灾的急赈费，并不包括工赈费和治黄费用，可最后这四百万元的用途发生了根本性的变

① 《申报》1933 年 8 月 29 日。

② 《申报》1933 年 8 月 31 日。

化，成了这次黄河水灾救济的全部费用，包括工赈和卫生费用。这种变更引发灾区民众的强烈不满，9 月 26 日，鲁西水灾救济会致电中央，质问四事：(1)中政会早已通过鲁豫冀急赈费四百万元，工赈治河一千万元，何以变更分配办法，急赈、工赈均减为一百五十万，而以百万为医药杂费？(2)一百五十万工赈，焉能治黄？(3)医药费未免太巨。(4)治长江费有六千万之多，今治黄一千万，何反无着？①根据黄救会的最后统计，黄救会实际经收的费用只有三百一十八万余元，实际用于冀鲁豫三省急赈者只有区区一百零五万余元。面对三省三百余万灾民，这一百零五万元急赈款真是显得太少了。

其实，在黄灾发生后，山东省政府主席韩复榘曾致电行政院，请由财政部在前拨扬子江防汛委员会之六千万元内将未付之款，先行移拨。但未得到答复。韩还致电蒋、汪，请在美麦变价项下拨二百万救灾。蒋介石电复："美国棉麦贷款，属赊账性质，十一月后乃开始运华，不知何日何年乃能措毕，缓不济急，无从运用。"②

8 月 31 日，山东省赈务会致电林、汪、蒋、许等中央要员，以极为激愤的语气历述中央对山东施予之少与山东对中央贡献之多。其电文曰：

> 查山东赈款，财政部自去岁停发。二十年水灾救济海关附加收入案内，原议分配受灾省份，一年收入若干，山东未得惠分文。十九年政府明令抚恤山东被灾各县，每县二三万元不等，结果一钱未蒙颁发。国军征用各县地方至三四百万之巨，政府迄未偿还，概由地方负担。十七年五三惨案华侨捐助救济款项，政府移作他用，并未汇鲁。此历年政府对于山东人民救灾办灾办法之实在情形也。山东人民对于政府之纳税义务，历年

① 《申报》1933 年 9 月 27 日。
② 《申报》1933 年 8 月 28 日。

> 增加，即如盐税一项，已由五百万元增至一千一百万元。东北失地之税收，政府分配各省代纳盐引，每石加二元八角，而山东单行法，每石增加四元，中央亦一并收归国库。此政府历年责吾人民纳税义务之实在情形也。是政府取于人民者，唯恐不多，并政府应与吾民者，靳而不与，瞻顾彷徨。

在发泄一番对中央的不满之后，山东省赈务会要求中央破格特沛恩施，准由山东国税项下暂借拨百万元，或准留用百分之十，以资救济。① 尽管山东要求借拨或留用国税的理由如此充足，但仍未得到批准。

中央对山东征收如此之多与给予如此之少，这里面有非常复杂的政治和经济原因，其中中央与地方分税制不合理也是因素之一。中央之所以对山东赈灾如此吝啬，从主观上来说，与山东在中央的地位有关，也与当时的国内外形势及财政状况有关。南京国民政府的统治中心在长江中下游的鄂赣皖苏浙沪数省市，因此，它对1931年的江淮水灾的救济就极为重视，投入极大，而黄河流域的冀鲁豫三省在中央的地位则无法同以上数省相比，中央对1933年黄河水灾的救济力度就小得多。就国内外形势而言，当时，东北已沦陷二年，蒋介石正在围剿红军，其间又发生福建事变，再加上财政困难，靠借债度日，也确实拿不出太多的款项用来救灾。因此，中央对1933年黄河水灾救济投入如此之少，既有厚此薄彼的主观倾向，更有力不从心的现实无奈。

3. 决口迟迟未堵，直接影响救灾和恢复生产。因工款无着，施工缓慢，黄河北岸长垣石头庄决口迟迟未能堵塞，直到年底灾区仍是一片汪洋，直接影响救灾和春麦播种。1933年12月底，山东查放处主任杜延年在视察鲁西赈务后说："东平、濮、范、寿、阳数县，水势

---

① 《申报》1933年9月2日。

仍大，一片汪洋，漫无涯际，春麦无法播种，灾民仍伏处堤顶树颠，查放员查放时，因水势浩大，无路可通，均乘大舟分赴各村工作。”①另据1934年1月19日《大公报》报道，长垣决口迄未堵合，鲁西四县播种无望，灾民代表抵济请愿，鲁省转恳中央发款兴工。2月21日《大公报》载，冀南石头庄堵口工程，被冰凌冲坏，第三号堵口完全失败，鲁西濮、范、寿、阳又尽成泽国，一片汪洋。

4. 对灾区要求春赈的呼吁，置之不理。1934年2月以后，山东省灾赈委员会多次致电黄救会委员长孔祥熙请求拨款春赈，未得到答复。4月初，河南查放处主任唐宗郭也致电孔祥熙：

> 于堵口修堤以外，另拨赈款三十万，籽种三万石，续办三省春赈。使已种麦之灾民得延残喘，以尝新麦；未种麦之灾民得事春耕，以待秋获。借资后劲，无废前功。中央财政诚甚拮据，然当不忍亏此一篑。万一竟无可拨之款，拟请咨行财政部，于烟酒税附加若干成，指商银行界垫款充赈，收入之数，还清垫款，即永远储为积谷救灾专款。

中央也未加理睬。②

就山东省政府而言，它在这次水灾救济中的表现应该说还是比较积极的，但由于本省财政的拮据，对灾民的救济也十分有限。当时山东的财政状况，正如省建设厅厅长张鸿烈1934年3月16日在齐鲁大学演讲所言：“鲁省因外货倾销，每年金钱流溢国外者达四万万元，而土产出口及东北三省鲁人汇款，每年可收入一万三千万元，今均化为乌有。复以农村破产，粮食堆积等原因，以致经济破产。”③救灾问题说到底是个经济问题，没有充足的财力支持，就无从着手。因此，当灾情发生后，山东省政府并无专门的救灾预备款可以动用，

---

① 《大公报》1933年12月30日。

② 《大公报》1934年4月6日。

③ 《大公报》1934年3月17日。

除了向中央呼吁，恳请中央拨款外，只能通过减政、扣薪、加赋等压缩开支或加重非灾区负担的方式来筹款，最终也不过筹得五十余万元。这次黄河水灾，山东灾民达一百七十余万人，而实际得到的赈款总额仅一百五十万元（黄救会灾赈组山东灾赈委员会施放赈款赈衣约在四十万元以上，山东省政府拨款赈济计为五十七万余元，各慈善团体施赈者约计五十万元）。这就是1933年山东黄河水灾救济的实况，也是民国时期山东灾荒救济的一个缩影。

第六章　1935年黄河水灾的救济

1935年7月，黄河在山东鄄城董庄至临濮集决口六处，鲁西十余县受灾，其损失程度不亚于1933年。灾情发生后，山东省政府采取异地安置的政策，对灾民进行了大规模的救济，取得了一定的成效，也存在诸多问题。

一、灾情概述

1935年7月初，黄河上中游连降暴雨，河水猛涨。7月7日晚6时至8时，陕州黄河水涨一公尺余，流量为每秒5400立方公尺。① 7日晚8时至8日早5时，陕州河水又陡涨二公尺五寸，流量达每秒9980立方公尺。② 8日，陕州黄河水位为294.83公尺，流量为每秒13000立方公尺，再加上豫境支流同时陡涨，约计当时全河流量已超过每秒14000立方公尺。③ 黄水奔腾而下，直逼山东黄河大堤。

7月10日，黄河在山东鄄城董庄至临濮集间连决六口，酿成巨灾。当时决口的情形是：鄄城董庄决口，分正河十之七八，破埝东流，阻于民修格埝，折而南，决大堤六处。溜分二股：一股由赵王河穿东平县运河，合汶水复归正河；大股漫于菏泽、郓城、嘉祥、巨野、

---

① 《大公报》1935年7月9日。

② 《大公报》1935年7月13日。

③ 秦孝仪主编：《革命文献》第八十二辑，《抗战前国家建设史料》（水利建设）（二），“中央文物供应社”1980年版，第471页。

济宁、金乡、鱼台等县，由运河入江苏。又由南阳、昭阳二湖注入苏鲁交界之微山湖，淹丰、沛、铜山三县，又灌邳县、宿迁县，由中运河注入六塘河、沭河，放溢四出，泗阳、淮阴、涟水、沭阳、东海、灌云等县皆被灾。①

河决一月后，《申报》特邀记者陈赓雅来鄄城决口处视察，他描述说：

> 鄄城偏居鲁省西陲，濒黄河南岸，此次黄河突在县境董庄东之临濮集，连决口门六处，宽达五百余丈，现第一至第四口门，已完全淤为旱口，淤泥深达八尺。……第五第六两口门，冲刷合并为一，宽二百余丈，合一里余。黄水正由此滔滔流出，其害不知将伊胡底。正河地势甚高，口门外地势低斜，水性就下，故正河水仅余二成，余八成全由口门泄出。官堤以南，即口门以外，自光绪元年迄未被水，地面低于滩地一丈有奇，是以波涛滚流如注深渊，洪水东奔，直冲鲁西十余县，到处一片汪洋，尽成泽国。②

对这次黄河决口的情形，曾参与当年防堵工程的郝子善回忆道：

> 1935年(民国二十四年)7月10日，黄河水位陡涨，下午突然狂风呼啸，大雨滂沱，鄄城县李升、南赵庄一带之民埝先行溃决，接着水势汹涌，向前泛滥。当晚8时许，鄄城董口到临濮集之间的官堤又告溃决。继之在董口以西决口两处，被定为第一、二口门，分别为宽度为23丈、27.8丈。董口与临濮之间溃决的官堤为第三口门，宽30余丈。复于第三口门以西临濮集东北又决口两处，即第四、五口门，分别为宽30余丈、40丈不等。

① 席家治等：《黄河下游1933、1935、1938年决口灾害资料浅析》，《黄河史志资料》1983年第2期。

② 陈赓雅：《江河水灾视察记》，庄建平主编：《近代史资料文库》第十卷，上海书店出版社2009年版，第212页。最后一句标点有改动。

次日(11 日)水位溢涨,临濮集北官堤又决一口,是为第六口门,其宽50余丈,为六个口门之冠。山东省县政建设实验区长官公署区长官王绍常(驻济宁)据报后,于7月15日特派水利专员孙锦由济宁前往鄄城各口查勘。计由董口至临濮集间官堤共决口六处,而以临濮附近两处(即第五、六口门)面积最大,经丈量一约180米,一约350米,其余四口为100~120米不等。当下较初时冲刷扩展甚大,至8月9日第五、六口门已被冲坍塌,合二而一,宽约六七里之距,夺大溜水势七成以上。

黄水出此口门后,大部向东南流,漫菏泽、郓城、巨野、嘉祥、济宁、金乡、鱼台等县,沿洙水河、赵王河注入南阳、昭阳、微山各湖,再由运河入江苏省。①

黄水泛滥之处,一片汪洋。北平华洋义赈会总稽核季履义偕工程师张季春在决口之初曾赴鲁西调查灾情,他们在报告中说:

乘船视察水灾,仅获达到嘉祥、巨野两县之县城,所过各处村落几于全被水淹,无可落足之处,立于夹板用千里镜遥望之,四面环水,毫无涯际,水面间有黑团露出,乃系村中未尽沉没之房顶也。余等在此九日视察行程中,仅有两次获登陆地,一在某村水中仅有之高处,其面积不过二尺,其次则为凸出之山坡。在最初之二十四小时中,入余等视线中者仅一牛一马四羊而已。两县一切损失尚无法统计,估计约有六千村被灾。

灾民为了生存,不得不冒险涉水采摘高粱头:

鲁西罹灾最重之十县,所有农作物几全毁灭。余等仅在数处觅见高粱,除各处树梢之外,此乃视察程中仅见之绿色农作物也。灾民有此仅留之高粱,视之有如至宝。灾民打粮多以藤

---

① 郝子善:《1935年黄河决口济宁灾情的回顾》,文芳主编:《天祸》,中国文史出版社2004年版,第32页。

筐系之裤腰，涉水而前，深水之处，恒齐头顶，粱梢摘下后，即藏之筐中，携归晒之屋顶，倚为唯一延命之粮食。①

山东黄河水灾救济委员会委员甄伟忱曾办理鄄城等八县黄灾急赈，他在日记中记载有灾民的惨状：

有一绳系男女十二口被淹毙，顺流而下，惨不忍睹。人民有登树者，有用木札成高台，老幼男女在其上，壮丁站水中者，呼救之声，时有所闻，村村皆是，百只船收容几何？……即向郓城前进，经过新庄、邢庄等四十余村，正位大溜，房屋一律倒塌，水刷去其大半，仅有一二鸡犬，见有木圈一个，男女七口皆提圈淹毙，下流零星浮尸屡屡近船，船行于大树顶间。②

关于这次黄灾的损失，有文献记载苏、鲁两省共有27县受灾，受灾面积48849方里（折合12215平方公里），受灾人口341万，伤亡3750人，财产损失估计约1.95亿元。③ 山东受灾最重，有文献记载灾区面积达7700余平方公里，波及鲁西15个县，淹没耕地810万亩，淹没村庄8700余个，灾民达250余万人，死者3065人，淹毙牲畜4万余头，倒塌房屋近百万间，财产损失估计约1.5亿元。④

山东受灾最重的十县，即济宁、菏泽、鄄城、郓城、巨野、嘉祥、东平、汶上、金乡、鱼台，当时都属山东省县政建设实验区长官公署管辖。1934年，山东省政府主席韩复榘在济宁、菏泽等14县设立县政

① 山东黄河水灾救济委员会编：《山东黄河水灾救济报告书》，第311页，1935年。

② 山东黄河水灾救济委员会编：《山东黄河水灾救济报告书》，第314页。

③ 席家治等：《黄河下游1933、1935、1938年决口灾害资料浅析》，《黄河史志资料》1983年第2期。郝子善：《1935年黄河决口济宁灾情的回顾》，文芳主编：《天祸》，第33页。

④ 山东省水利史志编辑室：《山东水利大事记》，山东科学技术出版社1989年版，第107页。郝子善：《1935年黄河决口济宁灾情的回顾》，文芳主编：《天祸》，第33页。

建设实验区，1935 年 1 月，正式设立行政督察员专署，即第一专区，专署设在济宁。4 月，改名为山东省县政建设实验区长官公署。长官公署下辖 14 个县，其中定陶、城武、单县、曹县未受灾，其余 10 县受灾情况见下表：

山东省县政建设实验区各县受灾情况表①

县名	耕地面积（顷）	人口	淹没面积（顷）	受灾村庄（个）	灾民（万人）	财产损失（万元）
济宁	20562	578200	1400	500	40	500
嘉祥	5044	145185	4670	300	13	300
巨野	14090	354993	13690	1100	30	2300
郓城	18099	489654	11000	680	30	2200
鄄城	8354	283855	6000	700	20	1800
菏泽	14012	434763	7410	394	22	300
东平	12435	413725	7730	530	28	1180
汶上	14000	421044	7840	300	20.5	320
金乡	9368	263812	2800	140	10.2	170
鱼台	8693	215874	8000	1200	19	2389.18
总计	124657	3601105	70540	5844	232.7	11459.18

说明：1. 此表系根据山东省县政建设实验区长官公署《灾情述要》制作，其中鱼台县的财产损失，系根据鱼台县灾情报告添加的。

2. 以上各项统计数字，除耕地面积和人口外，其他各项大多带有“余”或“约”字。

3. 此份《灾情述要》与随后附录的《十县灾情报告书》的统计数字有些一致，有些有较大出入，如济宁报告书上称灾民 50 余万，郓城报告书称财产损失 2800

① 山东黄河水灾救济委员会编：《山东黄河水灾救济报告书》，第 105 ~ 107 页。

余万元,东平报告书称灾民186743人,财产损失18535920元,金乡报告书称财产损失380余万元。由于灾情报告的时间及来源途径不一,再加上人为的因素,很难找到两份完全相同的灾情报告。

二、灾民安置

灾情发生后,山东省政府多次发布训令,命各县县长努力赈济。7月25日,韩复榘以省主席的名义发布训令:"各该县县长,职司民牧,对于地方之水旱偏灾,自应各本良心,努力赈济,勿得畏难苟安,因循偾事,嗣后本主席即以其办赈之勤惰,定考成之标准。"7月30日,又训令民政厅转饬沿津浦、胶济各县县长开仓放粮,赈济灾民。由于各县积谷多系历年存储,以备各县地方水旱灾害救济之用,若散放过多,以一县之财力,一时无从弥补,有失公平。因此,省政府又规定,所有各县动用积谷数目,准予按实记账,呈报备查,再行核办。①

为加强对全省救灾工作的统一领导,1935年7月24日,山东省成立了山东黄河水灾救济委员会(以下简称山东黄救会)。该会承省政府命令办理黄灾难民救济事宜,会址设于省赈务会内,以省赈务会委员五人为委员,以李树春为主任委员,辛铸九为副主任委员,委员有赵新儒、何素朴、甄绩成、李文斋,下设总务、查放、审核、劝募四组。新设的山东黄河水灾救济委员会与原有的山东省赈务会在一处办公,实际上是一个机构两块牌子,而且直到1935年10月底,才由山东黄河水灾救济委员会代替山东省赈务会造送每日收支数目四柱清表(即旧管、新收、开除、结存),也就是说,在此之前,赈款的收支仍由省赈务会经手。1936年7月21日,山东省政府秘书处向第513次省政务会议报告黄河水灾救济委员会呈报自1935年7

① 《山东省政府公报》第352期(1935年9月15日)。

月12日起至1936年6月30日止收支款项及结存数目,请备案,应否照准。经议决,照准。① 由此可以断定,1935年山东黄河水灾的救灾工作是从1935年7月12日起至1936年6月30日止,历时近一年。

水灾救济一般分两个阶段,即急赈和灾民安置。这次黄灾救济中的灾民安置大体有两种:一种是灾区县政府在本地的临时安置;另一种是将灾民运往沿铁路各县进行安置。前一种实际上仍属于急赈的范畴,由受灾各县县政府组织;后一种属于异地安置,是这次黄灾救济的最主要方式,也最能体现这次黄河水灾救济的特色。

据《申报》特邀记者陈赓雅在《江河水灾视察记》中的记载,他在河决一月之后来到重灾区菏泽,看到该县曾筹组灾民收容所,或利用旧庙,或搭盖草棚,凡属灾民,不分县界,一律收容。截至八月中共计收容灾民两万五千六百五十人,分配于九十四个收容所住宿,由十六个分处管理之。惟经收容之灾民,仅当全县灾民十分之一,此外尚有二十万之灾黎,日在风餐露宿挣扎中。鄄城县灾民收容所,计设县城信义集、穀林寺等九处,共收容合格灾民三万余人,以家庭同居为原则,就指定地域,由灾民自备席棚或草庵作为住所。其无任何器具者,另酌予补助之。灾民每人每月发给炊食费洋一元五角,由其自行炊食。所收之壮年灾民,须负修路守堤及一切公众劳役之义务。②

济宁是这次黄灾的重灾区,又是灾民外运的中转站,其收容和转运的任务繁重。据郝子善回忆,灾情发生后,省政府派参议李天倪坐镇济宁,会同县长甄光远立即组成"济宁县黄河水灾救济委员会",成员除县长外,还包括县政建设实验区长官公署第一科、第二

---

① 《山东省政府公报》第398期(1936年8月9日)。

② 《近代史资料文库》第十卷,第211~212页。

科科长、警察局局长、商会会长、红十字会会长、医师工会主席、各区区长等30余人,在县党部办公,救济委员会下设总务、赈务、收容、救护四股。由县商会联合全县绅民组织发动募集赈款,召集全城面食业,拨付面粉责成加工熟食。由红十字会、医师工会联合会组成救护股,携带药品分赴各现场救护。并在济宁火车站广搭席棚,设立"各县灾民接待中转站",对灾民进行登记,每天发放赈粮两次,每次每人馍馍两个。按编号先后根据省救济委员会分配的收容地点,分期分批由火车运送出境,再分别疏散到指定的县份。①

由于灾区各县收容有限,大批灾民是由政府组织运往未受灾各县收容安置的。据《山东黄河水灾救济报告书》记载,由济宁车站运出灾民,自7月21日起截至9月27日止,计装运147车,共运出灾民243544人,由各县直接运出灾民计30589人,以上共运出灾民274133人。另外,各县灾民自动出外谋生者约有15万人。这些只是统计上的数字,实际外出的灾民应该多于此数。而当时各县还有在籍未运出的灾民约1876000人。②

为收容管理灾民,承担收容任务的各县都成立了灾民收容管理处,由县长担任管理处主任。各县管理处综揽全县收容事宜,事务纷繁,因此,省政府要求所有赈款开支务必妥慎支配,账目记载尤须清楚详明。

《灾民收容管理处规则》规定,管理处承山东黄河水灾救济委员会命令管理收容灾民事宜。收容难民人数,济南市约以万人为限,各县收容所以千人以下三百人以上酌量收容之。各县市灾民收容所由各管理处负责组织之,并订定管理规则呈请黄河水灾救济委员会查核并转呈省政府备案。各收容所开办费及每月经常费由管理

---

① 郝子善:《1935年黄河决口济宁灾情的回顾》,文芳主编:《天祸》,第36页。

② 《山东黄河水灾救济报告书》,第164~165页。

处向黄河水灾救济委员会请领转发,用四柱清册粘附单据报销。所有收容所食料米麦高粱粉等均以自制为原则,俱得酌量地方情形购买之。灾民饮食费大小平均每月每人不得超过一元八角。

各县收容所又制定了灾民收容所管理规则,如昌邑县《灾民收容所管理规则》规定,所内灾民男女分室居住,不得混杂,其有夫妻父女及家属关系者,如有接谈之必要,须先报由管理员许可,指定地点接谈,以白昼为限。所内住室每室由该室灾民公举斋长一人、副斋长一人,受管理员之指示,监督管理各该斋一切事宜。所内以整齐清洁为主旨。灾民童年男女教育由管理处教育股规定每日课程及时间,派员分别教授。灾民壮年男女由管理处或本所介绍为人做工,所得工资,统归各该做工人。本所开办费及每月经常费应随时于每月月终造具四柱清册粘附单据报由管理处转呈核销。①

至于各县收容灾民数目,《山东省政府公报》(第 357 期、第 359 期)和《山东省政府行政报告》(1935 年第 7 期至 1936 年第 1 期)都有详细、动态的记载,兹根据 1935 年 10 月《山东省政府行政报告》列表如下:

各市县收灾民数目

县市名称	收容人数	县市名称	收容人数
济南	17070	曲阜	3045
邹平	2364	昌乐	4582
胶县	6846	齐河	1836
桓台	2236	临朐	3643
高唐	3047	寿光	4706
平度	4055	莱芜	2195

① 《山东黄河水灾救济报告书》,第 198 ~ 202 页。

（续表）

县市名称	收容人数	县市名称	收容人数
郯城	3575	滨县	915
德县	6062	平原	5093
章邱	5152	临淄	4077
高密	7033	峄县	3532
济阳	4122	昌邑	2796
德平	2655	博山	5037
历城	5829	新泰	2144
聊城	4100	栖霞	2250
阳谷	3921	观城	1003
商河	4313	广饶	1861
博兴	2567	海阳	1664
禹城	2868	阳信	2225
范县	926	费县	2016
齐东	2108	馆陶	2096
蒙阴	1909	清平	1882
滕县	3753	泰安	5398
益都	6139	淄川	5218
泗水	2872	平阴	2077
临邑	3939	恩县	3220
掖县	3396	武城	3156
临沂	6690	乐陵	2765
黄县	3023	博平	3523
邹县	3041	滋阳	4187

（续表）

县市名称	收容人数	县市名称	收容人数
长山	2948	潍县	5755
宁阳	4087	东阿	3329
高苑	1675	长清	4042
陵县	4484	茌平	3179
青城	2042	莱阳	5226
莒县	4598	蒲台	937
夏津	2943	莘县	1037
安丘	5129	肥城	2534
惠民	3715	朝城	1474
堂邑	2080	沂水	2000
临清	3743	即墨	6520
诸城	4561	沾化	1000
无棣	2115	濮县	998

上表是自1935年7月24日起至10月16日止济南等84市县收容灾民人数之统计，共计295904人。

由于不断有灾民回籍、死亡、出生及各县收容所续收，上述灾民人数时刻都在变动。截至11月底，济南一市及滕县等83县所收容灾民，计回籍8133名，死亡4105名，现有276767名，生产1339名，续收1454名。① 12月各县所收容灾民，回籍者4910名，死亡2257名，现有274744名，生产1236名，续收2387名。② 截至1936年1月底，济南、滕县等84市县所收容灾民，计回籍4291名，死亡1608名，

① 《山东省政府行政报告》1935年第11期。

② 《山东省政府行政报告》1935年第12期。

现有 266130 名,生产 1347 名,续收 329 名。①

综合以上统计,可以断定,这次黄灾各市县收容灾民总数当在 30 万人以上。这个数目还不包含灾区各县临时收容的灾民。由此可见,这次灾民收容,涉及县数之多,收容规模之大,在山东救灾史上都是前所未有的。

三、赈款来源

1935 年山东黄河水灾来势突然,受灾面积广,受灾人口多,救灾难度大。从以上叙述可以看出,当时的山东省政府对这次黄河水灾的救济还是比较积极的,所采取的异地安置灾民的措施也是适当的。在如此背景下,影响救济成效的最主要因素就是经费是否充足和使用是否合理。当时每周出版一期的《山东省政府公报》和山东黄河水灾救济委员会编制的《山东黄河水灾救济报告书》对救灾经费的来源和使用都有明确的记载(后者只统计到 1935 年 9 月中旬),特别是《山东省政府公报》从第 351 期到第 397 期对山东省赈务会(1935 年 10 月后由山东黄救会经手)在 1935 年 7 月 12 日至 1936 年 6 月 30 日期间每日的收支情况都有详细的记载,为我们研究这次水灾救济经费提供了第一手的资料。遗憾的是,由于笔者查阅的这份《山东省政府公报》有部分缺失,无法对赈款的收支进行准确的统计和分析,只能采取分类和举例的方式,来大致了解这次水灾救济经费的来源及使用情况。

由于这次水灾极为严重,仅靠山东一省之力根本无力救济,因此,必须向中央政府求救。7 月 22 日,山东省政府主席韩复榘向代理行政院院长孔祥熙发电,请求中央拨款,其电文曰:

通盘计算,如以五百万灾民,内有三百万被灾较轻,犹可苟

① 《山东省政府行政报告》1936 年第 1 期。

活，其余二百万则依赖政府维持。按计口授时，以最低限度言，每人月需一元，每月尚需洋二百万元。且堵口工程一日未竣，灾民即一日无家可归，纵能迅速完成堵口，而冬赈春耕百端待理，决非短期间所能恢复秩序。因此种种约计，非一千五百万元，实不足以瀹沉灾而苏民命。

7 月 28 日，又向行政院长汪精卫、财政部长孔祥熙发电："请赐筹一千五百万元以救民命。"①一千五百万元，对刚刚经历过 1931 年长江水灾救济和 1933 年黄河水灾救济的南京国民政府来说，无论如何也拿不出来，最后只拨付了区区几十万元。

在向中央要钱的同时，山东省政府也在从本省筹措，其主要办法是：(1)公务员捐俸助赈，凡俸薪在五十元以上者，扣百分之二十。(2)裁撤各县区公所，将节省的经费用于救灾。(3)举办未被灾区域地丁附加，每两加征三角。② 这些收入后来就成为救灾的主要经费。

《山东省政府公报》第 351 期(1935 年 9 月 8 日)刊载了山东省赈务会造报的 1935 年 7 月 12 日办理鲁西急赈之日起截至 8 月 10 日所有收入支出四柱清表(即旧管、新收、开除、实存)，其中旧管：无。新收：急赈款(专指政府拨款)228500 元，捐款(各界捐助)132343.1 元，两项共计 360843.1 元。

另据《山东黄河水灾救济报告书》的统计，自黄河决口至 9 月 15 日止，收到赈款有以下几类：

1. 国民政府拨发赈款 4 笔：

7 月 18 日，6 万元(全国经济委员会垫拨急赈，省政府交)；

7 月 24 日，5 万元(南京赈务委员会急赈，省政府交)；

8 月 14 日，1.8 万元(南京赈务委员会许委员长交)；

---

① 《山东黄河水灾救济报告书》，第 6 ~ 7 页。

② 《大公报》1935 年 9 月 7 日。

8 月 26 日,20 万元(南京赈务委员会许委员长交);

以上自 7 月 18 日至 8 月 26 日,共收 32.8 万元。

2. 山东省政府拨给赈款 7 笔:

7 月 29 日,5 万元(裁区节余,山东省民政厅交);

8 月 7 日,5 万元(裁区节余,山东省民政厅交);

8 月 9 日,1.5 万元(浙赣等省旱涝灾捐款,山东省财政厅交);

8 月 11 日,5 万元(裁区节余,省民政厅交);

8 月 17 日,5 万元(裁区节余,省民政厅交)(第四批);

9 月 13 日,12 万元(二十四年鲁西水灾赈款,省财政厅交);

9 月 13 日,3 万元(各机关公务员所得捐,省财政厅交)。

以上自 7 月 29 日至 9 月 13 日,共计 36.5 万元。

3. 第三路军总指挥部拨助赈款 4000 元。

4. 山东印花烟酒税局拨助 986.86 元。

5. 各善团、善士捐助赈款 250003.2 元,日金 157 元,大铜元 4173 枚。

以上五项共收银洋 947990.06 元,日金 157 元,大铜元 4173 枚。另有赈品(包括单衣、棉衣、衣帽鞋袜、煤炭、面粉、药品等)若干。①

以上两组数字都是来自山东省赈务会的统计,同出一源,只是因为时间不同,才有差异。从以上数字来看,截止到 9 月中旬,山东省赈务会所收到的中央政府、山东省政府、各界捐款共计尚不足百万。

这只是灾后最初两月的赈款收入情况,以后山东省赈务会(山东黄救会)收到大宗的急赈款(即政府拨款)主要有:

1935 年 9 月 17 日,第三路军总指挥部军法处拨给赈款 9000 元。

9 月 23 日,山东省财政厅拨给二十四年鲁西水灾赈款 19000 元。

---

① 《山东黄河水灾救济报告书》,第 97 ~ 98、102 ~ 103 页。

9月23日，山东省财政厅拨给各机关公务员所得捐洋5000元。

10月23日，山东省民政厅交到各县区节余急赈洋2万元（第五批）。

11月30日，山东省财政厅拨给田赋附捐赈洋20万元。

12月11日，山东省财政厅拨给公务员扣薪赈款10万元。

12月11日，山东省政府拨给三角水灾附捐赈款洋10万元。

12月19日，山东省财政厅拨给摊捐灾民粮价赈洋15万元。

12月25日，山东省财政厅拨给摊捐灾民粮价洋10万元。

1936年1月8日，山东省财政厅拨给摊捐灾民粮价洋40万元。

2月5日，山东省财政厅拨给摊捐灾民粮价洋20万元。

2月14日，山东省财政厅拨给摊捐灾民粮价洋20万元。

2月26日，山东省财政厅拨给摊捐灾民粮价洋10万元。

3月5日，山东省财政厅拨给摊捐灾民粮价洋20万元。

3月23日，山东省财政厅拨给摊捐灾民粮价洋30万元。

5月23日，山东省财政厅拨给公务员扣薪助赈国币123735.63元。①

以上罗列了1935年7月至1936年5月间中央和山东省政府拨给山东省赈务会（山东黄救会）的主要赈款，虽不是全部，但也能从中看出以下问题：

第一，中央政府所拨赈款极为有限，截止到8月26日，只有32.8万元。前面提到，水灾发生后，韩复榘向行政院发电，请求拨款1500万元用于赈灾和堵口，其结果只有区区数十万元，南京国民政府对这次山东黄河水灾救济的漠视可见一斑。

第二，山东省政府承担了这次水灾救济的主要经费。其经费来

---

① 以上收款日期和数额系根据《山东省政府公报》第358～390期整理，因所查《公报》有缺失，这些不是全部拨款。货币单位自1936年4月10日起称“国币”。

源主要有以下几块：

1. 裁区节余。20 世纪 30 年代初，山东的地方行政体制是县以下设区、乡（镇）。1934 年 11 月，鉴于区长良莠不齐和经费困难，省政府决定，除济南市各区及滕县、邱县、临清各有一区因治理困难，准其保留外，其余区公所一律撤销。裁区后，全省共计撤销区长 800 多人，节约开支 100 万元。① 裁区节余款成为救灾初期的主要经费。2. 鲁西水灾赈款。这是专门针对这次水灾的拨款。3. 摊捐灾民粮价款。实际上就是摊捐或强捐，这是救灾后期最主要的经费。4. 田赋附捐和三角水灾附捐。田赋附捐是按照田亩强制摊派，三角水灾附捐是指山东未受灾区域地丁附加，每两加征三角。5. 公务员扣薪。6. 第三路军总指挥部拨款。

山东省政府为筹集这次水灾救济经费可谓挖空心思，尽力搜刮，除向经营者、有田者摊捐附加外，还扣收各机关赈款和公务员薪金。这些措施都带有强制性，也确实筹集到了一部分经费，在救灾中发挥了一定的作用。1936 年 5 月 1 日，山东省政府秘书处向省政务会议报告，财政厅呈报自 1935 年 7 月起至 12 月止扣收各机关水灾赈款共洋 467760.63 元，除拨交省赈务会代还借款本息 344025 元外，实存 123735.63 元，请示省政府如何办理，经议决，存款拨交省赈务会。② 这件史实至少说明两个问题：第一，省财政厅确实扣收各机关赈款四十余万元，这应该是属于强制扣除的办公费或项目费，等于把其他机关的日常经费拿来救灾。第二，省赈务会为了筹集经费先前已向银行贷款一大笔钱，本息合计已达三十多万元，此时正是用这笔扣收的赈款来代还。虽然这种拆东墙补西墙的办法不是长久之计，但在当时的财政状况下，也反映出省政府对救灾的重视。

---

① 《山东省历届政府施政》，新华出版社 1993 年版，第 85 页。

② 《山东省政府公报》第 387 期（1936 年 5 月 24 日）。

从总体上来看，这次水灾救济中的政府拨款极为有限，根本不能满足救灾的需求。不过相比较而言，政府拨款还是远远多于社会捐款，特别是在救灾后期，政府拨款更成了救灾经费的最主要来源。如 1936 年 1 月 8 日，山东黄救会旧管只存洋 25256.86 元，救灾工作几乎要被迫停止，当日，新收到山东财政厅拨给摊捐灾民粮价洋 40 万元，捐款 108.9 元，没有支出，结存洋 425365.76 元。1 月 9 日，新收捐款 29 元，支出 19 县收容所经费和泰安县招待过境灾民饮食费共计 124811.27 元，结存洋 300583.49 元。可见正是因为新收 40 万政府拨款，救灾工作才得以继续进行。① 2 月 5 日，旧管只存洋 30228.06 元，救济经费又面临枯竭，当日新收山东财政厅拨给摊捐灾民粮价洋 20 万元，即支出即墨县收容所 14000 元，曲阜县收容所 5000 元，桓台县灾民收容所 5000 元，鄄城决口急赈款 6000 元，共计 3 万元。② 以上两例足以说明，在救灾后期，政府拨款几乎成了维持救灾工作正常进行的唯一经费来源。

除了政府拨款外，社会各界的捐款也是这次救灾经费的重要来源。山东省赈务会将每日收到的捐款都刊登在《山东省政府公报》上，这在当时是为了征信和表彰，也为我们今天研究捐款情况提供了最直接的材料。虽然由于《公报》有缺失，我们无法弄清每笔捐款和捐款总数，但仍能据此了解一部分捐款的来源及数额，并进而感受到社会各界对灾民的关心和帮助。

就每笔捐款数额而言，有多至数万的，也有少至几角的。就捐款来源而言，可谓来源广泛，种类众多。有个人也有团体，有民间也有政府，有省内也有省外，有国内也有国外，有直接捐款也有代为募捐。

---

① 《山东省政府公报》第 373 期（1936 年 2 月 16 日）。

② 《山东省政府公报》第 376 期（1936 年 3 月 8 日）。

先看个人捐款，又有有名和无名之分。数额较大的有名捐款有：北平市市长袁良捐助急赈洋1万元，青岛市沈鸿烈市长捐助急赈洋1万元，山东省政府主席韩复榘捐助赈款洋2万元（为灾民做棉被用），财政部长孔祥熙及夫人捐洋1万元（以5000元指赈济宁，以5000元分配普赈），燕京大学教务长司徒雷登捐款洋2000元。至于捐款数百元、数十元、几元的则更多，无法一一列举。还有不少捐款是没有留下姓名的无名氏。

团体捐款主要有以下几类，兹举例说明：

1.报社募集。既有本省报纸，也有外地报纸。如8月23日，《大公报》社汇来第三次募集捐款洋1000元。8月24日，天津《益世报》馆第四次汇到募集捐洋200元。8月26日，《大公报》社汇来第四次募集捐款洋1055.1元。9月7日，《济南日报》社交来募集赈款大洋1061.4元，日金157元。9月10日，天津《大公报》社交来第五次募集赈捐洋1041.4元。9月11日，天津《益世报》馆汇来第六次募集赈捐洋75元。①

2.公司或机构捐款。截止到8月10日，公司捐款的有：济南电气公司捐助急赈洋2000元，颐中运销烟草公司、颐中烟草公司捐助急赈洋3000元。此后仍有公司或机构的捐款，如8月31日，中兴煤矿公司交来捐洋2万元。②

3.县政府募集。如10月11日，利津县政府交来募集捐款洋2024.44元。10月14日，荣成县政府募集捐款洋300元，蓬莱县政府交第二次募捐洋2263.19元。③

4.救灾团体捐款。如8月15日山东烟台各界赈济水灾募捐会汇来急赈洋5000元。8月26日，该会又汇到赈款洋5000元。9月

① 《山东省政府公报》第354期，第357期，第358期。

② 《山东省政府公报》第351期，第355期。

③ 《山东省政府公报》第363期（1935年12月1日）。

18 日，天津救济水灾联合会交来捐款洋 3000 元。9 月 20 日，山东旅津同乡水灾筹赈会交来捐款洋 5000 元，天津救济水灾联合会交来第三次捐款洋 2000 元。11 月 25 日，天津救济水灾联合会交来第十五次捐款洋 1 万元。1936 年 6 月 30 日，收到山东各界黄灾筹赈会国币 2 万元，分三次交来。① 这类团体募集的捐款最多。

5. 慈善或宗教团体捐款。如 8 月 20 日，万善佛道总会捐洋 2000 元。8 月 21 日济南私立慈善事业公所捐洋 100 元。9 月 11 日，广东仁爱善堂陈董事长汇来捐洋 15000 元。② 这类团体捐款不多。

6. 南京国民政府赈务委员会转来的国内外捐款。如 10 月 22 日，赈委会第三次拨给国内外捐款项下洋 1 万元。11 月 22 日，赈委会第六次拨给国内外捐款项下洋 6000 元。11 月 27 日，赈委会第七次拨给国内外捐款项下洋 6000 元。最后一次是 1936 年 2 月 28 日，赈委会第十次拨寄国内外捐款项下洋 1500 元。③

7. 第三路军官兵捐款。截止到 8 月 10 日，第三路军就有两笔大额捐款：一笔是第三路军各级官长捐助急赈洋 43400 元；另一笔是第三路军全体将士捐助急赈洋 6 万元。此后第三路军还有捐款，如 9 月 25 日，第三路总指挥部各部官兵捐洋 17000 元。10 月 31 日，第三路军交来各部官兵捐助赈款洋 47824.75 元。12 月 9 日，第三路军交来各部官兵捐洋 31857.25 元。④

8. 学校捐款。如 9 月 13 日，济南初级中学教职员及学生共捐洋 134.7 元。9 月 17 日，济南市育英中学交来师生捐集赈洋 103.42 元。⑤ 这类捐款次数和数额都不多。

---

① 《山东省政府公报》第 352 期，第 354 期，第 359 期，第 369 期，第 397 期。

② 《山东省政府公报》第 353 期，第 358 期。

③ 《山东省政府公报》第 364 期，第 369 期，第 378 期。

④ 《山东省政府公报》第 351 期，第 360 期，第 366 期，第 371 期。

⑤ 《山东省政府公报》第 358 期（1935 年 10 月 27 日）。

9. 外省政府捐款。只见一例，即 9 月 6 日河南省政府汇来捐助赈洋 2000 元。①

尽管以上只是分类归纳的部分捐款，但从中也可以看出以下几点：第一，报纸在宣传救灾和募捐方面发挥着重要的作用。特别是天津的《大公报》、《益世报》都是当时有名的民办报纸，在报道灾情和呼吁捐款方面一贯比较积极，是当时中国一支重要的救灾力量。虽然它们实际募集的捐款不多，但在宣传和鼓动方面功不可没，天津成为这次山东水灾救济的最大捐款地，与它们的宣传有直接的关系。第二，天津的救灾团体捐款最为积极，数额也最大。前面提到的山东旅津同乡水灾筹赈会和天津救济水灾联合会都多次汇来捐款，特别是天津救济水灾联合会截止到 11 月 25 日已向山东汇来捐款 15 次，每次少者二三千元，多者上万元，成为捐款最多的救灾团体。天津与山东相距甚近，寓居津门的山东人众多，再加上天津是华北最大的工业城市，工商业发达，财富聚集，故其捐助最多。第三，驻扎在山东的第三路军在这次救灾捐款中极为积极，捐款至少有 20 万元之多，这令人颇为惊奇。第四，南京国民政府赈务委员会是主管全国赈务的专门机构，在这次水灾救济中一共向山东拨付国内外捐款十次，最少一次 1500 元，最多一次 1 万元，其他几次分别是 5000 或 6000 元，也是山东接受捐款的主要来源。第五，山东未受灾地区的县政府和公安局也多次将募集到的捐款汇至省赈务会，这是由官方出面的募捐，虽然不很普遍，数额也有限，但对救灾工作仍是一种支持。

捐款一般是出于自愿，数额多少本不应苛求，只要众志成城，就能集腋成裘，涓涓溪流汇成爱的海洋。但客观地讲，这次山东水灾救济的捐款数额十分有限，其表现为：一是山东本省的公司、慈善团

---

① 《山东省政府公报》第 356 期（1935 年 10 月 13 日）。

体、救灾团体捐款太少；二是外省的捐款也较少，特别是江浙上海等地的捐款几乎没有。这些地方是当时中国民间捐款的主要来源地，可它们对1935年山东黄河水灾的救济几乎没有反应。捐款过少有多方面的原因，其中最主要的还是当时中国的经济落后，民众生活水平低下，相当多的人连温饱都难以解决，更无法拿出多余的钱来帮助别人。除此之外，还有一些特殊原因，直接对捐款产生不利的影响：一是当时东北已经沦陷，山东失去了最大的捐款来源地。山东与东北地缘相近，山东人在民国时期大批闯关东，在“九一八”事变之前，每年都有大批的汇款从东北流向山东。可此时东北已经沦陷，与山东的经济联系受到极大的制约，山东再也无法像过去那样获得东北的捐款，这对山东救灾和灾民外出谋生都产生了极为不利的影响。二是连续的大灾使中国政府和民间的救灾能力大为降低。1931年中国江淮流域发生特大洪水，国民政府为救济这次水灾几乎倾尽全力，向美国贷购小麦45万短吨①，国内外的捐款也十分踊跃。1933年冀鲁豫三省又遭遇特大黄灾，国民政府和社会各界又一次投入到救灾之中，但救灾力度和效果就比1931年小得多、差得多。在连续大灾的打击下，国民政府和社会各界本来就极为有限的抗灾力量几乎耗尽，其对1935年山东黄河水灾的救济也只能有心无力了。在如此背景下，1935年山东黄河水灾的救济只能靠山东一省来勉强应付了。

四、赈款使用

救灾经费固然来之不易，但如何把有限的经费发放到灾民手中则更直接关系到救灾的效果。以下仍依据《山东省政府公报》对这次水灾救济经费的使用做些分析。

---

① 短吨，即美吨，1短吨=2000磅=0.907185吨。

综合起来看，这次水灾救济的经费开支主要有以下几项：急赈款，各地收容所的费用，购买面粉、药品、原煤的费用，定制衣被的费用，车站招待灾民费用，灾民回籍路费和口粮款，春赈款，办赈人员的办公费、薪津及其他杂费等，以下举例说明。

1. 急赈款，这是救灾初期最主要的支出。截止到 8 月 10 日，山东省赈务会支出的急赈款有以下几笔：支鄄城等县水灾急赈款洋 1 万元，支专赈鄄城水灾赈洋 5000 元，支巨野、郓城等七县急赈洋 5 万元，支专赈菏泽水灾急赈洋 2 万元，支拨还济宁王长官垫发赈款洋 2000 元，支鄄城、郓城赈款洋 6000 元，支鱼台赈款洋 7000 元，支汶上赈款洋 3000 元，支巨野、郓城、嘉祥等县急赈洋 43000 元。[①] 急赈款主要是在救灾初期发放，以后逐渐减少。

2. 各地收容所费用，这部分占的份额最大，是这次水灾救济最主要的支出。截止到 8 月 10 日，省赈务会支出的收容所费用就有以下数笔：支泰安筹设灾民收容所洋 4000 元，支滋阳筹设灾民收容所洋 5000 元，支曲阜筹设灾民收容所洋 3000 元，支滕县筹设灾民收容所洋 4000 元，支邹县筹设灾民收容所洋 3000 元，支禹城、平原收容所费用各 1000 元，支德县收容所费用洋 2000 元，支济南市政府办理收容所洋 2 万元，支鲁北临邑、商河等十二县收容所费用洋 22000 元，等等。[②]此后数月，山东省赈务会所收赈款绝大部分都用于各地收容所费用。如 12 月 31 日，山东黄河水灾救济委员会共支出 53867.34 元，其中济南市收容所在车站招待灾民馍水费用 109.14 元，12 月份职员勤务薪工津贴费 1257 元，其余 52501.2 元均是支给各县收容所的费用。[③] 1936 年 2 月 10 日，共支出 92856.05 元，全是支给各县收容所的费用。[④]

---

①② 《山东省政府公报》第 351 期。

③ 《山东省政府公报》第 372 期。

④ 《山东省政府公报》第 377 期。

3. 购买面粉、药品、原煤，定制衣被的费用。截止到 8 月 10 日，这类支出有以下几笔：支补助鲁西被灾各县医药费洋 5000 元，支四号面粉 3000 袋洋 5030 元，支四号面粉 14000 袋洋 24500 元。其他如 8 月 17 日，支购原煤 165 吨洋 770 元。8 月 22 日，支购十滴水四万瓶洋 1520 元，支购白圣丹四万包洋 800 元。10 月 18 日，支购棉赈衣 5045 套，用洋 7064 元（省立救济院定制）。11 月 1 日支成通公司做棉赈衣 4 万套，棉赈被 1 万床，用洋 34880 元。①

4. 车站招待过境灾民费用（包括灾民前往外地收容所、灾民回原籍，及前往利津等地垦荒途经车站的馍水费）。如 9 月 2 日支济南市政府在车站招待灾民馍水洋 7058.64 元。9 月 23 日，济南市政府在车站招待灾民馍水洋 3133.86 元。10 月 14 日支济南市政府在车站招待灾民馍水洋 2009.55 元。②

5. 灾民回原籍路费及口粮款。自 1936 年 3 月开始灾民大批回原籍，为此需要给灾民发放回籍路费及口粮款。如 3 月 10 日，支蒲台县收容所灾民回籍路费洋 688.5 元，支济宁行政专员公署发给灾民回籍路费洋 5000 元。3 月 11 日，支济南市收容所送灾民回籍路费洋 2 万元。3 月 21 日，支肥城收容所灾民回籍口粮洋 1916 元，支长清县收容所灾民回籍洋 2469 元，支平原县收容所灾民回籍口粮洋 4000 元，支德县收容所灾民回籍口粮洋 3000 元，支滋阳县收容所灾民回籍口粮洋 3351 元。③

6. 灾区春赈款。如 1936 年 5 月 30 日，支东平县政府春赈国币 7000 元，支郓城、鱼台、邹县春赈国币各 4000 元，支金乡、寿张、阳谷春赈国币各 2000 元。④

---

① 《山东省政府公报》第 351 期，第 352 期，第 353 期，第 363 期，第 366 期。

② 《山东省政府公报》第 356 期，第 360 期，第 363 期。

③ 《山东省政府公报》第 381 期，第 383 期。

④ 《山东省政府公报》第 392 期。

7. 办赈人员交通费、招待费、办公薪津杂费等。如1936年6月30日支五月份办公薪津杂费等共国币1585.22元,支六月份办公薪津杂费等共国币1432.87元。①

8. 其他支出。主要是后期将赈款挪用于其他事项。如1936年6月11日,支济南市政府疏浚太平河及小清河上游第一次工程费国币2万元,第二次工程费国币4万元。再如6月16日,支济南市政府领去本市第三栖留所经费国币5656.6元,支济南市政府疏浚太平河及小清河上游工程费国币3700元,支济南市救济院翻修房屋工程费国币7478元。②

从《山东省政府公报》刊载的每日赈款支出情况来看,这次水灾救济的最大支出是收容所费用,这是由这次水灾救济所采取的异地安置措施所决定的。与此相关的支出还包括灾民前往收容所及回原籍的车站招待费和路费,灾民回籍时的口粮款等。至于这些经费使用是否合理,因缺乏其他资料,难以断定,但从山东省赈务会(山东黄救会)提供的每日支出清单中也能至少看出两点问题:第一,自1936年3月份始,各地收容所陆续解散,有部分收容所还将未用完的经费解缴黄救会,黄救会将其纳入急赈款项下,成了一笔收入。如4月24日,潍县收容所解缴结余国币1399.74元。6月16日,收济南市收容所缴来结余国币5656.6元。另外,1936年1月至5月,山东省财政厅的拨款至少在150万元以上。因此,进入2月份以来,黄救会每日的结存款至少在10万元以上,大部分时间在20万元以上。3月份以来赈款的支出却明显减少,很多天都是没有任何支出,救灾经费一直保持较高的结余,到6月30日赈济结束时尚余赈款国币241969.8元。由此可以认为,山东黄救会没有把有限的经费全部

① 《山东省政府公报》第397期。

② 《山东省政府公报》第394期,第395期。

用在灾民身上,越到后期越有些吝啬。救灾经费本来就极为有限,在使用中又不愿最大限度地用在灾民身上,其救济效果必然会受影响。第二,从以上所列的“其他支出”可以看出,黄救会先后分三次支给济南市政府疏浚太平河及小清河上游工程费,共计 63700 元。这是一笔大支出,可它与这次黄河水灾救济没有关系,应该算是挪用救灾经费。凡此种种都说明,这次黄河水灾救济不但经费匮乏,而且使用也有不合理之处,其救灾不成功也就在所难免。

五、救灾中存在的问题

1935 年山东黄河水灾发生后,山东省政府对救济工作还是比较重视的,所采取的异地安置措施也是合理的,也确实取得了一定的成效。但毋庸讳言,这次救灾也存在着严重的问题,直接影响着救灾的效果。

水灾发生一个多月后,《申报》特邀记者陈赓雅在灾区考察时看到:菏泽县堤上灾民甚多,各杵高粱秆一株,余无长物,伛偻提携,似将逃往他方。见生客至,或坐汽车者,辄异口同声,大呼救命。避居席棚草舍者,尤多结群包围,哀乞放赈。女子缠足垂辫,偕众伸手一呼,立即羞退人后,情状至为可怜。途间屡见以门板柳条临时扎成之轿,迎送新娘,放鼓妆奁全无,仅轿上偶悬红布一方。即此辈女子之已字人者,娘家既析居荡产,流离失所,故将彼草草送往婆家,男家自亦多幕天席地、自顾不暇之户,迎之既已无力,拒之更属不当,故亦只好勉强以收受成礼。嫁娶虽称喜剧,但在灾区中,娘婆两家均视新妇为累物,实为惨剧之反映耳。

在鄄城县一段未被水淹的格堤上,县长、警卫队长暨各绅首均在格堤席棚办公。临近临濮、什家、白衣各集村未被冲去之灾民,尤多麇集于此。见记者上岸,有以“官长”见呼,哀求随便施济者。天气热甚,购食西瓜,恐为蝇污,弃以剖面,旁立妇孺,即蜂拥争食,良不忍之。择其病者，酌施药物，众殆误认施赈，遂团团围住，警兵力为解释，始脱围而出。①

出现如此惨状，都是因为急赈不及时、不充分。在县长办公地点尚且如此，其他地方的惨状更是可以想见。

济宁火车站是灾民外出的中转站，由于大批灾民聚集，一时难以运出，再加上天气炎热，卫生条件差，导致灾民大量生病和死亡。据当时在车站主持灾民登记工作的郝子善回忆：由于当时的交通条件所限，不能及时运出，所以先一批输送不完，后一批接踵而到，源源不断，绵延数十日。尽管在车站下搭棚四五座，占地数十亩，而不得进住之灾民还是成千累万。他们只好流落在附近的村头巷尾、郊野田塍、轨道沟洫之旁，啼饥号寒，嗷嗷待哺。一时哭声震天，饿殍载道。住地内外蚊蝇成群，便溺满地。一派惨绝人寰的情景，使人目不忍睹。更由于被水以来，人人饱经忧惧，饥劳奔波，再加上田舍淹没，流离颠沛，灾民中的老弱病残已多有不支。来济后，虽然得到救委会每顿两个馍馍的赈济，红十字会等组成的救护股发放些许药品，然犹如杯水车薪，对数百万灾民何能拯救万一！并且时值溽暑炎夏，霪雨连绵，幸入席棚者尚可暂避一时，露宿郊野者只得任其周身淋漓，因而灾民中疫疠流行，染患疾病者不计其数。有的病号高烧渴甚时，无处饮水，竟仰首向天接雨水而解救。所以车站下的坑洼沟壑中由疾病夺命者常常数以百计，因而竟在数天之内死尸遍野，烈日曝晒，不及掩埋，以致腐臭冲天。后经红十字会出动掩尸队，一次就集中尸体128具，葬于车站以南“万人坑”中。②

著名作家萧乾当时是《大公报》记者，他在《鲁西流民图》中描写了鲁西灾民在济宁火车站待运的悲惨情形：

---

① 陈赓雅：《江河水灾视察记》，《近代史资料文库》第十卷，第210、212页。

② 郝子善：《1935年黄河决口济宁灾情的回顾》，文芳主编：《天祸》，第37～38页。

虽然站台旁搭有几座大席棚，但难民太多了，那惠泽只有极少的一部分幸运者得以享受。任你向哪里走，地上都免不了肮脏的屎迹。在那上面，就铺着草卷，席头，破被，蜷伏着无精打采的人们。饥饿夺去他们奕奕的目光，也夺去他们生存的魄力。大头瘦脸的婴儿抓着松软无乳的奶头，非等绿豆蝇叮得太厉害才哭叫一声。苍老妇人扶着拐杖，阖目想念着她几代创建的家园。八十岁的老翁仰头只是"天哪天哪"的叹息着。远地航来的船只靠了岸。又一批家亡人散的流民挤上站台。

我走进难民丛中，即刻成为他们无告的眼色的集中点了。一个中年妇人走近，就跪在地上，哭啼着说："大爷，我的号码丢了！"她以为我是放赈的。一个蓬头瘦削的老媪也向我叩头，说她是个绝户老妈，家里房塌了，要我给她找个薄木棺材。铁轨旁一大簇人翘首等着火车。当我走过时，杂乱的声音中一个戴宽边草帽的男子向我发出："大爷，车啥时候来呀？"一个老翁伸出颤颤的手指向我说："你可不准把我们卖给洋人呀！"几百只、几千只失了光芒的眼睛向着铁道那端时刻瞭望。……

一声尖锐的汽笛声，随后，一列火车开进站来了。拥挤的灾众，扶老携幼，向那黑色巨物移动了。立时，喊声震天，个个担心被遗落在后面，做娘的一手抱着，一手拢着她的儿女，媳妇搀着婆母，儿子扶着娘，背了长长的席卷，负着粗重的农具（由深水里捞出的唯一家产），向那车口处挤去。

灾民进了各地收容所，日子也并不好过。萧乾在《大明湖畔啼哭声》中对济南收容所的情形有过详细的描绘：

时候是大早，深秋正用彻骨的冰冷提醒着人们寒冬的将至。收容所门前挤满了才逃上来的难民。他们几乎颤抖成一团，胸上写着号码的白布条迎风吹动着，也随着那些瘦弱身躯颤抖。完全受着本能支配的孩子们无力地跺着小脚丫，"冷呀，

> 冷呀”地嚎啕着。那声音是有传染性的。一个孩子可以哭醒许多缩在避风角落里的孩子们。哭,发泄了他们内在的要求,却更增加了冷意。……
>
> 我迈过收容所的门槛,即刻一种头痛的味道扑向我来。那是一座祠堂,堂的中殿和两厢都躺满了裹着破蓝布的人。充满了我耳边的还是哭喊声。迎门,一个年纪近八十的老太婆正和一个小女孩争着一片破军毯。老太婆由脚步声觉出有人走近,就用她瞢瞶红肿的双眼寻找。她颤颤地嗫嚅着:“你小丫头子,俺七十八了,俺夜夜冻得睡不着。你抢啥!”①

这就是济南收容所的实况,省会收容所尚且如此,其他各地的收容所更可想而知。

综合起来看,1935 年山东黄河水灾的救济并不成功。究其原因,最主要的还是经费的短缺,此外还有组织和管理方面的疏漏。尽管如此,我们对当时山东省政府在救济方面的努力及其采取的措施还是应给予一定的肯定,对国内外民众为救灾付出的爱心也应表示敬意。毕竟那是一个内忧外患叠加、尚未解决温饱的年代,我们不能用今天的标准来评价七十多年前的那场救灾的过程及其效果。

---

① 中国现代文学馆编:《萧乾代表作:梦之谷》,华夏出版社 2009 年版,第 228 ~ 231 页。

第七章　抗战胜利后的善后救济

抗战期间，日本对山东的长期侵略和掠夺，给山东人民带来了深重的灾难。抗战胜利后，山东大地满目疮痍，饥民遍地，急需救济和恢复。而此时，刚刚成立的联合国正在实施一项大规模的善后救济计划，中国成为最主要的受援国之一。抗战胜利后山东的善后救济就是指联合国善后救济总署对山东实施的救济活动。

一、善后救济的背景

（一）联总的成立

1943 年 11 月 9 日，在美国的倡议和组织下，44 国代表在美国白宫举行隆重的签字仪式，签署了《联合国善后救济总署协定》。联合国的第一个专门组织、酝酿已久的联合国善后救济总署（The United Nations Relief and Rehabilitation Administration，英文简称 UNRRA，中文简称联总），终于先于联合国主体而诞生。

联总协定序言明确规定了联总将承担的主要任务：“一旦任何地区被盟军解放或敌军被迫撤出，当地居民将立即获得食物、衣物和住所援助，以减轻其痛苦；帮助民众卫生防疫、恢复健康，为战俘及流亡者返回家园做好准备和安排，帮助恢复迫切需要的农业和工业生产，恢复必需的服务。”关于联总的目的和作用，协定确定为：“通过储备粮食、燃料、衣物、住所和其他基本必需品，准备医疗和其他必要的服务，为联合国控制下的任何地区的战争受害者计划、协商、管理或安排救济措施,以便这些地区必要时能得到足够的救济供应,便利物资的生产运输和服务的提供。"①

联总协定签署之后,英、美、苏、中等14国旋即在大西洋城召开了联总第一届大会。大会推选美国人赫伯特·莱曼任署长,共提出并通过了41项决议案,确定了联总行动总的指导原则和各种具体的工作规则,完成了联总的立法和组织机构的创建工作。

这些决议,对救济善后项目作了明确的规定。救济善后项目分为四种类型:即救济物资、救济服务、善后物资及服务、公共设施及公共服务。救济物资主要包括食品、燃料、衣物、住所和医疗用品;救济服务主要包括收容、登记难民,向难民提供生活必需品和医疗卫生服务,准备并安排难民返回家乡;善后物资及服务限于:提供种子、化肥、农具、捕鱼设备、原料、机器和零配件等,帮助受援国培训技术人员,恢复迫切需要的农业和工业生产;公共设施和公共服务善后则侧重于修复和恢复照明、供水、排污、动力、运输、通信、临时仓储和学校等。

大会决议还确定,联总所属的各种资源,无论在何处,都将根据该地人口的相对需要,公平地分配或分发,不得因种族、宗教和政治信仰不同而有所歧视。任何时候,救济善后物品都不得被用作政治武器。生活必需品的分配应本着所有的人,不管他们的购买力如何,每个人只能平等获得一份的原则进行。②

根据联总大会决议,联总曾先后两次募集业务基金。第一次,美国、英国、加拿大、澳大利亚、新西兰和南非分别捐助13.5亿美元、3.2亿美元、0.87亿美元、0.384亿美元、0.085亿美元和0.181亿美元,连同其他国家的捐助,联总首次预算共获得近19亿美元的救济

---

① 王德春著:《联合国善后救济总署与中国》,人民出版社2004年版,第31页。

② 王德春著:《联合国善后救济总署与中国》,第34页。

善后基金。①

(二)联总与中国的合作

1. 联总与国民政府的合作

1944 年 4 月,应中国政府邀请,联总派美籍专家欧文 · 道森(Owen L. Dawson)和尤金 · 斯泰利(Eugene Staley)以及加拿大医学专家格兰特(J. B. Grant)博士,专程前往重庆,协助制定中国的善后救济计划。

当时国民政府提交联总的善后计划需要进口物资总值为 25 亿美元,而当时联总的资金总额尚不足 20 亿美元,全部资金尚不能满足中国 25 亿美元之要求。中国出席联总会议代表,经政府指示后,自动声明缩小数额为 9.45 亿,其余部分,由中国自筹。最后经与中国政府谈判,联总同意资助中国 5.35 亿美元物资,另加海洋运费 1.125亿美元。在联总的全部预算中,总计用于中国的费用为 6.475 亿美元,约占当时联总全部资金的三分之一。②

为了配合联总的对华援助及物资接收,1945 年 1 月,国民政府设立行政院善后救济总署(简称行总),办公地点设在重庆珊瑚坝,蒋廷黻任第一任署长。根据行政院的授权,"行总作为指导救济、福利、服务和难民工作的唯一政府机关,享有就有关本国救济善后事务制定政策、推进业务的完全权力;但行总的权限不包括直接的善后业务;直接的善后业务则由现有政府各部会,如交通部、经济部、农林部、水利委员会或由总署委托社会事业团体办理。"③

1945 年 11 月 14 日,《中华民国政府联合国救济总署基本协定》正式签订。其基本要点为:一、确认中国为应接受联总援助之会员国,中国毋庸以外汇偿付联总供给中国之善后救济物资及服务。

---

① 王德春著:《联合国善后救济总署与中国》,第 38 页。

② 《行政院善后救济总署业务总报告》,第 2 ~ 3 页,1948 年。

③ 王德春著:《联合国善后救济总署与中国》,第 51 页。

二、运用联总物资,在中国领土内实行善救工作,概由中国政府机构自行办理,唯须依照联总与中国政府商定之计划执行,尤应与联总大会议决案之政策相符合。①

2. 联总援华物资情形

从1945年11月8日第一艘联总货轮Emile Vidal号到达上海始,至1947年12月底,两年以内,联总以每天一艘半之运输速度,向中国输入大量善救物资,总重共达236万吨有余,总价值为5.17亿美元,约当战前我国每年进口货物总值的二倍弱。假使此项进口物资,皆需以外汇支付,则支出总额连同运费在内,当在6亿美元以上。② 由此可见联总对于中国援助之大。

二、鲁青分署的设立

联总成立后,国民政府亦于1945年1月设立行政院善后救济总署,办理战后收复区善后救济事宜。行总对救济区域的规划,原则上虽仍以行政区域划分,但为兼顾沦陷情况的轻重及省区的大小,辅以人口多少来划分,共分全国为十五个分署,鲁青分署即为其中之一,辖区包括山东全省及青岛市。因此,战后山东的救济工作一开始是由鲁青分署来承担的。

1945年9月,行政院善后救济总署委任延国符为行总鲁青分署署长。延国符(1900~1975)原名延瑞琪,山东广饶人,国民政府立法院委员、中央评议委员,曾在齐鲁大学任教。

接到行总任命后,延国符立即在重庆延揽干部人员,进行分署组建的筹备工作。1945年11月底,延国符率同各组室主要人员到达青岛,原拟依照规定前往济南,组织分署,唯当时津浦、胶济两线

① 《行政院善后救济总署业务总报告》,第3页。

② 《行政院善后救济总署业务总报告》,第4页。

均告不通，且修复无期，总署物资无由运达，遂决定将署址暂设青岛。12 月 1 日，鲁青分署正式成立。

1. 附属机构

济南为山东省省会，也是推动业务的重要据点，鲁青分署于 1946 年 2 月设置济南办事处。为方便救济，鲁青分署采取重点分区办法，每区择定重点，派驻 1 支工作队，第一期共设工作队 5 个，分驻各地，每队工作范围包括 10 个县市左右。为加紧卫生工作之复员，抢救战后灾疫，特另设卫生工作队 6 队及临时救护队 1 队。

为配合业务迅速开展，在储运方面设有高密、胶县接运站 2 处，押运队 1 队，连云港转运站 1 处。振恤方面并设有营养品供应站共 11 处，计青岛 3 处，济南 3 处，潍县区 4 处，即墨 1 处；难胞招待所（后改为遣送站）1 处；难民收容所自办者共 23 处，计青岛 4 处，济南 2 处，潍县 1 处，鲁南 16 处。

1946 年 10 月以后，国民党军队陆续占领鲁西南各县，分署于 11 月设置鲁南临时办事处，以便接运总署经运该区的物资，就地督导鲁南及鲁西各地的善救工作。①

鲁青分署的善救业务，原包括鲁青全区，对于解放区（行总及鲁青分署报告均称共区）的工作，亦统筹办理。故于 1946 年即派第二工作队至烟台，第三工作队至临沂，办理胶东、鲁南各解放区善救工作。1946 年 7 月总署成立烟台办事处，专办解放区善救工作，鲁青分署的工作队开始陆续撤出。

2. 组织

（1）分署本部。分设振务、储运、卫生、总务四组；秘书、会计、视察、调查、技术、人事六室。1947 年 7 月后奉令增设物资账务室。

---

① 《行政院善后救济总署鲁青分署业务总报告》第一章，第 1 页，1947 年 12 月。

(2)办事处。济南办事处于处长副处长之下设秘书一人,振务、储运、卫生、总务四课。鲁南临时办事处成立之初,设主任一人,秘书一人,下分总务、接运两课,以后增设振务、卫生两课。

(3)工作队。工作队设队长一人,总干事一人,下分振务、卫生、供应、总务四股。卫生工作队及临时救护队各设主任医师一人及医师护士等15人至24人,担任各该辖区卫生防疫及巡回医疗工作,直接受卫生组之指导。

3. 附属机构的分布及变化

鲁青分署附属机构的分布,因工作范围的变迁与战事的演变,而分为两个时期:自1946年1月至7月间,兼办解放区善救工作时期为第一时期;自1946年8月至1947年10月,鲁青分署撤出解放区工作人员,并扩展鲁南、鲁西南两地区时期为第二时期。各时期地区划分与附属机构的分布见下表①:

第一时期(1946.1~1946.7)

工作区划	包括县市	附属机构
青岛区(第一工作队)	青岛市、即墨、高密、胶县等县	第一工作队、第一卫生工作队、临时救护队、遣送站营养站三处、难民收容所四处设青岛,第二卫生工作队高密转运站设高密,即墨营养站设即墨
烟台区(第二工作队)	烟台市、威海市、福山、牟平、荣成、文登、海阳、栖霞、蓬莱、黄县、招远、莱阳、掖县、平度及鲁北利津、广饶、博兴、蒲台、滨县、沾化、惠民各县	第二工作队、第四卫生工作队均设烟台

① 《行政院善后救济总署鲁青分署业务总报告》第一章,第5~6页。

（续表）

工作区划	包括县市	附属机构
临沂区（第三工作队）	临沂、郯城、费县、新泰、蒙阴、沂水、莒县、诸城、日照各县	第三工作队、第三卫生工作队均设临沂
济南区（第四工作队）	济南市、历城、章邱、淄川、博山、莱芜、泰安、肥城、东平、东阿、平阴、长清、聊城、在平、博平、齐河等县	济南办事处、第四工作队、第八卫生工作队、营养站三处、难民收容所二处均设济南
潍县区（第五工作队）	潍县、安丘、昌乐、临朐、益都、临淄、寿光、昌邑等县	第五工作队、第五卫生工作队、难民收容所一处、营养站一处设潍县，坊子营养站及转运站设坊子，昌乐营养站一处设昌乐，益都营养站一处设益都

第二时期(1946.8～1947.10)

工作区划	包括县市	附属机构
青岛区（第一工作队）	与第一期无变化	此处又在青岛增设汽车运输队及修车厂一处
鲁南区（第二工作队）	包括临沂等十五县	鲁南办事处设徐州，第二工作队设临城，利国驿一带设难民收容所十六处
鲁西南区（第三工作队）	包括菏泽、曹县、济宁等十余县	第三工作队设菏泽
济南区（第四工作队）	与第一期无变化	在济南增设平价食堂一处，汽车运输队一分队
潍县区（第五工作队）	与第一期无变化	

三、物资储运

经费与物资为办理善救工作的两大要素。兹将鲁青分署自成立至结束收到的经费与物资及其储运情况概述如下：

1. 经费收到情形

鲁青分署经费除极小部分系杂项收益外，大部分系由总署拨付。其全部经费，可大致分为开办费、业务费、行政费及储运费等数种。鲁青分署自 1946 年 1 月至 1947 年 12 月止，各月经费总额为 164.9 亿元。①

2. 物资收到情形

鲁青分署收到的物资，分总署配拨、分署自购、各界捐赠三项，其数额分别为：甲、总署分配物资（内含食物、衣着、医药器材、工业器材、交通器材、农业器材、零星用品、燃料、原料及其他产品）合计 40147 长吨。乙、各界捐赠物资数量合计约 932.1 吨。丙、鲁青分署自购物资数量合计约 117.06 吨。三项总计 41196.16 吨。

鲁青分署成立后，根据各方请求并审核本区各地实际需要，向总署申请配拨物资，其可以吨位计算者，共约 168511 吨。截至结束时，总署已配到各项物资共计 40147 吨，约占申请总量的 25% 强。②

3. 储运

鲁青分署的物资来源主要是总署配拨，截至 1947 年 11 月止，共收到 40147 长吨，此外分署自购及各界捐赠者，计约共一千余吨。各月接收量与转运量见下表：

---

① 《行政院善后救济总署鲁青分署业务总报告》第二章，第 1 页。

② 《行政院善后救济总署鲁青分署业务总报告》第二章，第 1 ~ 3 页。1 长吨 = 1016.046 公斤。在总署及鲁青分署的报告中，有时“长吨”与“吨”混用，本书均照录原文，不作改动。

鲁青分署逐月接收与转运物资统计表①(单位:长吨)

月份	接收量	转运量	月份	接收量	转运量
1946.1	240	236	1947.1	2140	4522
2	1147	545	2	2050	1128
3	642	745	3	3194	1500
4	2160	1509	4	107	1250
5	1579	1734	5	2220	2632
6	1360	793	6	123	1418
7	694	1341	7	358	1079
8	1976	2096	8	220	496
9	1748	1723	9	9	224
10	5401	1305	10	7522	7795
11	498	1355	11	—	406
12	4749	4107	12	—	207
小计	22194	17489	小计	17953	22658

4. 主要转运路线

由于战争刚刚结束,山东境内的交通环境极其恶劣,公路、铁路运输仅限于省内中等以上城市之间,而水路则受限更大。同时,运输的难度还在于先进交通运输工具的缺乏。

陆路:(1)青岛至济南线。由青岛西至济南中途经胶县、高密、坊子、潍县、张店等地。原有胶济铁路,但由于战争时有发生,胶济铁路只能分段通行,运输赖以铁路局汽车或CHT(公路运输总队)汽车与火车联运,1947 年 2 月以后完全阻断。(2)青岛至即墨、莱阳线。青岛到即墨路途较近,一般以汽车运输为主,运输的物资数量颇巨。由即墨转运至莱阳,1947 年 10 月间一度通行。(3)青岛至临

① 《行政院善后救济总署鲁青分署业务总报告》第三章,第 1 页。

沂线。由青岛西经诸城、莒县各地而至临沂,旧有公路,1946 年 6 月以前分署用汽车运送物资至沿线附近解放区各县施赈,6 月以后公路阻断,又曾以飞机输送药品至临沂。(4)青岛市区运输,主要以汽车为主。(5)徐州至济南线,这条运输线多为鲁南提供救济善后物资。(6)徐州至菏泽线。由徐州乘火车西至商丘,再以汽车北至菏泽附近各县。

水路:由青岛至本省沿海各港口,烟台、羊角沟、石臼所等地(解放区)因陆路不通,须经由海道前往,配拨该地区的物资悉赖国营招商局的轮船及 CWT(水路运输大队)所属船艇及民有轮船帆船等运送。

水陆联运路线:配拨鲁南地区物资,虽多由沪运徐径交鲁南办事处接收,但 1947 年 5 月间因陆路交通阻断,青岛库存物资无法疏运,而鲁南灾民待救殷切,乃计划以轮船由青岛运至连云港,再以火车或由汽车经由陇海线运至徐州新安镇等地转发鲁南施赈。

空路:1946 年曾以美海军飞机及中航飞机往临沂运往物资办理解放区救济,以教会飞机运往济南四次,以美海军飞机运往潍县一次。1947 年 2 月以后,陆路完全阻断,由青空运济南、潍县、徐州三地之物资,共计 93 次,全是 CAT(空运大队)派机承运。①

四、救济业务

鲁青分署在实际的救济过程中,按照轻重缓急和特殊需要举办了一大批的善救业务,主要包括急赈、特赈、以工代赈、遣送难民回籍、医疗救助、农业救济与善后、工矿业善后业务等。

(一)急赈

急赈即办理难民之紧急救济,依照规定,急赈之设施,必须与特

① 《行政院善后救济总署鲁青分署业务总报告》第三章,第 2 ~ 3 页。

赈及工赈配合进行，并应于相当时期逐渐结束。但因鲁青区环境特殊，战事不断，难民有增无减，以至于两年以来，大部分物资及经费与人力，始终不能摆脱急赈工作之范围。

急赈的对象主要包括：贫民难民、流亡贫苦教员及学生、贫农及失业工人、渔民盐民、抗战遗族、外侨等，急赈的具体情况见下表。

鲁青分署办理急赈业务及其成绩①

救济对象	原由	受惠人数	备注
贫民、难民	生活困苦	70839	难民收容所最高收容人数
流亡贫苦教员及学生	经济来源断绝，衣食两缺	34120	青岛、济南、昌乐潍县等地
贫农	遭受灾害，生活困难	17943	给予粮食、衣物救济，并发给肥料。
失业工人	各都市失业工人，援照难民例给予救济	21548	
渔民、盐民、船户、盐工	连年受祸甚重	3356	另有渔民 3521 人领受雨衣、防水裤等救济物资
抗战遗族	生活困苦，按难民例给予救济	3370	
被围城镇居民	因战事被围困	72279	
贫民难民	办理冬赈施粥	18644	据青岛、济南、即墨、高密、潍县等九处施粥厂平均每日就食人数
贫苦员工及其眷属	低级员工待遇较低，生活困苦，形同难民		最贫困者给予衣物、粮食救济

① 《行政院善后救济总署鲁青分署业务总报告》第四章，第 1 ~ 2 页。

鲁青分署办理急赈所发物资及经费数额表(截至1947年11月底)①

物资来源	食物(长吨)	衣着(长吨)	现金(法币元)	其他(长吨)
总署拨发	21329.03	1188.24	140848.280	129
分署自购及各界捐赠	107	659.76		20.44
合计	21436.03	1848	140828.280	149.44

备注:1. 本表不包含运往解放区的物资。2. 1 长吨(英吨) = 2240 磅 = 1016.046 公斤

截至 1947 年 11 月底,鲁青分署急赈受惠人数累计 7183863 人(以每人领受一次救济品即为一个受惠人)。②

(二)特赈

特赈业务的主要目的,在于协助各地原有慈善机构,使其发展扩充,以奠定永久性社会福利事业之基础。鲁青分署两年来对于各地慈善机构的特赈分:1. 自办者共 6 单位,2. 委办者共 10 单位,3. 合办者共 2 单位,4. 定期补助者共 16 单位,5. 临时补助者共 32 单位。

分署定期补助的机构,有青岛慈幼院、少怀托儿所、盲童工艺学校、英华聋哑学校、青岛救济院、天主堂孤儿院、博爱教养院、失业职工补习班、麻风病院、高级医事职业学校护士科、崂山天主堂疗养院、烟台流亡修女、胶县天主堂孤儿残老院、济南天主堂孤儿残老院、社会部山东育幼院、山东省立儿童教养院等 16 家。

分署临时补助的慈善救济机构则有:青岛残废教养院、感化院、戒烟医院、暑期儿童补习班、山东省立救济院、济南市立救济院、济南仁慈堂孤儿残老院、普济孤儿院、山东省会慈善公所、红卍字会恤养院等 30 家。②

① 《行政院善后救济总署鲁青分署业务总报告》第四章,第 2 ~3 页。

② 《行政院善后救济总署鲁青分署业务总报告》第四章,第 4 页。

鲁青分署特赈业务之经费及物资数额表(截至1947年11月底)①

项目	总署拨发	分署自购及各界捐赠	备注
粮食	990.53长吨	10.35长吨	
衣着	154.10长吨	15.43长吨	
营养品	2898.28长吨		未计发往解放区数量
其他	37.98长吨		活动房屋五架及缝纫机等
现金	226816787元		

(三)以工代赈

以工代赈,旨在于救济之中利用难民劳力恢复地方建设,比单纯急赈意义大,故鲁青分署业务方针自始即以"工赈重于急赈"、"善后重于救济"为原则,其具体工赈项目可分为以下几类:

1. 水利工程

主要有:黄河山东济阳段复堤工程、南运河复堤工程、章邱绣惠渠灌溉工程、修复济南边庄五柳两闸工程、济南北园灌溉工程等。

2. 交通工赈

主要有:协修济青公路工程、抢修丝明公路工程(即明莱公路,由章邱明水至莱芜吐丝口)、济兖公路工程、济长(济南至长清)公路工程、临枣(津浦铁路临城至枣庄支线)铁路路基协修工程等。

3. 房屋修缮工程

山东大学等六单位、青岛崂东区登瀛小学等八单位、即墨县救济协会普济残废院等九单位。

4. 市政工赈

主要指翻修马路、疏浚下水道、埋没水管等,共举办十三项,计

① 《行政院善后救济总署鲁青分署业务总报告》第四章,第5页。

配拨粮食2139.97吨，国币11507700元，难工1941182工。①

5.农林工赈

鲁青区农林业务，在敌伪占据时期，无人经营，即以大半荒芜，抗战胜利后各农业机构又限于人力财力，更无从恢复。鲁青分署以工代赈协助各地农业机构积极复兴并谋推广，两年间协助农林工程，共配拨食粮229.78吨，国币500000元，共使用212061工。②

6.鲁青分署自办小型工赈机构

在青岛设立缝纫训练班与制鞋训练班，选择妇女及少壮难工，教以技术，办理缝补工作，随时将制成品发放难民应用。

7.一般性工赈

鲁青分署还依照规定，以工赈款及物资雇用人员，或补助慈善机构搬运救济物资，或临时工赈工作，或协助整理修缮工程，并称为一般工赈，两年以来共计34项。

截止到1947年11月底，鲁青分署办理工赈物资经费发放统计为：1.食粮6311.61长吨，菜肉罐头7箱余，黑白布250匹，棉花2000斤，空面袋70050个，现金58665225元。工赈受惠人数共计4216575工（参加各项工作人数115222人）。③

尽管鲁青分署举办了上述多项赈恤业务，但满足需要之程度及成效都相当有限。根据实际调查所得，鲁青区仅流亡难民一项，聚集于国民党军队控制区各都市城镇者，已达150余万人，流亡于省外各地者，亦有200余万人，至于非赈不活之各地贫苦难民，最低估计当在全区人口50%以上。鲁青分署成立之初，即按照实际需要申请救济物资，计食物89881吨，衣着11720吨。两年间，总署配拨食粮仅占申请数的30%，衣着占20%。而且由于局势造成之循环难民，

① 《行政院善后救济总署鲁青分署业务总报告》第四章，第7页。

② 《行政院善后救济总署鲁青分署业务总报告》第四章，第8页。

③ 《行政院善后救济总署鲁青分署业务总报告》第四章，第10页。

从未休止，鲁青分署虽已设立收容所124处，儿童营养站11处，辅助慈善机构68单位，举办工赈98项，仅能解决一时之需要，实属效果极微，距需要之满足，相去甚远。①

（四）遣送难民返籍

在抗战期间，各地壮丁经敌伪胁诱，流落东北及日韩等地者为数甚多，其因敌伪搜刮，生活苦难，逃亡苏豫各省者，亦复不少。抗战胜利后，内战又起，鲁南及鲁西南各县民众，亦多弃家流亡于徐州、开封、商丘等地。据估计，本省战时流落外省难民共计2246200人，外省流落本省难民估计4528人。

鲁青分署对于遣送侨胞难民工作，于1946年1月间开始办理，在青岛设立遣送侨胞难民招待所，后改名为难民遣送站，于1947年4月奉令结束后，由第一工作队继续负责办理。其余济南、潍县、临城等地，均由驻在工作队兼办。遣送方式遵照总署所颁《遣送难民回籍办法》及实施细则办理。对于被遣送之难民，除发给车船票外，并按其途中所需日数，发给膳食费。

经分署遣送返籍的难民总数，共计35798人，包括入境29152人，出境1181人，过境105人，境内互迁5360人。共计发出遣资177405.406元，又发出通粉450袋又294斤，联粉83.5袋又85.5斤，各种罐头678听，赈衣11套。②

（五）卫生与防疫工作

鲁青分署成立后，医疗方面的救助以恢复当地的医疗机构和成立巡回性的卫生工作队为重点。

1. 医疗器材的来源及配给

鉴于全区在医疗卫生方面的巨大损失，鲁青分署向总署申请配

---

① 《行政院善后救济总署鲁青分署业务总报告》第四章，第10页。

② 《行政院善后救济总署鲁青分署业务总报告》第五章，第2页。

发医药器材，计全套设备病床4260张，X光设备77套，产妇科设备77套，基本检验设备13套，其他应需药材，则按上述病床及设备数比例配发。

两年以来，总署运到本区医药器材，连同各界捐赠及分署自购者总重量共为850吨（内含分署自购2.9吨，美国红十字会及各界捐赠者共77吨），计全套设备之病床800张，不附设备之病床416张，合计为1216张。若专照病床数目计，约为申请数之1/3，此外X光设备5套，约为申请数之6.5%，基本检验设备6套，约为申请数之46%。而在医疗上应用药材，举其最需要者，如硫胺类药品、盘尼西林等，及大小手术必需之器材药品，配发数量甚少，其他如纱布、药棉、脚气药、石膏、救急包等，则占最大之配发量。此外，滤水机收到7架，深井掘水机收到4架，需要并不迫切，而所占重量甚大。①

医疗器材具体配给情况表②

地区	所得物资(吨)	所占比例
青岛区	261.792吨	36.4%
济南区	334.145吨	46.5%
潍县区	60.13吨	8.4%
鲁南区	26.355吨	3.7%
中共区	36.795吨	5%
共计	719.217吨	100%

2. 协助医疗机构之办法及单位

遵照总署规定及各地实际需要，鲁青分署制定了协助医疗机构的办法三项，即：一、补助医药物资，二、补助经临修建费，三、协助人

①② 《行政院善后救济总署鲁青分署业务总报告》第七章，第1页。

才。对本区公立医院、慈善性医院、非营业性的合格医院,均尽量补助药品器材及费用等。两年以来,经分署配发医药器材的机构,计有青岛市立医院等208个单位。①

3. 鲁青分署医疗队的工作

除了补充和改善原有的医疗机构外,鲁青分署还自设医疗机构,在1946年5月至6月先后成立6个卫生工作队。各卫生队除应临时急需,抽调一部分人员合组救济队,担任紧急救济工作外,均各在指定驻地附近担任医防工作。截至结束时止,诊治人数(连同转送委托医院病人数)共为193279人。②

4. 传染病防治及注射人数

分署成立后,对于各地传染病之防治,极为重视。分署结束时,自设卫生机构及接受补助之医疗机构注射人数,1946年度为1946304人,1947年度为767340人,总计共2713644人。③

(六)农业救济与善后

山东农业受战争破坏极大,损失惨重。鲁青分署两年来的农业救济与善后工作主要有以下几项:

1. 农具发放

总署运到本区农具计有洋犁(中耕器)、犁头、马具、铁锨等,除马具一项,发给青岛市6个农业机构作为改制之用外,其余各项农具均配发青岛、即墨、胶县、潍县等区农民,受益2925户。此外,鲁青分署自行铸造镢头5000个,犁子625个,种金1500付,购铁锨2900把,受益7952户。

2. 农药械发放

共九种,委托各地农业机构代为指导农民施用,受益7078户。

---

①② 《行政院善后救济总署鲁青分署业务总报告》第七章,第3页。

③ 《行政院善后救济总署鲁青分署业务总报告》第七章,第4页。

3. 种子发放

先后运到蔬菜种子、玉米种子15种,计240桶、184袋、240件,共重28.23长吨。除发放烟台(解放区)25桶外,其余发往济南、潍县、鲁南各地农业机构24家繁殖试验,并普遍发放农民种植,受益农民6584户。

4. 合办苗圃

1946年4月,鲁青分署与青岛农林事务所合办森林苗圃18亩,育苗878500株;与济南农业职业学校合办20亩,育苗650000株;与山东农林处先后合办85.12亩,育苗2102000株。

其他农业救济还有协助造林、工赈凿井、奖励农民捕捉害虫、举办农业培训班等。①

(七)工矿善后业务

山东工矿事业,战时战后损失殆尽,欲谋复原,所需器材范围甚广。鲁青分署仅就最低限度估计,急切需要者计:煤矿器材约为5135吨,电力器材962.50吨,纺织器材约511吨,面粉厂器材约60.20吨。

两年以来,鲁青分署申请工矿器材数量共计6600余吨,而矿用器材并经总署核实列入一等优先救济。但直至分署结束业务时止,总署仅配售水管935根,约30吨,且货色陈旧,多不合实用。此外总署配发手工具800余件,共约5吨,又矿用炸药200箱及铁板30张,均经指定价售淄博煤矿公司。其他电力、纺织、面粉厂等器材,虽经申请,亦均未配给。分署在报告中自称,两年来徒忙于公文往返申请,而在工作上实无任何效果可言。②

(八)救济机构的结束或移交

1947年11月底,鲁青分署结束业务,陆续将主办或合办的机构

---

① 《行政院善后救济总署鲁青分署业务总报告》第六章,第5~6页。

② 《行政院善后救济总署鲁青分署业务总报告》第八章,第5页。

逐渐移交，由以下三表可见救济机构的结束与移交情形①：

分署自办机构结束移交表

机构名称	接办单位	结束日期	备注
青岛难民收容所4处	青岛市难胞管理委员会	1947年2月	
青岛盲目侨胞收容所1处	遣送返籍	1946年5月	
青岛难民遣送站1处	遣送返籍，因战事不能返籍者，就地发给物资遣散	1947年4月	
青岛粥厂1处		1947年3月	
青岛营养站3处	青岛市营养站管理委员会	1947年4月	原名儿童供食站，接办单位经营至1947年10月结束
青岛制鞋班1处		1947年5月	发给鞋工每名面粉一袋半
青岛缝纫班1处		1947年5月	发给缝纫班妇女每人面粉三袋
潍县难民收容所1处		1947年2月	每名难民发给一袋面粉就地遣散
潍县营养站1处		1947年6月	
即墨营养站1处		1947年9月	
济南难民收容所2处	山东省政府	1947年2月	拨给两个月所需救济物资

---

① 《行政院善后救济总署鲁青分署业务总报告》第四章，第11～13页。

分署委办机构结束移交表

机构名称	接办单位	结束日期	备注
青岛胜利托儿所	青岛市儿童健康促进会	1947 年 8 月	委办单位自行接办
青岛儿童家庭助养	青岛市妇女救济会	1946 年 6 月	营养站开办时结束
青岛小本贷款	青岛市救济院	1947 年 7 月	将所拨贷款基金五百万元,拨作该院小本贷款永久基金
昌乐营养站	昌乐县政府	1947 年 6 月	
坊子营养站	坊子天主堂	1947 年 6 月	
益都营养站	益都浸信会	1947 年 2 月	因战事停办
济南营养站 3 处	山东万善救国联合总会、济南市政府	1947 年 9 月	
济南小本贷款	山东省立救济院	1947 年 9 月	将所拨贷款基金一千万元,拨作该院小本贷款永久基金

与分署合办机构结束移交表

机构名称	接办单位	结束日期	备注
青岛流亡女生辅导所	青岛市妇女救济会	1947 年 8 月	改组为私立青岛尚实女子职业补习学校
青岛粥厂	青岛市社会局	1947 年 2 月	
即墨粥厂	即墨县政府	1947 年 3 月	
高密粥厂	高密县政府		因战事停办
潍县粥厂	潍县天主堂	1947 年 3 月	
鲁南难民收容所 16 处	徐州难民处理委员会	1947 年 2 月	
济南平价食堂	济南市政府	1947 年 9 月	由市政府接办,改组为社会食堂,分署拨给基金一亿元
济南粥厂 4 处	济南市社会局	1947 年 3 月	

1948 年 4 月 19 日，鲁青分署最后的工作人员从青岛撤离，分署所有剩余物资和办公用品全部移交青岛市社会局。至此，分署所承担的使命全部结束。

五、解放区的善后救济

根据 1943 年联总大会决议，凡联总所属的资源，无论在任何地方，都将根据该地人口的相对需要公平地分配或分发，不得因种族、宗教或政治信仰不同而有所歧视。因此，中国共产党控制的解放区有公平分享联总救济物资的权利。

但由于国共之间很快爆发内战，行总作为国民政府的下属机构，在分配、运送救济物资时必然会受到国民政府的干预；而另一方面，解放区政府也根据联总决议，据理力争，希望分得更多的救济物资。在此背景下，解放区的善后救济就充满矛盾和斗争，时断时续，一波三折，最后在内战的炮火中被迫中止。对于山东解放区救济阶段的划分，行总及鲁青分署报告与中共文献记载并不一致，本节主要依据中共山东解放区文献，并参考行总及鲁青分署报告综合叙述。

（一）救济机构

山东解放区的善后救济，主要由联总、行总及鲁青分署与中国解放区救济总会（简称解总）山东分会合作进行的，其中颇多曲折与变化。

解总山东分会的前身为山东省救济委员会，成立于 1945 年秋日本投降之后，其主要任务是对解放区灾难群众的救济，及调查八年来抗日战争的损失。

1946 年 1 月奉中央指示及 2 月与联总代表磋商，为适应新的工作需要，改为中国解放区救济委员会山东分会，受中央救委会领导，下设秘书处及赈务、保管、运输、调查、报导、联络、医药等组，组下设股，从事实际工作，并在诸城、石臼所各设办事处。至各股、处干部，除由兵站部调用一批外，其余由滨海、鲁中、鲁南三地区抽调县科级以上干部组成。同时各行政区以至县、村，亦均有救济委员会组织，形成一套垂直的领导系统。

1946 年 1 月至 6 月，山东解放区的救济由行总鲁青分署办理。胶济路以南地区，以临沂为中心，划归第三工作队办理，队部设临沂。胶济路以北地区以烟台为中心，划归第二工作队办理，队部设烟台。

1946 年 6 月，国民党政府撕毁停战协定，向解放区发动全面进攻，驻临沂的鲁青分署第三工作队于 9 月间撤回青岛，山东解放区救济机构人员也大部分撤回或派赴支前，机关仅留数人维持工作。后因战争紧张，机关撤出临沂，救济工作即陷停顿。

由于国共纠纷愈演愈烈，鲁青分署在山东解放区的救济工作不能推动。1946 年 7 月 1 日行总成立烟台办事处，指定办理山东全省及河北八县解放区的救济，其主要运输路线分为三区：烟台区、石臼区、渤海区。①

经解总及驻上海代表与联总及行总一再交涉，双方达成协议，划石臼所为山东、华中、冀鲁豫进货港口之一，山东解放区为对外交涉便利，并于烟台设办事处。10 月 18 日以后，装载救济物资的轮船由上海陆续到来，救济机关移至日照。12 月间行总烟台办事处亦派第一工作队来日照，随后联总也派代表驻日照。此时按联总规定，已进入善后恢复阶段。为适应具体情况，山东解放区救济机关又进行了充实与变更，并遵照解总指示，将“中国解放区救济委员会山东分会”改名为“中国解放区善后救济总会山东分会”。

1947 年 3 月，因石臼所为山东、华中、冀鲁豫进货港口，为保

---

① 《行政院善后救济总署业务总报告》，第 104 页。

持工作统一，组织联合办事处，但对外仍以山东分会名义出现。4月，因冀鲁豫干部撤回，联合机构取消，并改运输组为汽车大队。5月间，战争形势日趋紧张。7月下旬，联总、行总人员撤退。8月间联总宣布停止北纬三十四度以北之地区救济，救济工作遂告结束。但接收的物资，因受战争影响及运输工具的限制，未能及时分配运送，大部分存于日照、莒南一带，直到物资处理完竣，日照阶段的工作才告结束。

（二）救济时期（临沂阶段）

按照联合国善后救济总署规定及解总指示，救济工作分救济与善后两个阶段。所谓救济，为急赈性质，着重于粮食、衣服、药品、住所及协助流亡与被俘、被囚人民还乡。所谓善后，为恢复建设性质，限于恢复到战前生产水准与生活水准，其范围较广，诸如农业、工业、公共事业、卫生设备、学校教育等恢复均属之。以解总山东分会接收物资的时间及性质区分，机关驻临沂阶段属于救济时期，日照阶段则属于善后恢复时期。

救济时期（临沂阶段）自1946年2月起至9月撤出临沂止。此一阶段工作，在联总方面，由鲁青分署负责，划山东为三个救济区域，即胶东、渤海为两个区域，鲁中、滨海、鲁南为一个区域。除胶东、渤海两区的物资由各该区救委会负责接收，由山东救济分会领导外，鲁中、滨海、鲁南则由山东救济分会掌握，统一接收，统一分配。鲁青分署并派第三工作队驻临沂，随时与山东救济分会谈判分配发放事宜。

当时救济物资运输颇为困难，联总、行总人员要求山东解放区恢复铁路交通。山东救济分会则以国内政治未获彻底解决，人民安全无确实保证为由，坚决不恢复铁路交通，但为争取物资和交通上的需要，则迅速建设公路。当时协议的运输路线有两条：一由青岛以汽车从陆路运输，一由青岛以轮船海运至石臼所下地，再由联总、行总以汽车向内地转运。为接收与分发方便,山东救济分会在临沂、诸城、石臼所、莒县布置了四个收发点,并各设有仓库,配有适当干部。

在救济阶段,救济物资的处理方针与分发情形是:面粉、旧衣、旧鞋等,均直接发放到贫苦群众手里,不分种族、政治、宗教、信仰,以战争损失严重、生活困难、抗战有功者作救济的基本对象。但物资少、难民多,难以普遍救济,因此掌握了救急的精神,选择重点发放,及时解决群众的部分困难。在发放前通过群众路线,评定等级,启发群众,发扬民主,使群众了解物资之由来,并通过救济巩固与扩大了群众组织。救济物资共分发了 19 个县,其中领到面粉者计 19 个县,领到衣服者计 9 个县,旧皮鞋系搭配衣服同时分发。医药器材及奶粉、奶水等,统交山东省卫生局,按各地方医院及军卫实际需要情形,按比例分配。①

(三)善后恢复时期(日照阶段)

这一时期自 1946 年 10 月起至 1947 年 8 月止。经解总代表在上海与联总、行总协议,划石臼所为进货港口后,自 1946 年 10 月 18 日起至 1947 年 5 月 16 日止,由上海载运物资来石臼所者,计八艘登陆艇,分九次(其中一艘来两次)运送。

由于石臼港并非现代化码头,轮船不能靠岸,只能停泊在距岸三四里的深水中,起卸极为困难。在惊涛骇浪中,工人们创造了种种办法,安全将物资一一起卸,未受丝毫损失。尤其在起卸时,国民党飞机不时袭扰,轰炸扫射,因此不得不利用夜间或早晚时间。故每一船来,工人们往往数夜不得睡眠。工人们的创造能力及积极负责的精神,连联总、行总代表都无不惊服,并给以奖励。

---

① 《山东革命历史档案资料选编》第二十一辑,山东人民出版社 1986 年版,第 143 ~ 144 页。

石臼所既为山东、华中、冀鲁豫三地区进货港口，故运来物资的集散就不仅山东一地。在分发时，凡各船运来不属于山东之物资，均按上海解办指示或发货单上的说明，立即分别点出，拨交应得地区或部门接收。属于山东的物资，虽有行总监督，但山东解放区救济机构在分配时，始终未受其限制，大部分均用于支前或军工建设，对于自卫战争实起了相当作用。①

山东物资的处理经过大致可分为两个阶段：1. 1946 年 10 月至 1947 年 2 月，大部分物资均用作支前，仅部分面粉因转运物资以工代赈发给群众，医药器材、营养品等仍统拨卫生局按军卫及地方医院实际需要按比例分配。2. 1947 年 2 月至 1947 年 8 月鲁南战役后，华东局决定一切物资可以作为财政收入者统作财政收入，并各交有关部分接收、处理。

为了能完全控制救援物资，山东解放区救济机构与联总、行总人员进行了外交斗争。如按联总、行总与解放区方面达成的协议，救济物资之运输，完全归联总、行总负责，汽车及司机亦均应归其管理。但解放区方面为了以我为主，经上海代表一再交涉，最后达成协议，汽车由联总、行总供给，司机由解放区代雇，汽车之所有权仍归联总、行总，但使用权实归解放区方面。由于司机系解放区人员，联总、行总无法掌握，于是主动权遂转入解放区方面。石臼所工作结束后，遵华东局指示，汽车全部移交军政机关接收，共有十轮卡车 12 部、福特车 23 部、流动修理厂 1 部、吉普车 2 部。②

为了把救济物资用来支援前线，山东解放区方面更是与联总、行总人员斗智斗勇。例如，按照联总规定，一切物资丝毫不准用于战争，解放区也是照此执行，但解放区的军民是分离不开的，今天

---

① 《山东革命历史档案资料选编》第二十一辑，第 134 ~ 135 页。

② 《山东革命历史档案资料选编》第二十一辑，第 145 ~ 146 页。

是老百姓，明天即可能参军，并且民兵也是战争的一部分。面粉处理也是如此，群众领到面粉自己不用，甘愿送到前线。联总、行总对此都无可奈何。分发工业、农业、医疗、福利物资，表面上是联总、行总与解放区三方讨论决定，但实际上仍由解放区自主支配。第一步先发给相关部门，并各出具接收单交联总、行总存查，至于第二步如何发放，则由各接收机关做主。联总、行总人员曾提出要检查物资、参加实际工作等要求，企图了解实际发放情况，但解放区方面均以婉词搪塞，灵活应付过去。其结果，大部分物资实际上都用于支援前线。

1947 年 7 月下旬，联总、行总人员撤退，8 月间全部物资即按华东局指示方针处理完竣。随着战争形势日趋紧张，联总并宣布停止北纬三十四度以北地区之救济，善后恢复工作即告结束。

(四)接收救济物资数量

关于山东解放区在抗战后的善后救济中到底接收了多少救济物资，行总及鲁青分署的报告与中共文献的记载差别极大，兹将双方的记载分别罗列，并略作分析。

其一，《行政院善后救济总署鲁青分署报告书》载，鲁青分署收入各项物资总量为 41196 长吨（总署配拨者 40147 长吨，本署自购者约 117 长吨，各界捐赠者约 932 长吨），配拨共区（解放区）者计为 1435.48 长吨，占总量的 3.4%，配拨政府区（国统区）者计为 39760 长吨，占总量的 96.6%。[①] 在附表二十一《鲁青分署运往共区物资统计表》（自 1946 年 2 月至 11 月）中总计：烟台区 984.06 吨，临沂区 451.42 吨，合计 1435.48 吨。这个数字只是指鲁青分署办理时期配拨山东解放区的各类物资。

其二，《行政院善后救济总署业务总报告》第八章专门介绍对共

① 《行政院善后救济总署鲁青分署业务总报告》第九章，第 4 页。

区(解放区)的救济情况,在《联总物资分配共区数量概况表》(自1945年12月至1947年12月底止)中,东北、冀热平津、晋绥察、鲁青、河南、苏宁、安徽、湖北八区,共配拨救济物资数额总计60140长吨。其中配给鲁青区解放区的物资见下表①:

鲁青区解放区配给物资表(单位:长吨)

种类 \ 来源	分署配给	直接由上海配给
粮食	1164	11088
衣着	228	4552
医药	29	1281
工矿	16	10067
农业	1	4420
合计	1438	31408
总计	32846	

其三,《山东革命历史档案资料选编》第二十一辑收录有《中国解放区救济总会山东分会两年来工作总结报告》(1948年9月)。《总结报告》中记载,在善后恢复时期(日照阶段)自1946年10月18日起至1947年5月16日止,由上海载运物资来石臼所者,计八艘登陆艇,分九次(其中一艘来两次),共运来物资五千余吨(内有冀鲁豫华中一部)。②

其四,《山东革命历史档案资料选编》第二十一辑还收录一份《山东省救济分会接收救济物资处理概况》(1948年9月)。《处理概况》记载,救济时期(临沂阶段),共接收救济物资449100吨。善

---

① 《行政院善后救济总署业务总报告》,第103页。

② 《山东革命历史档案资料选编》第二十一辑,第126页。

后恢复时期(日照阶段)自1946年10月18日起至1947年5月16日止,由上海载运物资来石臼所者,计八艘登陆艇,分九次,共运来物资5741180吨(内有冀鲁豫、华中1581693吨)。在另一处又记载,在石臼所接收之物资,其山东部分共4159487吨。①

就以上四份史料而言,前两种史料同出一源,关于鲁青分署配拨给山东解放区的救济物资分别记载是1435.48长吨和1438长吨,基本一致。行总报告记载配给鲁青区解放区的救济物资总计为32846长吨,这应该是整个善后救济时期配拨山东解放区救济物资的总量。后两份史料同出一源,但前者记载是五千余吨,而后者竟记载为五百余万吨,两者差别如此之大,必有一份记载有误。《总结报告》中记载日照阶段共接收救济物资五千余吨,尚在行总报告的数额之内,比较可信,而《处理概况》则记载为几十万吨,甚至几百万吨,实不可能。因为在整个善后救济时期,联总运华物资总额只有236万余长吨,整个中共解放区得到的救济物资只有6万长吨(另有8万余吨、10万余吨之说)。②因此,山东解放区所接收的救济物资肯定不能达到几十万吨以上。由于行总及鲁青分署与山东解放区救济机构对善后救济的分期不一致,特别是内战期间国统区与解放区范围变动极大,凭目前资料很难准确统计山东解放区接收救济物资的总量,但比较而言,行总的记载则较为可信。

抗战后山东的善后救济是在内战的阴影下开始的,最后又在内战的炮火下不得不中止。联总的善后救济事业原本是充满理想主义和人道主义的国际救援活动,不含有明显的政治色彩,但在当时的中国,却不得不卷入国共之争,救灾物资直接或间接转化为战争

① 《山东革命历史档案资料选编》第二十一辑,第143~145页。

② 王德春著:《联合国善后救济总署与中国》,第310页,第278~279页。

物资。行政院善后救济总署既是联总在华实施善后救济的机构，又是国民政府的下属机构，它既要配合联总对整个中国进行救济，又不得不听命于国民政府，在物资分配上明显偏重于国民党统治区。而中共解放区救济机构除对此表示抗议外，也通过与联总、行总的协商，尽一切可能争取更多的救援物资。在物资分配上，更是以我为主，不受联总、行总干涉，特别是善后恢复时期的接收物资，大部分用于支前或军工。

第八章　山东抗日根据地和解放区的救济工作

山东抗日根据地和解放区的救济工作，是指抗日战争时期和解放战争时期中国共产党在其控制区内领导的各项救济灾难工作。抗日战争时期的山东根据地，从1938年上半年初创到1945年8月抗战结束，最终形成了胶东、滨海、鲁中、鲁南、渤海五大行政区域。解放战争初期，山东解放区的范围有较大变动，至1948年7月形成胶东、渤海、鲁中南三大行政区及昌潍专署。残酷的战争环境，再加上经常发生的自然灾害，使根据地和解放区经常出现严重的饥荒和大量灾民难民，因此，救济灾难就成了根据地和解放区各级党政机关的日常工作。本章以1941至1943年及1947至1948年两个时间段为例，重点考察山东根据地和解放区有关救济灾难的方针、政策、措施及其取得的成绩。

一、1941年至1943年间的灾难救济

这一时期是山东抗日根据地最艰苦的年代，日寇的扫荡、封锁，再加上严重的自然灾害，使根据地面临极大的困难。在党和政府领导下，根据地军民奋起救灾，战胜了一次又一次灾难。本节主要论述1941年的春荒救济、1942年的夏旱救济，及1941年、1943年的难民救济。

（一）1941年的春荒救济

1941年初，由于日寇的疯狂扫荡和严重的自然灾害，山东抗日

根据地出现了严重的春荒。日寇在扫荡中，把焚烧抢掠、封锁偷运根据地的粮食作为主要战略目标，其目的就是要饿死根据地的军民。山东省战时工作推行委员会副主任陈明在分析春荒原因时指出："去年秋季敌人对沂蒙山区的扫荡，被烧毁抢掠的粮食达数百万斤。去年冬季，汉奸刘桂堂配合日寇扫荡费县南北时，除烧毁百余个村庄和粮食外，就是大批抢掠粮食，沿临滋公路两边的粮食，被抢掠一空。同时，在鲁南，由于去年水旱灾交替，夏秋歉收，所以到处感到粮食极端缺乏。今年的春荒现象，已严重存在着，大大的威胁到我们的军食与民食。"①

春荒发生后，山东省战时工作推行委员会（以下简称山东省战工会）极其重视，把解决粮食问题作为头等大事来抓。陈明指出："粮食问题是军民的一个最大的问题。特别是当此严重的抗战期间，粮食的有无保证，是决定我们坚持抗战、反扫荡、反分裂、反内战胜利或失败的先决问题，是抗日根据地的巩固与发展或者溃败逃散的先决问题。所以克服春荒，解决军食民食，今天对于我们有头等的政治意义，成为我们当前紧急的战斗任务。"至于解决粮食问题的具体办法，陈明提出，除了积极进行战争动员，打击敌人的进攻，厉行空舍清野，防止敌人烧抢外，就是：一、统一筹支；二、节省开支；三、调剂有无；四、增加生产。②

为解决粮食问题，山东省战工会还制定了《关于克服春荒解决军食民食问题的决定》，其主要内容有：一、加强组织与领导。在全省范围内成立山东省粮食委员会，聘请战工会主任副主任等为委员，各地区之党或政府重要负责人一人参加为委员。县以上组织粮

---

① 山东省财政科学研究所、山东省档案馆合编：《山东革命根据地财政史料选编》第一辑，第53～54页，1985年（内部资料）。

② 山东省财政科学研究所、山东省档案馆合编：《山东革命根据地财政史料选编》第一辑，第54页。

食委员会,以各该地党政主要负责人为正副主任,在各该地政府领导下,统一计划关于粮食问题之筹划、分配、开源节流等具体方案,分别交付政府粮食科、经建科、群众团体分别执行。二、统一筹粮计划及办法。各级粮食委员会应总计各该地区到麦收前所需要的给养总数及当地群众的担负能力,提出统一筹粮计划及办法,立刻停止自筹自收、各自为政以及筹一顿吃一顿的苟安现象,对驻军少群众负担轻的地区可收给养代金,充作驻军多群众负担重的地区购买粮食之用,以资调剂。三、严格限制吃粮人数,节省粮食。

为解决民众粮食,必须做到:一、不隐讳粮食缺乏的严重情形,指出粮食困难的原因及其解决办法。由党政军民各方面进行广泛的群众动员,造成克服春荒的广大群众运动。二、由群众团体组织救济春荒委员会,发动人民互助。号召有粮之人民以低利或无利借与无粮食之人民,特别是地主与佃户的互助,规定所借粮食保证麦收后一定归还。三、发动人民组织运输购买粮食合作社,人民集股,政府给予无利借贷一部分资本。在鲁南,组织大批人民运盐换粮。四、禁止酿酒,禁止一切可供吃用之物品出口。五、发动群众生产热情,积极参加春耕运动,特别是种早熟之粮食或蔬菜以救济春荒。六、划分牧羊放牛区,保护可供食用之野菜及树叶树皮。①

在山东省战工会的领导下,各级政府认真贯彻落实上述规定,调动各方力量捐款捐物,充分发动群众生产救荒。1941 年 3 月,山东省参议会副参议长马保三携北海币数万元来费北施赈。除亲临乡村访贫问苦外,还在费北行署召开了名流士绅座谈会,并成立了赈济委员会,选出委员 31 人,常委 13 人。新选的委员对赈济办法、赈款分配等进行了讨论,决议以 5000 元办理急赈,7000 元无利借

① 山东省档案馆、山东社会科学院历史研究所合编:《山东革命历史档案资料选编》第八辑,山东人民出版社 1983 年版,第 46 ~ 48 页。

贷,5000 元低利借款,5000 元以工代赈。同月,临沂县抗日民主政府、各救亡团体、各界士绅名流成立了救济春荒委员会,积极开展救济工作,其办法有:1. 成立粮食运销合作社,采用多种方式有计划地运销粮食。2. 救济贫农,优待贫苦抗属,受救济者 1700 余人。3. 大量种植蔬菜,规定每 10 亩种菜 1 亩。4 月上旬,还组织了 59 个妇女生产小组,有 1100 多名妇女参加,县政府发放无息贷款 25 万元作为基金,推进生产自救。

4 月,沂蒙专署邀请地方士绅名流、机关、部队、救亡团体开会,成立了沂蒙灾区救济委员会,选出委员百余人,常委 13 人,沂蒙区专员牟宜之当选为主任。会议决定:1. 各委员分头介绍地方公正人士充任募捐委员,大量募集捐款、粮食、柴草、用具等,救济被灾难民。2. 号召沂蒙区内机关部队每人节省一日菜金、半公斤粮食,以救济灾民。3. 号召发起 1 角钱捐款运动。4. 聘请于学忠、范明枢、徐向前、罗荣桓、朱瑞、陈光、黎玉等为名誉委员,发动各地区募捐。部队亦同时派出干部到重灾区县帮助生产救灾。①

经过几个月的努力,山东根据地的救灾工作取得了显著的成绩,终于战胜 1941 年严重的春荒,渡过了根据地最艰难的岁月。

(二)1942 年的夏旱救济

1942 年夏收结束后,山东各地久旱无雨,出现严重旱情,禾苗枯槁,几濒于死,而且旱区广阔,救济困难,再加上敌人抢粮又极凶残,因此粮价飞涨,人心不安。

面临严重旱情与敌情,7 月 14 日,中共山东分局发布了《关于救济旱灾的紧急指示》。山东分局在指示中首先强调救济旱灾的重要性:“年来山东敌情严重,在敌加紧蚕食之下,我方地区日益缩小,防灾抗灾更受限制,预料今年冬季及明年春天将是对敌及对灾荒斗争

---

① 临沂地区史志办公室编:《临沂百年大事记》,第 392、394、396 页。

最剧烈的时期。这一点必须为全党所深刻认识。要求每一个党员都在精神上作充分的准备，并向群众进行普遍宣传，说明所有一切灾害都是敌人所给予的，我们要一面设法救灾，一面坚持对敌斗争，绝不消极，绝不逃荒。”为此，山东分局要求各地组织必须立刻动员全党去参加和领导防灾救灾工作，而政府首先应成为推行这一工作的枢纽，尽可能采取一切办法去和旱灾作斗争。

山东分局提出的救灾办法有以下数项：一、增修水利，施行灌溉。要积极发动农民，集中力量灌溉一部分较好的谷子、穇子及地瓜地。二、一旦下雨，则发动农民抓紧时机，多种荞麦、地瓜、豆子、胡萝卜及蔬菜，并把已旱死之青苗锄掉，改种此类粮食。三、厉行节约、彻底消灭粮食浪费现象。四、开源增长。五、提倡互助，调剂有无。①

为贯彻落实中共山东分局的指示，7 月 18 日，山东省战工会发布《关于救济旱灾预防粮荒的指示》，提出了预防灾荒的具体办法：

1. 大大减征公粮，改善征收办法，减轻人民负担。

2. 严格禁止任何粮食出口，如有违犯，一经察觉，即全部没收。其禁粮办法包括：(1)缩小自由运输的数量，在根据地内运输食粮自用而确非资敌者，一般每人每次不能超过五十斤。(2)严格运粮手续。(3)奖励缉私，增加提成。(4)指定专地、专人成立粮食交易所。

3. 严防敌人抢粮。其办法有：(1)深入宣传，务使民众深切认识到敌人抢粮的阴谋，并且严密藏粮，切实武装护粮。(2)召开士绅名流座谈会，讨论藏粮办法，并动员他们以身作则，积极地藏。(3)严密注意分散隐藏。藏粮应秘密进行，不应为多数人知道，以免暴露。藏粮时每处不宜太多，一般以三百斤为限。(4)实行羼沙。粗粮羼

---

① 《山东革命历史档案资料选编》第八辑，第 416 ~ 418 页。

细沙，细粮羼粗沙，羼沙数量最少须一半粮一半沙。(5)动员群众破坏连接敌区的道路，限制敌人运粮队活动。(6)广泛组织游击小组，打击抢粮队。

4. 号召党政军民实行节粮运动。其办法是：(1)在部队、机关，应严格人数，决不应虚报一人，浪费一粒。(2)彻底实行自磨、自蒸。(3)各部队、机关的给养，每人每月数量各单位应酌量减少，留有余，补不足。(4)提倡民间食粮掺菜，节省食粮。(5)绝对禁止酿酒。(6)减少用食粮喂牲畜的数量。

5. 大量向外购粮。其办法是：(1)由政府筹拨专款，贸易局布置购买。(2)通过盐运路线，提倡以食粮换盐的办法，奖励粮食输入。(3)鼓励群众贩运粮食，由银行贷款协助。

6. 抢救灾荒，提倡开渠掘井，实行灌溉。①

在中共山东分局和省战工会的领导下，根据地积极开展了抗旱救灾工作。据8月13日《大众日报》载，沂蒙区各界，全力以赴，克服夏荒，预防秋荒。鲁中联办决定，施放农贷5万元，并无利贷出“优抗公粮”小麦1.5万公斤。同时并由党政军各机关节约粮食7500公斤施赈。沂南行署决定，拨出“优救公粮”1.35万公斤，赶办急赈，优待贫苦抗属及难民。同时急救在反“蚕食”斗争中被敌抢劫之边区难民80余户，每人发粮10公斤(幼孩5公斤)。②

(三)救济难民

抗战时期，由于日寇对根据地的疯狂进攻和破坏，山东根据地经常出现大量的难民，另外，敌占区、游击区和其他根据地的民众为避难也经常流入山东根据地。对这些难民的救济也是山东根据地救济工作的重要组成部分。

---

① 《山东革命历史档案资料选编》第八辑，第430~432页。

② 临沂地区史志办公室编：《临沂百年大事记》，第456页。

1941 年 10 月,山东根据地的泰山、清河两地区先后遭敌烧杀劫掠,情况惨重。根据各方情报,泰山区被敌焚烧村庄一百余个,仅莱芜七区被焚村即达七十个以上。敌人所到之处,把人民的财物粮食抢劫一空,牛羊牲畜损失数千。敌人还在根据地掳拉壮丁,仅莱芜七区即达七百人以上。

为救济被敌残害之难民,1941 年 10 月 16 日,山东省战工会发布了《关于救济与抚恤泰山、清河两地区被敌烧杀掳掠的人民的决定》,号召胶东、沂蒙、滨海及鲁南全体抗日人民,发起广泛的募捐救济运动。其具体要求包括:一、号召募捐十五万元,以作救济清河和泰山两个地区被难抗日人民的基金。二、呼吁全省金融界及商业巨子,对清河、泰山两地区被难人民举行低利或无利贷款,使其赖以谋取生活。三、政府对于被灾最重人民的田赋,及无力缴纳救国公粮者,决定予以全部豁免。有因此次灾难失业者,政府并设法介绍职业。四、要求泰山区各级政府,即日配合军队和群众团体,就力量所及,先行举行急赈。五、山东战工会先拨赈款二千元,交泰山区办理急赈。六、对特别穷苦人民遭受伤亡及因抗击日寇伤亡之军政民各机关部队团体人员,由当地政府查明从优抚恤。①

1943 年春,由于日寇的烧杀抢掠,配给制度的吸吮压榨,再加以天灾,致使许多敌占区、游击区甚至其他根据地的同胞,不得不背井离乡,沦为难民。其中进入山东根据地者就是数万之巨,泰山、鲁南两区还发现有饿毙者。为救济本地区及过境难民,1943 年 4 月 9 日,山东省参议会、省战工会、中共山东分局、八路军山东军区发出了《关于迅速救济难民的号召》,提出了"不让难民在根据地内饿死一个"的口号。号召指出,救济的办法首先是急救。急

① 《山东革命历史档案资料选编》第七辑,山东人民出版社 1983 年版,第 413 ~ 414 页。

救的办法：首先要求家家打发难民，绝不使一个难民空手过门；其次要求政府想办法，先由公家拨出一部分粮食来；再次要求党政军民机关从上到下各级均厉行节约；最后是掀起群众性的救济运动，把难民向各村安插。并告诉村庄，饿死一个人，全村负责，村长或各群众团体首先负责。

号召还在各村提出几个具体办法，作为比较长远的打算：一、场院种春白菜，一亩地可长二百到四百斤。二、有计划地管理榆树、槐树、柳树等树叶子，由各村按需要统一分配，不许随便折，发动有树的人乐捐。三、收容难民之村，给难民打一辆或两辆纺棉花车，还可凑点钱做买卖。四、村里做变工，即雇难民做零活。

由于日寇的烧杀掳掠还在继续，今后还出现难民。因此，救济难民不是一项临时性的工作，而是一项经常性的工作。为此，除急救外，还必须筹设根本办法，这就是：1. 救助难民参加生产。2. 教育难民，提高其对敌斗争与胜利的信心，莫寻短见，莫走岔道，莫下关东，咬牙求活，渡过春荒。只要我们活着，我们就能胜利。3. 组织难民互助互爱，加强我们和他们的联系，介绍我们根据地的情形。①

为响应上述号召，各地纷纷采取具体措施救济难民。如莒南县政府指示全县各地，妥善安置由敌占区逃来的难民，并要求：1. 根据地群众对难民要团结友爱，帮助他们解决生活困难，村干部要把难民当本村民众一样看待。2. 设立难民救济所，负责对难民登记和安置；3. 帮助难民从事生产，男人开荒种地，女人纺线织布。4. 集中和分散相结合，进行抗日救国教育，使他们安居乐业，积极参加抗日工作。至 5 月 10 日，已发救济粮 2 万斤。②

---

① 《山东革命历史档案资料选编》第九辑，山东人民出版社 1983 年版，第 434 ~ 437 页。

② 临沂地区史志办公室编：《临沂百年大事记》，第 486 页。

(四)救济成绩

1943年8月20日,山东战工会主任黎玉在山东省临时参议会一届二次会议上作《山东抗日民主政权工作三年来的总结与今后施政之中心方案》的报告,对救济灾难贫民的工作及其成绩有一个简要的介绍,据此可以大致了解三年来山东抗日根据地救济工作的基本情况。

黎玉指出,几年来救济工作是经常进行的,每年春季有春荒救济,"扫荡"后民众被烧抢者,也马上救济。有的群众在敌人三光政策下受到严重损失,情绪低落,但经政府救济后马上又提高起来。在救济工作中,党政军民各团体均积极响应。

他还列举了部分救济事例:

1942年"扫荡"中沂蒙区耕牛被抢走,大部分以人力代牛力。

1943年鲁南、泰山、淄河敌占区人民大饥荒,难民流入根据地,战工会特号召政权干部每日节粮一两救难,并发动各界救济运动。如日照魏伯华先生借出粮食3000斤,救济51户贫民;莒南士绅徐正亭,捐花生饼100片救济难胞,推动本村捐粮200斤,款800元;筵宾区在政府有计划的布置下,每5户居民安插1户难民,共安插了89户,并介绍他们参加生产;蛟山区富户自愿借出花生米3600斤,帮助贫农组织打油合作社;莒中县救济委员会筹得粮食4850斤,款2851元,以三分之二作急赈,三分之一购买生产工具,发动难民生产;海陵、赣榆参议员均热心救济:海陵一次即捐款2800元,赣榆参议员推行一碗粮运动;柘汪绅商船户三日内献金27150元;鲁中沂南募捐粮食2500斤,款730元,救济难民128户;沂中高庄区富户借粮2080斤,款1600元;泰山区许多灾民流入沂蒙,得救者约2万户。

另外,在胶东,牟平县半月内即安插好外来难民200余户;海阳县参议员刘先生两个月募款6万元;黄县某村两天内募粮2700斤。在清河区,某村半月内安置好十四户难民,富户自动分租土地给难民种;某村难民打算卖老婆,村民不忍其夫妻分离,募捐粮食 273 斤、款 50 元。尤其垦区的广大土地,吸引了泰山、冀鲁边地的难民。小清河南、淄河区等地难民区开荒的非常多。

除救济难民外,某一地区发生灾荒或"扫荡"受损失时,战工会即号召其他地区进行救济。如 1941 年春救济泰山区,1942 年救济沂蒙、清河,1943 年救济泰山区淄河流域难胞等。①

1941 ~ 1942 **年救济灾难工作(据不完全统计)**②

地区	户口	人数	粮数(斤)	款数(元)
胶东	6342	42241	2654648	55906.25
清河	7636		184541	212709.5
鲁中	8159	24964	146850	71639
滨海	3104	6809	89043	35623
总计	25241	74014	3075082	375877.75

注:胶东是 1942 年上半年材料(缺南海区、北海区及西海区之南北掖县材料)。清河是 1941 年、1942 年材料。鲁中是 1941 年下半年、1942 年上半年材料。滨海是 1941 年、1942 年两年材料。

二、1947 年至 1948 年间的灾荒救济

1947 年山东成为国民党军队重点进攻的主要战场,山东解放区遭受了极为惨重的破坏。山东全境,除黄河以北之渤海地区及胶东之荣成、文登二县外,没有一县没有到过敌人,人力物力之损失,较之日寇侵占时期,尤且过之。华东解放区大举反攻以后,人民痛苦

---

① 《山东革命历史档案资料选编》第十辑,山东人民出版社 1983 年版,第 253 ~ 254 页。

② 《山东革命历史档案资料选编》第十辑,第 255 页。

虽已减轻，但灾象已成。入冬不久，鲁南、鲁中、胶东、苏北各地灾民计达三四百万，其中1948年春一月断炊者与仅能维持至三月者便有数十万人。再加上各地水患，灾情更加严重。春荒如不能战胜，秋荒与冬荒亦难克服，势必演成长年灾荒。①

（一）救灾的方针与措施

灾情发生后，中共华东局和山东省政府立即开展救灾工作。1947年11月，中共华东局在大鲁南土改会议上就向华东全党提出了生产节约备荒救灾的问题，并责成财政部门作出种种具体部署，解决了生产备荒中的许多具体问题。此外，还通过整编运动，缩小机关编制，降低供给标准等办法，减轻人民的负担，对节约备荒起了很大作用。

1948年1月1日，山东省政府发布了《关于生产节约渡春荒的十项要求》，提出必须在党政军民全体动员之下，积极开展"生产节约，渡过春荒"，并向全省提出十项具体要求。1. 要冬天"吃糠咽菜"省粮食，不要来春种地干活无粮吃。2. 要家家早种春菜顶粮食，不要到时缺粮无菜后悔迟。3. 要场园春地分期多种菜，不要青黄不接短期又成灾。4. 要爱护榆、柳、杨树和洋槐，不要来春没得"树头菜"。5. 要多种春麦、方瓜、春棒子，不要二麦短收不接秋。6. 要机关部队业余帮助群众解决困难，不要群众慰劳一粥一饭。7. 要家家省吃俭用发展生产，不要今天吃喝不顾明天。8. 要雇贫农分得斗争果实，干部不得贪污把持。9. 要明白斗争成果是我们雇贫民自己的血汗，应该用在生产发家上，不要看成外财，用的不得当。10. 组织养牛，使牛得公平，不要牛主吃亏、出卖，有地无牛耕。②

1948年3月8日，中共华东中央局发布了《关于春耕生产和救

① 《山东革命历史档案资料选编》第二十辑，山东人民出版社1986年版，第295～296页。

② 《山东革命历史档案资料选编》第二十辑，第3～4页。

灾工作的指示》，提出了“不饿死一个人，不荒掉一亩地”的口号，对救灾工作提出了具体的指示和要求。华东局指出，生产救灾是目前群众最迫切的要求，而要真正做到“不饿死一个人，不荒掉一亩地”，又是万分紧迫、万分艰巨的工作。并再次提醒各级党委和全党同志，必须根据群众的这个迫切要求，明确规定春耕生产和救灾工作是当前的紧急和中心任务，除作战外，一切其他工作都要服从这个中心。①

中共华东局提出的救灾方针是以生产为主，结合救灾；以群众自救、社会互济为主，辅以公家协助；强调用恢复和发展生产来克服灾荒，纠正单纯救济与只向公家要救济的错误观点。把政府发放的粮食与资金，叫作生产粮与生产资金。方针一经决定，便派大批干部深入农村，进行调查，了解灾情，针对不同地区、不同灾情，采取不同救济办法。例如：游击区用劳武结合办法；灾情最重地区用救灾为主、结合生产办法；灾情次重地区使用生产为主、结合救灾办法；山区着重以工代赈，运输粮食；平原区着重以工代赈，挖沟修堤。等等。由政府及机关拨出的救济粮食与资金，均不采取个别散发的慈善救济方式，一律作为灾民的生产资金。②

为了确实做到“不饿死一个人，不荒掉一亩地”，华东局提出干部按级负责的办法，即在某一行政专员区发生饿死人和荒掉地的现象，地委和专员要负责任；某一县境发生饿死人和荒掉地的现象，县委和县长应负责任；在区里发生饿死人和荒掉地的现象，区委和区长应负责任；如果机关部队驻在地发生饿死人和荒掉地的现象，则该机关部队要负责任。在春耕救灾中再发现贪污或非法摊派，破坏政策法令者，则必须给予严厉处分。③

---

① 《山东革命历史档案资料选编》第二十辑，第106～107页。

② 《山东革命历史档案资料选编》第二十辑，第297页。

③ 《山东革命历史档案资料选编》第二十辑，第112页。

华东局指出,要做好生产救灾工作,一方面必须动员全党力量来做这工作,必须党政军民一齐动手,尤其是党委会必须来领导这工作;但另一方面,还必须把生产救灾变成一个群众运动,让群众大家动手来干。为此,必须做好以下几件工作:

1. 消除群众的思想顾虑,解决土地悬案。由于在之前的土改中出现许多偏差,引起了群众对于生产的许多顾虑。农民对于他今年所种的地,明年是否仍归他种,以至今年是否仍归他收割没有把握,因此不积极耕地,不积极去上粪。农民还怕生产发家劳动致富以后挨斗,因此便不肯省吃俭用勤耕苦作。这些顾虑对开展生产运动都是很大的障碍。华东局要求对群众宣传,今后即使再进行土改复查,也不是用"打乱"的办法,而是用"抽肥补瘦,抽多补少"的办法,现在农民所耕的地不会全部更动,而只是动极小部分。因此不能因为一小部分地要动,而把全部地都不种或是不肯好好种。另外,对于中农非但不会侵犯他的利益,而且将给予保护,就是对劳动发家的新富农也应该给予保护,因此尽可安心生产。为解决土地悬案,凡是不处理就要荒掉的土地,必须迅速加以处理;凡是在春耕中无法加以处理的较大范围的土地调整,如硬要处理便会耽误春耕,那就必须停止。总之,在春耕期间处理土地问题,必须服从于"不荒掉一亩地"的总任务。

2. 动员组织一切力量,生产救灾。必须把现有的人力畜力很好地动员组织起来,参加劳动生产,不允许乡村中有一个游手好闲不事生产劳动的人。要把组织互助和发动半劳动力(妇女儿童)参加生产来补救人力和畜力之不足。组织劳动互助的基本原则是自愿结合,公平合理,劳动互助组织切不能采用大呼隆方式,人工换牛工要照顾牛主的利益。应使地主参加劳动生产,自食其力。

3. 节约救灾,减轻人民负担。1947 年 12 月 28 日,山东省政府发布了《关于为减轻人民负担节约备荒的八项禁令》,内容包括:禁止大吃大喝、请客送礼，禁止摊派，禁止扩军，禁止募捐慰劳，禁止私占浮财及果实，禁止宰杀耕牛、破坏农具，禁止自由派夫、浪费民力，禁止贪污浪费等。① 华东局在《关于春耕生产和救灾工作的指示》中再次强调，关于减轻人民负担的八项禁令的执行情形必须经常检查，违反这禁令的要给予严厉处分。

4. 机关部队要积极进行生产节约救灾工作。华东局要求机关部队在不妨碍战斗和工作的原则下，也要进行生产节约救灾工作。我们的机关部队中集中的劳动力很强，牲口也多，在春耕期间应帮助人民生产，以解决人民缺乏劳动力和畜力的问题；同时自己也可以种些瓜菜，改善伙食，节省粮食菜金来救济灾民。

（二）救灾行动与成绩

在中共华东局和山东省政府的领导下，山东的救灾工作迅速在全省展开，在短时期内就取得了显著的成绩，赢得了广大人民群众的拥护。

1948 年 2 月下旬，中共鲁中区党委在沂源县南安乐村召开生产救灾大会，号召男女青年参加生产救荒团，广泛开展生产互助，搞好春耕生产，渡过春荒。鲁中由于国民党军队和还乡团的劫掠摧残，14 万人被杀、被抓或被骗走，损失牲畜 1.39 万头，猪羊 7 万余头，加之水灾，缺粮人数达 63 万，加上外地逃来的 8 万难民，达 70 多万。沂蒙地委于3 月 1 日召开扩大会议，研究部署生产救灾工作，决定土改工作除几个基点以外，面上暂不铺开，把领导的精力集中到生产救灾方面来。3 月初，华东局派郭子化到沂蒙区检查生产救灾工作，加强了对灾区县的领导。华东局指出，山东的救灾重点在鲁中，鲁中的重点是沂源县。为此，华东局派农工部长贺致平兼任沂源县委

① 《山东革命历史档案资料选编》第十九辑，山东人民出版社 1985 年版，第 528 页。

书记，还从各地调来大批县级干部担任区委书记和区长，沂源县原区级干部逐级下放，有的还到村任村长。为解决困难，华东局拨给沂源县大豆50万斤，玉米、谷子15万斤，救灾款3万元。沂源县张庄区灾情严重，机关干部便从自己的菜金中每天节约50元，发给群众买盐。鲁中区党委于3月20日发出指示，表扬沂源县张庄区机关干部的爱民行动，号召各地党政军机关自觉自愿地节约菜金、粮食，救济群众。至4月份，沂源县脱产干部共节约粮食781公斤支援了大泉、南麻、北麻等村。县委、县政府以节约的菜金买了300公斤食盐、73公斤南瓜种送给灾区。县政府还成立了运盐队、运粮队、做鞋组，以增加群众收入，同时还组织铁匠赶修农具，加强田间管理，壮大抗灾力量。

滨海区于3月7日成立了救灾委员会，滨海地委副书记孙汉卿任主任，滨海专员谢辉任副主任。地委、专署抽调20余名机关干部组成生产救灾工作队，分赴竹庭、东海、临沭等重灾县，帮助群众开展生产救灾。至4月，滨海全区消灭荒地181411亩。通过生产自救，群众获利744315万元（北海币）。同时，政府向灾区调拨大豆160万公斤，用于救济灾民和还去年滨海区超纳的公粮。

鲁南区党委制定了七条救灾措施和生产措施。七条救灾措施是：1. 向全党全军全民说明，生产救灾是全党的中心任务。2. 对未分配的地富浮财、粮食，要抓紧合理分配。3. 号召群众多种早熟瓜菜和庄稼，商业部门要迅速调剂菜种。4. 安排好流亡家属和逃荒灾民的生活出路。5. 组织巡回医疗队下乡，做好病灾抢救工作。6. 严格执行省府颁发的“八大禁令”，减轻人民负担。7. 机关部队及一切脱产人员都要厉行节约。七条生产措施是：1. 稳定群众情绪。2. 组织变工互助。3. 合理发放贷款。4. 帮助群众春耕。5. 减轻人民负担。6. 协助难胞安家。7. 实行劳武结合。①

---

① 临沂地区史志办公室编：《临沂百年大事记》，第663～664页。

1948年5月8日，华东局书记饶漱石在给毛泽东和刘少奇的综合报告中，对山东的救灾工作作了一个总结。报告指出：鲁中、鲁南、胶东及华中各地，普遍灾荒，山东及华中灾民约有三百万之多。因此，今春一般暂停土改，而以生产救灾为中心工作，在"不饿死一个人，不荒掉一亩地"的口号下，党政军民普遍动员起来，降低生活标准，将大批人力畜力无代价助人民生产、运粮，对灾区停收一切税收、田赋，实行以工代赈及以生产克服灾荒的办法，发动妇女普遍进行纺织、做鞋及其他副业，组织青壮年出外运粮、修路、挖河、筑堤，及在春耕时总动员进行生产。仅大鲁南工商管理局，在一、二、三三个月内扶助群众生产救荒中，用作供给原料、推销成品、转运物资、调剂粮食等项资金即达370亿元，人民所获纯利即达100亿元以上，折合高粱1800万斤。粮食总局用以工代赈办法，从渤海、胶东余粮区调剂3450万斤粮食到灾区。①

1948年6月，鲁南区党委书记傅秋涛在华东局高干会议上报告了半年来鲁南生产救灾中的成绩与收获。傅在报告中指出：在华东局号召下，鲁南党政军作了很多好事：1. 发放救济粮138万斤（灾民每人四两粮一天），清理斗争果实及地主富农粮146万斤，共有284万斤粮，以后滨海调剂来20万斤粮即卖了备荒，特别是在收麦前半个月，最后发的15万斤粮，起了极大作用。这些粮食救济灾民渡过灾荒。2. 针对鲁南劳动力大量减少的情况，全鲁南党军全力进行帮耕，无一机关不投入帮耕，各军区政治部主任均亲自部署。3. 当时群众没有种子、农具，鲁南即贷款12亿9300万元，大部分贷给群众买种子、农具，其次收买鞋子14万双，此外又贷出50万斤豆子。4. 抢救了病灾。当时鲁南流行回归热、天花等病，到处死人，仅三地委

① 《山东革命历史档案资料选编》第二十辑，第175页。

就有12000病人,在华东局治疗及抢救下即治好8700人,并给群众种痘54354个。①

在华东局的紧急号召下,各地都展开了节约、献金、献物救灾运动。如学兵训练处献粮577斤,马料50斤,马草120斤,柴草4970斤,北海币103660元,华中币4850元,银元20枚,金戒指一只。军直属队献出粮食11943斤,北海币1813050元。鲁中泰山区解决了一万难民的生活问题。滨海教导大队驻防日照县某村时,见该村已有28户要饭,7户没有饭吃,干部战士遂自发地起来救济,献粮800斤,北海币90万元。竹庭独立营在边沿区某村活动时,见该村一个老头四天未吃饭饿死了,一个儿子已饿得哭不出声来,战士们看了大受震动,自动提出"每人每天少吃一个饼子来救济灾民",当晚即捐献出津贴费10万多元,北海币132700元,粮食130斤,就地救灾。②

经过半年的全力生产救灾,山东解放区不仅渡过了1948年的严重春荒,而且还转变了各级党委的工作作风,培养和锻炼了干部,密切了党和人民群众的联系,赢得了民心,为最后夺取革命的胜利作出了重要的贡献。傅秋涛在报告中指出,在生产救灾运动中,各级党委及军政负责干部均以高度负责的态度来对待,区党委决定县委及地委委员去担任分区书记,比过去在机关里开会指示深入很多。区党委、行署的大部分委员亦深入下层,切实检查各地生产救灾,贪污腐化的坏作风一般已停止。党群关系大大改善,军政干部作风均有改变。群众把我们作的好事与国民党作的坏事对比,群众觉悟大大提高。如在鲁南傅家庄,起初"还乡团"想抓卫生员,而卫生员不分阶层,给"还乡团"的家属治好了病,感动得一个干"还乡团"的人

① 《山东革命根据地财政史料选编》第三辑(内部资料),第276~277页。

② 《山东革命历史档案资料选编》第二十辑,210页。

说:“现在还要反对八路军真没有天良了。”白彦镇是通临沂公路上的大镇,敌人反复在此住过几次,荒地很多,全镇过去有200多户,干“还乡团”的67户,地痞与流氓20多户,小商贩100多户,救灾难度很大。在白彦县商向前县长领导下,开展了生产,渡过了灾荒。连“还乡团”的家属都动员他家里人说:“你还不赶快回来,县长都在咱家帮助耕地。”“还乡团”因此回家的全镇就有140多人。①

由于党政军民干部全力抢救灾民,帮助其发展生产,群众与干部的关系大大改善。如五莲县群众说:“如果没有共产党这样努力生产救灾,象这样灾情在十年前国民党统治时,我们一个区就饿死了七千多人。”②在生产救灾中,军民关系、区村干部与群众的关系因之大大改进,干部思想的改造与农村整党工作,亦取得初步成绩。济南、青岛的敌人说:“共军百万易抵挡,就怕整党和救灾。”③可见生产救灾运动影响之大。

三、山东抗日根据地和解放区的救灾经验

山东根据地和解放区的救灾工作是在残酷的战争环境中进行的,由于要一手救灾,一手拿枪,再加上敌人封锁,外援断绝,救灾难度之大前所未有。在极其艰苦的条件下,党和政府始终把人民群众的利益放在首位,为救灾全力以赴,带领根据地和解放区军民战胜了一次又一次天灾和人祸,取得了抗灾斗争的一个又一个胜利。中共在山东根据地和解放区领导的救灾工作与以往各政权的救灾模式有很大的不同,形成了自己的特点,留下了宝贵的经验。

1. 始终把救灾作为党和政府的中心工作来抓,动员一切力量全力抗灾。由于山东根据地能否大部分区域位于自然灾害频发、农业

---

① 《山东革命根据地财政史料选编》第三辑(内部资料),第277~280页。

② 《山东革命历史档案资料选编》第二十辑,第175页。

③ 《山东革命历史档案资料选编》第二十辑,第295页。

生产条件不利的鲁中南山区，再加上敌人的扫荡、掠夺和封锁，经常出现粮食短缺的现象，特别是春天，更容易出现春荒。每当出现灾荒，党和政府都将救灾作为首要和中心工作来抓，把能否战胜灾荒与根据地能否巩固和发展及革命事业的成败紧密联系起来，动员一切力量投入到救灾中来。如 1941 年春荒发生后，山东省战工会在《关于克服春荒解决军食民食问题的决定》中就指出："克服春荒，解决军食民食问题，对于我们坚持抗战、反对内战，巩固与发展根据地，有头等重要的意义，因此，我们必须以党政军民共同一致的努力，来完成这一战斗的任务。"①为战胜 1948 年的春荒，中共华东局立即宣布停止土改，根据广大群众的最迫切要求，提出"不饿死一个人，不荒掉一亩地"的口号，集中全力进行生产救灾，以此为山东全党全民的唯一中心工作，其他工作如调整土地、整理组织、初步整党，均须围绕与通过此一中心工作进行。② 由于当时山东根据地和解放区实行党的一元化领导，各级党委具有绝对的领导权，把救灾作为中心工作，就能动员一切力量投入救灾，为抗灾斗争的最后胜利提供了坚强的领导和组织，这是山东根据地和解放区救灾工作取得胜利的最大法宝，也是当时其他任何政权和组织无法做到的。

2. 必须动员和发动群众起来救灾。救灾是一项关系全局的紧迫工作，要想取得救灾的胜利，就必须最大限度地动员和发动根据地的广大人民群众，形成群众运动。如为克服 1941 年春荒，山东省战工会就指出，解决民食是一大事，必须成为群众运动。必须向群众指出粮食困难的原因及其解决办法。由党政军民各方面进行广泛的群众动员，造成克服春荒的广大群众运动。在 1948 年的春荒救济中，中共华东局指出，要做好救灾工作，一方面必须动员全党力量

---

① 《山东革命历史档案资料选编》第八辑，第 46 页。

② 《山东革命历史档案资料选编》第二十辑，第 296 页。

来做这项工作，必须党政军民一齐动手；但另一方面，还必须把生产救灾变成一个群众运动，让群众大家动手来干。从山东根据地和解放区的救灾实践来看，当灾荒来临时，人民群众既是灾民，也是救灾的主力，只要把广大人民群众发动起来，就没有战胜不了的灾荒。

3. 坚持生产救灾的方针。由于根据地和解放区长期处于敌人的封锁和包围之中，再加上灾区广大，灾民众多，救灾不可能依靠外援和单纯救济，因此，生产救灾就成为山东根据地和解放区救灾工作的一贯和基本的方针。如为战胜 1948 年春荒，中共华东局强调用恢复和发展生产来克服灾荒，纠正单纯救济与只向公家要救济的错误观点。由政府及机关拨出的救济粮食与资金，均不采取个别散发的慈善救济方式，一律作为灾民的生产资金。如冬季农闲时，普遍发动人民从事副业生产与运输事业。春耕来临时，便发动群众进行生产。凡生产所需者，发给粮食、资金；若无生产计划又不按生产所需而要求救济者，除老弱疾病外，一律不发放资金与粮食。① 在鲁南区白彦镇，为发动群众生产救灾，县长召开二流子会时讲明："上级号召不饿死一个人，二流子不在列，你如要生产，政府同样帮助你，如不生产，饿死不管"，这番话对刺激二流子生产影响很大。在救灾中，以生产为主，结合救灾，具体计算在生产中缺多少粮，进行救济，以照顾愿意生产的中贫雇农为主，二流子如能生产也救济。不是以救济为主，救济是为扶助他生产。②

4. 机关部队积极参与生产节约救灾。为建立政权和战争的需要，根据地和解放区有大批党政机关与军队，这些党政军人员的粮食和生活供给是当地人民群众的一大负担。因此，每遇灾荒，党委和政府都号召党政军人员一方面要厉行节约，减轻人民群众负担，

---

① 《山东革命历史档案资料选编》第二十辑，第 297 页。

② 《山东革命根据地财政史料选编》第三辑，第 279 页。

另一方面还要尽一切力量帮助群众生产救灾。如为克服1941年春荒,山东省战工会做出决定,应严格限制吃粮人数,为节省粮食,决定每人每天吃粮数量武装部队粗粮二斤四两,细粮(米面)一斤半;党政民人员粗粮二斤,细粮一斤四两。提倡节省粮食,号召地方武装党政民等机关,实行种菜、开荒、喂猪、养鸡等生产工作。[①] 为救济1948年春荒,中共华东局发出指示,减轻人民负担,检查八项禁令的执行情况,违反禁令的要给予严厉处分。机关部队在不妨碍战斗和工作的原则下,也要进行生产节约救灾工作。党政机关及军队积极参与生产节约救灾,既减轻了人民的负担,又增加了救灾的力量,更转变了工作作风,培养和锻炼了干部,密切了党和人民群众的联系,赢得了人民群众的衷心拥护。

总之,中共山东省委和政府在艰苦的战争环境下,探索和总结出来的一套救灾经验,不仅是山东根据地和解放区战胜灾荒的法宝,也成为新中国成立后人民政府救灾工作的重要借鉴。从更广泛的意义来说,这些救灾经验也是山东乃至中国近代救济史上最宝贵的精神财富,其价值在以后的救灾实践中不断得到阐释。

---

① 《山东革命历史档案资料选编》第八辑,第46~47页。

/下 篇/

慈善救济机构

第九章　仓储的兴建与管理

积谷备荒是中国传统的救灾措施，在救灾中发挥着重要作用。山东是清代仓储建设比较完备的省份之一，民国时期又进行了重建。本章主要论述清代至民国时期山东各类仓储的兴建、管理及存废情况。

一、常平仓的兴建与管理

清朝自建都北京以后，就在全国范围内开始了常平仓的兴建。顺治十二年(1655)题准："各州县自理赎锾，春夏积银，秋冬积谷，悉入常平仓备赈。置簿登报布政使，汇报督抚，岁终造报户部。其乡绅富民乐输者，地方官多方鼓励，毋勒以定数。每亩捐谷或四合或三合，余或动帑采买，或截留漕米拨运，是为常平仓谷本。"①从这道题准中可以看出，清初常平仓谷本主要来自按亩捐谷、乡绅富民捐输、帑银采买和截留漕米拨运等，体现了常平仓谷本出于官，亦出于民，而储之在官的特点。要积谷就必须有仓廒，于是朝廷又令各地兴建仓廒。雍正七年(1729)上谕："各州县设立常平仓积贮米谷……凡各省未有仓廒之州县，著督抚详细查明商酌，即行建造。其造仓之费或动用正项钱粮，或支给存公银两，著该督抚酌量本地情形，悉心定议具奏。"②

① 李文海、夏明方主编:《中国荒政全书》第二辑，第四卷，第430页。
② 《皇朝政典类纂》卷一百四十九，仓库九，积储，常平仓。

兴建常平仓既然是中央政府的统一行动，对各地储粮数额就有明确的规定。康熙四十三年(1704)规定：各州县存储米谷，大州县存万石，中州县存八千石，小州县存六千石，这是面向全国的统一规定。但在同一年又议准，山东仓额，大州县存谷二万石，中州县一万六千石，小州县一万二千石。[①] 正好是全国标准的一倍。雍正七年，朝廷又议准：山东各府并附郭首县，储谷两万石，大州一万八千石，中州及大县一万六千石，中县一万四千石，小县一万二千石，大卫一万石，中卫五千石，小卫二千五百石，大所三千石。以此为定额，其地要民稠，或积洼易潦者，酌加二三千石。如有缺额，动帑买补。[②]

乾隆十三年(1748)，以雍正年间旧额为准，确定山东全省常平仓储谷总额是2959386石。在全国十九个省(包括盛京)中，仅次于甘肃省(额谷328万石)，排第二。[③]到乾隆三十年(1765)，山东全省常平仓实际存谷2563305石余，比额定存谷仅少40万石，实际储谷与额定储谷相差无几。[④] 这大体反映出乾隆年间山东常平仓出入和管理基本正常，甚至可以说良好。

常平仓的首要功能是赈灾救荒。为了保证储存的数量和质量，每年都要根据市场粮价情况对仓谷进行平粜和采买，一般是“存七粜三”，即每年平粜仓谷百分之三十，如遇到粮食歉收、粮价昂贵时，也可多粜仓谷。为了保证平粜的谷款用于采买，防止挪用，乾隆四十八年(1783)议准：“山东粜存谷价，俱令寄存司库，至应行买补之时，即将原银发还，由该管道府，出具实在买谷存仓甘结，送司查核。”[⑤]根据这项

---

①③ 《大清会典事例》(光绪朝)卷一百九十，户部，积储，常平谷数。

② 《大清会典事例》(光绪朝)卷一百九十二，户部，积储，裕备仓储。

④ 清朝规定的应储数额是以存“谷”的形式计算的，而实际数额的存粮种类有谷、米、麦、杂粮等多种形式，若按照当时的粮食折算比例，两者之间会有一定的出入，不可能完全一致。但无法保证这里面没有虚报的成分。

⑤ 《大清会典事例》卷一百九十一，户部，积储，买补仓谷。

规定，山东各州县每年平粜仓谷所得粮款，应存于本省司库，待采买时，再原银发还，并且由道府出具买谷存仓凭证，送省查核。如果这项规定能认真执行，无疑有助于常平仓的正常运行。

仓谷的采买是否及时和充足，是常平仓能否正常运转的关键。按清朝有关规定，仓谷一般只能在本地采买，但若得到朝廷允许，也可以到其他地区采买，如康熙四十三年(1704)上谕："山东昨岁歉收，江南乃产米之地，又水陆易于挽运，著总河等从江南买谷，运至东省交仓。"若遇丰年，粮价便宜，朝廷更命多加采买，如雍正四年(1726)上谕："闻山东登莱青三府连年丰稔，商贩自东而西者，络绎不绝。著该抚酌量动帑采买，分贮于济南等属米少之州县。"①若遇灾年，朝廷还会拨外地粮谷运往山东储存，以备救灾。如雍正九年(1731)议准：

> 山东被水州县，赈济所用之谷，于通省现存新收粟米，拨十五万石。拣派科道官二人，动支帑银，往天津等处率地方官买粟五万石，共二十万石，发与回空粮船，带至山东，令于德州常丰临清等仓收储。再于奉天拨粟二十万石，由海运至天津，再雇民船运至德州，交与山东地方官运送。其东昌以下之近水州县，将江西湖广漕运截留三十万石，令该抚分拨存储。②

嘉道以降，随着国势的衰弱，再加上灾荒频仍，战乱不断，作为仓储主体的常平仓缺额越来越大，朝廷对此也十分着急，一再严令各地积极积谷补仓。嘉庆五年(1800)上谕称："各省仓储关系各省民食军糈，若于地方丰稔之时，不行买补足数，设遇一隅偏祲或他省有需用之处，何以接济？此皆守土大臣所应随时经画者。傥经此番训谕之后，各省督抚等于仓储仍不肯实力整顿，一经查出，必当重治其罪。"③但此后情况并未好转，各省仓谷缺额仍非常严重。如山东

---

① 《大清会典事例》卷一百九十一，户部，积储，买补仓谷。

② 《大清会典事例》卷一百九十一，户部，积储。

③ 《皇朝政典类纂》卷一百四十七，仓库七，积储。

省,嘉庆二十五年(1820)时,全省常平仓实际存谷仅有70余万石,而该省额储谷应为294万余石,缺额达80%。① 全国的情况也大体类似,据道光十五年(1835)上谕称:"各省现存谷仅止二千四百余万石,历年动缺谷一千二百五十余万石,亏缺霉变谷二百七十余万石,粜缺借谷三百十余万石,虽尚存有粜价银一百十余万两,并未随时买补。统计缺短谷一千八百余万石之多,几及额贮之半。"道光皇帝面对如此状况,大为恼火,在上谕中斥责道:"近年各省仓谷,动缺如此之多,总由各州县玩视仓储,既不慎重出纳,该管上司复不实力稽查。若不亟加整顿,已缺者永无归补,现存者任意侵移,尚复成何事体。"②

尽管朝廷三令五申地要求各地整顿仓储,但道光以后各地常平仓的缺额仍是越来越大,空仓乃至废弃的现象越来越严重。至于空缺的原因主要有拨作军粮、历任州县官的亏缺、因管理不善造成的霉变,以及赈济灾民、豁免民欠等等。现以山东济南府为例,对所属各州县常平仓兴建、重修及仓谷动用情况略作分析。

济南府各州县常平仓兴建及仓谷动用情况③(单位:石)

州县名称	建仓时间	额储仓谷	动用情况	备注
济南府	广丰仓,康熙年间建	50000		广储仓、广丰仓,乾隆三十年归并历城县收管
历城	旧仓康熙年间建,新仓雍正八年建	70000	内有历年支给营兵未买及历任报明缺谷	每年官捐常平谷110石

① 徐炘著:《吟香书室奏稿》卷二,转引自陈桦、刘宗志著《救灾与济贫——中国封建时代的社会救助活动(1750~1911)》,第102页。

② 《大清会典事例》卷一百九十二,户部,积储。

③ 道光《济南府志》卷十六,仓储,1840年刻本。

（续表）

州县名称	建仓时间	额储仓谷	动用情况	备注
章邱	旧仓康熙年间建，新仓雍正八年建	21000	内有历年拨支抚标二营并本汛兵谷及平粜未买谷石	
邹平	旧仓康熙年间建，新仓雍正八年建	16000	内有历年拨支兵谷及平粜出借未买谷石	
淄川	旧仓康熙年间建，新仓雍正八年建	16000	内有历年支给营兵谷并借给益都博山谷及平粜未买谷石	预备仓、广盈仓、广运仓，今俱废
长山	旧仓顺治年间建，新仓雍正八年建	16000	内有历年支给营兵谷及平粜并拨给邹平高苑未买谷石	预备仓，今废
新城	旧仓康熙二十八年建，新仓雍正八年建	14000	内有历年支给营兵谷及平粜谷并借拨博兴高苑未买还谷	保赤仓，预备仓，今废
齐河	旧仓康熙三十年建，新仓雍正八年建	14000	内有历年拨给抚标营兵谷及支给高唐兵谷	预备仓，今废
齐东	旧仓明季建，新仓雍正八年建	16000	内有历年官亏谷及平粜未买谷石	
济阳	旧仓顺治年间建，新仓雍正九年建	14000	内有历年支给营兵及协拨抚标兵谷并历城借拨平粜未还谷石	预备仓、保赤仓，今废
禹城	旧仓康熙元年建，新仓雍正八年建	14000	内有历年拨给历城支给营兵及出借民欠谷	预备仓，今废
临邑	旧仓康熙年间建，新仓雍正八年建	14000	内有历年协拨历城兵谷及支借德州满营兵谷	今常平仓即旧预备仓
长清	旧仓康熙年间建，新仓雍正八年建	14000	内有历年支给营兵谷及报明官亏谷石	

（续表）

州县名称	建仓时间	额储仓谷	动用情况	备注
陵县	旧仓康熙年间建，新仓雍正八年建	14000	内有历年支给德州满营兵谷及报明亏缺谷石	预备仓，今废
德州	旧仓顺治年间建，新仓雍正八年建	178000	内有历年兵借作粜谷及平粜谷，奉文碾动谷，出借民欠谷，碾运直省赈米未买还谷	另有粮道常丰仓
德州卫	雍正八年建			
德平	旧仓顺治年间建，雍正八年增建	14000	内有历年拨运驻德满营兵米碾谷及报明前任霉变未买谷	
平原	旧仓康熙年间建，新仓雍正八年建	16000	内有历年拨给抚标二营兵谷并满营兵米碾动谷及报明亏缺谷石	预备仓，明洪武、万历年间建，今废。存留仓，明永乐二年建，久废。

从上表中，大体可以看出以下事实：(1)济南府属各州县明代都建有预备仓等，进入清代后，除个别州县在预备仓的基础上改建重修外，其余多废弃。(2)各州县常平仓多建于顺治、康熙、雍正三朝，并在雍正八年统一改建。(3)除德州因储备军粮及漕粮情况特殊外，其他各州县额储仓谷基本上按照朝廷规定的标准，济南十六属(不包括德州卫)额储仓谷四十七万一千石。(4)各州县仓谷动用事项以拨支营兵口粮为主，包括支给抚标二营、德州满营及邻近各县驻军等，也有一部分是因平粜、出借民欠及管理不善造成的亏缺。从中可以看出，济南各州县的常平仓谷主要是供给营兵口粮，并非以救灾为主。(5)虽然此表看不出各州县常平仓谷的实际缺额，但

从道光《济南府志》编纂者的叙述和评论中可以明显察觉缺额甚多。编纂者认为:“今济南十六属额贮四十七万一千石,足资积贮以备不虞。乃近年以来屡经动用,统计现存不敷额贮之数,则乘时买补尤为亟务。”①编纂者在列举每州县额储仓谷数及动用事项后都加上一句“应饬县买补”,由此亦可见当时常平仓缺额严重,买补已成当务之急。

当时有人认为常平仓买补困难,其理由有二:一则时价太昂;二则例价太轻。如例价每石不过七钱,而时价每石或至加倍。求之过急,或苛派闾阎,或虚文申报。但道光《济南府志》的编纂者则认为买补不难,其理由是:

> 盖州县自应采买者一,饬州县必应采买者二。九州县交代案内,前任缺谷一石例交价银一两,是于例价七钱外已加津贴三钱,接任者其何词而不买?州县平粜之价不一,而总多于例价,既以原粜之谷价解司,即以解司之原价饬买,原粜者又何词而不买?因公拨用之谷,发价采买,向曾于例价之外酌加津贴,承买者又何词而不买?属员无可藉之词,则上司有必行之令,而事无不济。②

编纂者的分析虽有道理,但关键是各州县前任缺谷是否都按例缺一石交银一两,粜谷之价是否解司保存,因公拨用之谷价是否按时发还,以上三者缺一,就难以及时采买,若三者均缺,又何以采买?而实际的情况很可能是前任缺谷根本未交缺谷银;出粜之银被挪用,根本没有存于司库;因公拨用之谷根本没有收到谷价银。在此种情况下,买谷补仓又从何谈起?如此下去,常平仓的亏缺只能是越来越严重,直至最后仓空廒废而后已。

道光《济南府志》刻印于道光二十年,大体反映了道光年间山东

---

①② 道光《济南府志》卷十六,仓储。

各州县常平仓的运作情况。道光以后,由于天灾频仍,战事不断,常平仓储谷出多入少,维持更加困难。到光绪年间,有些州县的常平仓就已经废弃。如山东平阴县,据光绪《平阴县志》(1895 年刻本)载,常平仓额存谷一万四千石,溢额谷九十石,可到修志时已废。废弃的原因就是仓谷动用后没有及时买补,查县卷,道光二十九年清查案内,各在任亏缺谷九千三百四十四石余。咸丰五年赈济案内,动用谷四千七百三十石余,只存十五石。嗣后每年由县捐谷五石,均按石作银一两,列入文案,县仓无颗粒存储。亏缺数额如此之大,可能包括遇灾赈济后没有及时采买,平粜、盘存时的折耗,受潮霉变,以及挪用,等等,总之,大多与灾后难以补仓及管理不善有关。

常平仓储谷虽以救灾为主,但并不限于救灾,在实际运作中被挪用的情况极为普遍,特别是一旦用兵,必然会动用仓谷来作为军粮,若事后采买不及时,就直接会导致仓储废弃。据光绪《峄县志》(1904 年刻本)载,山东峄县额储常平仓谷一万四千石,已于咸丰七年止,拨放兵米无存。宣统《聊城县志》(1910 年刻本)载,聊城县额贮常平仓谷七万石,咸丰十一年奉各宪札文尽数支给东昌营兵,颗粒无存。民国《齐河县志》(1933 年铅印本)载,齐河县有常平仓二,内仓在县治大门内东,有仓廒 39 间,外仓在县治大门外西,有仓廒 30 间,额储谷一万四千石。自咸丰十年拨给抚标营谷五千四百十三石余,又前县令秦谦等任内报明亏缺谷五千六百八十九石余,缺额谷三千二百六十六石余,至同治九年仓谷无存,内外二仓所建廒舍于光绪初年失修作废。

除用兵外,其他动用仓谷的事项也很多。据民国《济宁直隶州续志》(1927 年)载,州额贮常平仓谷,据宣统元年报销卷无存,鱼台、嘉祥县同,金乡咸丰城陷后,无报销册可查。也就是说,至宣统元年,济宁直隶州及所辖鱼台、嘉祥、金乡三县,常平仓全部无存。至于仓谷如何被动用,州志有一个具体说明:咸丰以来动谷事项其说有六:1. 凶荒赈济,2. 平粜亏折,3. 垫解钱粮,4. 长官亏欠,5. 借拨军漕,6. 支发官俸。查自道光二十八年至同治二年,东河学习各京员俸米,由州仓支给一千三百八十八石余,仅此一项已消费一万二千三百十八石余,较之旧存数已去六分之一。从以上支出来看,除第一、第二两项外,其他均与救灾无关,特别是用仓谷来垫解钱粮和支发官俸,更是完全背离了积谷建仓的宗旨。常平仓谷被严重挪用的情况于此可见一斑。

再以潍县为例,据民国《潍县志稿》(1941 年)载,查东省各仓等事案,潍县常平仓储谷三万一千石。此项仓谷至光绪初年,除亏缺拨运并霉变外,实在缺额四千三百七十三石一斗,由历任知县年捐谷六石,每石折银一两,至光绪七、八年间,实存谷一万八百三十三石余。光绪十四年,因灾出借二千八百八十七石余,被水冲失五十八石余。光绪十五年,青黄不接,出借六千八百八十石余,粥厂煮赈动用谷一千六石余。因县境连年被灾,出借之谷未能收还。从以上叙述来看,潍县常平仓的支出主要是用于救灾。只是因为连年被灾,出借仓谷无法收还,未能及时补足。但如此发展下去,仓储的废弃已不可避免。至宣统时,各仓皆倾圮无遗。

山东常平仓仓谷经历年盘查亏缺并变价,光绪三十一年(1905)实存谷 12391 石余,谷价京钱 14650 千 278 文。复经盘短霉变,迨光绪三十四年(1908)实存谷 12098 石余,京钱 17672 千 779 文。① 这一数字同乾隆时期山东 290 多万石的额存仓谷相比,微不足道。由此可见,清末山东各地的常平仓已绝大部分仓空廒废,基本上丧失了积谷备荒的功能。

二、社仓义仓的兴建与管理

社仓和义仓也是中国传统的积谷备荒措施。一般认为义仓始

---

① 张曜、孙葆田:《山东通志》卷八十四,田赋志第五,仓储。

于隋朝,社仓始于南宋,由朱熹最先创立。与作为官仓的常平仓不同,义仓和社仓均是民办民管,能补官仓救灾之不足。至于义仓和社仓的区别,一般认为,社仓设于乡村,义仓立于市镇;社仓之谷主要用于借贷,义仓之谷主要用于赈济。但到了清代,社仓与义仓的日渐趋同,两者并无本质区别,连朝廷也一再要求各地义仓仿社仓之法,如嘉庆六年(1801)议准:"各省社、义二仓粮石,俱系民间捐储,以备借放。今社仓既已奉旨归民经理,所有义仓,即照社仓之案,一律办理。"①故本文将两者一并论述。

清朝建立后,朝廷在督促各地建立常平仓的同时,对社仓和义仓的设立也很重视。如康熙四十二年(1703)上谕称,直隶各州县,虽设有常平仓收贮米谷,遇饥荒之年,不敷赈济,亦未可定,应于各村庄设立社仓收贮米谷。雍正七年(1729)上谕又强调社仓民办:"各社自为经管登记,地方有司但有稽查之责,不得侵其出纳之权","倘地方官有于社仓谷石,创议交官不交百姓,或指称原系官项,预为公事侵挪之地者,俱以扰挠国政、贻误民生论,从重治罪。"②乾隆四十三年(1778),山东巡抚国泰请求,社仓春借时,地方呈报州县批交社长支发;秋还时,由州县开单交地方按户催完,每岁末责令州县亲赴四乡盘查。朝廷对此极为不满,在上谕中斥责:"此是在官又添一常平仓矣。社长侵渔原不能免,然因此而官为经营,则书役地保之藉端勒索更甚。惟仍旧令督抚饬州县实心稽核,期得实济,无事更张。"③由此可见,朝廷还是要坚持社仓民办民管的原则。

乾隆三十年(1765)前后,全国19个省(包括奉天)社仓存粮共8232956石,其中山东社仓实存186048石,在全国各省中处于较低水平,倒排第四。④ 乾隆三十七年(1772)朝廷又要求各地加强对社

---

①② 《大清会典事例》卷一百九十三,户部,积储。

③ 《皇朝政典类纂》卷一百五十一,仓库十一,积储。

④ 《皇朝政典类纂》卷一百五十,仓库十,积储。

仓存谷的稽查:“山东省社仓谷石,责令新旧州县盘查交代,取具印结送部查覆,仍于年底将收支各数造册题报。其有实欠在民,力不能完,及逃亡无著者,确查属实,即于年底题报案内,取结豁免,庶内外俱有考察,而积储益昭谨严。各省一律办理。”①

清代前期,在清政府的推动下,还出现了以救济盐商灶民为主的盐义仓。山东亦是产盐区,也采取了“照票输谷”的办法,向盐商储集粮食,建立盐义仓。乾隆七年(1742)议准,山东省行销盐票地方,共137507票,分上中下三等照票输谷。章邱、济阳、莱芜等10县为上等,每票输谷2石,共输谷89858石。陵县、济东、阳信等14县为中等,每票输谷1石5斗,共输谷70626石。莒州、新城、博兴等15县为下等,每票输谷1石,共输谷45494石。通计输谷205978石。朝廷规定,此项捐输粮谷,分限二年交仓,倘遇本年歉收,仍准展限,于下年买足。每年照社仓例,于春夏之交,查明实在乏食穷民借给,照例加一收息。应建仓廒,令该商出资,在城内及巨乡大镇构造。每处立社长、社副各一名,再根据存谷数量设斗级若干名。社长、社副每年各拨给息谷二十四石,斗级每年各十二石,以资养赡。出借收领,责成地方官稽查。②很明显,此处盐义仓的救济对象已不限于灶民,实际上成为由盐商出资捐建的救济贫民的社仓。

至于山东各州县盐义仓的运作情况,下面以乐陵县为例加以说明。据乾隆《乐陵县志》(1762年刻本)载,该县盐义仓,乾隆七年盐商周震按额票四千五百张,每票输谷一石五斗,共输谷六千七百五十石。乾隆十六、二十等年,奉诏蠲免谷二千七百三十石六斗四升,实存谷四千一十五石七斗六升。二十四年核减前任任汤廷修建仓廒银,奉文买补谷十八石八升余,现贮谷四千三十三石余,随岁申请出借生息。另外,乾隆八年设立盐义仓社长四名,每名每岁各支工

---

①② 《大清会典事例》卷一百九十三,户部,积储。

食谷二十四石，斗级四名，每名每岁各支给工食谷十二石。所支工食谷俱系盐义仓出息谷支给。从这段记载来看，乐陵县盐义仓是严格按照朝廷标准输谷建仓并管理的，运作方式是出借生息。这大体可以说明，在乾隆二十七年（1762）前，山东各地盐义仓的运作是基本正常的。

前面提到道光年间常平仓大量缺额，与此类似，道光年间社义二仓也渐趋衰败。道光元年（1821）上谕称，社义二仓“仓正偷卖分肥，州县借端挪借，胥役从中侵蚀，遂至日就亏缺，仅剩空廒，继则旷废日久，并仓座亦复无存。是以近年直省偶值偏灾，议缓议蠲，从未闻有议及以社义二仓之粟周赡穷黎者。”为此，道光皇帝通谕各省：“察看所属州县地方社义二仓，现在存者若干，废者若干，以次董率修复。”①

道光年间山东义仓的兴建情况可以费县和长清县为代表。道光五年（1825），费县县令舒化民在本县劝办义仓，先捐廉买谷二百五十石为之倡，共得捐谷三千六百三十石，分贮城乡，统计八仓。慎选殷实首事，司理出纳。春借秋还，不许胥吏经手，绅民咸以为便。道光七年（1827），舒化民任长清县令，又在长清劝办义仓。他在《倡捐义仓谷告示》中写道：

> 查本境四十四保，本县即拟先捐谷四百四十石为之倡，分与各保，均匀存贮。每保择于适中处所建仓。其或该保内村庄无多，捐谷有限，或与挨连两保、三保并建一仓，亦可听从民便。每仓选择公正殷实董事数人，司其出纳，听民出借，秋后还仓，不必官为经理。有抗欠者，赴县呈追。如此经理得宜，穷黎可免失所矣。②

---

① 《皇朝政典类纂》卷一百五十三，仓库十三，积储。

② 李文海、夏明方主编：《中国荒政全书》第二辑，第四卷，第609～610页。

次年，舒化民制定了详细的《酌议义仓条例》，其内容包括：1. 首事须慎选公正，以专责成；2. 首事须自爱身名，以杜干谒；3. 出纳须保县查核，以防侵蚀；4. 收放须限定时日，以免守候；5. 出借须通盘筹算，以示均平；6. 还仓须庄牌汇总，以便收纳；7. 生息须择人借放，以防冒滥；8. 借领须认保包赔，以惧逋逃；9. 还谷须年景分数，以恤困穷；10. 生监不须借给，以杜抗延；11. 妇女不须借给，以全颜面；12. 丰年须量力续捐，以广储积；13. 荒年须尽数放赈，以救灾殃；14. 出入须秉公持正，以息纷争；15. 开销须撙节核实，以戒浮靡；16. 刁徒须禀官究惩，以禁阻挠；17. 盗贼须协力巡防，以谨盖藏。

从这份详细的义仓条例中可以看出，舒化民在长清建立的义仓，仍坚持民办民管。条例首先规定，义仓藏在民间，不准吏胥经手，务须慎选首事。每保须择殷实老成首事二三人，与保耆同司出纳。除出纳须报县查核外，其他全由民间自理。义仓以出借为主，加一生息。若遇荒年，须尽数放赈，以救灾民。这些都反映出义仓平时以出借为主、荒年则全数赈济的功能。

长清县这次劝办义仓成效显著，四乡共建义仓五十所，共贮谷三千二百六十三石三斗。道光十三年（1833），舒化民重任长清县令，他将前设义仓逐一清理，酌增条规八条，四乡又添设义仓三所，连前设义仓共五十三所（一说五十六所），计增息谷一千五百二十九石五斗，连前贮原谷共四千七百九十二石四斗，自后每年出借生息。① 舒化民在长清劝办义仓，得到济南府、山东布政司和巡抚的批示，山东巡抚的批示云："查该县设立义仓，著有成效，现复议增条规，益臻周妥，所办甚好。仰布政司即饬督率董事诸人，妥善经理，垂诸久远。仍通饬各属，如能仿照举行，亦各尽心筹办，以裕民食。"②很显

① 道光《济南府志》卷十六，仓储。

② 《中国荒政全书》第二辑，第四卷，第624页。

然,山东巡抚对长清劝设义仓的做法是充分肯定的,并希望山东其他地方能够仿照举行。

道光年间,山东除各州县劝办义仓外,山东巡抚还要求各司道及州县官捐谷设立义仓。道光十五年(1835),山东巡抚钟祥在奏折中称:山东常平仓谷历年动缺已多,现在实贮虽有一百万一千余石,而与原额相差尚多。臣与司道会议倡率捐廉,于省城高燥之地建盖仓房三十八间,分为四廒,自道光十四年为始,巡抚与司道府,按年捐输均以二百石为率,州县自一百石至二百石为止,每年可得谷一万数千石。按每石一两三钱折交司库,由司委员于附近各处照市价公平购买。现已捐存谷八百石,谷价银一万八千余两。待捐至五万石,足备灾赈借粜之需,再于兖州、曹州繁要之地,以此酌量建仓。至于建仓需费共计七千四百余两,均系官捐。其仓务出纳责成济东道总理,藩司并有提贮谷价会督采买之责。并有盐商公捐银三千两交当生息。道光皇帝在朱批中认为:此举甚好,要在妥实二字。到道光十七年(1837),经司道会详核计,捐解谷价约可采买谷五万石,请暂行停捐以示休息,经巡抚批准,待年谷顺成,再行核办。这次由山东巡抚发起的官捐义仓,当时可能很见成效,如济南府及所属各州县每年共捐谷二千八百五十石,每石一两三钱,折价银三千七百零五两。[①] 但这类官捐义仓,明显带有强迫性质,巡抚带头捐谷,下属谁敢不捐?这必然会增加州县官的负担,他们也必然会把这种负担转嫁到老百姓头上。而且,仓务出纳由济东道总理,藩司负责提贮谷价采买,实际上又与常平仓无异。这类官捐义仓只能是偶尔为之,存在时间也不会长久。

咸丰年间,山东由于黄河改道,灾荒连年,再加上太平军、捻军的进入,战事不断,各类仓储遭到极大的破坏,很多州县出现仓空廒

---

① 道光《济南府志》卷十六,仓储。

毁的现象。其他省份的仓储也有类似的情况。同治以后,朝廷不断督促各地积谷建仓。如同治六年(1867)上谕称:“自军兴以来,地方被贼扰害,旧有义仓每多废弃,亟应及早兴复,以备不虞。著各直省督抚即饬所属地方官,申明旧制,酌议章程,劝令绅民量力捐谷,于各乡村广设义仓。并择公正绅耆,妥为经理,不准吏胥干预。”①

对朝廷劝建义仓的上谕,山东积极响应。同治九年(1870),山东巡抚丁宝桢向全省发布《饬办积谷札》。丁宝桢在此札中,首先对山东官民不重视积谷深为不满,他指出,东省民情多事牟利,不讲盖藏,每遇丰收之年,所有麦米豆粮率多及时贱卖,殊不知积谷防饥。现在连年迭遭荒旱,前车可鉴,岂可不预为筹及。但无知之辈不为久远之图,动辄认为年岁凶歉可以请缓请赈。现在正值经费短绌,不论请赈不能发巨款,即便筹拨一二,而一家之所得无几,地方官不胜其转运奔走之苦。更何况一经办赈,徒饱胥吏之橐而百姓之沾实惠十无一二,究于民生何济?其次,他担心积谷之法,非得廉正勤明之地方官决不能办理,即便地方官志在为民,又恐绅士之中不能秉公洁己,其结果百姓未受积谷之利,先受积谷之害,欲养民而转以扰民累民。

由于有如此多的担忧和难处,因此,丁宝桢在札文中并没有强迫各州县一律积谷建仓,只是劝其自行筹计。“如能实尽心力,以民命为重,认真举办,即各将所属地方应如何办理尽善,能否办有实效,不扰一民,先行筹定办法章程,飞禀核明饬遵。倘不能实力举办,及虽举办而精力不能照应,徒使地方胥吏地保以及刁生劣监从中假借渔利肥身者,即毋庸议。不得勉强塞责,贻累民生。”②

关于这次积谷建仓的具体情况,山东地方志中有少量的记载。

① 《大清会典事例》卷一百八十九,户部,积储。

② 《皇朝政典类纂》卷一百四十七,仓库七,积储。

据光绪《费县志》(1896 年刻本)载:同治末年,前巡抚丁宝桢札饬各州县积谷备荒,前令朱世俊、史致仁接续劝办,四十二庄共存谷六千五百四十二石余,各储各庄,凶散丰敛,并刻有存储处所及谷数册存案。从记载来看,这次积谷仍采取社仓的方法,各储各庄,绅民自管。但总的来看,这次积谷建仓的情况,在光绪及民国年间所编纂的山东地方志中记载不多。这其中的原因可能有二:一是仓储大多屡建屡废,同治年间所建仓廒,到光绪及民国时早已废弃,故没有记载。二是由于丁宝桢在札文中只是要求各地量力而行,并未要求一律积谷建仓,可能很多州县根本就未建仓。

由于积谷建仓是利民惠民的善举,朝廷及省、府都是一直鼓励劝办,并对办理成效显著者给以奖励,因此,山东各地平时劝办社仓的情况也很常见。如光绪四年(1878),栖霞县知县黄丽中劝办丰备仓谷,积谷一千一百六十四石。其积谷章程共有六条:

一,奉本府贾札发丰备仓章程,所捐谷石令仿社仓,每乡每庄各自立仓存储。因各地公所未建,暂存县仓,以备岁歉分别散放。

二,本县书院向有值年绅董,轮流办公。此项谷石虽存县仓,究系民间自为储蓄,应由官民互相觉察,以防亏挪情弊。每于年终造具四柱清册三本,一本呈本府备查,一本发值年绅董收执,一本留县署存案。遇有收放平粜事件,地方官眼同值年绅董经理。交卸时有无亏缺,责成接任之员出具仓收据实报查。如实亏在官,由现任禀请本府勒令在栖买补足数,方准他适,不得接入交代以领垫各款抵除,庶与常平仓谷不致混淆。

三,嗣后年丰则陆续劝捐,岁歉则分别散放。官绅会同经理,不得假手书吏,致启侵吞情弊。

四,民间捐输谷石,分别多寡,由县酌给匾额以昭激励。

五,每于青黄不接之时,市集谷价必昂,应即会同值年绅董，将此谷石分别减价平粜以便民食而免霉变。

六，平粜谷价作为按月五厘，发当生息，秋收后取出本利按照市价尽数买谷还仓。①

从这份积谷章程中，我们可以看出以下事实：第一，栖霞县这次积谷建仓是奉登州府札文办理，这就是说，登州府所属其他州县也应该像栖霞县一样积谷建仓。第二，这次积谷是仿社仓之法，本应每乡每庄各自立仓存储，因无经费建仓，暂存县仓。第三，仓谷平时由值年董事管理，但若遇收放平粜时，地方官会同值年绅董经理。这种官民共管的方式与社仓不同，官方显然干预太多。第四，积谷主要是为了平粜，春放秋还，不单纯是为了赈济。此次积谷显然以民间捐输为主，并按多寡给予奖励，与有些社仓积谷按亩摊派不同，这点倒是符合当年朱熹创建社仓的本意。

光绪七年(1881)，任道镕任山东巡抚。他考察发现山东地瘠民贫，并无耕九余三之积蓄，各属常平等仓也因年久动用无存，若遇凶荒，毫无补救，因此，他认为积谷实为目前要务。他当即命藩司崇保妥议章程，颁发各属，视属分之大小，定捐数之等差，全省一体遵办，但求公平，不许抑勒。并先令清查户口，寓保甲于积谷之中。

自劝办以来，各地纷纷响应，截止到光绪八年正月，据济南等十二府州属陆续禀报，共捐齐谷六十一万四千六百余石，每州县三千余石至一万四千余石不等，按照派数多有盈余。尚有捐未足额十余州县约至麦后均可一律报齐。因各州县鲜有仓廒，于是仿照朱熹常社立仓之法，各归各庄，暂存富家公所，选择本乡公正绅士妥为经管，仍命各地另筹建仓，量为归并，以垂久远。②

任道镕这次在山东的积谷活动，主要是按亩摊派，带有强迫性

---

① 光绪《栖霞县志》卷四，赋税志，仓储，1879 年刻本。

② 《劝办东省积谷情形疏》，光绪《利津县志》卷十，杂志，利津文征，1883 年刻本。

质,因此,引起山东籍监察御史李肇锡的反对。李在奏折中列出了此时不宜强迫积谷的三个理由:第一,他以同治八九年间山东巡抚丁宝桢在山东各属积谷成效不佳为例,批评这类积谷徒多劳费,于民无利。当年丁宝桢的办法是,劝谕之始官莅之,囤积之后绅富司之,以民有者还之民。然以山东诸城为例,城关内外所积之谷,不下数千石,十余年来未值凶荒,赈贷亦未经出陈易新,而所入之粟,半归乌有,是以有用之民财聚而耗诸无用之地,大为可惜。若此次所办仍如前次之毫无实际,则不惟徒多劳费,而以闾阎之盖藏,供官吏之粉饰,也决非立法之初心。第二,必须得其人,因其地,明其赏罚而后可积谷。谷不藏之官而藏之民,不像州县仓储那样有关考成。惟无关考成,故往往视为具文,听其盈虚。第三,山东去年被水地方,元气未复,朝廷方下蠲除之诏,官府旋为积聚之谋,强迫捐输,必然会使匮者益匮,难救于目前。故此等灾区似宜从缓。①

由于李肇锡反对积谷的理由相当充足,朝廷不能不过问。光绪八年二月上谕:著任道镕悉心体察情形,妥定章程,严杜弊混。四月,任道镕在复奏中向朝廷详细解释积谷办法。他表示,凡被水较重之区概行缓办,只劝成熟村庄。此外各属办法,先尽绅富,次及农商,有地在十亩以上者始行量力输将,零星小户不得派捐颗粒。一乡一村之中,凡户口人丁积谷数目均令造册二本,本官用印,一存州县,一交社长,互相稽查。至于管理办法,任道镕汇报说,所捐之谷石或储富家粮店,或借公所民房,派公正衿耆专司其事,酌定年限,轮替接任,无耗者量予奖励,缺额者照数赔偿。如青黄不接之时,由官督同减价平粜,按照册开户口,每人以三斗为率,秋后买补归还。倘值岁荒,分别赈贷,使收掌在民,官难侵蚀,稽查在民,民有责成。另外,还通饬各地于四乡适中村镇酌量建仓归并。如二三年内未经

① 《皇朝政典类纂》卷一百四十七,仓库七,积储。

平粜，即出陈易新一次。地方官新旧交接，由后任逐一盘验，于正案交代外，另出积谷无亏印结，申报院司。每值年终由院司派员抽查一次，预防霉变短少之弊。[①]

从任道镕拟定的劝办积谷章程来看，这次山东全省所建仓储，既不是像常平仓那样的官仓，也不是单纯的社仓或义仓，大体可以说是官督民办，由官府通过按亩派捐的方式积谷，官民共管。平时由公正绅耆司其事，出借时由官监督，存谷是否亏欠列入官员考成，每年年终官方派员抽查。单从积谷章程来看，不可谓不周全，但纸上的规定有多少能严格遵守，那就是另外一回事了。

为了进一步了解各州县劝办积谷的具体情况，下面再以利津县为例加以说明。利津县为劝办积谷，制定了极为详细的积谷章程，得到巡抚批准施行。章程摘录如下：

一，本县四十境，拟在城中设立首事一人，专管附城捐谷，所收谷石即在仓廒收贮。其余东北、西北、南乡、东乡四乡，各设首事一人，其所收谷石，或用庙宇，或殷富暂为存储。

二，每庄责成庄长，将该庄内捐谷逐一查明，听候示期，汇送本境首事盘收。首事即按照各捐户姓名填给收票。待一境收齐后，即将捐户姓名逐庄榜示，以免侵匿。

三，首事收齐谷石，出具切结，系如数收齐并无短少等弊，送县存案。责成收储之富户或庙宇住持亦俱出具收储切结。遇有盘量，每斗准除折耗五合，以免赔累，其平时并责该地方牌甲一体留心看管。

四，各庄有地十亩以上之户，均以现收粮石为断，每地一亩捐谷一升，由庄长协同定数，毋许隐漏抑勒。

五，沿河两岸终岁修防，情形最苦，有地三十亩以上者一律

① 《覆陈办理积谷情形疏》，光绪《利津县志》卷十，杂志，利津文征。

捐办,其余不再派捐,以示体恤。

六,县境民田沙碱地以种植棉花为生者,居其大半。应按亩核捐,每亩捐谷二升,以昭平允。

七,县境灶户居多,煮海资生,视力农之家较为饶裕,自应一体捐办。

八,外来商户既在本境贸利,即应恤本境之难,自应一体捐办以备凶荒。

九,殷富各户,如能逾格捐办,定当照章详情奖励。

十,本境种植棉花各户,捐数不免零星,买谷转形周折,应准将应捐谷石核定市价汇交首事,就近买谷存储,以图简捷。

十一,本县下乡劝办从役,不过数人,书吏一人,以便登记簿籍,均由本县发给饭食,不准丝毫扰累。如有胥役需索,无论何人,就近禀知,立即惩办。

十二,首事办理出力,照章应准详请奖励。由县捐给每年每人薪水二十千,俾资津贴。其首事仍轮年更派,以防滋弊。

十三,如有殷富愿捐房屋改为仓廒者,定当详请奖励以示优异。①

从这份积谷章程来看,利津县积谷来源全是摊派,不光种粮之户十亩以上者必须按亩捐谷,不种粮食的棉农和煮盐的灶户也必须一律捐办,连在本地经商的商户也一体捐办,派捐可谓不遗余力。用这种方式来积谷,虽然在短时期内成效明显,但无异加重了老百姓的负担,若再管理不善,那真是应了李肇锡的担忧“不惟徒多劳费,而以闾阎之盖藏,供官吏之粉饰”。由于这次积谷是全省统一行动,其他州县的情况也应该大体类似。

晚清及民国所编纂的山东地方志中对此次积谷有大量的记载,

① 《利津县劝办积谷章程》,光绪《利津县志》卷十,杂志,利津文征。

我们可以据此了解光绪以后山东各地建仓及运作情况。如：

昌邑县：光绪六七年间，县令盛庆恩奉文建仓积谷于县治东南，建瓦房十间，草房三间，大门一间，储谷四百八十五石四斗二升，其距城十五里外四乡积谷存各社。①

莒州：光绪八年，知州周秉礼劝办积谷，收粟八千四百石有余，城里创立官仓，存谷一千二百石，四乡各起社仓，分存谷七千二百石。二十六年岁饥，知州葛鹏查旧存仓谷，尚余仓斗四百六十余石，用以煮粥赈饥，并设局平粜，全数提用。②

商河县：光绪七年，知县吴士恺奉山东巡抚任札，饬办积谷，全县共捐谷一万二千二十石，分存四乡。绅董因积谷存乡，保护不易，请求捐款建仓，归并存储，以昭慎重，共捐到京钱三千六百零六千文，择定县治大门内以东米廒后，建仓四座，于光绪八年竣工，凡捐谷最多及劝捐出力官绅，均分别请奖以资鼓励。自八年至二十年，被水漂没及放给灾民修筑河堤，共借积谷四千八百八十五石，余存七千一百三十五石。迨至二十一年，知县胡建枢禀准将积谷变价，共得京钱二万二千八百三十一千文，发商生息。历年息款，除各任呈准动用外，至宣统三年经县议参会议决，提息作本，共凑足京钱三万五千吊整，发商生息，作为教育基金。③

济宁直隶州：光绪七年，山东巡抚任道镕饬各州县劝募积谷，本州由知州王恩培劝募，城乡绅民捐谷六千八百十三石余。九年报蚀伤鼠咬耗谷七十二石余，实存数六千七百四十石余。报明两次粜谷一千三十石，变价京钱二千四百二十串四百文，发交玉堂酱园，承领月息八厘，是年本利增至四千五十九千五百十四文。后禀准以京钱四千串为积谷定本，无论何事不得动用，岁得息钱三百三

---

① 光绪《昌邑县续志》卷三，仓储，1907 年刻本。

② 民国《重修莒志》卷二十八，仓储，1936 年。

③ 民国《商河县志》卷二，建置，1936 年。

十千拨充栖流所经费，尚余谷五千七百十石余，分交各地方首事存贮。光绪十四、十五两年岁歉，乡民借谷三百十八石余，应存谷五千三百九十二石余。每值长官易任，各首事皆来署具存谷结，然各乡不无亏短。①

社仓虽是官督民办，其最终命运却也与常平仓相似。据山东巡抚孙宝琦宣统二年（1910）奏报，截止到光绪三十四年（1908），山东全省社仓实存谷 21418 石 2 斗 4 升余，谷价京钱实存 7153 千 300 文。② 区区此数，实难以在救灾中发挥多大作用。

综合以上分析，可以总结出清代山东仓储的几个特点：第一，各类仓储大多是屡建屡废，屡废屡建。特别是咸丰年间的赈灾和用兵，对山东各地的仓储破坏极大，到同治、光绪年间才又重建。第二，常平仓作为官仓，仓谷被挪用和亏缺的情况极为普遍，在赈灾中很难发挥平粜和赈济功能。因此，同治以后，山东各地所建仓储以社仓为主，官督民办的社仓成为晚清山东仓储的主体，在赈灾中也确实发挥了一定的作用。第三，官仓由于官办官管，弊端丛生，自不待言。社仓虽是官督民办，但弊端难除，维持不易，到民国后也大多废弃无存。社仓存废的要害也是所用非人，管理不善。如夏津县："清光绪初年，上宪檄各州县积谷分储各乡镇，为救荒之用。岁久风催雨浸，雀啄鼠食，消耗过半。清洁自好者无人过问，辄为强有力者变价吞肥，桀黠之徒不得分润，致滋生讼端。救民而适以厉民，善政而转成弊政。"③再如泰安县："光绪十五年，粮价腾涌，施放社仓谷。是岁，因仓谷亏耗，滋闹致讼者比比，由管理人平时挪借，一旦施放，无力购买故也。"④救灾自古无善法，各类仓储的弊端也始终无法克

---

① 民国《济宁直隶州续志》卷五，建置志，仓储，1927 年。

② 张曜、孙葆田：《山东通志》卷八十四，田赋志第五，仓储。

③ 民国《夏津县志续编》卷二，建置志，仓局，1934 年。

④ 民国《重修泰安县志》卷五，政教志，救恤，1926 年。

服,但仓储在救灾中仍发挥着重要的作用,这也正是仓储屡废屡建的原因所在。

三、民国时期仓储的重建

民国以后,山东各地仓谷大多变价存当生息,谷款经常被挪作他用,仓储的维持更为困难。特别是各地驻军强提谷款,直接导致谷空款无,仓廒也随之废弃。

以莒县为例。1913 年,县议事会议决,出陈易新,县知事周仁寿粜还仓谷 569 石余。1921 年五月粜出,共收京钱 5325 千 128 文。1922 年五月,分存莒城商号,按月一分四厘行息,历年息钱 10837 千 472 文(自 1922 年 5 月 15 日,扣至 1934 年 4 月 30 日),仍存各号,县署有卷。1926 年,知事田立勋随同地丁带征积谷附捐,每两收洋 3 元 5 角,共收洋 78227 元 8 角余,存地方财政管理处。1928 年,刘桂堂驻莒勒提,及 1929 年间招待杨虎城军队,提用无存。①

1930 年 1 月 15 日,南京国民政府内务部公布《各地方仓储管理规则》,催办各省积谷。1933 年 4 月,山东省民政厅、实业厅联合发布劝导人民自由储蓄布告,7 月,实业厅、财政厅、民政厅联合发布《山东各县市建仓积谷办法》,由此开始了民国时期山东最大规模的积谷建仓活动。

国民政府内政部公布的《各地方仓储管理规则》,共 25 条,要求各地方为备荒恤贫,分别设立县仓、市仓、区仓、乡仓、镇仓、义仓六种。县市区乡镇各仓筹备积谷应以地方公款办理,如无地方公款时,可用派收和捐募办法。县市区乡镇仓谷,应由县长、市长、区长、乡长、镇长各自负责管理,并由地方各推举公正士绅三人至五人协助之。县仓市仓应于县政府、市政府所在地设立之,仓谷的使用办

---

① 民国《重修莒志》卷二十八,仓储,1936 年。

法是平粜和散放。区乡镇各仓应于区公所、乡公所、镇公所所在地设立之,仓谷的使用办法是贷与、平粜和散放,其中贷与总额以所存仓谷三分之一为限,每年青黄不接时,准各贫户告贷,俟新谷登场按一分加息,将本利一并归仓。各地方义仓除依监督慈善团体法及监督慈善团体法施行规则办理外,其设于区乡镇者并应分报当地区公所、乡公所、镇公所查考。从以上内容来看,内政部公布的《各地方仓储管理规则》,是要在各地建立完全由官方管理的仓储,连义仓也要报官查考。

山东省制定的《山东各县市建仓积谷办法》更为详细,其办法规定,各县仓谷数目,一等县定为三千石,二等县定为二千石,三等县定为一千石,市仓积谷数目照一等县县仓例。鉴于本省各属地方多无公款可恃,募捐所得恐亦有限,自应注重派收。派收办法,自官亩十亩以上至五十亩为下级,五十一亩至一百亩为中级,百亩以上者为上级,十亩以下者不得派收。征收之先,应将征收办法布告民众,一体周知。至征收时,应由各区乡镇长约同各该村公正绅耆照数征收。征收后,将征收数揭榜公布,并造册呈报县或市政府转呈财、实、民三厅备案。商界应按营业税派收谷款。其中四十七县可用1932年度下半年拨还的1930年军事还款,购办仓谷,倘有不足规定仓谷额数,应准照本办法派收或募捐方法办理。县市各仓1933年秋后一律办齐,限11月15日以前各县市均须呈报成立,届时由实、民两厅派员会查。如再有藉词搪塞,奉行不力者,查明后呈报省政府惩处。从这份积谷办法来看,完全是采取强迫命令式的办法来建仓积谷。此外,山东省还制定了《山东省各县市仓储管理细则》和《山东省各县市仓储保管委员会规则》。①

为落实省政府建仓积谷办法,各县市还制定更为具体的积谷办

① 民国《潍县志稿》卷二十一,赋税,仓储,1941年。

法。1934 年商河县的《征收积谷办法》的内容是：

一、凡各乡镇村庄，地亩不满十亩之户，免征积谷。

二、凡各乡镇村庄，地亩在十亩以上，不满五十亩之户为下等，每地一亩征谷一斤。

三、凡各乡镇村庄，地亩在五十亩以上，不满一顷之户为中等，每地一亩征谷一斤二两。

四、凡各乡镇村庄，地亩在一顷以上之户为上等，每地一亩征谷一斤四两。

此次征收积谷，全县上等户共有地 40 顷 27 亩，中等户共有地 166 顷 52 亩，下等户共有地 3297 顷 4 分 1 厘。统计本年收谷 2618 石 8 斗，折合 339404 市斤。县仓建设本年九月开工，十二月落成。在县政府后建北仓九楹，东西仓各六楹，共二十一楹，大门一座，守仓屋二间，均甚完固，共用大洋三千元。①

其他各县建仓情况，在民国县志中也有大量的记载。如长清县：1933 年 8 月，县政府遵发山东各县市建仓积谷办法，本县列为一等，应积仓谷三千石。对于仓谷摊敛办法，县政府颁布表式，令将百亩以上、五十亩以上、十亩以上各户，照实填写送县核定后，再行照数敛收。②

潍县：遵照省政府积谷办法，县知事历文礼召集县府会议，由 1932 年度下半年军事还款五千元购谷，就常平仓旧址建筑新仓十间，公推陈铭宇等五人为保管委员会，会同县政府管理。后又拨用地方公款三百元，共用五千三百元购谷二千石。③

高密县：民国初年，以旧存仓储诸多红朽，一致变价，共存谷款 956.04 元。于 1934 年续入第四期军费还款 3651 元，第三科洋

---

① 民国《商河县志》卷二，建置，仓储，1936 年。

② 民国《长清县志》卷六，食货志下，仓储，1935 年。

③ 民国《潍县志稿》卷二十一，赋税，仓储，1941 年。

726.22元。县长余有林建置新仓廒二处，共八间，费洋1930元余，积仓谷市斗三千石。除一千石费洋3208元，由上列公款动支外，其余悉由各区分摊，于1935年3月一律积齐。因新建仓廒房舍不敷用，又分存城里民宅。①

平度县：1934年又奉令积谷，每银一元征三角余，粜谷入仓，纳地丁银不足一元者免征。七区各推乡镇长一人，而仓廒既设党部，遂储于城隍庙内。谷价合银元八角一新升，共积谷二千石。②

再以济南市为例，在1935年度行政计划中，就列有"续积仓谷"一项。计划中提到，本市市仓现储谷6400石，比较一等县应积仓数虽属超过，惟本市人口众多，按之调查统计已有43万余人，确系僧多粥少，一遇荒歉，恐杯水车薪，无补实际，拟再继续积谷5000石，以备荒歉。③

1937年2月10日，济南市政府向省政府呈报积谷数量，截止到1月31日，本市共购谷701706斤，每石按200市斤折合，共3508石又106斤，用款33264.72元，赴仓收谷员工津贴及办公杂支等费共用国币167.35元，以上两项，总计用款33432.07元。除津杂办公费由存款利息项下开支外，其购谷用款即由本市谷款项下陆续拨支分别付清。④

---

① 民国《高密县志》卷五，民社志，救恤，1935年。

② 民国《平度县续志》卷五，政治志，1936年。

③ 《济南市政府二十四年度行政计划》，《济南市政府市政月刊》第九卷第七期(1935年7月15日)。

④ 《呈报积谷数量请鉴核备案由》，《济南市政府市政月刊》第十一卷第三期(1937年3月15日)。

第十章　传统慈善救济机构的延续

本章所论述的传统慈善救济机构是指明清以来由官方或民间设立的以收养和救助鳏寡孤独残疾无依者为目的的组织或团体。所谓传统大体有两方面的界定:一从时间上看,这些慈善救济机构产生于明代或清代,其间有废有建,有些还延续到民国;二从功能上来看,这些慈善救济机构仍以单纯的收养或救济为主,其救济方法仍体现出传统的特点。山东传统慈善救济机构主要有官办的养济院,官督民办的普济堂、育婴堂,还有漏泽园、义冢、粥厂,以及由江南移植的同善堂、广仁堂等。

一、养济院

养济院是中国传统的慈善救济机构之一,早在南宋时期就已出现。元代则把养济院作为一项制度推广到全国各地。明代延续了元代的做法,在洪武初年就令天下置养济院,收养孤贫残疾无依之人。清朝沿袭明制,在明代养济院的基础上,进行了修缮、改置和扩建。养济院成为清代官方救济孤贫残疾无依者的最主要机构。

(一)清代养济院的基本特征

清朝入关伊始,就开始恢复和整顿原有的养济院。顺治五年(1648)十一月,清廷发布上谕,命各地发挥养济院的作用:“各处养济院收养鳏寡孤独及残疾无告之人,有司留心举行,月粮依时发给,无致失所。应用钱粮,察明旧例,在京于户部,在外于存留项下动支。"①

乾隆年间,朝廷多次发布上谕,要求各地利用养济院来收养孤贫。如乾隆二年(1737)议准:

各州县设立养济院,原以收养孤贫,但因限于地额,不能一同沾惠。嗣后如有外来流丐,察其声音,讯其住址,即移送各本籍收养。令各保甲将实在孤贫无依者,开明里甲年貌,取具邻右保结,呈报州县官。除验补足额外,其有浮于额数者,亦收养院内,动支公项,散给口粮。仍将散过额外孤贫口粮名数,按年造册报销。如冒滥克扣,奉行不力,照例参处。②

乾隆六年(1741),朝廷又命整顿各地养济院,对奉行不力者照例给予惩处:

各处额设孤贫,令该管道府,每年遇查勘公事之时,即带原送册籍赴养济院点验。如房屋完整,孤贫在院,并无冒滥,出具印结,呈报上司。如房屋坍塌,孤贫不尽在院,或年貌不符冒给者,该管官照违例支给例,降一级调用。道府不行查验,遽行加结转详,照违例支给之转详官例,罚奉一年。若纵胥役及令为首孤贫代领,以致侵蚀,该管官照纵役犯赃例,革职。道府不行查出,照预先不行查出例,降一级调用。如道府徇庇容隐,及扶同出结,照徇庇例,降三级调用。③

清代养济院是全国范围内普遍设立的官办慈善机构,有一套规范的管理制度。据《养济院则例》记载,其主要规则有:

一、直省州县境内,凡有鳏寡孤独残疾无告之人,照收养定额收入养济院,给与养赡银米。人多于额,以额外收养。其银米遇闰加增,小建扣除。按季由该管正印官亲身散给,印官因

---

① 陈桦、刘宗志著:《救灾与济贫——中国封建时代的社会救助活动(1750~1911)》,第183~184页。

②③ 《大清会典事例》(光绪朝)卷二百六十九,户部,蠲恤,恤孤贫。

公无暇,遴委佐贰官代散,加结申报各上司查核。

二、州县收养孤贫,察明的实,取具乡约邻右保状,收养入院。人给烙印年貌腰牌,照编甲之法,每十名编一甲长,挨次轮充,互相察觉,遇生事孤贫,甲长禀官究治。疏纵通同作弊,革粮另补。孤贫或患疾病,官为拨医调治。若病故给棺掩埋。所遗名额,照额顶补。其院内房间,分别男妇,毋使混杂。

三、州县造报孤贫,按实数分别额内额外,挨甲开列花名年貌疤痣,注明鳏寡孤独及何项残疾,并注明原住村庄里图,食粮年月。遇有斥革病故顶补新收,随时申报上司,仍与年底开具旧管新收开除实在四柱册,声明支过银米各数,分详各上司查考。该管道府于每岁盘查及踏勘公事之便,随带该属县原报印册,赴院点验,出具印结转报。①

从乾隆年间的上谕和养济院则例可以看出,清代养济院有以下几个特点:第一,原籍收养原则。各地养济院只收养本地孤贫,其外来流民原则上不予收养。第二,养济院的收养对象是本地鳏寡孤独残疾无依无靠之人(孤贫),并且有定额,缺额方可顶补,并不收养一般的贫民或穷人。第三,全国各州县普遍设置,但设立的时间有早有晚,收养定额也不统一。第四,完全的官办,其经费从公项下支出,地方官有监督稽查之责。第五,入院收养的孤贫必须住在养济院内,验明身份,照保甲之法编排,相互监督,若违反院规会被开除。
学者夫马进通过查阅中国第一历史档案馆《内阁题本户部·赈
中有关养济院的资料,在《中国善会善堂史研究》一书中,将清
的基本性质总结为四点:首先,采取的是原籍地收养主义;
州县设置主义;第三,官营主义;第四,定额主义。② 这

类纂》卷一百八十二,国用二十九,蠲恤。
国善会善堂史研究》,商务印书馆 2005 年版,第 431 ~

同上述依据上谕和养济院则例的分析完全一致。当然,以上原则也不是固定不变的,清廷就曾发布过养济院收养外地流民的上谕。如乾隆九年(1744)覆准:“各省流寓孤贫,如系附近都邑,仍照例移送原籍收养。其有隔省遥远及本省相去至千里外者,亦一例加恩收养,动支公项银,年终造册报销。”①另外,由于后来各地养济院年久倾圮,还有不少州县的孤贫只领孤贫口粮不住院内。

(二)山东各地养济院的恢复与重建

山东作为清朝的一个行省,其所属各州县养济院的恢复、新建和经营情况与全国其他各省基本上是一样的。因此,考察山东各州县的养济院,就能大体了解清朝养济院制度在全国各地的具体实施和经营情况。所谓管中窥豹,可见一斑。

山东各地的养济院多为明代所建。据光绪《增修登州府志》载,登州府所属十州县养济院,除黄县为乾隆六年知县捐建、海阳为乾隆二年建,荣城不详外,其余蓬莱、福山、栖霞、招远、莱阳、宁海、文登七州县的养济院均为明洪武年间所建。

再以莱州府为例,看所属各州县养济院的建立及重修时间。

山东莱州府各州县养济院建立时间及收养人数表②

州县名称	建立或改建时间	收养对象
掖县	旧院年久倾圮,雍正十二年知府严有禧 捐,督率知县增置	
平度州	旧院将倾,雍正	
昌邑	旧有,雍正十二年	
潍县	旧有,雍正十二年	

① 《大清会典事例》卷二百六

② 乾隆《莱州府志》卷三,恤养

（续表）

州县名称	建立或改建时间	收养
胶州	旧院已圮，雍正十二年知府檄令知州改建	内住额设孤贫 2[illegible]
高密	旧有，雍正十二年知府檄令知县添建	内住额设孤贫 64 名
即墨	明建，雍正十二年知府檄令知县移建	内住额设孤贫 45 名

从上表可以看出：第一，莱州府所属七州县，原都有养济院。除即墨县外，其他州县未注明是何时所建，但从即墨一县大体可以推测是明代所建。第二，原有的养济院有些已经“倾圮”或“将倾”。掖县是莱州府治，旧养济院尚且“年久倾圮”，其他州县恐也难以维持。第三，以上七州县的新养济院，都是雍正十二年知府严有禧檄令各州县统一增置或改建的。而同一年，河东总督王士俊命河南、山东两省仿北京普济堂、育婴堂之制在各州县设置普济堂和育婴堂。莱州知府严有禧很可能就是在命所属州县建置普、育两堂的同时，又令各州县将原有的养济院一并增置或改建。第四，各州县额设孤贫均住在养济院内，没有额外孤贫和不住院只领口粮的孤贫。

山东其他各州县养济院建立时间也多在明初，并且在明代和清代又经过多次重建或改建。如平原县养济院，“旧在县治西，明洪武十七年建，成化九年迁南东隅，嘉靖末迁淳熙寺东，久废。今在县治西南小十字街以西路北，共计房屋三十二间。”①夏津县养济院，“旧在县治东南，洪武七年主簿艾文敬建，日久倾圮，成化十一年知县姚贤徙置县治西北隅，覆屋以茅，正德八年知县张翰易茅以瓦。国初修复，历年久远又废。雍正九年知县方学成重修。现养孤贫三十九名口，连闰岁支月粮冬衣布花银一百四十四两四钱，遇闰月加增。”②

① 乾隆《平原县志》卷二，建置，仓局。

② 乾隆《夏津县志》卷二，建置，仓局。

[illegible]原、夏津两县的养济院都建于明初，在明代就经这两段[illegible]，入清后又经修复，乾隆初年尚能正常维持。

乾隆三年(1738)朝廷覆准，山东全省额设孤贫 5356 名，按口岁给米折银 3 两 6 钱，有米州县，每名岁支米 3 石 6 斗，小建扣除，遇闰加增。又收养额外孤贫，照额设例，给予口粮银两，于耗羡银内动用。山东的额设孤贫人数仅次于直隶(直隶 7362 人)，额设孤贫的支给标准与全国其他省份一样，都是每名每年口粮银 3 两 6 钱，或直接给米 3 石 6 斗。另外还支给花布银。①

养济院所需口粮银，基本上由本州县地丁银项下坐支或赴省布政司请领。一般来说，正额孤贫口粮银从地丁项下坐支，浮额孤贫口粮银按季赴司请领。正额与浮额支给标准一样，都是每人每日银一分，每人一年大约 3 两 6 钱。如广饶县："旧正额孤贫三十五名，每名每日给口粮银一分，年共支银一百二十六两，由地丁项下坐支。浮额孤贫十六名，每名每日给银一分，年共支银五两六钱，按季赴司请领。"②再如掖县："新养济院在县治西南隅，雍正十二年知县张效载增置瓦房二十四间，草房十间。知县张思勉俱重修整固。额设孤贫男妇一百三十名口，每名月给银三钱，在存留项下支给。浮额孤贫男妇八名口，每名月给银三钱，赴司请领。"③

(三)山东各地养济院的收养情况

至于各州县养济院的收养情况，现以济南府为例进行分析。据道光《济南府志》记载，养济院本名孤老院，明洪武五年诏改今名，相沿不废。清朝定制，每年给发口粮由地丁坐支，而浮额之数赴司请领，俱系报部核销之款。由此可见，清代济南府属各州县养济院额内孤贫和浮额孤贫的口粮银俱由官方支付，分别从地丁坐支和赴司

---

① 《大清会典事例》卷二百六十九，户部，蠲恤，恤孤贫。

② 民国《续修广饶县志》卷十二，政教志，救恤。

③ 嘉庆《续掖县志》卷二，恤养。

请领。各州县养济院收养孤贫人数及发放口粮银见下表。

济南府各州县养济院孤贫人数及支发粮银表

州县名称	额内孤贫人数	每年支发额内孤贫银粮	浮额孤贫人数	每年支发浮额孤贫口粮银
历城	242	米810石6斗8升，布花银45两	79	279两6钱6分
章邱	135	口粮并布花银共479两9钱	27	95两5钱8分
邹平	61	米180石5斗5升余	20	55两5钱5分
淄川	50	粮并布花银151两2钱，添增银28两8钱	5	16两1钱5分
长山	55	银198两2钱4分	19	34两9钱
新城	36	粮并布花银127两4钱4分	10	35两4钱
齐河	90	口粮银318两6钱	34	120两3钱6分
齐东	80	米283石2斗，布花银22两折米22石	19	67两2钱6分
济阳	76	口粮并布花米269石4升	18	63两7钱2分
禹城	67	银237两1钱8分	29	56两6钱4分
临邑	49	米151石4斗6升，布花银22两	65	235两2钱7分
长清	65	口粮银230两1钱	22	77两8钱8分
陵县	73	米173石5斗2升余，布花银89两2钱7分余	24	63两4钱5分
德州	82	口粮米364石2斗，布花银31两	21	46两2分
德平	69	米229石4斗，布花银19两抵米19石	17	60两1钱8分
平原	98	米346石9斗2升	78	252两4钱3分
总计	1328		487	

从以上表格可以看出：第一，济南各州县养济院收养孤贫人数不一，相差很大。历城由于是济南府治，又是省城所在地，所以养济院收养的孤贫人数最多，其他各州县多者160余人（章邱额内孤贫135，浮额孤贫27），少者40余人（新城额内孤贫36人，浮额孤贫10人），后者连前者的零头都不到，可见各州县差别之大，似并无统一的定额。第二，各州县养济院对额内孤贫或支发口粮，或支发银两，并无一定，大多数州县还支发布花银（应该是全部州县，有些州县可能将布花银并入口粮银米之中了）。而对浮额孤贫则只发给口粮银，没有布花银。第三，此表反映的是道光《济南府志》修纂以前的情况，大体可以代表道光以前济南府各州县养济院的运行情况，但此后，各养济院每况愈下，到道光年间修志时，除省城养济院规制尚属整齐外，其他各州县养济院“或存或否，并有以久圮今废”。①

再以青州府为例，所属各州县不论正额孤贫，还是浮额孤贫，其支付标准都是每名每日支给口粮银一分，每人每年3两6钱左右。正额孤贫口粮银两例由各县地丁银内扣支，浮额孤贫口粮银两由县赴司请领。具体情况见下表。

青州府各州县孤贫人数及口粮银②

州县名称	正额孤贫	正额孤贫年支银	浮额孤贫	浮额孤贫年支银
益都	115	414两	8	28两8钱
博山	31	111两6钱	9	32两4钱
临淄	43	154两8钱	14	50两4钱
博兴	50	180两	18	64两8钱
高苑	25	90两	37	133两2钱

① 道光《济南府志》卷二十一，恤政。

② 咸丰《青州府志》卷三十下，恤政考。

（续表）

州县名称	正额孤贫	正额孤贫年支银	浮额孤贫	浮额孤贫年支银
乐安	35	126 两	16	57 两 6 钱
寿光	53	190 两 8 钱	5	18 两
昌乐	31	111 两 6 钱	5	18 两
临朐	36	129 两 6 钱	9	32 两 4 钱
安丘	47	169 两 2 钱	16	57 两 6 钱
诸城	36	129 两 6 钱	0	0

《山东赋役全书》是记录各州县每年收支的详细清单，从中也可以看出孤贫口粮发放的一些情况。

山东部分州县孤贫口粮银发放情况表①

州县名称	时间	孤贫人数	岁支月粮冬衣布花银	经费来源
长清	光绪十二年	65	234 两	地丁存留
郯城	道光十六年	22	79 两 2 钱	同上
沂州府	道光十六年	125	450 两	同上
金乡	光绪二十二年	24	86 两 4 钱	同上
禹城	不详	67	241 两 2 钱	同上
范县	光绪三十二年	29	104 两 4 钱	同上
阳谷	光绪二十二年	44	158 两 4 钱	同上
招远	光绪二十二年	27	97 两 2 钱	同上
历城	光绪二年	242	45 两（只限冬衣布花银）	同上

① 《山东赋役全书》，无编者和出版年月，山东师范大学图书馆藏。

（续表）

州县名称	时间	孤贫人数	岁支月粮冬衣布花银	经费来源
高苑	光绪十二年	25	90 两	同上
寿张	光绪二十二年	27	97 两 2 钱	同上
莒州	咸丰六年	30	108 两	同上
潍县	光绪二年	35	126 两	同上
齐东	光绪十二年	80	22 两（只限冬衣布花银）	同上
兰山	光绪二年	8	28 两 8 钱	同上
临邑	不详	49	22 两（只限冬衣布花银）	同上

从上表可以看出：第一，从地域上看，以上 16 县（府）虽只占山东全部州县的六分之一，但分属于不同的府，大体上能反映山东全省孤贫口粮的发放情况。第二，从时间上看，除两县时间不详，两县（府）是道光年间，一县是咸丰年间外，其余 11 县分别从光绪二年至光绪三十二年，这大体可以反映出道光以后，特别是光绪年间孤贫口粮的发放情况。第三，从经费来源来看，16 县（府）全部是地丁存留，这说明孤贫口粮全由官方从地丁项下支出，反映出养济院的官办性质。另据道光《济南府志》载，济南府属历城、齐东、临邑三县孤贫口粮发放实物，分别岁支米 810 石 6 斗 8 升、283 石 2 斗、151 石 4 斗 6 升，这些谷物应从常平仓内动支，只有冬衣布花银从地丁存留中支给。第四，在发放标准上，上述各州县都按每名孤贫每岁发银 3 两 6 钱的标准。当然这也有可能只是额设标准，与实际发放的数额可能有差距，但至少说明，在官方编制的《赋役全书》上还是要维持原来的标准。

养济院虽是官办的慈善机构，它在运行中却存在诸多弊端，难以长久地维持，从各地养济院屡建屡毁的事实中就足以证明这一点。尽管清政府制订有养济院则例，并一再强调加强管理和稽查，但无法从根本上克服官办养济院存在的诸多弊端。夫马进在《中国善会善堂史研究》一书中对养济院的弊端有详细的论述。他指出，清代养济院采用的是官营主义，养济院的最高负责人不用说是知州或知县，但实际上是由胥吏们进行管理的。被养济院收养的贫民们称作孤贫，在一般的孤贫之上，安置了被称作孤贫头、丐头或院长的人，用以管辖孤贫。孤贫头的工作是代表孤贫每月或冬季从官府那儿领取口粮并分配给孤贫，对生病者或死亡者的情况进行调查并向官府汇报。不过，这些孤贫头在各种史料中总是以私吞孤贫口粮的邪恶面貌出现。设置孤贫头，目的在于防止胥吏的贪污，但是，孤贫头也贪污。为了对付各种私吞现象，养济院不再设孤贫头，改为每十人中置一甲头或甲长，但是，甲头、甲长照样贪污。这样，养济院最终成了侵吞国家公款者的巢穴。① 夫马进的分析也许有些悲观，但管理不善的官办机构确实无法抵御人性的自私和贪婪。

乾隆元年(1736)三月，山西巡抚觉罗石麟向朝廷请求严查直省养济院冒滥之弊，他引用了河东总督王士俊奏折中的一个例子：

> 据山东历城县知县王国正详称，该县额设养济院孤贫贰百肆拾贰名，口粮麦米玖百石贰斗肆升，冬衣布花银肆拾五两。今亲往查验，现在院内居住者，实止肆拾捌名，其余或称探亲未回，或称贸易远出，或称散居四乡，并有居住别县，且有久经物故而并未呈报除名。即现在养济院居住之肆拾捌名，或系夫妇团聚，或系母子姑媳同居，且孤贫头冒食钱粮，一家混充，兼有数代相继，竟作传家世业者。②

这哪里还是养济院，简直是在用全县百姓的血汗钱养活一批蛀虫！

---

① 夫马进著：《中国善会善堂史研究》，第432～433页。

② 夫马进著：《中国善会善堂史研究》，第450页。

而真正需要救济的孤贫却往往被拒之于养济院之外。历城是济南府首县,又是省府所在地,在知府、巡抚眼皮子底下的养济院尚且如此,其他各州县养济院的情况可想而知。

(四)民国养济院的存续及孤贫口粮

如上所述,清代山东各州县的养济院大都经历过多次重建或改建。晚清以来,各州县养济院总的趋势是走向衰败,难以维持,有些州县养济院已荡然无存。这其中的原因除自身经营不善、弊端难除外,还有财政困难、自然灾害破坏及民变冲击等外部原因。各地养济院普遍衰败的事实表明,这种纯粹官办、单纯以收养为主的旧式慈善救济机构已没有多大生命力,不能适应近代社会变革的需要,被淘汰或改制是早晚的事。不过,由于养济院毕竟是中国传统的慈善救济机构,在漫长的历史过程中也确实发挥了一定的救济功能,再加上新型的慈善救济机构未能及时建立和发挥作用,因此,进入民国以后,某些养济院仍在发挥救济功能,有些地方政府还在对养济院进行修建和维持。

以济南市为例。1935 年 5 月 7 日,济南市政府向山东省赈务会请求将救济贫民所余款项用作修建养济院之用,其呈文说:

> 本市西关麟趾巷,旧有养济院一处,原定收容穷苦瞽目之所,现尚住有孤贫九十余家,约二百名口,所住房屋八十余间,年久失修,坍塌堪虞,且有二三家合住一室者,亦于卫生有碍。现拟将原有房屋,普遍修理,再于隙地添筑新屋二三十间,使孤贫人等,得所栖止。惟此项费用,实属不赀,拟请钧会(省赈务会)将此项赈余款项四千三百七十元零六角一分三厘,全数拨作修建该院房屋之用,不敷之数,再由本府另行筹集。①

① 《济南市政府市政月刊》第九卷第五期(1935 年 5 月 15 日)。

这项请求是否得到允准，不得而知（允准的可能性较大），但从中至少可知此时济南市养济院（原为历城县养济院）仍在发挥救济功能，市政府也有修建维持之意。

按清代养济院则例，孤贫必须验明身份，居住在养济院内。但从山东各州县的实际情况来看，不住在养济院只领孤贫口粮的孤贫也很常见，这其中的原因可能是有些养济院房舍已经无存，无法将孤贫集中在养济院内居住。如冠县："自捻匪之变，养济院院宇堂舍无存，所有口粮仍按时发放。"①再如齐东县："养济院，为孤贫而设，旧志谓在惠鲜街，其时已仅存土房一座。自河决城陷，院址久已无考。还城以后，迄未重建，只发放孤贫口粮而已。"②

民国以后，有些县养济院可能房舍无存，但孤贫口粮银仍在照旧支发。如：

单县：单县养济院，光绪三十四年正额孤贫 34 名，每名每月支口粮银 3 钱，一年共支银 122 两 4 钱；浮额孤贫 8 名，每名每月支口粮银 3 钱，一年共支银 28 两 8 钱。二项共支银 151 两 2 钱。自民国改发银圆，按月赴财政厅请领。每阳历月 31 天，领大洋 18 元 3 角 5 分，月 30 天领大洋 17 元 7 角 5 分 8 厘，28 天领大洋 16 元 5 角 6 分 7 厘。于阳历每月 1 日，随时价折钱全行发放，由兵房承管，每名每月不论正浮发给大钱约 1400 余文。③

掖县：孤贫口粮，掖县正额孤贫 133 名，浮额孤贫 7 名，历由地丁存留项下支给口粮。民国元年改订公费案内规定，按月由县知事赴省厅具领，准就省税项下坐支抵解。计每月 31 天，应领洋 61 元 1 角 6 分，每月 30 天，应领洋 59 元 1 角 9 分，每年 2 月 28 天应领洋 55 元 2 角 4 分，遇闰 29 天应领洋 57 元 2 角 2 分，均逐月随市价易钱给发

① 民国《冠县志》卷五，典礼志，恤政，1934 年。

② 民国《齐东县志》卷四，政治志，恤政，1935 年。

③ 民国《单县志》卷三，蠲恤，恤政，1929 年。

孤贫口粮。①

齐东县:现今正额孤贫80名,浮额孤贫19名,共计99名,每名每年领口粮银5元1角4分4厘,共计银509元2角6分。由县政府按月向财政厅呈领。②

沾化县:孤贫正额24名,浮额5名,共29名,每名日支银元1分4厘,按月支给。大月支12元5角9分,小月支给12元1角8分,2月平支11元3角7分。计全年共支149元1角7分。此款按月到财政厅请领,由县政府于每月1日按名发放。③

从以上四县可以看出,民国以后山东各县发放孤贫口粮银有以下变化:第一,发放数额按阳历月大月小来确定。第二,改为用银圆计算口粮银,但从单县、掖县来看,实际发到孤贫手中的是按市价兑换的铜元。第三,孤贫口粮银由各知县赴省财政厅请领,不再由各县地丁项下坐支,这与清代完全不同。

二、普济堂和育婴堂

清代遍及全国的慈善救济机构,除养济院外,还有普济堂和育婴堂。但普育两堂的建立和管理方式与养济院有很大的不同。清代的普育两堂绝大多数是清代雍正年间由官民捐建而成的,一开始主要是官督民办,后来虽官办色彩日益浓厚,但经费仍主要依靠捐助,与纯粹的官办养济院始终有所区别。

(一)清代普育两堂的设置与变化

清代的普济堂最初起自民间。最有名的当属康熙四十五年(1706)建于北京广宁门外的普济堂。此举得到康熙皇帝的嘉奖,他曾亲作御制碑文,记叙建堂的经过,并赐御书"膏泽回春"匾额,每岁

---

① 民国《四续掖县志》卷三,慈善,1935年。

② 民国《齐东县志》卷四,政治志,1935年。

③ 民国《沾化县志》卷五,政治志,恤政,1935年。

恩赏崇文门税银千两，口粮银二百两，堂内地租银千两，为养赡孤贫之用。① 康熙皇帝对京师普济堂的态度影响全国，此后不少地方陆续建起了普济堂。

对全国普育两堂建立具有决定性影响的是雍正二年（1724）闰四月的上谕。上谕称：

> 京师广宁门外向有普济堂，凡老疾无依之人，每栖息于此，司其事者，乐善不倦，殊为可嘉。圣祖仁皇帝曾赐额立碑，以旌好义。尔等均有地方之责，宜时加奖劝，以鼓舞之。但年力尚壮及游手好闲之人，不得借名混入其中，以长浮惰而生事端。又闻广渠门内有育婴堂一区，凡孩稚之不能养育者收留于此，数十年来成立者颇众。……朕心嘉悦，特颁匾额并赐白金。尔等其宣示朕怀，使之益加鼓励。再行文各省督抚转饬有司，劝募好善之人，于通都大邑、人烟稠集之处，照京师例，推而行之，其于字弱恤孤之道，似有裨益。②

从这道上谕可以看出：一方面，雍正皇帝明确要求各地督抚转令下属，劝募好善之人，照京师例建普育两堂；另一方面，雍正本人的意图并不是让地方官亲自负责建立普育两堂，只是要他们鼓励好行善举的民间人士从事普育两堂的建设和经营。因为，在此上谕发布之前，各地民间已经在仿效京师设立普育两堂，雍正的上谕不过是对此的鼓励和引导而已。但在专制时代，上有好焉，下必甚焉。各地官员为了向皇帝表明政绩，普遍开始用强制手段，命令各地一律设立普育两堂。

乾隆元年（1736）杨名时上奏称：

> 虽各州县皆有养济院，而额粮有限。现在院内之孤贫俱以

---

① 《皇朝政典类纂》卷一百八十二，蠲恤，恤孤贫。

② 《清世宗宪皇帝实录》卷十九，雍正二年闰四月癸未，中华书局 1985 年版，第 312 页。

> 足数，地方虽有无告之民，无从编入。……伏查各处省会及通都大郡，前奉世宗宪皇帝劝谕，开设普济堂，所赡养者，皆系实在老疾无依之人，存活颇众。且有绅士董司其事，规制井然，贫民乐就。但以费出捐助，不能遍设。……仰恳敕谕各该地方，一概设立普济堂，拨给入官田产及社仓积谷养赡。……再直省郡县，有设立育婴堂处所，亦系奉世宗宪皇帝上谕，诚慈幼恤孤之盛举，但其间有赀粮缺乏、难以维持者。仰乞皇上敕谕地方大吏，逐一查明，酌拨公款，永行接济。仍令各该地方，遴选好善绅士，充普济育婴两堂董事。①

杨名时的这份奏疏明确建议朝廷将原来民办的普济堂和育婴堂纳入官办，以补养济院之不足。由于当时官办的养济院收养孤贫额满，而民办的普育两堂因经费困难不得遍设，为了能收养更多无告的贫民，朝廷采纳了杨名时的建议。乾隆元年议准："各省会及通都大郡，概设立普济堂，养赡老疾无依之人，拨给入官田产及罚赎银两，社仓积谷，以资养赡。"②此后，由于官方的介入，各地普育两堂纷纷建立，性质却发生了很大变化，由最初的民办、官督民办逐渐转变为官民共办。

在普济堂设立之前，养济院已在全国普遍恢复、改置或重建，那么，这两种慈善机构又有何相同与不同之处呢？第一，从设立时间来看，清代的养济院基本上是沿袭明代，是在明代养济院的基础上进行恢复或重建。而普济堂则是清代新出现的慈善机构，大规模地建立是在雍正年间。第二，从经费来源来看，养济院纯属官办，其经费来自各州县地丁存留或赴司请领。而普济堂一开始纯属民办，后来由于官方的介入，逐渐变成了官督民办或官民共办，但从山东各

---

① 陈桦、刘宗志著：《救灾与济贫——中国封建时代的社会救助活动(1750～1911)》，第238～239页。夫马进著：《中国善堂善会史研究》，第434页，第452页。

② 《大清会典事例》卷二百六十九，户部，蠲恤。

州县的情况来看，官民捐助的义田和存当生息银仍是普济堂经费的主要来源。第三，从收养对象来看，在清廷上谕中，一般把养济院的功能规定为收养"孤贫"，把普济堂的功能规定为收养"老疾无依之人"，两者很难区别。另据光绪朝《钦定大清会典事例》卷二百六十九，养济院和普济堂事例均收入户部之蠲恤类，但往下分类有所不同，养济院属于"恤孤贫"，育婴堂属于"养幼孤"，普济堂属于"收羁穷"。如果根据字面意思并结合有关史料，可以认为，养济院主要收养本地孤贫，而普济堂并不限于本地，外来的"老疾无依之人"同样收养。再据山东各州县志记载来看，一般把养济院收养的人员称为"孤贫"，其口粮称"孤贫口粮"，强调的是"孤"（无依无靠），而把普济堂收养的人员称"贫民"，其口粮称"贫民口粮"，强调的是"贫"（因贫穷无法生存），也有把两者通称为"孤贫"的，但经费来源仍有明显的区别。综合以上分析，大体可以说，清代养济院与普济堂都是收养年老残疾、无依无靠、没有生存能力之人，只是养济院主要收养本地孤贫，而普济堂兼收外地流亡孤贫或本地贫民。就收养先后而言，养济院先收养最为困难无助者，普济堂作为养济院之补充，主要收养那些因养济院额满无法收养的孤贫或贫民。这些区别可能并无实际意义，各地在具体实施过程中也可能有较大的灵活性和随意性。

（二）山东普育两堂的建立

从全国范围来看，清代的普济堂和育婴堂是在雍正和乾隆年间陆续建立的，但山东、河南的情况则有所不同。这两省的普育两堂几乎都是在雍正十二、十三两年建立起来的。本来，由于资金有限，山东、河南善会、善堂的数量和规模都落后于江南，为何在普育两堂的建设上能异军突起，在一二年间遍设全省？这显然有行政方面的干预。河南暂且不论，下文仅就山东普育两堂的建立缘由、经过及经营情况作具体分析，以便了解清代普育两堂政策在山东实施的具体情况。

雍正十一年(1733)春,王士俊就任河东总督,管辖山东、河南两省事务。雍正十二年(1734)夏,他下令两省仿北京普济堂之制在各州县设置普济堂。他在《通饬普济堂置田檄》中写道:"今日东省之亟须各为建堂置产,诚有不可稍缓须臾者。……每一州县必于境内建造普济堂一所,多置义田,以溥皇恩,以恤茕独。限文到一月内,鸠工庀材,先将兴工日期报查,再广置义田,续详查核。"①在王士俊的命令下,山东各州县普济堂及育婴堂的设置迅速,到雍正十三年(1735),山东110个州县卫所共建有普济堂131所,收容困苦等人3991名,其外尚设有育婴堂58所,达到了一州县一所的标准。②

至于建堂经费,王士俊在奏折中称:"臣率同官属等,首倡公捐,并或拨动闲款应用",然后与之相应,"两省士民闻知,欣然慕义,咸愿捐输",而且建成后的维持,都利用捐款设立了公共资产(义产),"丝毫不需公项"。③据王士俊在《河东从政录》中记载,山东全省为建普济堂及育婴堂捐助额分别为:官弁绅衿商民兵丁男妇公捐84246两7钱5分,绅衿商民孀妇捐义地15238亩,官捐义地292亩,官捐粮麦米谷4122石8斗3升,绅衿商民捐粮麦米并收租谷15231石9升,公捐租谷157石,置买义地13571亩5分。④ 显而易见,王士俊这里所说的捐输,并非全是出于自愿。在专制时代,下属必须绝对服从上司,总督带头捐助,下属岂敢不响应?官员都捐了,绅士商民又岂能例外?其结果就成了变相的摊派和强征。雍正十三年,王士俊发布告示称:"照得各属建造普济堂收养穷民,凡绅士商民捐助银米谷石,应听本人自行好义,情愿乐施,不得勉强勒派。……本部院近闻,东省不肖州县,指称劝捐名色,差胥役人等下乡,串同地

① 夫马进著:《中国善会善堂史研究》,第449页。

②③ 夫马进著:《中国善会善堂史研究》,第425页。

④ 夫马进著:《中国善会善堂史研究》,第426页。

保,勒令殷户捐输,甚至有按地亩摊派者,显有勒索情弊。"①这实际上是承认山东各地有摊派勒索情形,很可能还是普遍现象。不然,很难想象,若听凭民间自愿,会在如此短的时间内建成那么多普济堂和育婴堂。王士俊这样做的目的显然是为了政绩,讨皇帝欢心,与雍正二年上谕强调的官劝民办的精神并不符合,其结果就使山东各州县的普育两堂从一开始就带有浓厚的官方色彩,至少也算是官督民办,或官民共办。

王士俊强令山东各地统一建立普济堂的事实在地方志中有大量的记载。如馆陶县普济堂于雍正十二年由知县谢士柱建,王士俊在为该堂写的碑文中详细叙述了建堂的缘由和经过:"岁在癸丑,余恭膺简命,总督河东。仰体圣天子爱养元元至意,于甲寅夏檄行两省仿京师普济堂之制,令州县兴建,安养无告穷民。自秋徂冬,各属详报工竣者纷纷而至,迄今岁遍两省矣。余窃喜僚属之勤于督率,又喜两省风俗之醇,人心之厚,捐资助产慕义急公者,所在多有。而馆陶之普济堂亦循例兴建,报竣于甲寅九月。"②文中的"癸丑"就是"雍正十一年","甲寅"是"雍正十二年"。山东其他州县的普济堂也基本上是雍正十二年或十三年由各知县(知州)奉文捐建的。

下面以山东莱州府为例,看一看普济堂及育婴堂的设置情况。

莱州府各州县普济堂设置及经费来源情况表③

州县名称	建造时间	建造方式	房舍及经费来源	育婴堂情况
掖县	雍正十二年	知府奉文倡捐督率,知县建置	草瓦房26间,义田240亩,生息银6百两	雍正十二年建,费出义田

---

① 夫马进著:《中国善会善堂史研究》,第428页。

② 嘉庆《东昌府志》卷十,恤政。

③ 乾隆《莱州府志》卷三,恤养。

（续表）

州县名称	建造时间	建造方式	房舍及经费来源	育婴堂情况
平度	雍正十二年	知府檄令，知州倡捐建置	瓦房34间，义田737亩3分，生息银1521两4钱零	与普济堂同时捐置
昌邑	雍正十二年	知府檄令，知县倡捐设立	草房26间，义田935亩2分，生息银5百两	与普济堂同时捐立
潍县	雍正十二年	知府檄令，知县倡捐设立	草瓦房37间，义田1顷4亩2分，生息银1千两	与普济堂同时捐置
胶州	雍正十二年	知府檄令，知州倡捐设立	草房35间，义田239亩5分5厘，生息银1019两1钱	与普济堂同时捐置
高密	雍正十二年	知府檄令，知县倡捐设立	草瓦房34间，义田132亩2分，生息银1073两2钱6分	与普济堂同时捐立
即墨	雍正十二年	知府檄令，知县倡捐建置	草房25间，义田372亩6分4厘7毫，生息银606两	与普济堂同时捐置

从上表可以看出：第一，莱州府所属七州县的普育两堂都是奉知府檄令在雍正十二年统一建立起来的，而知府又是奉总督和巡抚之命。这再次印证了王士俊在馆陶县普济堂碑文中所述的事实。第二，建立方式都是捐建，即由官绅商民捐资建成，不动用公项。日常经费都是来自义田和生息银，这同样是捐输而来。第三，在收养对象和管理上，以掖县普济堂为例："收养境内茕独无告贫民，择耆老中端谨者司其事，仍命县官亲为考核，勤加抚恤焉，各州县同。"育婴堂"拾民间之弃孩，雇乳哺养，费出前义田，内亦耆老主之。各州

县同”①。这说明，莱州府各州县普育两堂的日常管理全由当地耆老承担，不让胥吏插手，知县有考核之责，仍体现出官督民办的特征。

（三）山东普育两堂的经费与管理

如上所述，山东各州县的普育两堂是在河东总督王士俊的命令下统一设置的，从经费来源看，主要是出自官民的捐助，这就使它与纯粹官办的养济院有明显的不同。在建成以后的经营和管理中，普育两堂仍主要依靠义田和生息银，由当地绅士自行管理，始终带有民办的特色。

据道光《济南府志》载，济南府 16 州县均有普济堂，共收养贫民 525 名，7 州县有育婴堂。各州县贫民支给标准不完全一样，或发米或发谷，有些按月支发，有些按日支发，大体上是每名每月米 1 斗 5 升，或谷 3 斗，另有盐菜柴薪每名每月给制钱 50 文或 100 文，如历城县，贫民每名每月支米 1 斗 5 升，盐菜柴薪制钱 50 文。长山县，贫民每名每月支谷 3 斗，每名月给大制钱 50 文。陵县，每名每月给米（实为谷）3 斗，每名月给盐菜制钱 100 文。德平，贫民每名日支杂粮 2 升，每月给盐菜柴薪制钱 100 文，另给看堂耆老和乳妇工食银或口粮若干。至于经费来源及收养人数见下表。

济南府各州县普育两堂经费与收养情况表②

州县名称	普育两堂数量	经费来源	收养贫民人数	备注
历城	普济堂、育婴堂、留婴堂各一所	筹备赡贫经费本银 2500 两，发当生息。普济堂随堂地 6 亩 4 分	77	不敷银与贫民病故棺木，俱由历城知县捐给
章邱	普济堂一所	义田 1 顷 51 亩 5 分 5 厘，随堂各里纳租官地 219 顷，交当生息本银 4 百两	31	每年租谷俱由未完，系历任章邱知县捐发

① 乾隆《莱州府志》卷三，恤养。

② 道光《济南府志》卷二十一，恤政。

（续表）

州县名称	普育两堂数量	经费来源	收养贫民人数	备注
邹平	普济堂、育婴堂、留婴堂各一座	地4顷94亩9分4厘	42	
淄川	普济堂一所	义田1顷85亩，筹备赡贫经费生息本银264两	33	所有不敷银粮俱由淄川知县捐备
长山	普济堂、育婴堂各一所	捐输义田1百亩，置买义田1百亩，交当筹备赡贫经费本银3百两	24	不敷银20两，俱由长山知县捐发
新城	普济堂一所	置地2顷84亩5分，捐地20亩，筹备赡贫本银150两，交当生息	36	所有不敷俱由新城知县捐给
齐河	普济堂一所	捐地2顷66亩5厘，置地71亩5分，筹备经费本银205两，交当生息	24	所有不敷系由齐河知县捐给
齐东	普济堂一所	置地4顷3亩7分，筹备经费本银1百两，交当生息	51	所有不敷并棉衣等俱由齐东知县捐给
济阳	普济堂一所	捐输义田5顷25亩6分零，置买义田1顷72亩9分4厘	50	所有不敷及棉袄裤俱由知县捐给
禹城	普济堂一所	置买义田4百亩	30	所有不敷俱由禹城知县捐给
临邑	普济堂、育婴堂各一所	置买义田353亩，筹备经费交当生息银4百两	19	
长清	普济堂、育婴堂各一所	置地37亩，拨地33亩8分2厘6毫，交当生息本银1300两	27	所有不敷俱由长清县知县捐给

（续表）

州县名称	普育两堂数量	经费来源	收养贫民人数	备注
陵县	普济堂一所	经费本银 234 两 2 钱，置地 1 顷 80 亩 8 分 1 厘，捐地 2 顷 10 亩	26	所有不敷俱由陵县知县捐给
德州	普济堂、育婴堂各一所	置买地 1 顷 49 亩 1 分 3 厘，乾隆四十二年又捐买地 3 顷 6 亩，筹备经费本银 610 两 1 钱	26	所有不敷及置买棉衣俱由德州知州捐给
德平	普济堂一所	置买义田 233 亩 4 分，筹备经费本银 2 百两，交当生息	20	所有不敷俱由德平知县捐给
平原	普济堂、育婴堂各一所	置买义田 3 顷 28 亩 2 分 6 厘，筹备经费银 240 两，交当生息	19	所有不敷俱由平原县知县捐给

从上表可以看出：第一，普育两堂的经费来源大体有两部分：一是官民置买或捐输的义田，二是将筹备赡贫的经费本银发当生息，这部分属于公费，历城县最多，有 2500 两，但有些州县没有。由此可见，普育两堂的经费由公费和官民捐输两部分组成，后者占的比重较大，有些州县可能全是官民捐输。第二，各州县普育堂收养的人数不一，似没有统一的规定，可能是根据本县经费而定。第三，值得注意的是，除临邑、邹平外，其余各州县都注明，所有不敷甚至贫民的棉衣裤俱由本县知县捐给，把官捐作为解决经费短缺的最后手段。

再看青州府所属各州县普济堂的情形："各县普济堂地亩银两，或系国家筹备赡贫经费，或由官捐，或由民输。除地内征收杂银并生息银两支放不敷外，其余俱系各县官捐俸以给。或有存余，留备来年支发。"①与济南府完全一样。

值得注意的是，咸丰《青州府志》中各县都有额设孤贫、浮额孤贫与原额贫民、续收贫民之分，支发标准和经费出处也不一样，由此可见养济院与普济堂之不同。现以益都、博山两县为例分析：

益都县正额孤贫 115 名口，每名每日支给口粮银 1 分，每年共支银 414 两；浮额孤贫 8 名口，每名每日支给口粮银 1 分，每年共支给银 28 两 8 钱。原额贫民人数不详，每名每日支谷 2 升，每名每月给盐菜钱制钱 1 百文；续收贫民人数不详，每名减半支给。

博山县，每年额设孤贫 31 名口，每名每日支给口粮银 1 分，每年共支银 111 两 6 钱；浮额孤贫 9 名口，每名每日支给银 1 分，每年共支银 32 两 4 钱。原额贫民 31 名口，每名每日支米 1 升，给盐菜煤炭银 4 厘，冬给棉衣裤各一件；续收贫民人数不详，每名减半支给。

从上述事例可以看出：益都、博山的额设孤贫和浮额孤贫应是养济院收养的孤贫，其支给的口粮银也是养济院的标准，正额和浮额每日支给的口粮银标准也一样，特别是府志中明确注明其经费来源是："各县正额孤贫口粮银两例由各县地丁银内扣支，浮额孤贫口粮银两例由县赴司请领。"更证明是养济院收养的孤贫无疑。而原额贫民支给标准是每名每日谷 2 升或米 1 升，续收贫民支给标准减半，这些应是普济堂收养的贫民，其经费来源就是官民捐置的义田和存当生息银。养济院与普济堂的区别在此有明显的体现。

至于普育两堂的管理情况，现以济宁直隶州为例分析。济宁直隶州普育两堂于雍正十三年由河东总督王士俊檄建，并制定有《普育二堂条约》十条，其内容摘录如下：

> 一，穷民入堂居住，必须分别核实，不宜冒滥。穷民之内或筋力未衰，或有亲戚可倚，或始则孤幼继而长成，如此之类

---

① 咸丰《青州府志》卷三十下，恤政考下。

犹可糊口，未便概行养食。必确查果系鳏寡孤独，朝不谋夕，实难存活者，方准入堂居住。至若行乞奸徒，所谓败群之辈，亟宜驱逐。

二，穷民男妇不一，当分居以别内外。单身男子三人共房一间，单身妇女亦复如是。夫妇全者，一户同居一室，俾得仍然完聚。男子在前一层房屋居住，妇女在二层房屋居住，中间隔以墙垣，务使内外严肃，不得混杂往来。

三，穷民口粮衣食之类宜每名按时酌给。查穷民实在到堂者男妇共六十五名，又临清卫移拨二名。每名大口给米七合，小口减半。每名每月给予盐菜柴薪共大制钱一百文。至于衣服，无论大小口，每名夏给单布褂裤各一件，冬给棉衣袄裤各一件，两年一换。

四，羸老残疾穷民宜令人代为炊爨。

五，穷民疾病死亡宜设立医药给予埋葬。

六，堂内楼房上下两厢，库房厨灶，以及器皿之类宜逐一酌定。

七，堂内管理执事人役宜酌量派拨。应从绅士内选择老成殷实好善者二人，掌管三年，若有劳绩，即详请给匾奖励。再觅代炊之人二名，兼司门户，给与工食。又择衙役中老成谨厚者，使之专司出入火烛门户之类。地方官不时查察，或委佐杂巡防，勿使冗杂滋弊。

八，堂内钱粮米谷宜年终造册核送，并入交代，勿致侵渔虚耗。绅衿人等捐助腴地四百五十四亩，计每岁有收之年，除完纳钱粮漕米正供之外，约所存籽粒一百五十余石。又共捐银三千两，交与典铺生息。除用之外，尚有盈余，仍陆续买置地亩。以上籽粒银钱，凡堂内经收支放以及动支应用，必须开造四柱清册，年终转呈查验，再请归入交盘册内，一并交代。

> 九，收育婴孩事宜当豫为酌量。民间雇乳母立约必言定三年，价银十两，管其衣食。今堂内雇觅亦应悉照民间价值，每月给予食米三斗。
>
> 十，民间愿领堂内婴孩抚为子息者，应听从民便，仍取具甘结存案。①

济宁因是直隶州，其行政级别与府相当，下辖金乡、嘉祥、鱼台三县，因此，济宁直隶州普育两堂条约颇有代表性，大体可以反映山东全省普育两堂经营和管理的一般情况。从以上条约可以看出：第一，普济堂收养的对象是鳏寡孤独、无依无靠、难以存活之人，这与养济院并无区别，足见普济堂实为养济院之补充。第二，在管理上，基本上是依靠当地绅衿善士，地方官不时查察。第三，经费来源是绅民捐助的义田和生息银，经费收支必须开具四柱清册，并转呈查验。这份普育两堂条约相当完备，从中可见普育两堂虽是在官府的强令下建置的，但民办民管的色彩仍很明显。

（四）民国后普育两堂的存废

普济堂和育婴堂作为官督民办的慈善机构，要想能长久地维持，必须及时地对房屋进行修缮或重建，对义田和生息银进行妥善地管理，这在时局动荡、社会巨变的近代并不易做到。晚清以来，山东各州县的普育两堂大体有两种结局：一是房舍无存，完全废弃；二是房舍无存或仅存数间，贫民不住堂内，但仍照领贫民口粮。

从晚清及民国纂修的山东各州县志来看，普育两堂废弃的情况相当普遍。如道光《重修胶州志》载：普济堂在城西福寿寺西，始建不详，住舍 35 间，官厅 1 间，乾隆五十三年知州张玉树重建，今圮。育婴堂在城西福寿寺西，始建不详，住舍 7 间，乾隆五十三年知州张玉树重建，今圮。由此可知，胶州的普济堂和育婴堂均建于雍正十

---

① 道光《济宁直隶州志》卷四，建置四。

二年,经过乾隆年间的重修,到道光年间已经废弃。

《光绪文登县志》载:普济堂雍正年间知县王维干建,以处贫民。以义田九百余亩为养赡之资,堂久废。育婴堂雍正年间建,收养贫民赤子,今废。

《民国高密县志》载:普济堂在南关外,清雍正十二年知县王文鼎建,久废。育婴堂在永安门外,清雍正十二年知县王文鼎建,久废。

以上县志都明确记载本县普育两堂"今废"或"久废",但没有说明原有贫民是否能照旧领到口粮,因记载不详,无法断定。

下面再看看第二种类型,即房舍无存,或仅存数间,贫民不住在堂内,但仍能照领口粮。

如济宁县:普济堂旧在南关打绳巷,与育婴堂房舍合在一处,道光中叶,仅存房12间,贫民皆不住堂,只按月赴州署支领口粮。民国以来,仍依旧制。育婴堂旧在普济堂东,后以房屋倾圮,移置西关武胜街路东,房26间。额设乳妇13名,看堂人2名,内外科医生2名。光绪年房屋多圮,不派专员管理,但有门役、乳妇共7名,正看3名,代看1名,婴孩大小口岁20名,口粮各不等。每十日堂役持薄赴州署领款发给。民国以来仍循旧制。①

单县:普济堂、育婴堂俱在北门外,雍正十二年知县高沅暨绅士朱易等捐资创建,并置义田19顷21亩零,交当生息银1千两,支发贫民口粮。每年额征租银333两5分5厘。两堂基址合在一处,共房屋73间。后因年久失迷,实征租地共10顷49亩2分7厘。1926年,每亩约收租价大钱1千有奇,共收租价大钱1100余千。计贫民86名,大建月共放大钱68千800文,小建月共放大钱66千564文,全年共放大钱812千228文。冬月放棉衣大钱16千文,余款备用。②

---

① 民国《济宁县志》卷四,故实略。

② 民国《单县志》卷三,赋役,恤政。

普济堂的经费主要来自义田，而义田在经过百余年之后，大多会有些变化，因地界不清、租户不明而导致地亩减少的情况非常普遍。民国以来，有些州县对义田进行了勘丈，对租户进行了清查，并根据实际情况制定了新的租种标准。如：

掖县：普济堂义田，原额公田拨充者240亩，荒田拨充者95亩2分，共335亩2分，而每年仅收租京钱400余吊以充普济堂孤贫口粮。但义田坐落何处及何人耕种，既无案卷，又少知情者，有名无实，几将泯没。1926年，县知事应季审派本堂董事分赴各社实行勘丈。实存义田311亩有余，仍照地质肥瘠分等招佃订租，计全年收租京钱2900吊有余。每年由县公署征收，除留孤贫口粮按月分发外，余款发本堂应用。①

民国初年，百废待举，经费困难，各州县挪用义田收入的情况也很常见，一般用作学款或其他新兴事业，也有被强占或盗领的情况。如陵县普济堂于雍正十二年由当地绅民捐建，光绪元年又重建，原有义田4顷88亩6分余。自1913年，县知事周际唐共加租钱327吊530文，除年终添发孤贫棉衣费京钱161吊（正浮额91名，正续额70名均在内），补助北门里学校80吊外，余数拨归补助巡勇口粮。1915年，县知事张肇瑞又加租价京钱1吊上下，共收466吊610文，悉数拨归学款。1924年，又加租价1094吊610文，均拨归学款。1925年将地租改征洋码，每亩租价洋1元。1927年，每亩又加租洋8角。计共收租价银洋880元，除拨归教育款488元8角7分外，余391元1角3分支放正续贫民口粮棉衣及预备修理房舍之用。②

掖县：普济堂原本五钱库平银643两4钱，又五钱库平银214两4钱，均发商生息，补助贫民口粮。1919年，县知事熊仕昌提银

---

① 《四续掖县志》卷三，慈善。

② 光绪《陵县志》卷八，建置志，局院。民国《陵县续志》卷三，第十五编，慈善。

643 两 4 钱易成银元，解充黄县龙口商埠兴筑公司股本，每年息款作为学款收入，又提银 214 两 4 钱，易钱交地方财政管理处充因利局基本。①

再如牟平县：普济堂原有地 2091 亩 1 分余，山岚 4 处，每年兑粮银 5 户。民国初年，收租粮 812 升，每月按三旬发给贫民。又收租价大钱 1250 吊 330 文，除支放贫民柴薪大钱 150 吊 270 文外，余则分别拨充学堂、县农会、实业局及自治经费，与城门夫役工食之用。嗣后拨归地方财政局管理。1929 年，贫民定额男女共 63 名，每名按月领大钱 5 吊。此时刘珍年盘踞胶东，设官产处拍卖官产，而租普济堂地亩之佃户，乘机盗领过半，现余不足千亩，租价收入大减。②

1928 年，南京国民政府内政部颁布《各地方救济院规则》，将各地原有的官立、公立慈善机构改组，隶属于救济院。此后，山东各地救济院陆续建立，普育两堂也成为救济院下属的救济机构。如掖县：1931 年 10 月，掖县遵奉部令，改组救济院，所有普济堂房田及育婴所（1930 年新建，在普济堂内，经费出自普育堂义田）经费并各所收容孤贫婴儿，一律移交救济院接管。③

三、其他慈善救济机构

山东传统的慈善救济机构除各州县普遍建立的养济院、普济堂及育婴堂外，还有设置较广泛的漏泽园、义冢、粥厂，以及只存在于个别州县的同善会、同善堂、广仁堂、保节会等，以下分类择要介绍。

（一）漏泽园、义冢

中国传统的慈善救济机构以救助老疾无依的贫困者为主，除此

① 《四续掖县志》卷三，慈善。

② 民国《牟平县志》卷五，政治志二，恤政。

③ 《四续掖县志》卷三，慈善。

之外，出于儒家伦理和卫生方面的考虑，当地官绅还对那些客死异乡或因家贫无力安葬者提供帮助。明清以来，全国大部分州县都有以施棺助葬为目的的漏泽园、义冢，它们构成了中国传统慈善救济机构的重要部分。

漏泽园始于宋代，宋神宗元丰年间，以官地收葬枯骨，择高旷不毛之地，置漏泽园，此后各代延续，成为官办的助葬机构。漏泽园是清代各州县最常见的施棺助葬场所，除此之外，还有官民捐置的义冢、泽民茔、瘞孤阡、瘞骨阡、掩骼原等。如乾隆《莱州府志》载，掖县漏泽园，初在城东北乾河之阳，寄顿客死及贫民谋葬无地之棺，外有围墙门户，因水淹移于演武场后，明海防参议于仕廉仍复故地。泽民茔，即义冢，也葬贫民之无茔者，有三处，俱明知县刘任捐置。瘞孤阡，在城南郊内路东，埋境内殇儿，明知府龙文明捐置。掩骼原，在城北五里，委善民拾境内枯骨不辨人畜者，掘地掩之，明知府龙文明捐置。①

山东各州县的漏泽园最初多为明代所建，后来有存有废，有些延续至晚清及民国。据道光《济南府志》载：

> 《礼记》载，孟春之月，掩骼埋胔，古人泽及枯骨之意也。宋元丰开始有漏泽园之创，收埋贫民死无所者。明成化中诏建漏泽园于京城，而未遍于天下。时至山东荐饥，饿殍盈途，大参文安邢公居正出按属邑，见而怜之，遂檄所部各建一所，凡贫民死无后者，悉收瘞于此。今济属相沿，尚存旧制。②

从道光《济南府志》编纂体例来看，漏泽园与义冢并列于“义地”门下，但两者也有所不同，漏泽园是“官设之丛葬地”③，而“义冢”顾名思义应该是官捐或民捐的墓地。济南府有些州县除漏泽园外，还有

---

① 乾隆《莱州府志》卷三，恤养。

②③ 道光《济南府志》卷二十一，恤政。

义冢；有些州县没有漏泽园，只有义冢，还有的州县两者难以区分。如历城县，漏泽园县志无考，但有义地多处，还有外省人设置的苏常义冢、江西义冢、浙绍义冢、山陕义冢等。长山县漏泽园旧在城西南，明成化十七年参政邵敏檄知县赵澶置，计地五亩，义冢共43处。德州漏泽园，州志云即义冢。① 另据民国《齐东县志》载，齐东县原有漏泽园七处，后因河决城陷，其地多不可考，还城后新设漏泽园一处，义冢有五处，其地也多不可考。

漏泽园、义冢主要以提供坟地为主，历年既久，就会丛葬累累，隙地毫无，需要不断增加地亩或改置才能维持。晚清以来，山东各州县漏泽园、义冢废多存少，也有新置。如掖县，据民国县志载，漏泽园仍存，经勘丈，义田南北长47弓，东西横22弓，交地方自治协进支会翟震起等管理。泽民茔查无界石，掩骼园查无界石碑记。晚清以来新建的有抚院义田三亩，清季甲午之役东抚李秉衡置，以葬亡故兵卒。冯公义田，1914年县知事冯树勋购置，并立碑公示。据其碑文云，此义田由县知事与本地绅士共同购置，存县备案。葬地由北而南，编列字号，男左女右，不得紊乱。并选派老成人看守，准其种草，每年征租完粮，如有人放牲取土损坏坟墓，许其禀县传究。②

另据民国《临清县志》载，临清县掩骨会，清初置。每年春秋二季掩埋暴露枯骨，今仍其旧。施棺会，清光绪十年知州彭虞孙捐义棺二十具，为创立之始。本地贡生刘汉璧为之立会以继其事，名同善堂。会无基金，凡在会者按所施棺木集赀偿其价，故推行至今无弊。③

临清义地皆系捐助，其备以养生者十之一，余皆义葬地，境内共有十处，具体情况见下表。

① 道光《济南府志》卷二十一，恤政。

② 《四续掖县志》卷三，慈善。

③ 民国《临清县志》，建置志，慈善类。

临清县义地建置情况表

地址	亩数	建置年月	附记
城西义田庄	1040 亩	明北溟张公置	用以赡养村族之贫乏者,按月每丁给粮二斗,女减半,已嫁而贫者给如丁数。又捐 40 亩,补助里甲差徭
城西三里庄北	20 亩	清乾隆五十八年	浙藩张朝缙督漕运过临清,捐金 200 两置地于此,为义冢。
汶河南岸	3 亩余	清嘉庆二十三年	湖北人置
南厂	5 亩	清道光二十八年知州置	咸丰元年呈县备案
汶河南岸	未详	咸丰元年知州陈宽置	一名义园,为四方官商厝槥之地
南水关东南	12 亩	光绪十年众善堂置	为贫民葬区
城南三里庄	2 亩余	光绪十七年邑人张语等捐置购置	
南水关东	2 亩余	光绪十七年邑人班顺等置	一名义坑,用以垫修义地,掩埋枯骨
东营南	13 亩	1923 年	武训小学校长王丕显等募款购设
小西门内	10 亩	1923 年	王丕显等募款购置

从上表可以看出:第一,当地义地兼备养生与葬死,以葬死为主。结合其他州县的情况,大体可以这样说,义田主要用来养生,如普济堂、育婴堂义田,而义地多为不毛之荒地,主要用来葬死。第二,从明到清再到民国,义地不断增建,这是由义地的特殊性所决定地,只有不断增建,才能有余地提供安葬。第三,义地主要由当地官民捐建,也有外地人捐建的,但捐建这一特征始终未变。

民国以后,山东有些县还出现一些新建的施棺助葬机构。如莒县同仁善会,1913 年 8 月 1 日成立。当时,县知事周仁寿目睹环城荒冢,尸骸暴露,秽气熏蒸,酿成疠疫,倡捐京钱 1000 千,募捐京钱 2054 千,以 800 千置买城汛王开勋住宅 17 间,存储棺木,以 254 千为开办经费,以 2000 千发给典商,每月 1 分 4 厘生息,全年息钱 336 千作为底款,并拨城壕荒地 64 亩 8 分 9 厘,租价 145 千,陈公护林赋地 66 亩,租价 112 千,东关山会津贴 200 千,均充本会常年经费,由值年会员经手。定额施棺 120 口,分功德两字编号,功字棺每口工料 12 千,领棺者须付半价;德字棺每口工料 6 千,领棺者不用付价。无分本籍外籍、本城四乡,凡贫不能殓者,均可向值年会员请领。预定五期,每期推定在城绅商四人经管,按期轮流。万一棺不敷用,另筹补助之法,不得动用存本,亦不得预支下期利息。每年 8 月 1 日,将第一期内经理本会一切事宜核算清楚,登记名册,公同送县盖印,点交第二期值年会员接管。周而复始,以专责成。发起之始,朱陈店庄余珍慨捐南关外土城子西头大地 2 亩 4 分,以作义冢,凡死无所归者,咸得葬焉。

莒县修坟会,1920 年傅文山发起,募捐京钱 700 千,掩埋枯骨,修理义冢,用钱 200 千,尚存 500 千。本会由捐款内拨钱 500 千,合计基本京钱 1000 千,每月 1 分 4 厘生息,计年得息钱 168 千。每逢清明前后,雇工将城乡旅榇孤坟一律加土修理。①

(二)粥厂

粥厂也是中国传统的慈善救济机构,清代以来,山东各州县普遍设置,以下仅以济宁、德县为例,介绍大致情况。

据《民国济宁县志》载,济宁有粥厂两处:

惠济粥厂,在铁塔寺内,1889 年知州彭虞孙及寓居济宁的河员查筠、吴邦贤等创设。最初由在济宁做官的外地人集款,冬至后雇

---

① 民国《重修莒志》卷二十八,恤政。

人在寺院中支搭席棚,每日煮粥施放。1891 年在寺院西边建造房屋数间。1897 年以后,由知州凌芬、汪望庚、李恩祥、王鸿陆等陆续捐银 3500 两作为基金。1906 年水灾,普照寺办理春厂,收养饥民 1600 名 80 余日,费用不继,运河道丁达意捐银 1 千两。1910、1911 两年,连办春粥两季,基金大为损耗,息款也越来越少,难以维持。1915 年基金仅存 500 两,几于中止。1920 年改组为济宁粥厂。

济宁粥厂,1920 年由当地士绅潘守廉担任代募得 22150 余元,京钱 270 余千,以洋 2 万元存济丰公司,以京钱 1200 吊存宝源钱店,均为 1 分 2 厘生息。改组后每年得利息共 2880 元,京钱 72 千 800 文,此外尚有常年义务捐 320 元,统共全年得洋 3200 元。按照 1920 年用款比例,能满足每年放粥之用,其放签支数共 1500 支。原来是冬至日发签,1923 年改为每年十一月初十放签,至二月初一日止,扣足 81 天。又经在事同人捐资修造水龙等器具,以备消防。

惠济粥厂改为济宁粥厂后,其最主要的变化就是承办人有明显的不同。据《济宁粥厂暂行章程》载,惠济粥厂是由宦游济宁的外地人发起捐资设立,后来由于捐款陆续提用,所存无几,幸有本地绅商设法劝募才得以维持。因此,本地绅商公议,将粥厂改名为济宁粥厂,由本地绅商负责,将惠济粥厂余款仍旧发当生息归并办理。惠济粥厂的捐地及所有建筑房屋、置买器具皆归入济宁粥厂接收。①

再看德县粥厂的情况。据民国《德县志》载,德县粥厂有三处:

水官驿粥厂,位于西关水官驿,1862 年设立。初由水官驿僧人慧圆募化施粥,历十年之久。1872 年,知州蒋君山倡捐,集钱千缗,并普劝绅商,得钱二千二百缗,并请山东巡抚丁宝桢、督粮道周恒祺捐助,集资万缗,发当生息,为历年施粥之费。并制定章程,由本地士绅主持,民国后仍在维持。

---

① 民国《济宁县志》卷四,故实略。

北厂街粥厂,1866 年设立。由当地人捐谷借白衣庙煮粥施放,自仲冬起至翌年仲春止。后因地狭人稠,难以容纳,由董事李培麟等呈请知州杨学渊转请奉准,以盘粮厅废址改为粥厂专地,皆由北厂街绅耆主持,民国仍存。

济贫粥厂,1903 年设立。由本地人募捐四千两,交当生息,又典田地二百亩,收益为历年施粥经费。1917 年,运河决口,粥厂房舍冲毁,于是移至南关宣讲所办公,并以马神庙为放粥之所。1928 年,董事刘琦年老引退,由程玉璋负责经理。后经县政府交赈务分会清理改组,由该会一再讨论,推定曲霖等五人为监察员,公同负责管理,兼指定李荫梧、陈鸿卿二人为正副厂长。每年自冬十月起至逾年四月止,为放粥之期。若遇荒歉之岁,每日领粥之贫民恒逾千人。①

从济宁和德县粥厂大体可以看出以下几点:

1. 粥厂虽是传统的慈善救济机构,但由于其具有及时和简便的特征,在晚清及民国的慈善救济中仍能发挥一定的作用,有其存在和发展的理由。

2. 粥厂平时主要是在隆冬时煮粥赈济贫民,若遇灾荒又要赈济灾民。如济宁惠济粥厂就是因为在 1906 年收养灾民,1910、1911 年连办两年春粥而导致经费困难,难以维持。由此可见,粥厂兼具平时慈善和灾后救济双重功能,其重要性显而易见,但因开支过大,又全系捐款,长期维持颇为不易。

3. 粥厂皆为官绅捐建,之后靠募捐和利息维持。如济宁粥厂最初由在济宁做官的外地人捐助,后来转为以济宁本地绅商捐助为主,粥厂名称也相应发生变化。德县亦是如此。

4. 粥厂的存在和发展离不开官府的支持。如德县三处粥厂最初虽都是由当地绅民捐建,但在经营中背后始终有官府的支持,如

---

① 民国《德县志》卷十三,风土志,慈善。

水官驿粥厂1872年由知州倡捐，并请山东巡抚、督粮道捐助；北厂街粥厂得到官方允许在盘粮厅废址上改建粥厂；济贫粥厂由县政府交赈务分会改组等。可见，粥厂虽是民办的慈善义举，但官员的倡导和官府的支持是其得以维持的重要条件。

（三）同善会、同善堂、广仁堂、保节会

这些善会善堂只出现在山东个别州县，虽没有普遍性，但亦能反映出山东慈善救济机构的多样性。

1. 同善会

同善会是明末清初江南地区最主要的善会之一，对后来善会善堂的发展有着重要的影响。1590年，杨东明在河南虞城县创立同善会，为同善会之始。1614年高攀龙在无锡，1631年陈龙正在嘉善先后创立同善会。到明末，全国已有十几处同善会。从高攀龙制定的《同善会规例》来看，此会每季主会，只要素行端洁、料理精明者，即可公同推举，轮流任事。会赀由会员捐助。此会最明显的特点有二：一，集会之日由司讲者用通俗语言演讲，务使听者感动善心；二，会赀随所至多寡，约为三分，以二分助贫，以一分给棺。助贫以劝善为主，先于孝子节妇之穷而无告者，次及贫老病苦之人。至于不孝、不悌、赌博、健讼、酗酒、无赖及年力强壮、游手游食以至赤贫者，皆不滥助。① 可见，此会并不是单纯地济贫，而是教养兼施，以教化为主。

同善会本是明末清初在江南地区发展起来的善会，但清初这一类型善会也开始被引入山东。康熙十年（1671），莱芜立同善会。其规约由县知事叶方恒制定，山东巡抚张凤仪、山东提督杨捷、济南知府王勤民、刑部左侍郎高珩、大学士孙廷铨为之作序，显示出官方对此的重视和肯定。

---

① 于治：《得一录》卷六，第30页，1887年四川臬署重刊。

莱芜《同善会规约》的主要内容有：

一、是会平时每季一举，遇荒每月一举，须凭贤绅佳士兼同诚实耆老为主会。先察贫户姓名，造册详注，给发赈单，劝募乐施。钱自几十文以至几百文，银自几分以至几钱，及米谷豆麦升斗不拘。

二、是会崇奖节孝，赈济饥贫。平时先节孝后饥贫，遇荒则反是。略分为三等：节妇、孝子、善人，曰敬赠，稍厚，造门敬往；贫儒、旧家，曰公送，次丰，到会公同面送之；其余贫穷，曰给发，期日集众于公所亲给之。鳏寡孤独残疾高年者方准入册，若年未五十，非残疾，及素不端良、恶业贱行者，虽贫不给。

三、是会举必公所，凡各镇集庄村，按保团集一会，分疆划界。募助即在分划之中，给散亦止分划之内，即古者乡里同井之遗意。贫者得以资生，自无流散，借行激励，定不为非。

四、劝募不论锱铢，厚薄随人乐助，每次募助银钱杂粮等项，不论多寡，总以二分给散，一分存留，以寓常平备荒之计。

五、如有素有信行、贫无工本不能及时耕种者，许亲邻作保领借，至多不过一石，收获加利三分缴还，歉岁免利还本。

六、察户务要至当，不私亲故，不论怨仇。

七、顾赈定法，贫户必须亲到，面给手授。

八、贫户各册抄誊送县，只为存案。至于地方善事，一听地方举行，官不参权。

从规约来看，莱芜同善会有以下几个特点：(1)官倡民办，由知县亲自制定规约，巡抚、提督、知府作序鼓励，但官方不参与具体事务。(2)以奖励节孝为主，救助济贫为辅，教化色彩非常明显。(3)与保甲相结合，各地只在本地劝募，只奖励救助本地节妇孝子及贫民。(4)对贫穷守信者可以借贷，有义仓之意。

莱芜同善会是当时的知县叶方恒模仿无锡、嘉善同善会而建，他本人就是无锡人,创立同善会正是要推广其乡贤高攀龙的善举。其目的就是为了寓教化于济贫之中,通过济贫使受助者向善,正所谓:“好施之人,固由于善,而能令受施之人善者益善,即有不善亦相感而有化于为善。”①至于莱芜同善会的运作情况及存续情况,未见记载,只是在县志中记载“一时称为善政”,大约是在一段时间内取得明显成效,后来未能维持。另外,莱芜同善会在山东只是个案,在其他县志中,未见有同善会的记载。

2. 同善堂

光绪二年(1876),山东发生大旱灾,江南善士慷慨捐助,并亲临山东救灾。与此同时,他们也将江南的善会善堂移植到山东,其中最为典型的就是青州同善堂。

1876年,江广善局李金镛来青州救灾,捐其余资二千一百缗,购唐氏宅改建为青州同善堂。内设义学二所,收养孤贫蒙童兼设炉收焚字纸,又捐房一所,银千两。善士严作霖等捐银千两并取息租以充经费。青州知府富隆阿续捐银五百两,梅启熙捐钱三百二十千。益都知县张廷燮捐银三百两。又续设外义学数处,并举施医保嫠等。②

青州同善堂设立之初,由江南善士谢家福拟订《青州同善堂章程》,其主要内容包括:

> 一,董事宜公举。现由本地官绅暨苏、常绅士公举董正一人、董副一人、司月六人轮办局务。凡有兴作,须公同商酌。每月公请府县宪莅局一二次,课其大纲。
>
> 二,司事宜公延。由各董公请老成谨慎、练达勤干者一人为管总,银钱账目,办理机宜,悉听妥为筹办。

① 民国《续修莱芜县志》卷十七,政教志,救济。
② 光绪《益都图志》卷十九,食货志。

三，捐款宜广筹。现蒙府县宪暨江广赈局、镇扬赈局各助千金，除发典存息济用外，应由董事仿照同善会例，妥为筹劝，以每月三十文为一愿，愿数多少，惟力是视。

四，经费以节省。董事薪水、轿马之费概不致送。

五，账款宜查报。

六，收照宜详核。

七，堂屋宜建置。俟经费筹定，即行建置堂房，以期恒久。

八，善举宜酌办。现因经费未充，先办义塾、惜字、乡约三端，章程悉照苏郡轮香局办法。其余各善举，随时再为推广。①

这份章程明显是仿照江南善堂而来，而且还直接提到在捐款方面仿照同善会，在善举方面仿照苏州轮香局。

但不久其章程废弛，后又由知县张廷燮酌定章程八条及施医药惜字纸章程五条，其主要内容有：

一，绅董宜得人。善堂本属义举，司事绅董必好善不倦、众望允孚者方足资总理。

二，经费宜综核。善堂经费本不充裕，自应量入为出，方不致时赢时绌。

三，义学宜勤查。原设义学二处，即在善堂之内，添设义学三处，分布城关适中之地。义学学师向择品学兼优之士，始能延请。义学学徒向收孤寒无告之幼孩，授以书纸笔墨，并予食饮，口分定额交由学师照管。既教且养，统以15岁为度。届时即令出额，俾孤寒可相继而来。

四，字纸宜称收。善堂新设字纸所，除已示谕各衙门书役各铺户各住家各学堂一体捐制惜字木匣外，另由善堂专雇勤谨

① 谢家福：《齐东日记》，光绪三年七月初一日条。转引自朱浒著《地方性流动及其超越》，第239～240页。

耐烦可靠雇工一人,逐日前往城关各衙门铺户住家学堂挨次询索,拾入大篓,按三八五十期送归善堂焚化。

五,医药宜酌施。善堂新设施医所,除已示谕城关乡镇无力延医各项人等均准前来就医外,特访精于医理明白谨慎医生一人,派充是选,每逢三八五十即着该医生在善堂坐候半日。

六,矜恤宜实逮。善堂向议有保嫠存孤等事,因经费太绌,力有不逮。惟向有寄居孀幼数家,月给帮项,自应照旧散给,嗣后有如此类,仍当量力帮助。

七,月报宜张示。善堂向有支用总簿,每月分呈府县核批。现著立新簿,皆按管收除在四柱分款缕列。除堂存总簿外,每月另造册一本,随簿分呈府县存案。并随册抄单一份,每月张贴善堂墙壁之上。

八,捐款宜慎存。善堂捐款向存当店,由来已久,毫无亏挪。现拟应用若干,即交若干核算,用果有余,仍存当店,每半年交当生息。①

从内容来看,此章程基本继承了谢家福所订章程的原则,救济范围除原有的义学、惜字外,还扩展到施药、恤嫠等方面。由于此类善堂在山东较少,并且还是从江南移植而来,难怪梁其姿在《施善与教化》一书附表四综合性善堂的统计中将其遗漏。

3. 广仁堂

此类善堂在山东只限于登州、莱州、青州三府,是时任登莱青道道员的盛宣怀在当地善堂的基础上捐资扩建而成的。

光绪十二年(1886)六月,江苏武进人盛宣怀任山东登莱青兵备道兼东海关监督。盛宣怀早年曾在家乡参与赈济和慈善活动,对江南的善堂极为熟悉,又在天津河间兵备道任上赈济灾民,捐建广仁

---

① 光绪《益都图志》卷十九,食货志。

堂。他来山东之后，目睹属地民贫地瘠，特别是烟台为通商口岸，四方无业之民麇集尤多，再加上数年来黄河小清河泛滥为灾，流离就食者接踵而至，婴嫠无保恤，疾病无医药，饥寒困苦，实在可怜。以前各任道员虽都购置房地，设有粥厂、庇寒所并兼善堂，施种牛痘医药棺木等，但因经费出自自捐，未能扩充办理。

于是，盛宣怀便在兼善堂左右购地添盖房屋157间，又购出租收息者87间，将庇寒所改名为栖贫所，增为65间，又造寄柩所36所，并购义地3处。以上工程在光绪十六年至十八年间一律告成，仿照京津成案，命名为登郡烟台广仁堂。酌定条规，分设十会十所。十会是指保婴、恤嫠、训善、因利、拯济、保熄、备棺、运柩、掩骸、惜字；十所是指施粥、栖贫、蒙养、慈幼、工艺、戒烟、西法、施医、养病、寄棺，遴派员绅分司其事。

莱州府(府治在掖县)本有育婴堂，存款生息钱一千串。盛宣怀又添购民房并用道署箭道余地，整旧营新，共成房屋44间，命名为莱郡广仁堂。青州府(府治在益都)城南有江南士绅严作霖等捐设的同善堂一所，存项生息银2800两，旧房50间，加以修缮，并添盖后厅3间，命名为青郡广仁堂。以上两堂均派员董经理，先办保婴、恤嫠、训善、义塾四事，除道府州县每年捐助经费外，再由烟台广仁堂拨给应用，综计购地盖房需银一万五千余两，全由盛宣怀捐助。

另外，盛宣怀还筹银2万两交烟台机器缫丝局作为三堂股本，永远生息。所有常年经费，拟将烟台粥厂及施棉衣、医药、种牛痘四事，由登莱青道按照旧章捐廉办理，其余官商乐助，及洋药厘金内留支、缉私、善举经费、房租、生息、私磺私土罚款充公等项，每年所入约有万余两，若能节约动支，大体能够敷用。

光绪十八年(1892)五月，盛宣怀调补天津海关道兼津海关监督，离开山东，三府广仁堂由后任道员督办。同年，山东巡抚福润在奏折中称："盛宣怀于登莱青道三府捐资创设广仁堂，拟办各项善举，洵属有裨地方，急公好义，相应奏明立案。并恳天恩俯赐每年赏给漕米三百石，自本年起在于江苏海运漕粮项下拨给该道等具领，由招商局轮船运至烟台，分拨各堂应用。”朝廷最后允许在山东应解粟米内拨给三百石。①

各广仁堂后来的遭遇可以掖县为例。据县志记载，掖县广仁堂（即莱郡广仁堂）为办理保婴恤嫠各善举，设置堂董司事，并附设义塾四斋，用蒙、以、养、正编号，肄业贫生择优给予膏火奖赏。常年经费来源，是利用育婴堂基金生息及地租，不足部分由东海关掖口税局海船办公捐项下提款补助。民国以来，胶东道道尹与东海关监督分署办公，船捐逐渐停止，而广仁堂于1925年为道院所占用。后经兵燹，驻军屯扎堂内，各小学也被驱散，各教员尚赖育婴堂地租接济，各于私宅讲授。后因各教员先后去世，无人经理，遂于1933、1934年间，由县长赵鸿泽、刘国斌先后将育婴堂地及广仁堂各房完全拨归救济院。②

4. 保节会

这类慈善机构以保全寡妇名节为宗旨，又称为恤嫠会、恤嫠院、清节堂等。山东各地这类机构极为少见，仅在德县和济宁县志中见到两处。

德县恤嫠院，清光绪二十三年（1897）知州钱祝祺建，可容四十余人。③ 具体情况不详。

济宁保节会在城外西南关弯槐树慈善院（1915年设，专收跛聋废疾及老幼贫民，教以工作，养其生活）内，1924年由当地士绅王元璐每月捐钱五十千提倡发起，潘守廉极力赞成，特捐基金洋一千元

① 《光绪十八年七月廿四日京报全录》，《申报》1892年9月24日（光绪十八年八月初四日）。

② 《四续掖县志》卷三，慈善。

③ 民国《德县志》卷十三，风土志，慈善。

存储生息。原定正额16名,每月各津贴钱6串,后因捐款充足,定额正额20名,加添副额16名,正额仍月贴6串,副额每名各津贴钱3串,并在孀妇住宅悬挂保节门牌以示优异。

《济宁保节会试办简章》主要内容有:一、本会以维持风化、保全名节、崇尚道德、实行慈善为宗旨。二、本会定名为济宁保节会,以抚恤济宁贫苦青年嫠妇有志者守节者为限。三、本会暂设于济宁县城外西南关弯槐树慈善院,以便节妇报名及按月给领津贴,一俟筹有经费,另择相当之地。四、本会禀请济宁县署立案,并令给保节门牌,由县印发给,凡节妇受本会抚恤者,将门牌张贴门首,俾亲族邻右得以周知而资保护。

从简章来看,济宁保节会以保全青年嫠妇名节为宗旨,这与其他地方的恤嫠会、清节堂的宗旨没有区别。不同之处在于,由于济宁保节堂没有自己的房舍,嫠妇皆不住在堂内,而是居住在自己家中,按月赴会领取津贴。这比居住在清节堂内的嫠妇自由得多,因为清节堂内的嫠妇行动受到很大限制,平时不能随便外出或会见异性,实际上类似于软禁。为弥补嫠妇不住堂造成的管理"不便",章程中规定凡受本会抚恤之节妇均得将保节门牌悬挂在门首,实际上有让亲族邻右监督嫠妇守节的意味。①

四、比较与评价

综上所述,山东传统的慈善救济机构大体可分为官办和官督民办两大类,前者主要是从明代承袭下来的养济院,后者主要是清朝雍正年间新建的普济堂和育婴堂。除此之外,漏泽园、义冢在各州县较为普遍,粥厂多为临时性设施,同善堂、广仁堂等综合性善堂仅限于青州及登州、莱州。明清以来,中国的慈善救济事业有了长足

① 民国《济宁县志》卷四,故实略。

的发展,与前代相比也呈现出一些新气象。山东作为中国北方的一个省,其慈善救济事业发展程度如何?自身又有哪些特点?本节参考我国学者梁其姿和日本学者夫马进对江南善会善堂的研究成果,对此加以比较和评价。

1. 山东传统慈善救济机构与江南善会善堂在概念上的差异。

需要指出的是,梁其姿和夫马进研究的江南善会善堂与本章所论述的山东传统慈善救济机构并不是同一个概念。他们研究的对象主要是明清以来新出现的民办慈善机构,诸如同善会、普济堂、育婴堂和清节堂,以及其他综合性善堂。如梁其姿在《施善与教化》一书的导言中说:“本书主要讨论明清时代的慈善组织,但并非所有的慈善事业。笔者感兴趣的是一方善士所共同组织的善会及善堂。这些组织不属于宗教团体、也不属于某一家族,是地方绅衿商人集资、管理的长期慈善机构。”并特别提到政府及宗教团体的赈济活动不在讨论的范围之内。夫马进同样如此,他在《中国善会善堂史研究》一书中,明确指出:善会善堂是由民间人士经营的慈善团体及其设施。尽管在以地方官为代表的国家权力的干预下,善会善堂呈现出各种各样的形态,但它始终被认为是民间的“善举”,与官办的养济院形成鲜明的对比。由此可见,梁其姿和夫马进都是把善会善堂定位为民办的慈善组织。而本章所讨论的山东传统慈善救济机构不仅包括官督民办的普济堂和育婴堂,也包括官办的养济院,故不宜称之为“善会善堂”。

尽管江南的善会善堂与山东传统的慈善救济机构在概念上并不完全一致,但两者之间毕竟有诸多重合的内容,仍具有一定的可比性。这是因为:一、以上两书都以普济堂和育婴堂为重点研究对象,这也是山东传统慈善救济机构所涵盖的重要内容;二、以上两书都涉及山东,特别是夫马进书中还列出专章谈论山东普济堂、育婴堂的建立,两书在附录中所作的统计也都包括山东。

2. 数量少，种类少，发展缓慢，维持困难，在整体上明显落后于江南。

梁其姿在《施善与教化》一书中，参考了 2615 种地方志，对全国 18 个省的育婴堂、清节类善堂、施棺类善堂、综合类善堂的数量和分布进行了较为详细的统计，其中参考的山东各州县志达 264 种之多。这种统计难免会有所遗漏，但也基本上能反映出善会善堂在全国的发展和分布情况。就育婴堂而言，总计 973 处，山东有 61 处，占 6.3%；清节类善堂总计 216 处，山东只有 1 处，即前文提到的德县恤嫠院，占 0.5%；施棺类善堂总计 589 处，山东只有 3 处，占 0.5%；综合类善堂总计 338 处，山东只有 1 处，即前文提到的掖县广仁堂（另有烟台广仁堂和青州广仁堂未被统计），占 0.3%。从以上统计可以看出，山东除育婴堂较多外，其他类别的善堂只有 1 到 3 处，数量少得几乎可以忽略不计。况且，山东各州县的育婴堂大都附在普济堂之内，基本上属于普济堂的附属物。如此说来，山东的“善会善堂”就更少得可怜了。

再看种类。夫马进在《中国善会善堂史研究》一书附篇中，专门讨论过清代沿海六省（冀、鲁、苏、浙、闽、粤）的善堂普及情况。他首先将养济院排除在外，其理由是：一、养济院几乎遍及所有州县，从明初到清初没有发生根本性的变化；二、官办的养济院不具备善堂的性质。其次，在统计中将没有设立善堂的善会也包括在内。由于他参考的地方志较少（河北 92 种、山东 50 种、江苏 38 种、浙江 28 种、福建 36 种、广东 43 种），其统计在数量上也许意义不大，但他对每个州县的各类善堂罗列较为详细，从中可见各州县善堂的种类。就山东而言，普济堂最为普遍，每州县都有。善堂种类最多的是兰山县，有 7 种，即普济堂、栖流所、牛痘局、因利局、朽骨会、长生会、水龙会；其次是临清，有 6 处 5 种，即施医院（基督教会设）、牛痘局、掩骨会、施棺会、普济堂、育婴堂；德州也有 6 处 5 种，即普济堂、育婴堂、恤嫠院、同善水会、平安水会、卫氏医院（基督教会设）。而在善堂最为发达的苏州、松江、常州、镇江等府，其所属州县的善堂多种多样，除育婴堂（恤幼局、保婴局、留养局）、清节堂（保节局、保节堂、立贞堂、贞节堂、恤嫠局、敬节堂、儒寡会）、安老院（残废老人堂）、救生局（救生船）、掩埋局（枯骨会）、施材局、洗心局、水龙局（救火会）、惜字局（惜字会、惜字炉）等以人或物为救济对象的善堂之外，还存在着很多从事救火、放生、义学、施衣、施药、施棺、育婴、救生等善举的综合性的善堂。具体到每一个州县，善堂数量也很多，如常州府一个普通的江阴县居然设立了30所善堂（善会）。其种类及数量如此之多，是山东所无法相比的。

就善堂的发展和维持而言，据夫马进的研究，江苏善会善堂的设立，除在咸丰年间略有减少之外，同治年间达到顶峰，基本上是顺利地发展。而且，雍正二年发布的设立普济堂和育婴堂的上谕，对于上述趋势只不过产生了有限的影响。而山东却大为不同，山东最主要的善堂（普济堂、育婴堂）就是河东总督王士俊为响应雍正二年的上谕，在雍正十二年命令各地统一建立起来的。另外，从清代及民国山东各地所编纂的地方志来看，山东各地善堂虽也有屡废屡建或新建的情况，但更多的命运还是“已废”、“久废”、“倾圮已久”，与江南善堂在清代的进一步发展形成了鲜明的对比。

3. 慈善救济机构多为官办或官督民办，官方色彩浓厚。

梁其姿和夫马进在研究明清善会善堂时，不约而同地都立足于江南，这并不是偶然的，因为只有在江南地区这类民办慈善组织才最为发达，研究的价值才最大。反观山东，情况则大不一样，其慈善机构的明显特点就是官办色彩浓厚，也可以说，离开了官办或官督民办，明清时期的山东几乎无慈善机构可言。清代以来，山东各州县最为普遍的救济机构是养济院、普济堂和育婴堂。养济院是纯官办的救济机构，自不待言。普济堂和育婴堂作为清代新出现的慈善组织，在江南主要是民建民管，其经费也主要是出自商民捐助，反映出江南地方精英对社会事务的积极参与。尽管在18世纪由于官方的介入，江南善堂有一个“官僚化”的过程，但始终能保持民办的特色。而山东的普育两堂则是在河东总督王士俊的一纸命令下统一建立起来的，其创建经费虽也是官商士民的捐助，但往往以官捐为先为主，从一开始就带有明显的“官僚化”，在其后的经营中，若有经费不敷也主要由各知县知州捐给。这一方面增加了地方官的负担，另一方面也使这些慈善机构始终有浓厚的官办色彩。除普育两堂外，山东的其他慈善机构也几乎都是由地方官倡导、倡捐建立和维持的。官方介入和官员捐助虽然能使慈善机构很快建立起来，但也很容易出现人走堂废的现象，难以长久维持。

4. 以济贫为主，教化色彩较淡。

江南的善会善堂教化色彩浓厚，有些善会善堂明显地是以教化为主，救济为辅。梁其姿在《施善与教化》一书中指出，施棺掩埋会宣传正确的埋葬礼法，以体现孝道，惜字会传播字纸的神圣，清节堂宣传青年寡妇守节的重要性，三者在意识形态上的关系是非常密切的，说明它们“最主要的任务，其实是宣传正统文化、价值观，而不是单纯地改善贫人的生活问题。”①在江南善堂中，恤嫠会和清节堂所占的比例较大。恤嫠会和清节堂的建立就是为青年寡妇守节提供物质条件和精神引导。特别是清节堂将寡妇软禁在一个封闭的院内，几乎完全与外界隔绝，其目的就是为了培养节妇。此种行为在当时也曾引发争议，因为将节妇关闭在堂内，使她们难以孝敬公婆、抚育幼子、祭扫丈夫之墓，无法尽到家庭伦理之责。山东的慈善机构当然也具有教化的功能，但明显地是以收养和救济为主，像惜字

---

① 梁其姿著：《施善与教化——明清的慈善组织》，河北教育出版社2001年版，第287页。

会、清节堂这样以教化为主的善堂极少。山东虽是孔孟之乡，受儒家文化影响深厚，但利用善会善堂来实施教化的意图并不明显，这可能与当时山东的经济文化状况有关。

5. 在一定程度上受到江南善堂的影响。

清康熙十年，莱芜设立同善会，由知县亲自制定规约，这明显是对无锡、嘉善等地明末同善会的模仿。

光绪二年山东大旱，江南善士李金镛、严作霖等来山东救灾，为收养幼孩，捐建青州同善堂，并制定详细的章程，将江南的善堂移植到山东。后来，盛宣怀在任登莱青道道员期间，又在登州（烟台）、莱州（掖县）、青州（益都）分别建立广仁堂。其中登郡广仁堂分设十会十所，莱郡、青郡广仁堂分保婴、恤嫠、训善、义塾四事。这些综合性善堂，其实也是对江南善堂的移植。不过由于经济和文化的差异，江南善堂对山东慈善机构的影响极为有限，无法改变山东慈善机构落后和官办色彩浓厚的状况。

6. 善心只有在物质条件的支撑下才能转化为善举。

形成山东慈善机构上述特点的原因很多，但最主要的还是经济原因，这点与江南一比就更加明显。梁其姿在论述江南善会善堂发达的原因时指出，“18 世纪是以扬州为中心的两淮盐业的黄金时代，江南各地善堂在雍正乾隆时代因而受惠，是很明显的”，“江南善堂在雍乾间的快速膨胀，主要是由于可依赖丰厚而稳定的盐税补助”。除了巨额的盐税，江苏的地方官以捐俸、劝捐、拨官田方式资助善堂的做法也相当普遍。官方的介入虽然使善堂越来越“官僚化”，但对善堂的发展通常有正面的影响。①

夫马进也有同样的认识，他指出，善堂普及的原因并不仅仅是社会上存在着要求救济的呼声。无论社会上有什么呼声，由于资金

---

① 梁其姿著：《施善与教化——明清的慈善组织》，第 148 ~ 150 页。

不足,善会的结成和维持还是不可能的。在那些难以自发地结成善会并持续地维持善会的地方,进入清代以后,国家(地方官)对"福利事业"的影响依然保留了很多。在那些地方,总督和巡抚等地方官发挥了很强的指导力。河北省、山东省以及福建省的事例充分地说明了这一点。在那样的地方,容易被地方官控制,没有地方官就无法建设善堂。而且,一旦他们离任,善堂多归于荒废。相反,在容易筹集善会善堂运营资金的地方,以及能够在一定程度上维持善会善堂的地方,这些慈善组织陆续地诞生。因此,善会和善堂首先诞生于富人聚居的城市,并以城镇为中心向乡村中发展渗透。①

回过头来看,山东慈善机构的落后不正是山东经济落后的直接体现吗?善心只有在物质条件的支撑下才能转化为善举。山东作为孔孟之乡、礼仪之邦,善心自然不会缺乏,可没有经济实力作后盾,善心就只能停留在胸腔和口头,无法形成广泛而持久的慈善事业,使鳏寡孤独老弱病残得到救济。这就是我们研究山东传统慈善救济机构得出的结论。

---

① 夫马进:《中国善会善堂史研究》,第701~702页。

第十一章　新型慈善救济机构的兴起

本章所指的新型慈善救济机构有两重含义:一、从时间上看,这类机构绝大部分是近代以来兴起和建立的,不包括延续到近代的传统慈善救济机构如养济院、普济堂、育婴堂等;二、从功能和救济方式上看,这类机构虽仍以救灾济贫为目的,但在施舍收养的同时,更注重为受助者传授谋生技能,提供谋生机会,最终使他们能自食其力,体现出助人自救的近代救济理念,这与以施舍收养为主的传统慈善救济机构有明显的不同。

需要指出的是,本章所选择的新型慈善救济机构以存在时间较长、侧重于日常救济的济贫机构为主,至于专为救济某一次或某一地灾荒而临时性设立的救灾机构,因数量众多,旋设旋撤,本章均不涉及,将放在本书其他救灾专题中论述。

一、慈善救济机构的种类

近代山东新型慈善救济机构种类复杂,数量众多,难以细举。为简明起见,本章先对近代以来在山东设置普遍的新型慈善救济机构进行分类介绍,然后考察此类机构在 20 世纪 30 年代初的地区分布,最后总结其特点。这种处理虽不能做到面面俱到,但大体上能反映出近代山东新型慈善救济机构的全貌。

(一)赈务会、赈务分会

山东省赈务会及各县赈务分会是国民党统治时期山东最主要

的官办慈善救济机构，它以救灾为主，兼顾济贫，在救灾和济贫中都发挥着重要的作用。

1. 山东省赈务会

山东省赈务会成立于1928年8月29日。1930年，山东省赈务会主席是韩复榘，委员有李树春、赵新儒、辛铸九、何春江、张苇村。每月经费1298元，由省地方税项下拨发。①

山东省赈务会是山东省唯一的省级官办慈善救济机构，领导和实施本省的重大救济活动。如1935年黄河水灾发生后，山东省政府成立了山东黄河水灾救济委员会领导救灾，这个机构就设在省赈务会内，其成员也主要是省赈务会委员。

山东省赈务会的日常工作就是对各县发生的灾患进行救济。如长清县，1929年10月，经山东省赈务会发给赈款三千元，后奉令作为贷济款。1930年冬，经山东省赈务会发给兵灾赈款二千元。1933年黄河水灾，经山东省赈务会发给急赈款五百元，普赈款三千元。②

济南市政府也经常向山东省赈务会请款救济本市或外来贫民。1935年5月6日，济南市政府向省赈务会呈报办理庇寒所用款情形时说：本府先后领到赈务会发给银洋四万元整，计庇寒所六处开办费、经常费，共用洋34374.387元，连同发给窝铺贫民旅费1067.5元，栖留所贫民旅费167.613元，及发给遣送贫民列车司机洋20元整，共计支洋35629.5元，实存洋4370.5元。并附各类单据、清册，呈请省赈务会鉴核报销。③

山东省赈务会还经常对本省的慈善机构拨款资助。如1932年

---

① 殷梦霞、李强选编：《民国赈灾史料续编》第1册，国家图书馆出版社2009年版，第393、394页。

② 民国《长清县志》卷六，食货志下，赈恤。

③ 《济南市政府市政月刊》第九卷第五期（1935年5月15日）。

3月1日，省政府会议议准省赈务会为中国红十字会济南分会拨款补助五百元，补充药品。[①] 1934年6月22日，省政府会议议准省赈务会拨借山东厚德贫民工厂洋五万元，作为贷款，每半年还洋五千元，分五年还清。[②] 1934年7月24日，省政府会议议准省赈务会每月拨给济南红卍字会洋一百五十元，孤孀救济会每月洋一百元。[③]

1938年，伪山东省公署将山东省赈务会改称为山东省振务委员会。1943年8月又改称山东省立救济院。抗战胜利后，由山东省政府改组，仍称山东省立救济院。

2. 各县赈务分会

山东各县赈务分会多成立于1929年或稍后，救灾与济贫兼顾。以下举例介绍：

齐河赈务分会。1929年10月领到省赈务会赈洋3000元，奉命组织分会。初附设财政局内，至1931年1月始划分独立。设事务员一人，常川住会，专司贷款事宜。其办法是：凡贫穷商民合于贷款条例者，须由殷实商家作保，始得贷款。每名以五元至十元为限，每十日偿还十分之一，满百日还清，不取利息。[④]

夏津赈务分会。1930年9月奉令成立，地址设于城内西街，经费每月由县政府补助洋三十元。内附设有贷济处，由省领贷款三千元，专供贫民借用，不收利息。其贷款办法是：(1)凡贷款人以被灾难民无计谋生者为限。(2)凡贷款人须于前三日内将姓名、年籍、住址、职业及贷洋数目、营业目的，并铺保行号或保人姓名开单来处挂号，由贷济处对保明确，方准发给贷款折据。(3)凡贷款以能敷小本营生者为限，少则五元，至多不得逾十元。(4)还款期限不得过三个

---

① 《山东省政府行政报告》1932年第3期。

② 《山东省政府行政报告》1934年第6期。

③ 《山东省政府行政报告》1934年第7期。

④ 民国《齐河县志》卷十九，恤政。

月，无论贷款多寡，分十期摊还。如贷款五元，每届五日即还洋五角。倘有拖欠，由保人承还，并下次不准再行借贷。①

各县赈务分会有一些共同的特点：(1)均是奉省赈务会命令而成立的，成立时间大体在1929年或稍后。(2)成立之初，由省赈务会发给3000元作为贷款基金，按统一标准和办法贷给本县小本经营者谋生，不收利息。(3)除发放小额无息贷款外，各县赈务分会还负责本县灾后救济，或协同其他救济机构救济本县灾民。(4)各县赈务会经费由省赈务会和县财政补助。各县赈务分会兼有灾后救济和平时济贫的双重功能，特别是普遍实行的小额无息贷款，对贫民自谋生计会有所裨益。

(二)因利局(贷款所)

民国时期，除赈务分会外，还有一个为小本营业者提供贷款的机构，那就是各地独立设置或附设于慈善救济机构内的因利局。以下举例介绍：

1. 掖县

1919年，县知事熊士昌提普济堂原本银二百十四两四钱八分余易京钱九百吊，拨充因利局基本，交地方财政管理处办理。1926年，县知事张蔚南提孤贫口粮余款京钱三千吊，拨充因利局基本，交掖县道院王同方等保管。②

2. 临清

因利局储蓄基金，以低息称贷，所以利贫民而便负贩。1921年，县长杨凤玉创设，后由当时士绅增置一处，附设于商会。1924年红卍字会附设一处。后皆停办。③

3. 济宁

① 民国《夏津县志续编》卷二，建置志，仓局。

② 《四续掖县志》卷三，慈善。

③ 民国《临清县志》建置志，慈善类。

因利局在铁塔寺后院，1914 年 3 月设立，由当地士绅杨毓泗、李秀庚等办理。其基本金由城区董事会拨给京钱三千五百串，及办公事务所历年拨给京钱七千六百九十八千余，又本局历年所得利息底子京钱七千二百四十二千余，统计已达一万八千四百千。此外有牛油栈公益捐五百串，梭洋布店公益捐银一百二十两，公房租三项，由城议会议决呈明指定归拨本局作为常年经费。查 1914 年倡办之始，贷放出款一年只有九千九百余千，现在逐年贷放加增，每年达二万三千三百余千。①

济宁因利局遵照城区议事会议定的因利局贷放章程，制定出办事细则规约，其主要内容有：

> 一、凡借贷人无论小本营业、小本工业向本局借贷者，须预日来局领取借贷书，填写借贷数目，自向认识铺保户盖章作保。凡有铺户图记者，经本局照验后方准支付此次贷款，若无铺户图记，即以无人作保论，例不支付。
>
> 二、小本营业应准借贷铜元二千或三千，小本工业应准借贷铜元十千。
>
> 三、司事人须查照贷放日期及应偿还日期，如至期并未偿还，须随时检查，派遣局役向借贷人催讨。如逾三限期，借贷人仍不偿还，须向该铺保催问代还。

除专门设立的因利局外，还有附设于其他机构内的因利局，比较多的是世界红卍字会因利局等。如莱芜红卍字分会设有因利局，1923 年成立，以便贫民小本经营。莱芜颜庄红卍字会因利局，1928 年正月该会由会员集捐京钱二千吊，接济贫民小本营生，不取利息。② 济南红卍字会系统中就有济南红卍字会因利局、全鲁卍联因利局。③

---

① 民国《济宁县志》卷四，故实略。

② 民国《续修莱芜县志》卷十七，政教志，救济。

③ 《济南市社会局十八年度工作报告》，第 48 页。

小本工商贷款所的性质与因利局一样，也是为小本工商业者提供贷款。如1934年10月，济南市政府制定《办理小本工商贷款暂行办法》，其中规定：资金定为10万元，由省财政厅及省赈务会各拨25000元，由民生银行息借50000元，银行贷款月息以五厘为限。凡满21岁之男女，在本市居住一年以上，夙营小本工商业者，均得申请贷款。贷款数目自5元起至30元止，整借零还或整还，均以月息八厘为率。① 后经核准由省赈务处拨25000元，民生银行借25000元，共计50000元作为基金，试行办理。小本工商贷款所于1935年5月1日正式成立，每月1日、11日、21日为放贷之期，每人借5元至30元。截止到9月15日，已贷出数千元，工商咸称便利。②

（三）救济院

1928年5月，国民政府内政部颁布《各地方救济院规则》，对全国范围内的官办慈善机构进行统一的归并。此后，山东各地救济院相继建立，成为收容鳏寡孤独残疾者的最主要机构。以下仅举三例介绍一般情况。

1. 济南市救济院

1929年，山东省政府主席陈调元设立贫民收容所，1930年改为教养所，同年12月改称救济院，属市政府管辖。③

1933年2月初济南市救济院的情况是：院内分养老、残废、孤儿、育婴四所。养老所定额为150人，收容六十岁以上之贫民与乞丐，男贫民现有70余人，女贫民有40余人。残废所定额也是150

---

① 《办理小本工商贷款暂行办法》，《济南市政府市政月刊》第8卷第10期（1934年10月15日）。

② 《济南市政府周年工作报告》，《济南市政府市政月刊》第9卷第9期（1935年9月15日）。

③ 《济南市立救济院成立会报告事项案》，济南市档案馆藏档，档案号：22—1—13。

人，专事收容四肢五官残废之贫民与乞丐，现有男贫民一百一二十人，女贫民20余人。孤儿所定额200人，凡年在十六岁以下之贫儿或乞丐皆予以收容，现男孤儿有二百一二十人，女孤儿有20余人。育婴所以20名为限，专收私生子或无力抚养之子女，以初生者为限，现有男女婴儿共5名，经市民领去男女婴儿各1名，尚有女婴儿3名。① 1933年2月8日，山东省民政厅厅长李树春、济南市市长闻承烈亲自前往济南救济院详细视察，新闻报道中评价说："本市救济院成立以来，颇著成绩，内容设备亦均适宜，收容贫民为数既多。"②

济南市救济院经费系属省款，按月由财政厅领洋4054元，育婴所经费洋279元。实际支出每月三千数百元，育婴所每月用一百数十元。每月所存结余奉令不准移作别用，待年度终了呈财政厅。③ 1933年及1934年度，济南市救济院及育婴所合计支出预算均为54457元。④

2. 青岛市救济院

1929年青岛市政府成立后，青岛市救济院也开始筹备，但因经费及人事关系颇费周折，直到1931年5月才正式成立，定名为"青岛市救济院"，隶属于市社会局。

青岛市救济院原计划设置残老所、育婴所、孤儿所、济良所、贷款所、施医所、习艺所等七所，除残老、施医两所未能设置外，其育婴所、习艺所、济良所均系前胶澳商埠局所倡办，经接收改组而成。孤

---

① 《市立救济院调查记》，《山东民国日报》1933年2月6日。《济南市救济院民国二十二年本院概况及改善计划报告表》，济南市档案馆藏档，档案号：77—16—15—5。

② 《山东民国日报》1933年2月9日。

③ 《济南市救济院民国二十二年本院概况及改善计划报告表》，济南市档案馆藏档，档案号：77—16—15—5。

④ 《济南市政府暨所属各机关二十二三年度支出预算比较表》，《济南市政府市政月刊》第10卷，第7、8期合刊（1936年8月15日）。

儿所因限于经费及所址关系称为孤儿组，附设于育婴所内。①

1937 年 7 月抗日战争全面爆发，12 月，救济院员工和所收容人员逃往济南避难。日军占领青岛后，救济院财物设备损失严重。济南沦陷后，救济院员工及所收容人员又迁回青岛。1938 年 12 月 1 日，在青岛市救济院的基础上成立“青岛特别市救济院”，由日伪社会局监督，将原救济院七所改组为八部，即育婴部、孤儿部、残老部、济良部、贷款部、恤产部、恤嫠部、施舍部。

1946 年 6 月 1 日，青岛特别市救济院改名为青岛市市立救济院，成立之初，仅有育婴、育幼、习艺、助产、贷款五所，至 1947 年又增设残疾教养所、妇女教养所、安老所、施医所，共计 9 所。②

3. 掖县救济院

1931 年 10 月成立。于普济堂东院设置养老残废所，收养衰老残废之人；又于普济堂西院设置育婴孤儿所，收容婴孩孤儿；于乡贤祠设立施医所，先办种痘施药等事；借财政局设贷款所，以便贫民贷款。1933 年，县长赵鸿泽拨发大洋 155 元 6 角 4 分 7 厘，京钱 3933 吊 630 文，交救济院充临时基金，发商生息。又将广仁堂接管育婴堂地亩 9 亩 5 分 2 厘 6 毫交救济院接管收租，以充本院经费。其临时接济者，则有马镇藩县长捐洋 100 元，又筹捐洋 370 元。刘国斌县长筹拨罚款洋 144 元。其善士捐款指定用途者，则有王同方捐施医所、养老所、残废所洋 100 元，杨荩臣等捐小学开办费洋 100 元。各绅商亦有零星捐助。③

（四）平民工厂

清末民初，山东各地出现一批为贫穷者（流民或轻微犯罪者）提

① 《青岛市救济院历经概况报告书》，青岛市档案馆藏档，档案号：B21—3—336。

② 《青岛市市立救济院概况》，青岛市档案馆藏档，档案号：A21—1—505。

③ 《四续掖县志》卷三，慈善。

供谋生场所、教授其谋生技能的慈善救济机构,如教养局、贫民工厂、感化工厂等。20 世纪 30 年代初,山东各市县又遵照中央通令普遍设立平民工厂,专收贫民学习各种工艺以资救济,成为当时设置较普遍的慈善机构。兹举例介绍如下:

1. 教养局

据《济南指南》载:教养局在正觉寺街,专以收养无业贫民,教令习艺,期因材施教,各有所能,使日后可以自谋生计为宗旨。设南北两厂,分木作、布作、毛巾作、鞋靴作、成衣作、绳作、席作、毡作,并附设初等小学校,以公款维持,其常年经费共四万五千三百余两。①

2. 莒县感化工厂、教养工厂

据县志载,感化工厂在监狱东首,由附捐项下拨付建筑费、开办费京钱二千千文,专供游民犯罪之人入厂工作。余利半充经费,半代工作犯人储蓄,定期二十年为满。释放之日,准将储金如数领出,自作生活。教养工厂在文昌阁东,专收失业贫民入厂工作。所得余利,代为储蓄,定期十年为满,出厂之日,将储金本利完全给与,以便安家。②

3. 山东厚德贫民工厂

1920 年设立于济南,以慈善家所捐城北三孔桥地基作为开办地。据《山东厚德贫民工厂创办章程》规定:本厂以救济贫民,传习技艺,俾能自谋生活为宗旨。本厂先购足踏式布机二百台以资工作,俟款项充裕再扩充他项工业。本厂工徒计分两部:甲部专收贫苦无告儿童充之,乙部则专收有家属之贫民在厂传习。本厂基金除由慈善家捐助外,并呈请山东省政府拨款补助,基金总额定为 25 万元,暂以募集之洋 62000 余元先行开办,余俟陆续募集。③ 据 1936

① 叶春墀著:《济南指南》,大东日报社 1914 年出版,第 45 页。

② 民国《重修莒志》卷二十八,恤政。

③ 《山东厚德贫民工厂创办章程》,济南市档案馆藏档,档案号:76—1—534。

年3月调查,该厂职员15人,工人91人,主要产品为棉纱和布匹,每年产棉纱1000件,布匹50000匹,每年总值400000元。1932年盈利3000元,1933年盈利10000元,1934年盈利10000元。①

4. 济宁贫民工厂

贫民工厂在南关慈善院内,由当地士绅潘守廉(对凫)发起募款创办。潘对凫在《呈县署立案文》中对开办缘由和经费筹集情况有详细说明:"因本地穷民太多,非代谋生计,则贫民永无自立之基础。乃自捐二千元,阖家眷口捐五百元,以为提倡。自春间起至八九月止,已集大洋一万六千余元、一千四百余串。"②

潘对凫还制定了《贫民工厂暂行简章》呈请县署批准立案,其简章内容主要有:

> 一、本厂之设立,以教授浅近普遍工艺,使贫寒子弟造成自谋生活之技能并发达地方实业为宗旨。
>
> 二、工厂科目分编科、织科、木科、制造科。
>
> 三、本厂之设,以济宁县长为监督,保护工厂之治安,以商会正副会长为基金监督,使基金永远保存支发,不准滥用。
>
> 四、本厂暂招工徒正班三十二名,附班十六名,专收贫寒子弟,以年在十四岁以上至二十岁,资质明白、身无残疾者为合格。工徒入厂之始皆为附班,一月以后选取习艺勤能之工徒拨入正班,给以膳资鼓励,陆续选至三十二名为止,其余即作附班生徒。
>
> 五、正班工徒其练习期内,由本厂供给膳费,其附班工徒例无膳费,但与正班工徒受同等之教育。
>
> 六、以募捐之一万五千元存放公司,按每月一分二厘生息,

---

① 《济南市工厂一览表》,《济南市政府市政月刊》第十卷第五期(1936年5月15日)。

② 民国《济宁县志》卷四,故实略,1927年。

息洋一百八十元为本厂经费。本厂常年预算决算由厂长报告本厂监督及商会稽核之。

5. 济南平民工厂

济南平民工厂创办于1932年，当时济南庇寒所及栖留所行将结束，贫民虽分别遣散，尚有一部分无家可归者亦应设法安置。为适应需要及遵照中央通令各省市筹设平民工厂方案，筹设平民工厂，既可救济贫民，又可以提倡小手工业。创办伊始，需费较多，经呈请省赈务会将本市水灾急赈分会所募捐款留拨3500元，并由各县募存赈款积余项下，再拨1万元，又呈请省政府将罚没款2000元全部拨给，作为工厂基金。此后，省政府又拨5万元作为扩充工厂经费，市政府又将购买汽车费6200元拨归该厂。济南平民工厂在市救济院内建筑厂房，购置机器，先设染织两科，聘请技师，招收贫民学徒，救济院贫民亦得入厂学习。工厂原为厂长制，后改为董事制，使本地绅商得参加管理。工厂制造之布匹，其质优于舶来品，价格则较舶来品低廉，市民俱乐用之。①

（五）红十字会

红十字会是国际性的战地救护组织。山东各地的红十字会除战地救护外，还从事医疗及其他慈善救济活动。现举例介绍如下：

1. 济南红十字会

据《济南指南》（1914年）载，红十字会在南圩子门里，仿外国及京津等处红十字会办法，为刘崇愚、杨庸厚所创立，以慈善救恤医疗疾病为宗旨，其常年经费为慈善家之捐助金。《济南快览》（1927年）载，红十字会济南分会设于麟祥街，为刘佛航所创。平时医治疾病为主务，遇有战事，则范围扩大，兼赴战场收埋战士及救治受伤者。常年经费，则恃会员会费，大宗用项为慈善家所捐。《历城县乡

① 闻承烈：《本市救济事业实况》，《山东民国日报》1934年5月5日。

土调查录》(1928 年)载,中国红十字会济南分会在杆石桥外附设医院。济南市社会局 1929 年对市内公益慈善团体进行注册,中国红十字会济南分会获准注册。

2. 青岛红十字会

1914 年中国红十字会总会长、山东掖县人吕海寰约集青岛商绅界人士组成中国红十字会青岛分会,会址设在礼贤书院,由德国基督教同善会传教士卫礼贤(Richard Wilhelm)为会长。当时青岛红十字会的主要工作是帮助非战斗人员躲避到安全的地方,下设医疗队,有医生护士 45 人,救护车 2 辆。① 青岛红十字会是因德日战事而设,战事结束后,青岛红十字会随着救护任务的结束也随之解散。

1927 年 3 月,青岛名流李涵清、程伯良等人重新组建中国红十字会青岛分会。1928 年 6 月,青岛红十字会定名为万国缔盟中国红十字会青岛分会。1929 年改名为中华民国红十字会青岛分会。②日占青岛期间,青岛红十字会经日伪政权改组后得以维持。1946 年 4 月,经青岛市社会局审核通过后,中华民国红十字会青岛市分会重新组建,青岛市长李先良任名誉会长,葛覃、延国符任名誉副会长,宋雨亭任会长,下设救护总队,总队下设两个分队,一处诊疗所。③

3. 曲阜红十字会

1924 年张济康创设红十字会曲阜分会,后因张病故,会务停顿。1928 年,国民革命军北伐,道经曲阜,适逢饥岁,乡民待赈,孙培德等重新组织,筹办赈粮,设施诊所及宏德小学,推孙培德为会长。1930 年中原大战,曲阜被围,兵民伤亡甚众,红十字分会设立临时医院,

---

① 山东省红十字会编著:《山东红十字事业九十年》,山东友谊出版社 2002 年版,第 3 页。

② 山东省红十字会编著:《山东红十字事业九十年》,第 7 页。

③ 山东省红十字会编著:《山东红十字事业九十年》,第 10 页。

救治兵民千余人，并成立第十八救济队，从事救济工作。[1]

4. 临清红十字会

据民国《临清县志》载，红十字会有二处：一在税课局街，民国初年设；一在城西下堡寺，1930 年立，内附协和救济医院，颇简陋。另据《华北宗教年鉴》载，中国红十字会临清分会，会址在临清东白塔窑，隶属于上海万国红十字会，经李存善在临清成立分会，救济贫苦，办理慈善事业，经费由会员供给。[2]

5. 齐河红十字会

1930 年组织成立，呈请县政府立案，会址设二区白马庄当。公推华成相为正会长，会员无定额，曾分捐米万余斤作为冬月煮粥之用，以济贫民之无以为生者。[3]

6. 冠县红十字会

1925 年由郭权盛等创设，承济南红十字委托，暂定名为红十字会冠县分所。当时鲁西战事方殷，附设慈善医院，医士一人，助手一人，遇有兵民伤亡及疮痍疠疫，担任疗治暨埋骼等事务。1927、1928 等年，迭遭凶荒，历办赈务。1929 年承上海总会委任正式成立冠县分会，公举郭权盛为正会长，委员五十余人，会无基金，所有各项开支，概由会员捐助。[4]

（六）世界红卍字会

世界红卍字会是道院的外围慈善机构，以促进和平、救济灾患为宗旨。1922 年世界红卍字会中华总会在北京成立，旋即在各地设立分会。山东是道院的发源地，也是红卍字会设立最多的省份，全

---

① 民国《续修曲阜县志》卷五，政教志，恤政八。

② 《华北宗教年鉴》，新民印书馆 1941 年版。《民国佛教期刊文献集成》第 94 卷，第 558 ~ 559 页。

③ 民国《齐河县志》卷十九，恤政。

④ 民国《冠县志》卷五，典礼志，恤政。

省的红卍字分会有七十余处。

世界红卍字会是民国时期山东设置最为普遍、影响最大的民办慈善机构。① 它所从事的慈善救济活动可分为两类：一是临时慈善事业，二是永久慈善事业。临时慈善事业是指对突发的水旱、瘟疫、战乱、匪患等自然和人为灾害进行救济。如1928年对济南惨案的救济、1932年至1933年对胶东战乱的救济、1933年对鲁西黄河水灾的救济、1937年对济南灾民及河北难民的救济等等，规模都比较大，成效也很明显。

永久慈善事业则指常年开办的具有固定场所的机构，专门救恤鳏寡孤独及贫困人群。其种类有卍字学校、平民工厂、施诊所、医院、因利局、平粜局、育婴堂、残废院、恤嫠局、恤产局、恤养院等。其中以恤养院规模最为庞大，举凡收养孤儿、婴儿，救济产妇、嫠妇、残废、老羸，附设学校、开办工厂等无所不包。红卍字会在山东境内设立的恤养院主要有烟台恤养院、牟平恤养院、全鲁卍联处恤养院。

1928年11月山东各地红卍字会成立世界红卍字会全鲁各分会联合救济办事处，简称全鲁卍联处，附设全鲁卍联施诊总所及全鲁卍联第一施诊所、第二施诊所、全鲁卍联因利局。如遇兵燹水旱灾劫发生，临时组织全鲁卍联救济队实施救护赈济，并设临时医院及难民收容所。以下以全鲁卍处为例介绍一下红卍字会的临时慈善救济与永久慈善救济。

1. 临时慈善救济

临时慈善救济是指对突发性的大灾大难的救济，这类救济突发性强、时间紧、投入大、救济人数多，最能考验一个慈善机构的组织和协调能力。

---

① 关于世界红卍字会在山东的慈善救济活动可参考李光伟：《道院 · 道德社 · 世界红卍字会——新兴民间宗教慈善组织的历史考察》，山东师范大学硕士论文，2008年。

1937年7月，全鲁卍联处遵照总会所编联队之规定，筹组世界红卍字会第二联合救济队全鲁联处第二队，简称全鲁联处救济第二队，至8月6日正式成立，下设九组。

1937年8月初，济南市长清县境内的玉符河决口，水势凶猛，因津浦铁路阻挡，无法东泄，又加上连日倾盆大雨，津浦路以西二百余村庄被淹，灾民十余万，扶老携幼争避于凤凰山、标山等处。未几，黄河下游又决口，被淹区域达八九县之多。

水灾发生后，全鲁卍联处救济队即刻投入救护工作。从8月13日至9月31日，共救男女大小灾民19503人。同时，与济南市政府商定，由市政府设立灾民收容所四处，对居无定所的灾民进行暂时收容。全鲁卍联处除担任救济外，并帮同市政府办理收容事宜。收容灾民到所招待二三日，转送泰安、兖州等县收容。自8月16日起至9月14日结束，共送入收容所之灾民为5534人。①

全鲁卍联处自8月15日至9月14日办理水灾赈济，计分五区：一济南市区、二历城西北区、三历城东北区、四黄河下游区、五鲁西灾区。除鲁西灾民不计外，共赈济灾民92822人，计施放赈米58700斤，馒头锅饼等食物84100斤，十滴水等药品7800余瓶，救济丹1200余包，国币500元。

水灾救济刚刚结束，兵灾又起。因日本侵略华北，河北静海、马厂、青县、沧州、东光一带难民大量涌入济南。从9月14日起，全鲁卍联处分派各队长带领队员、夫役，开始招待过境难民，或供给食物，或给川资。截止到10月8日，共招待过境难民63973人。自10月9日至11月13日，共招待平津流亡学生842人。两项共计招待64815人。

---

① 《世界红卍字会全鲁各分会联合救济办事处救济水兵灾总报告》（1938年7月），济南市档案馆藏档，档案号：22—1—20。本节以下叙述均见此书，不一一详注。

由于大量难民滞留济南，而省政府又不允许收容难民，经全鲁卍联处总监理张星五与省政府民政厅磋商，最终允准红卍字会设立临时难民收容所。自 10 月 11 日起，先后成立临时难民收容所 39 处，分所 2 处。至 1938 年 3 月 31 日遣送完毕止，共计收容难民 39709 人。另外，泰安、羊楼、范镇各队设收容所 18 处，收容难民 10445 人。全鲁卍联处各收容所收容之难民，俱由红卍字会供给饮食，并备棉衣被等物，以资御寒。

战事稍微缓和以后，收容所难民思家心切，纷纷要求红卍字会设法遣送他们回家。卍字会首先与胶济铁路当局进行交涉，准予免费运送。继而，又派全鲁卍联救济队队长刘清笠等赴青岛与英商太古、怡和两轮船公司交涉，获准成年之难民乘船以半价购票，十岁以上十五岁以下者收半价之半价，十岁以下者概不收费。刘清笠等人驻青岛办事处办理招待及护送难民上船等事宜。总共由胶济火车向东运送难民共 13 批，计 10149 人，其中第二批及第十三批难民 1000 余人，在周村东站下车，承周村红卍字会招待，陆行回籍。后因轮船发生波折，有半数难民滞留青岛候船。所有该难民食住问题，均由青岛市政府及万国慈善救济会担任供给，各界善士捐助。前后滞留四五十日之久，共约费款二万余元之巨。另外，西、北、南三路也分别遣送不少难民。总计东西南北四路共遣送河北难民 33338 人。此外，自兵灾以来，全鲁卍联处救济队还掩埋尸体41 具，施棺木 38 口。

全鲁卍联处原设有施诊总所一处，施诊分所二处。由于受伤难民日益增多，原有的施诊所已不敷施治。1937 年 9 月，全鲁卍联处将施诊总所改为历城卍会临时医院，截止到 1938 年 6 月底，计治疗住院伤民 284 人，门诊 12741 人，第一施诊所计诊治 796 人，第二施诊所诊治 1485 人，计共治疗 15306 人。另外，泰安卍会第五组队，设施诊所一处，计诊治 5348 人；羊楼卍会第七组队，设施诊所一处，计诊治 495 人。

由于受日本侵华影响，济南市及郊区居民大半不能维持生活。全鲁卍联处于1938年1月11日遣派队员先行分班调查填发赈票17492户，至1月25日起接连六日施放赈米赈面等物，计受赈者78324人。后因历城县境居民先罹水灾，后遭兵燹，困苦异常，遂又派队员进行调查，填发赈票9988户，计受赈者47740人。共计受赈者27480户，男女大小126064人。前后共用赈米268036斤，赈面270袋，赈衣1370件，卍灵丹500袋，救济丹1600包。此外，由全鲁卍联处临时零星周济或由善团与个人委托代赈，以及第五组队在泰安赈济难民9180人，均不在以上统计数字之内。

1937年8月至1938年3月间，全鲁卍联处对灾民、难民、贫民的救济，虽然规模不算很大，但多灾并发、灾情复杂、救济时间长、救济难度大。全鲁卍联处与泰安、羊楼、范镇等处救济队密切配合，相互支持，取得了较好的救济效果，充分显示了联合救济的优势。

2. 永久慈善救济

全鲁卍联处的永久慈善救济主要包括其附设的施诊总所、分所、恤养院等机构的救济活动。

（1）施诊总所

全鲁卍联施诊总所成立于1928年，地址在魏家庄民康里。当年，济南因“五三惨案”，百业俱废，时疫流行，居民生活已不能自保，更无余力治病，施诊总所即应现实需要而设立。

施诊总所医务人员既可以是道院暨红卍字会成员，也可以是热心慈善医务且有职修方两人以上介绍的社会人员。医员施诊时间是上午十一时至下午二时，不得迟到早退，致令病者徒劳往返。诊断病情需认真、谨慎，如有疑难大症需与其他医员参研以昭慎重。该所成立之初只有中医部，1930年增设西医部，主要诊治外科疾病，所有西医部药品一概赠送，不收费用。后因前来就诊者众多，为方便济南市东部民众就诊，又在城内双忠祠添设全鲁卍联第一施诊所。后又设第二施诊所。①

1937年8月施诊总所改为临时医院，1950年因经费困难，设备不合医院条件，复改为诊所。②

全鲁卍联施诊总所及第一、第二施诊所，在1953年底，均由济南市卫生局接收。第一施诊所改名为济南市第一卫生所门诊部，第二施诊所改名为济南市第二卫生所门诊部，全鲁卍联施诊总所改名为济南市立第五卫生所门诊部。③

（2）恤养院

全鲁卍联处附设恤养院成立于1940年12月1日。起因是1937年夏季大雨，运河、黄河泛滥成灾，再加上日军侵占华北，因此附近各地灾难民麇集济南。当时全鲁卍联处一面收容，一面遣送，但最后仍有137名残老、孤儿无家可归，于是设立恤养院，予以收容。恤养院的主要业务是收容救济孤儿残老，并附设免费小学，组织机构有附设小学、织布工厂。④

1946年5月，全鲁卍联处附设恤养院收容的孤儿残老有112名。⑤ 至1951年调查时，该院收容孤儿34名（内有11名在工厂习艺），残老8名。其附设小学有教员3人，教室两座，学生80余人（本院收容人其中仅有6名），学生多系附近街道儿童，学杂费一律免收。织布工厂有木制布机22台，织布工人22人，其他工役29名

---

① 《关于1925年2月至1943年7月道慈发展的总结》，山东省档案馆藏档，档案号：J162—01—16。

②④ 《济南市社会救济福利团体概况》，济南市档案馆藏档，档案号：70—1—28。

③ 《卫生局为报告接收红卍字会施诊所的情况请备案查由》，济南市档案馆藏档，档案号：70—1—55。

⑤ 《济南市慈善团体收容孤儿残老人数表》，济南市档案馆藏档，档案号：22—1—8。

(内有11名为本院孤儿),职员5名。[①] 1954年1月,该院移交济南市民政局。

(七)教会慈善救济机构

山东是基督教势力侵入较早和势力较强的省份之一。传教士来山东后,除在灾荒期间救济灾民外,还开设了孤儿院、养老院(两者一般合办)等慈善救济机构,收养鳏寡孤独及残疾人,形成了一支重要的慈善救济力量。

近代山东由基督教会或传教士个人创办和经营的孤儿残老院众多,以下仅列举三所,以见一斑。

1. 济南仁慈堂孤儿残老院

该院创设于1895年5月,原由德国圣母会出资,派修女马教士来济主办,原先只收孤儿,名孤儿院,后来添设诊所,并增收残老,遂改为孤儿残老院,收容孤儿残老近二百名。1939年前后,德国教会不能来款,依靠济南教区总堂补助与当地支持,至1946年募捐亦不可能,遂缩小范围,只向外遣出,不向内收容。1951年时,院中只有22人,先后出嫁孤女百余名。[②]

2. 济南天主堂孤儿残老院

该院创设于1908年10月,原由济南教区总堂主办,派马利亚方济各传教会修女搭保主持,名育婴堂,专收无主的私生子。至1914年孤儿增至百余名,遂将院址扩大,并增收残老,添设诊所,改称孤儿残老院,历年皆由济南教区总堂派修女主持。女孤儿至18岁后经人介绍由该院审查可以结婚。开办以来,出嫁人数约百余人,多嫁给乡间教徒。[③]

3. 泰山孤贫院

①②③ 《济南市社会救济福利团体概况》,济南市档案馆藏档,档案号:70—1—28。

在传教士创办的孤儿院中，以美国传教士安临来在泰安创办的泰山孤贫院最为有名。泰山孤贫院成立于1916年，由美国传教士安临来创办。1928年，全院已有草屋220多间、土地36亩、织布机22台、织袜机近20台、面粉钢磨5台、柴油机、发电机等。全院收养人员达700人左右，公务人员150人左右，此时是泰山孤贫院的兴盛顶峰时期。到1929年，孤贫院的收养人员达1140人。①

基督教会在山东创办孤儿养老院一览表（1949年统计）②

名称	创办人（或主管人）	设立时间	地点	职员人数	收容人数	业务概况
烟台公济医院附设孤儿院	天主教会	1886	烟台	16	96	收容孤儿残老
威海天主教孤儿院	罗汉光（法国）	1900	威海	15	8	收容孤儿
掖县基督教南浸信会孤儿院	娄纳翰（美国）	1902	掖县	13	56	收容孤儿、弃婴
泰安泰山教养院	安临来（美国神召会）	1916	泰安	14	171	收容孤儿、残老、聋哑
峄县基督教孤儿院	万美利（美国）	1922	峄县	50	173	收容孤儿、残老、聋哑
峄县基督教多义沟孤儿院	美国北长老会	1913	峄县	14	33	收容无依儿童
峄县基督教周营孤儿院	万美利（美国）	1913	峄县	9		收容无依儿童
滕县孤儿院	道德贞	1914	滕县	3	15	收容无依儿童

① 郑新道：《泰山孤贫院及其创始者安临来》，《山东文史资料选辑》第24辑，第213页。

② 山东省志编纂委员会：《山东省志·民政志》，山东人民出版社1997年版，第194～200页，有增补。

（续表）

名称	创办人（或主管人）	设立时间	地点	职员人数	收容人数	业务概况
滋阳县贯庄铺天主堂孤儿院	韩亭嵩（德）	1928	滋阳	10	17	收容孤儿残老
坊子天主教孤儿院	白尔德（法国）	1910	坊子	9	20	收容无依儿童
潍县孤儿院	李尚臣		潍县	5	50	收容孤儿，教养习艺
潍县天主堂济贫院	戴仁德		潍县	15	78	收容老弱残废孤儿妇孺
益都天主教孤儿院	梅有信（法国）	1893	益都	9	16	安老育幼，教养习艺
诸城孤儿院	白多加（瑞典浸信会）	1922	诸城	2	15	收容无依儿童
济南仁慈堂孤儿残老院	周鸣庭（德国）	1895	济南	18	24	收容弃婴、孤儿、残老
济南天主堂孤儿残老院	马志明（波兰）	1908	济南	27	252	收容孤儿、残老
烟台东山孤儿院	英国奇山会	1912	烟台			收容孤儿
威海宽仁院孤儿院	法国天主教会	1935	威海			收容孤儿
山东基督教灵修院	孙瞻遥	1938	济南	6	113	收容孤贫残老
烟台基督教瞽目孤女学道院	陈瑞庭	1947	烟台	10	21	种地、草编
青岛玛利亚方济各女修会孤儿院	唐爱莲	1948	青岛	7	27	收容孤儿
青岛玛利亚方济各女修会圣神女修院孤儿院		1949	青岛	3	6	收容无依儿童

（八）其他

除上述各类机构外，在近代山东还有两个比较特殊的慈善救济机构：一是山东省会慈善公所，二是行政院善后救济总署鲁青分署。前者存在时间长，后者救济范围广，故而在山东近代救济史上占有特殊的地位。

1. 山东省会慈善公所

山东省会慈善公所初名为广仁善局，是山东省成立较早、延续时间较长的慈善组织。光绪十年（1884），由历城绅士陈汝衡（恒）、毛澄（承）霖、吴鹤龄等倡办。当时的山东巡抚陈士杰也热心赞助，广为捐募，集银数万两，设广仁善局于城内都司门口，公推陈汝衡为会长，办理施诊、舍药、施茶、舍棺，及其他慈善事业，并设义学。

1914 年 4 月，岱北视察使夏继泉将其改为官办，并改名为山东省会慈善事业公所，继续办理全省慈善事业，是年 8 月改由张介礼继任所长。1915 年秋曾举办孤儿院、养老院、济良所、恤嫠所、全节堂、育婴堂等部收容老幼残疾鳏寡。自 1917 年至 1922 年，许名世、陈昂、劳之常相继为所长。1922 年 6 月，山东督军田中玉委派萧承弼为所长，因管理不善，几乎不能维持。1929 年山东省政府移至济南后，乃重新改组，以秦凤仪任董事长兼所长，大加整顿，将名称改为山东省会慈善公所。该所其时有地 324 亩，除办公自用房屋外，尚有外租房 348 间，并接受省政府补助，每月 500 元。设有慈幼院（即前孤儿院）、恤老院（即前养老院）、妇女救济所（即前济良所）、国民小学等，共收容孤贫老弱 200 余人。日占济南期间，所产遭受损失。1945 年 10 月辛铸九继任董事长兼所长。1947 年 5 月改组董事会，由张达忱任董事长兼所长。济南解放前，该所设有安老、育幼两所，共收容孤儿 52 人、残老 47 人。①

---

① 《济南市社会救济福利团体概况》，济南市档案馆藏档，档案号 70—1—28。《慈善公所沿革及概况》，《山东民国日报》1933 年 2 月 20 日。

2. 行政院善后救济总署鲁青分署

在中国抗战即将胜利之际，联合国善后救济总署与中国政府合作，成立行政院善后救济总署，对中国战区进行救济。行政院善后救济总署鲁青分署是全国十五个分署之一，主要负责对山东全省及青岛市的救济。

鲁青分署于1945年12月1日在青岛成立，1948年4月全部工作结束，在两年多的时间里，对山东国统区和解放区进行大规模的救济，成为20世纪40年代末山东慈善救济事业的主体。鲁青分署主办的善后救济业务，主要包括急赈、特赈、以工代赈、遣送难民回籍、医疗救助、农业救济与善后、工矿业善后业务等。这其中的特赈业务，其主要目的就在于协助各地原有慈善机构，使其发展扩充，以奠定永久性社会福利事业之基础。鲁青分署两年间对于各地慈善机构的特赈分为：(1)自办者共6单位，(2)委办者共10单位，(3)合办者共2单位，(4)定期补助者共16单位，(5)临时补助者共30单位。其中定期补助的慈善机构有青岛慈幼院、少怀托儿所、盲童工艺学校、英华聋哑学校、青岛救济院、天主堂孤儿院、博爱教养院、失业职工补习班、麻风病院、高级医事职业学校护士科、崂山天主堂疗养院、烟台流亡修女、胶县天主堂孤儿残老院、济南天主堂孤儿残老院、社会部山东育幼院、山东省立儿童教养院等16家。临时补助的慈善机构有：青岛残废教养院、感化院、戒烟医院、暑期儿童补习班、山东省立救济院、济南市立救济院、济南仁慈堂孤儿残老院、普济孤儿院、山东省会慈善公所、红卍字会恤养院等30家。① 由此可见，鲁青分署成为这一时期山东各类慈善机构的主要经费和物资提供者。

二、慈善救济机构的分布

1934年5月，山东省民政厅“集年来调查所得，分别项目，据实

① 《行政院善后救济总署鲁青分署业务总报告》第四章，第4页。

记载”，编辑出版了《山东政俗视察记》。该书内容分政治、风俗、附录三门，门下又分项目记载。在政治门行政概况一项中有“救恤”一目，简要罗列了各县救济机构的设置，为我们了解20世纪30年代初山东各县慈善救济机构的设立情况提供了比较准确的资料。① 兹据该书整理列表如下：

20世纪30年代初山东各县慈善救济机构一览表

县名	慈善救济机构及救恤事务
历城	设有慈善团体，凡老弱废疾而无养赡者，每名按月发给三串五串不等。城内设有平民工厂，专收贫民学习各种工艺以资救济。
章邱	设有平民工厂，收容失业贫民。成立救济院救济老弱废疾。凿井贷款。
邹平	设有赈务分会一处，红十字会医院各一所。经办凿井贷款。
淄川	筹设仓谷。如遇灾荒由各法团募捐救济。老弱废疾者由县政府呈请财政厅按月发给口粮。
长山	设有平民工厂一处。遇有灾祲则由红十字会、红卍字会临时救恤之。
桓台	设有赈务分会。
齐河	县立赈务分会一处，会内设贷济处，分贷灾区贫民。并设有平民工厂一处。
齐东	平民工厂即将设立。遇有灾荒临时救济。
济阳	城内设有救济院一处，内分施医、贷款、育婴、戒烟四所。红十字分会一处。平民工厂正在筹设。
长清	县城设有平民工厂一处。如遇饥荒疫疠水火盗贼等灾，临时救济。
博兴	有赈务分会一处，附设贷济处，施行贷款以济贫民。有平民工厂一处。
高苑	向无救恤组织。现正筹办平民工厂。

① 张育曾、刘敬之编：《山东政俗视察记》上下卷，山东印刷局1934年印行。

（续表）

县名	慈善救济机构及救恤事务
博山	设有救济院，专以救济孤贫难民。设有平民工厂，以资救济。红卍字分会及施医院已成立数年。
泰安	有普济堂收养茕独。平民工厂收容贫民做工以资救恤。
新泰	设有赈务分会一处，办理救灾事宜。平民工厂正在筹办。
莱芜	设有赈务分会、救济院、红卍字会及施医院。平民工厂正筹办。
肥城	有赈务分会一处，其他救济事业均属临时性质。
惠民	无救恤机关。遇有灾荒临时救济。
阳信	筹设平民工厂，发凿井贷金，合作社贷款以资救济。
无棣	正筹办积谷仓以救荒。并筹办平民工厂。
滨县	设有平民工厂一处，收容贫民习艺工作。
利津	有普济堂一处，孤贫口粮按月发给。并设有红十字分会施药诊病。遇有水灾临时成立水灾急赈会以资救济。平民工厂正在筹设中。
乐陵	设有平民工厂，调节贫民生活。并筹办积谷以济荒年。
沾化	正筹办积谷以济荒年
蒲台	有普济堂、赈务分会各一处，并设贷济处四处，共有基金三千元，以之贷济贫民。平民工厂正筹办中。
商河	设有赈务分会，经理贫民贷款事项。并有平民工厂一处。
青城	设有平民工厂一处，收容贫民习艺。又设贷济所以资救济。
滋阳	红卍字会冬季设粥厂。赈务分会附设贷济处专贷贫民借款。设有普济堂一处，额定贫民七十名，由农商团租款项下每名月发谷子一小斗七升。养济院一处，额定孤贫四十三名，每月每名发给大洋四角三分，由省库支领。
曲阜	遇有灾患临时救济。平民工厂正在筹设中。

（续表）

县名	慈善救济机构及救恤事务
宁阳	县立平民工厂收容贫民工作。遇有灾荒临时救济。
邹县	设有孤儿院、义赈分会、红卍字会、平民工厂以资救济。
滕县	有世界红卍字分会一处，赈务会一处，急赈分会一处。平民工厂正在筹设中。
泗水	设有赈务分会一处，孤贫院一处，平民工厂一处，并有农会代办贷款处，各乡筹设乡仓以为救济之用。
汶上	有赈务分会及贫民贷款所，并有救济院、普济堂两处。平民工厂正筹办。
峄县	设有赈务分会，贫儿院、育幼院各一处。
济宁	设有慈善院，收养老弱残废，并施棺木。又有保节会助恤贫苦妇女。栖留所及粥厂每逢冬季施粥，皆系私立，由本地士绅筹设。平民工厂有两处：一为慈善院附设，一为织布工厂。
金乡	已成立赈务分会贷济处一处，专事调剂贫民。并有平民工厂一处。
嘉祥	赈务分会存有赈款三千元，无息贷给贫民使用，定期偿还。仓谷备荒正筹办。
鱼台	县内无救恤机关。现拟筹款购粮贷济贫民。
临沂	现有养济院、栖留所、普济堂，常年有固定田产供给之。又有外人设立之育婴堂。县中现又筹设县仓、区仓。原有救恤机关为赈务会、红十字会。
郯城	无救恤机关，遇有灾荒临时筹办。
费县	拟由各区筹设义仓存储积谷，并组织平粜局以救荒歉。平民工厂已成立一处。遇有水灾匪灾，随时呈报请求赈济或由当地富户募集之。
蒙阴	设有赈务分会一处，办理赈济贷款等事。成立平民工厂一处。
莒县	仅有同善会一处，救济院一处。
沂水	县立赈务分会附设贷济处，准许各贫民贷款，藉资营业。

（续表）

县名	慈善救济机构及救恤事务
菏泽	有普济堂、红卍字会、赈务分会、平民工厂等机关，专办救济事宜。
曹县	已成立灾民救济委员会，并收集各村镇积谷价款散放以备救济。
单县	设有平民工厂一处，共有基本金五千三百余元，救济失业贫民，学习工艺。
城武	向无救恤机关。
定陶	县内因频被水灾，禾稼失收，收民捐仓谷项下提拨若干散放各区以资救济。并设有平民工厂。
巨野	无救恤机关。
郓城	创设平民工厂一处，收容贫民习艺。遇有灾荒，临时救济。
聊城	设有聊城红卍字分会，放赈舍衣，又分会长及各会员捐募赈恤。
堂邑	设有平民工厂一处，收容贫民习艺。遇有灾荒临时救济。
博平	城西第七区有一二村有备义仓之举。平民工厂已成立一处。
茌平	有赈务分会及红卍字会，每遇灾荒多赖救济。平民工厂已成立一处。
清平	向未设立救济机关。每至阴历年终仅设粥厂一处。
莘县	平时并无救恤机关，遇有灾荒临时筹办。
冠县	赈务分会贷济处早已成立，监所工厂业已开工。平民工厂正筹办。
馆陶	仅有贷济处一处，贷济贫民小商，俾资营业。平民工厂正在筹办。
高唐	并无常设救济机关，遇有灾荒临时救济。
恩县	只有红十字会一处。县城设有平民工厂一处，现已开工。
临清	只有赈务分会及红卍字会，办理救济事宜。
武城	县内设有救济院一处，内分养老、残废两所。现有平民工厂一处。
夏津	设有赈务分会及救济院。
邱县	设有救济院，内分残废、孤儿两所，每所只容十余人。平民工厂已设一处。

（续表）

县名	慈善救济机构及救恤事务
德县	设有赈务分会、恤嫠院、怀安所各一处。春冬两季设立粥厂三处，施放粥饭。并有红卍字会、体仁院，皆施诊舍药。又有平民、济贫两工厂，收容贫民习艺。
德平	年老无靠之瞽者，按月由县政府发给瞽贫粮。平民工厂已成立一处。
平原	已设有农民贷济处一处。平民工厂正在筹设。
陵县	设有救济院一处，以旧日普济堂改组，收养贫老残废之人。又成立赈务分会一处，山东全国水灾急赈分会一处，办理劝募赈捐。平民工厂即日开办。
临邑	并无常设救济机关，遇有灾荒临时筹办。现设织布工厂一处。
禹城	平时并无救济机关，遇有灾荒临时筹办。平民工厂已开办一处。
东平	设有赈务分会办理赈济，有平民工厂收容贫民习艺。
东阿	旧制孤贫粮由县政府按照发给。又设有赈务分会一处，附设贷济贫民款项，俾作小本营业，因基金无多，限定每人只借五元。平民工厂正在筹设中。
平阴	设有养济院、普济堂、赈务分会各一处，专办救济事宜。
阳谷	县内向无救济机关，亦无工厂。
寿张	旧有孤贫口粮，仍由县政府按时发放。平民工厂已成立一处。
濮县	设有赈务分会一处，经办贫民贷款，颇著成效。县立平民工厂一处。
鄄城	只设有平民工厂一处，并无其他救济事业。
朝城	设有赈务分会，办理贷款以济贫民。又设平民工厂一处，收容贫民习艺。
观城	赈务分会组设之贷济处办理贷济贫民事项。平民工厂正在筹办。
范县	孤贫口粮按月发放。又设有贫民借贷所及农民借贷所各一处，以资救济贫民。平民工厂已成立。
福山	设有红卍字分会一处，办理慈善事业。又筹设平民工厂一处。

（续表）

县名	慈善救济机构及救恤事务
蓬莱	设有赈务分会贷济处及红卍字分会。孤贫口粮由县政府按月发给。
黄县	孤贫口粮按时由县政府发给,平民工厂正在筹办。
栖霞	孤贫口粮按月发给,保管仓储以备荒年。平民工厂已成立一处,救济院亦在筹办中。
招远	设有赈务分会及救济院,专办救济事项。平民工厂现正筹办。
莱阳	城内设有贫民收容所一处,收容失业贫民,每月发给赈款一次。并成立救济院一处,平民工厂一处。
牟平	有赈务分会、红十字会、育婴堂、救济院及平民工厂,专办救济事项。
文登	仅有救济院一处。
荣成	设有救济院一处,收容老弱残废。平民工厂一处,招收贫民学习工艺。
海阳	除设有红卍字分会外,别无其他救恤失业。
掖县	有救济院,收容残废。育婴堂收养孤儿。贷款所贷济贫民。平民工厂正筹设。
平度	只有赈务分会一处,办理贷济事项。平民工厂已成立一处。
潍县	县有养济院、普济堂,此外尚有各项工厂以收贫民。
昌乐	县有赈务分会一处,办理救济事业。此外有普济堂,每月发给孤贫口粮一次。有平民工厂一处。
胶县	积仓谷以备荒,自前清至今,照例实行。并设有救济院一处,红卍字分会一处,平民工厂一处。
高密	旧设孤儿、养老两所,赡养老幼数十人。冬时施济团体于城关设厂施衣施粥,并筹设平民工厂一处。
即墨	孤贫口粮按月发给。并设有赈务分会、救济院。仓廒积谷已经筹办。平民工厂已成立。
益都	设有赈务分会,冬季募捐施粥,附设贷济处一处。设贷济处一处。又设救济院一处,红卍字分会、红十字会各一处,平民工厂一处。

（续表）

县名	慈善救济机构及救恤事务
临淄	已成立赈务分会。
广饶	旧有普济堂一处，收容老弱残废贫民，按月发给口粮。又设有救济院一处，红十字会一处，专办救济事业。
寿光	设有普济堂一处，赈务分会一处，并附设农民贷款所二处。平民工厂已成立。
昌邑	遇有灾荒临时救济，并无长久机关之设置。
临朐	有红卍字分会一处，每届冬季募捐施粥或放棉衣。又赈务分会设有贷济所。
安丘	设有养老、孤儿所各一处，按月发给口粮。平民工厂正在筹办中。
诸城	孤贫口粮按月发放，并设有救济院一处，平民工厂一处，专办救济事宜。
日照	并无长久救济机关，遇有灾荒临时救济。平民工厂已设立一处。

综合来看，在上表108县中，各县已有和正在筹设的慈善救济机构以平民工厂为最多（75县），这是当时山东各县按照中央通令统一设立的。其次是赈务分会（43县）和救济院（22县），这也是此前按照山东省及中央的有关法令统一设立的，可见仍有大多数县未能设立。再次是红卍字（分）会（16县）和红十字会（8县），这是两个民办的慈善救济机构，并无行政上的统一规定，各县自主设立。另外，清代普遍设立的养济院、普济堂及其他慈善机构在有些县仍在发挥救济功能。具体到每个县，慈善救济机构数量的多寡差别很大，如益都县，赈务分会、救济院、红卍字分会、红十字会、平民工厂一应俱全。牟平县也有赈务分会、红十字会、育婴堂、救济院及平民工厂。而高苑、惠民、沾化、曲阜、鱼台、郯城、城武、莘县、临邑、禹城、巨野、清平、高唐、阳谷、昌邑、日照16县根本没有固定的慈善救济机构，遇到灾荒时只能临时救济。20世纪30年代初是山东政局相当稳定，经济恢复和发展较快的时期，即便在这一时期，山东各县的慈善救

济机构仍未能普遍建立，已建的救济院、平民工厂则普遍规模太小，救济范围和能力都十分有限，这也反映出山东近代慈善救济事业的整体落后状况。

三、特点与评价

近代以来，随着政局的变动、经济的发展、社会的变迁，山东的慈善救济环境发生了显著的变化。与传统的慈善救济机构相比，山东近代新型的慈善救济机构呈现出以下诸多特点。

1. 大部分慈善救济机构都以助人自救为宗旨，养、教、劳相结合，体现出明显的近代特征。

与传统慈善救济机构单纯供养受救助者不同，在近代新型慈善救济机构中，一般均设有学习和劳动的场所，让被收养者学习各种技能，并参加劳动。如世界红卍字会系统，一般都设有卍字学校（小学、中学或职业学校）、平民工厂、因利局等。世界红卍字会烟台分会恤养院孤儿部"附设有皮鞋、木工、机织、铜铁、印刷等工厂……其各种出品极为优良，与普通各工厂出品无什上下。市内十字街及市署街皆有该院孤儿工作出品成列处，以其质坚价廉且寓有救济孤贫之善意，故一般人多乐往购用。"①

救济院作为官办慈善救济机构也以教养兼施为宗旨。如济南救济院将孤儿上课分甲乙丙丁戊五班及幼稚班，教授以学问程度定班次，不按年龄。每日课程有国文、算学、党义、常识、武术、国语、体育、唱歌、习字等科目。该院设有制鞋、音乐、织席、织布各组，使男孤儿等半工半读，以期学成致用。孤儿年岁较大者，送入平民工厂，分初级班、速成班，学习织布。毕业后得充技师或工人，残废者令其学习造胰子，糊洋火盒，瞽人学习唱梨花大鼓，异日出

① 池田熏、刘云楼：《烟台大观》，第127页。

院亦能谋生。[①] 1934 年 5 月，济南市市长闻承烈在总结本市救济事业时指出："吾人理想之救济院，乃一广大之场所，能尽量收容市内贫民，内有各种工艺之设备，足供贫民学习，以期教养兼施，使贫民进院如进一公费之初级职业学校，既能解决生活问题，又能学习技能。救济院更可利用其无给劳动以发展生产事业，诚一举而数善备焉。"[②]

再如抗战后重新改组的青岛市市立救济院，其教养方针是："收容孤苦无依之男女儿童，教之，养之，俾其成为健全国民，为国家储人才，为社会谋福利，以完成继往开来之使命。"其教养内容包括：思想训练、智识训练、体育训练、行动训练等各个方面。[③]

这种养、教、劳兼施的救济原则，对慈善救济机构自身的持续发展和被救助者自身技能和道德的培养，都具有积极的意义，反映了近代慈善救济事业发展的新方向。

2. 慈善救济机构的组织化、社会化程度进一步提高。

山东的传统慈善救济机构基本上是由官方倡导，官绅合办，其管理权主要操之于官府，因此，官方垄断或主导是其常态。而近代山东新型慈善救济机构在组织形式上与此有很大不同，主要是采用了董事会制和会员制。近代官办慈善救济机构的负责人虽由政府任命，但其组织与政府机关仍有明显的不同，一般都设有监察或稽查人员，有些也设有董事会。民办慈善救济机构一般实行会员制，设有董事会，董事长或会长由董事会或会员(代表)大会选举产生。董事或董事长、会长一般是由富有社会声望或经济实力的人士担

---

① 《济南市救济院民国二十二年本院概况及改善计划报告表》，济南市档案馆藏档，档案号：临 77—16—15—5。《市立救济院调查记》，《山东民国日报》1933 年 2 月 6 日。

② 闻承烈：《本市救济事业实况》，《山东民国日报》1934 年 5 月 5 日。

③ 《青岛市市立救济院概况》，青岛市档案馆藏档，档案号：A21—1—505。

任。本机构的重大事项须经全体会员会议或常务会议讨论决定。每一机构内根据经费和业务分工设置不同的部所，聘请或招募职员和工人从事具体工作。

以成立较早的山东省会慈善事业公所为例。在 1914 年时它属于官办慈善救济机构，其章程规定，本公所设督办一人，由民政长（即当时本省的最高行政长官）于住在省城之现任司道各员遴委之，综核本所事务，进退员司。设参事一人，由民政长从居住在省城的士绅中遴委之，随同督办办理本所事务，另设文牍、会计各一人，稽查二人。各局所各委任一人为主任。但章程还规定，除本公所职员外，应由民政长于有寄附金各慈善家内委任议绅四人以上，不支薪水，其权限如下：（一）议决本公所预算决算，（二）议决本公所款项筹集方法，（三）议决本公所款项处理方法，（四）得议绅过半数之同意随时检查本公所款项之收支，（四）条陈本公所办理得失于督办或民政长。①

再以世界红卍字会为例，《世界红卍字会大纲》规定：本会以会员代表大会为最高决议机关，会长为执行负责人。本会会长由代表大会共同推举，并得聘任名誉会长若干人。本会事务计分六组：总务组、储计组、防灾组、救济组、慈业组、交际组。《世界红卍字会山东分会章程》规定，本会设会长一人，副会长若干人、会监若干人。本会会长、副会长、会监均由会员大会共同推举之，任期四年，期满后均得连选连任。本会设以下六股办理一切会务，即总务股、储计股、防灾股、救济股、慈业股、交际股。②

近代山东慈善救济机构大体可分为官办与民办两个系统，如赈务分会、救济院、鲁青分署等属于官办，世界红卍字会、红十字会等属于民办。两相比较，民办慈善救济机构无论在组织、筹款还是救

① 叶春墀：《济南指南》，第 46～48 页。

② 《世界红卍字会大纲》、《世界红卍字会山东分会章程》，济南市档案馆藏档，档案号：22—1—19。

济实务等方面，与官办慈善救济机构相比毫不逊色，甚至更胜一筹。这种情形完全打破了官方对慈善救济的垄断，显示出社会力量在慈善救济方面的优势。至于官办与民办慈善救济机构协同救济的事例更是常见，如1937年全鲁卍联处与济南市政府对灾民和难民的救济，20世纪40年代末青岛市官办与民办慈善救济机构对难民的大规模救济，以及鲁青分署对山东各慈善救济机构的定期或临时性补助等等。特别是济南市社会救济事业协会和青岛市社会救济事业的成立，将本市各类慈善救济机构的力量整合起来，发挥联合救济的优势。凡此种种，均说明至迟在20世纪40年代末，在山东的某些重要城市已初步形成官办与民办慈善救济机构并存发展、协同救济的格局。

3. 慈善救济机构的经费来源更加广泛。

山东传统慈善救济机构的经费主要来自地丁银、官绅捐款及机构本身收取的地租及发当生息银，基本上是农业生产的收入。而近代山东新型慈善救济机构的经费来源则更加广泛，大体有四个途径，即会费、捐款、生产与经营性收入、政府拨款或资助，其中来自工商业界的捐款占很大比重。

(1)会费。会费是民办慈善救济机构的基本收入之一，它具有普遍性和经常性的特点，而且能加强会员的认同感和责任感，有些机构还以交会费多少来区别不同的会员，强化某些会员的权力和荣誉。如《世界红卍字会山东分会章程》规定：经本会会员2人介绍，每年纳会费5元以上者得为普通会员，会员一次交会费36元以上者得为终身会员。会员年纳会费100元以上者，经会长认可得为名誉会员，名誉会员一次交会费在1800元以上者得为终身名誉会员。会员年纳会费在500元以上者得为特别会员，特别会员一次交会费3600元以上者得为终身特别会员。①

---

① 《世界红卍字会大纲》、《世界红卍字会山东分会章程》，济南市档案馆藏档，档案号：22—1—19。

（2）捐款。与会费相比，捐款在民办慈善救济机构经费中所占的比例则更大，是民办慈善救济机构最主要的经费来源。捐款可分自捐与募捐（亦称经募），比较而言，后者更为重要。一个慈善救济机构的影响力主要取决于它的募捐能力，一个会员在机构中的身份与地位也主要与他的募捐能力和募捐数额有关。担任董事或名誉董事、监理或监察的会员一般都具有较强的募捐能力，是机构经费来源的主要功臣。

在有些机构的章程中，直接注明募捐或自捐多少就能够成为某类会员或享有某种权利。如《世界红卍字会山东分会章程》规定，会员年募会费500元以上者得为名誉会员，年募会费2000元以上者得为特别会员。《山东厚德贫民工厂创办章程》规定，凡代募捐款在2000元以上或自行捐资在千元以上者，有被选为本厂总董之权；代募200元以上或自捐在百元以上者，得为本厂董事，并有被选为常务董事之权；其捐款在十元以上者得为本厂名誉董事，并有被选为监察之权。

一般民办慈善救济机构的日常开支主要依靠捐款，募捐对象主要是从事工商业经营的各类企业、公司以及它们的联合组织如同业公会、商会等。济南钱业公会是济南金融业的联合组织，也是济南各慈善救济机构募捐的主要对象。如1933年1月，中国红十字会济南分会就收到钱业公会捐大洋51元。同月，山东慈悲总社也收到钱业公会冬赈捐助大洋450元。山东民众慈善医院在1932年曾得到钱业公会的月捐，1933年全年又得到钱业公会的月捐，每月大洋10元。①

（3）生产与经营性收入。主要指机构内部工厂产品的销售收入，房屋和土地的出租收入，基金、债券、存款的利息收入等。济南各慈善救济机构内附设工厂极为常见，从幼儿到老年及残疾人几乎

---

① 《省赈务会、红十字会、救济院等关于慈善捐募的公函通知捐册》，济南市档案馆藏档，档案号：77—16—15。

都要从事力所能及的劳动，其产品销售收入有些还相当可观，甚至能达到自足。如山东厚德贫民工厂就是以救济贫民、传习技艺、俾能自谋生活为宗旨的慈善救济机构。在其创办章程中规定，本厂工徒分两部分，甲部专收贫苦无告儿童充之，乙部则收有家属之贫民在厂内传习。本厂每年所得余利于年终结账后分作十二成，以六成扩充厂务或兴办其他救济贫民事业，由董事会议决处理之，其余六成分别用作公积金、厂长酬劳、职员花红及工师工徒奖金。① 山东厚德贫民工厂还为济南贫民医院提供经费。

(4)政府拨款与资助。官办慈善救济机构主要由省市政府拨款。根据 1928 年 5 月颁布的《各地方救济院规则》，救济院基金由各地方收入内酌量补助或设法筹集。救济院经费以基金利息及临时捐款充之，但成绩优良之救济院应由省款补助之。以上经费应分别列入省预算及县地方预算，作为固定之款，不得挪减。

1933 年济南市救济院的经费系属省政府拨款，按月由财政厅领洋 4054 元，育婴所经费 279 元。而实际支出每月三千数百元，育婴所每月用一百数十元。每月所存结余奉令不准移作别用，俟年度终了呈财政厅。②

抗战胜利后至 1948 年初，山东的慈善救济工作主要由行政院善后救济总署鲁青分署来承担，该机构自办、委办、合办、定期补助及临时补助的慈善救济机构有数十家，成为这一时期山东慈善救济机构的主要经费提供者。

4. 世界红卍字会遍及山东各地，成为近代山东最活跃、最有影响的民办慈善救济机构。

---

① 《山东厚德贫民工厂创办章程》，济南市档案馆藏档，档案号：76—1—534。

② 《民国二十二年本院概况及改善计划报告表》，济南市档案馆藏档，档案号：77—16—15。

山东是道院和世界红卍字会的发源地，也始终是红卍字会的大本营，自20世纪20年代起，世界红卍字会就逐渐成为山东慈善救济机构的主体，一直延续到20世纪40年代末。1928年，山东各地的红卍字会就有七十余家。即便在日本占领山东期间，大部分红卍字会仍在维持。1941年，兴亚宗教协会编辑发行《华北宗教年鉴》一书，在其中"山东省慈善团体"和"青岛特别市慈善团体"两节中，共列举了70家慈善团体，其中红卍字会系统就有46家，占65%以上。①

世界红卍字会的慈善救济事业可分为临时慈善救济事业和永久慈善救济事业两种。所谓临时慈善救济事业，主要是指对突发的自然灾害与人为灾难进行救济。红卍字会自成立伊始，就积极参与山东境内各种大灾大难的救济，其行动之迅速、组织之严密、成效之显著都是其他任何民办慈善救济机构所无法相比的，其效率和效果也往往为官办慈善救济机构所不及。所谓永久慈善救济事业，包括创办卍字学校、平民工厂、施诊所、医院、施棺所、因利局、平粜局、育婴堂、残废院、恤养院等诸多事项，几乎涵盖了所有的慈善救济领域。世界红卍字会在山东的慈善救济机构不仅数量多，实力雄厚，救济范围广泛，而且随着全鲁卍联处的成立，越来越呈现出联合救济之势，在近代山东慈善救济事业中发挥着极为重要的作用，是近代山东慈善救济百花园中一支耀眼的奇葩。

5. 地区差别明显，发展不平衡。

由于近代山东各地政治、经济、文化发展的差异，慈善救济机构的分布极不平衡，无论是种类还是数量，城市明显多于农村，东部明显多于西部。济南作为省会，慈善事业的发展有自身的优势，慈善

---

① 《华北宗教年鉴》，新民印书馆1941年版。见《民国佛教期刊文献集成》第94卷。

救济机构的种类和数量最多。1929 年经济南市社会局注册的公益性慈善团体有 27 家。1934 年出版的《济南大观》所列各慈善团体有 28 家。济南市世界红卍字会系统的慈善团体数量之多更是首屈一指。青岛自 1922 年收回主权后，慈善事业发展迅速，各类慈善救济机构普遍设置，特别是青岛救济院从 20 世纪 30 年代初建立，中经日伪时期的维持，再到抗战胜利后的改组恢复，其发展形态在全省乃至全国都颇具代表性。另外济南、青岛作为流民、难民的聚集地，其收养流民、难民临时性慈善救济机构也有不少。烟台的慈善救济机构种类还是数量虽不及济南、青岛，但世界红卍字会烟台分会恤养院设置之齐全、规模之庞大，远远超过一般的官办救济院，成为烟台慈善救济机构的代表。与上述城市相比，山东各县慈善救济机构无论种类还是数量都少得多，有些县根本就没有固定的慈善救济机构，有些县还是在维持传统的慈善救济机构。各县之间也有明显的差异，一般说来，东部各县慈善救济机构的种类和数量要多于西部各县。至于广大农村，新型的慈善救济机构就更少，基本上还是依靠当地的士绅和传统的宗族邻里互助来救济。

总之，近代山东的慈善救济机构同以前相比，在机构类型、组织管理、筹款途径、救济方式等方面都发生了很大的变化，整体上呈现出发展的态势。这些慈善救济机构在一定程度上解除或减轻了受助者的痛苦，帮助他们恢复了自救的能力，其存在的意义和价值不容置疑。但另一方面，由于近代山东政局动荡、灾荒连年、经济凋敝，有待于救济的弱势群体极为庞大，原有和新设的慈善救济机构根本无法满足需求，仍有大量的灾民、难民、贫民及鳏寡孤独者或流落街头，或转毙沟壑。近代山东慈善救济事业的现状使我们认识到，只有在政局稳定、经济发达的基础上，依靠政府和全社会的力量，建立起完善的社会保障体系，才能从根本上解决弱势群体的生存和发展问题，使他们能够像其他社会成员一样有尊严地生活下去。

第十二章　济南慈善救济机构

济南是山东省省会,也是灾民、难民、流民的聚集地。近代以来,省市政府及民间社会在济南设立了众多的慈善救济机构,对济南本地及外来的弱势群体进行了广泛的救济。

一、发展概况

近代以来,济南政局动荡,救济环境也不断发生变化,这对慈善救济机构的存在和发展都有直接的影响,使其发展呈现出明显的阶段性。为便于从整体上了解近代济南慈善救济机构的全貌,本节先依据相关资料,按时间先后对此类机构进行罗列,再通过列表的方式,对主要机构的成立、沿革及业务情况作一概览。

(一)抗战之前

近代济南慈善救济机构的起步大体在19世纪80年代,以1884年广仁善局的设立为标志。20世纪初,随着济南的开埠和民国的建立,济南的慈善救济事业有所发展,但仍显落后。直到二三十年代,才进入大发展时期,特别是红卍字会系统异军突起,成为济南慈善救济机构的主体。

《济南指南》(1914年)所列慈善机构有三处,分别是:1.教养局。专以收养无业贫民,教令习艺,期因材施教,各有所能,使日后可以自谋生计为宗旨,设南北两厂,并附设初等小学校,以公款维持。2.红十字会。以慈善救恤医疗疾病为宗旨,其常年经费为慈善家之捐助金。3. 省会慈善事业公所。原为广仁善局，以兴学、恤嫠、卫生三者为宗旨，嗣后又推广各种善举，并设牛痘局、济良所各慈善事业。这是民国初年济南新型慈善机构的发展情况，其中的“省会慈善事业公所”一直延续到 20 世纪 50 年代，是济南历史最为悠久的慈善机构。

《济南快览》(1927 年)所列的永久慈善团体有：1. 道院。除该院自办之残废院及红卍字会盲哑学校外，每届冬令，均有种种之施予。2. 红十字会。平时以医治疾病为主务，遇有战事，则范围扩大，兼赴战场收埋战士及救治受伤者。3. 工业教养局。4. 慈善事业公所，即《济南指南》中的“省会慈善事业公所”。除此之外，济南非营业性质的慈善团体还有：慈善救急(济)会、同善社、全省平粜处、悟善社、普济孤儿院、厚德贫民厂、商埠水会、孤儿院、女子青年会、青年会、育婴堂、市厅消防队、道德社、残废院。这一时期，随着道院的兴起，其外延慈善机构红卍字会逐渐成为济南慈善救济事业的主体。

《历城县乡土调查录》(1928 年)所载慈善机构分公所和团体两类，其中公所有 3 家，即山东慈善事业公所、历城慈善事业公所、中国红十字会济南分会。团体有 7 家，分别是：1. 道院，附设残废院、因利局、小学校、印刷所。2. 同善社，附设因利局、国学社。3. 世界红卍字会，在道院内，附设医院、施舍、治疗。4. 悟善社，施舍棉衣、医药。5. 慈悲坛(社)。6. 贫民栖留所。7. 普善社。本书与上书为同一个时期，山东慈善事业公所和道院仍是慈善救济的主体。

《济南市社会局十八年度工作报告》(1930 年)所载 1929 年经济南市社会局注册的公益慈善团体一开始有 27 家，它们是：济南麻疯疗养院、山东慈悲总社、济南厚德贫民工厂、山东慈悲社济南贫民医院、山东贫民救济会、济南普善医疗所、山东医药总会附设中西慈善医院、济南正宗救济会、山东同善格言办事处、世界红卍字会济南分会、济南红卍字会施诊所、济南红卍字会因利局、济南红卍字会第一残废院、济南红卍字会第一育婴堂、全鲁卍联因利局、全鲁卍联施诊总所、世界红卍字会中华总会驻济办事处、济南市理教会、世界妇女红卍字会济南分会、世界红卍字会全鲁卍联办事处、济南市私立慈善事业公所、全鲁卍联施诊第一分所、中国红十字会济南分会、济南红卍字会第二施诊所、济南万国道德慈善会、济南私立第一恤贫所、济南市永庆同善局。之后山东同善格言办事处张贴标语多涉及迷信，济南万国道德慈善会与蓝田医院发生纠纷被缴回注销，最后经社会局注册的公益慈善团体实有25家。从济南社会局的注册中，可以看出，20世纪20年代末，济南的慈善机构有了长足的发展，特别是红卍字会系统（共12家）的机构已完全成为济南慈善救济事业的主体，并且已形成联合救济之势。

《济南大观》（1934年）所列各慈善团体有28家：山东省立慈善公所（即山东省会慈善事业公所）、世界红卍字会（1928年，由济南历城红卍字分会联合全鲁各地红卍字分会，组成世界红卍字会全鲁各分会联合救济办事处，简称为全鲁卍联处）、世界红卍字会中华总会驻济办事处、世界红卍字会济南分会、济南红卍字会第一残废院、济南红卍字会第一育婴堂、济南红卍字会第一施诊所、济南红卍字会第二施诊所、济南红卍字会因利局、全鲁卍联因利局、中国红十字会济南分会、全鲁卍联施诊总所、明德慈善公所、普善医疗所、正宗救济会、普济孤儿院、山东慈悲总社、济南贫民医院、山东医药总会附设中西慈善医院、济南私立第一恤贫所、济南市私立慈善事业公所、山东贫民救济会、世界妇女红卍字会济南分会、永庆同善局、济南麻疯疗养院、山东厚德贫民工厂、山东孤孀救济会、长春乐善社。这一时期应是济南慈善机构最为发达的时期，其中红卍字会系统11家，仍是慈善救济机构的主体。

据1936年4月调查，当时济南市的公益慈善团体有24家，1935

年收入 144518.26 元,支出 139495.36 元。救济人数总计:施药 212197 人,教育 965 人,收容 788 人,育婴 49 人,补助 960 人,贷款 391 人,施衣 538 人,施棺 414 人。由此可知,济南市各公益慈善团体一年中所救济者达 20 余万人。①

(二)日占期间

日本占领期间,济南的慈善救济机构整体呈衰落之势,但亦有若干机构仍在维持。

《济南市政概要》(1940 年)所载济南慈善机构及宗教团体有 25 家,分别是:山东慈善总社(注:疑为山东慈悲总社)、济南贫民医院、济南诚善社治疗所、山东慈善公所、全省(疑为鲁)卍联施诊第一分所、山东理教劝戒烟酒总会、红卍字会历城妇女分会、世界红卍字会第一育婴堂、济南哲院、正宗救济会、万国道德会驻济办事处、世界红卍字会因利局、世界红卍字会施诊所、济南红卍字会第一施诊所、广裕堂针灸施诊所、山东省会慈善公所慈幼院、世界红卍字会历城分会、山东民众慈善医院、济南国医慈善医院、济南红卍字会第一残废院、世界红卍字会全鲁联合办事处、济南红卍字会、济南私立慈善事业公所、万国道德会济南分会、道德总社。这是日本占领济南初期济南仍存的慈善机构及宗教团体,数量比以前有所减少,但红卍字会系统至少有 10 家,仍是慈善救济的主体。

《华北宗教年鉴》(1941 年)所载山东省慈善团体共 67 家,另外青岛特别市还有 3 家,主要是红卍字会在山东各县的分会。这虽然不是当时山东慈善团体的全部,但大体上也能反映日伪占领时期山东慈善团体的全貌。其中济南的慈善团体有 10 家,分别是:山东民众慈善医院、山东省会慈善公所慈幼院、山东慈悲总社、正宗救济

---

① 《济南市公益慈善团体调查报告》,《济南市政府市政月刊》第十卷第六期(1936 年 6 月 15 日)。

会、世界红卍字会历城妇女分会、世界红卍字会全鲁各分会联合救济办事处、红卍字会第二施诊所、济南国医慈善医院、济南贫民医院、济南诚善社附设治疗所。由于日伪占领期间,济南部分慈善团体停止业务,再加上统计不全,故显得数量锐减,这一时期是济南慈善团体发展的低谷。

(三)20 世纪 40 年代末

抗战胜利后,由于政治环境的变化和救济任务的迫切,济南的慈善机构纷纷进行恢复、重组和登记,又进入一个短暂的发展时期。

1946 年 7 月,《济南市公私立慈善救济团体登记表》显示,当时济南的慈善救济团体有 33 家,分别是:济南贫民医院、济南普济孤儿院、济南诚善社、世界红卍字会全鲁各分会联合救济办事处附设恤养院、济南施棺瘗骨贫民救济会、济南正宗救济会、万国道德会济南分会、山东民众慈善医院、世界红卍字会山东省分会、世界红卍字会全鲁各分会联合救济办事处、济南观音救济会、世界红卍字会山东省妇女分会、济南哲院、广裕堂针灸施诊所、济南理教会、山东慈悲总社、山东省会慈善公所、中国红十字会济南分会、济南市私立慈善事务公所、山东崇实佛学研究会、山东省立救济院、省立救济院附设平民学校、省立救济院附设恤养院、省立救济院附设麻疯疗养院、省立救济院附设施诊所、市立救济院、世界红卍字会济南妇女分会、济南红卍字会第一残废院、济南道院、济南道德总社、世界红卍字会济南分会、济南红卍字会第一育婴堂、理意堂劝戒烟酒公所。抗战胜利后,济南各慈善团体经过改组、恢复,数量大增,除红卍字会系统仍占较大比例外,山东省立救济院和济南市立救济院得以改组,因是官办慈善机构,故在救济事业中的地位突出。①

---

① 《济南市公私立慈善救济团体登记表》,济南市档案馆藏档,档案号:22—1—11。

1947 年 9 月，济南市社会救济事业协会成立，其会员资格人员除从事社会行政之工作人员如市长、社会局局长、各区区长外，还包括本市公私立社会救济机关团体或当地慈善公益设施之负责人，所开列的这类团体共有 28 家，分别是：济南贫民医院、世界红卍字会济南分会、世界红卍字会济南分会附设第一残废院、山东省会慈善公所、广裕堂针灸施诊所、世界红卍字会济南妇女分会、济南道院、世界红卍字会全鲁各分会联合救济办事处、世界红卍字会全鲁各分会联合救济办事处附设恤养院、济南市普济孤儿院、道德总社、仁慈堂孤儿残老院、山东民众慈善医院、山东慈悲总社、济南诚善社、万国道德会济南分会、天主堂孤儿残老院、慈善救济公所、济南市明德慈善公所、中华理教总会济南分会、济南红卍字会第一育婴堂、崇实佛学会、济南正宗救济会、中国红十字会济南市分会、济南哲院、市立救济院、万善救国联合总会、圣教慈善会。① 与上述《登记表》相比，除去了省立救济院及其附设机构，增加了两个基督教会慈善机构，即仁慈堂孤儿残老院、天主堂孤儿残老院，其他变化不大。这些大体能反映出 1946 年至 1947 年间济南市慈善救济机构的全貌。

近代济南主要慈善机构一览表(43 家)

名称	成立时间及沿革	宗旨及业务	经费来源	见诸文献
山东省会慈善公所	1884 年成立，原名广仁善局，1914 年改名为山东省会慈善事业公所，1929 年改名为山东省会慈善公所。	办理省会及全省慈善事业	募集并受省政府补助	ABC DFG

① 《济南市社会救济事业协会成立大会召开》，济南市档案馆藏档，档案号：22—1—9。

（续表）

名称	成立时间及沿革	宗旨及业务	经费来源	见诸文献
济南市私立慈善救济公所	创自1901年，原名历城县普义公会，后改为历城县慈善公会，1924年改称济南市私立慈善事业公所，1946年改称济南市私立慈善救济公所。	一般救济，并于1942年设立宏德小学。	自筹（包括会费、募捐、生产经营等，下同）	ADEFG
仁慈堂孤儿残老院	1895年5月，德国圣母会出资创办。	收容孤儿残老	济南教区总堂补助	A
天主堂孤儿残老院	1908年10月创设，天主教济南教区总堂主办。	收容贫苦鳏寡孤独	济南教区总堂提供	A
教养局、工业教养局	1900年设教养局。1901年设工艺局。《济南快览》称工业教养局。	收养无业贫民教令习艺	以公款维持	BC
中国红十字会山东分会	1911年，时称山东全省红十字，后改称中国红十字会山东分会。	以慈善救恤医疗疾病为宗旨	其常年经费为慈善家之捐助金	B
普济孤儿院	1920年	专收赤贫无依孤儿，半工半读，养育兼施。	完全由各慈善人士捐助	AF
济南市私立明德慈善公所	1920年9月	施药、施茶	自筹	AF
山东厚德贫民工厂	1920年（一说1921年），亦称济南厚德贫民工厂，山东慈悲社创建。	教养贫苦青年，传习手工技术。	政府资助，生产自给	AEF

（续表）

名称	成立时间及沿革	宗旨及业务	经费来源	见诸文献
万国道德会山东省支会	1921年成立时，本会即总会，1928年总会迁移北平，本会改为分会。	兴办教育、各处讲演、救济灾荒	自筹	A
济南道院	1921年在济南创设，1922年1月拟定院章，1922年2月4日正式成立。	以提倡道德，实行慈善事业为宗旨。	自筹	A
世界红卍字会济南分会	1922年，又称济南红卍字会。	以慈善救济为宗旨	自筹	AEFG
济南红卍字会第一残废院	1922年10月创立，1947年改名为济南红卍字会第一残疾教养所。	收容贫苦残老	生产及其他	AEFG
济南红卍字会第一育婴堂	1925年5月，又称济南红卍字会育婴堂。	收养弃婴	自筹	AEFG
济南红卍字会第一施诊所	1925年6月，后改称济南红卍字会中西医第一诊疗所。	对贫苦市民免费治疗及一般营业治疗	自筹	AEFG
济南红卍字会第二施诊所	1927年，后改称济南红卍字会中西医第二诊疗所。	同上	自筹	AEF
中国红十字会济南分会	1925年7月	以慈善救恤医疗疾病为宗旨	主要依靠医院、助产院和学费，募集。	ACDEF
山东贫民救济会	1925年9月	救济、施粥	自筹	EF
济南市私立第一恤贫所	1927年7月	救济、施粥	自筹	AEF

（续表）

名称	成立时间及沿革	宗旨及业务	经费来源	见诸文献
山东省立救济院	1928 年成立，原为山东省赈务处，1938 年改为山东省振务委员会，1944 年改称山东省立救济院。1945 年接收改组。	经办本省赈济慈善事业	中央及省政府拨款	A
济南市立救济院	1929 年称济南临时贫民收容所，1930 年改为济南教养院，同年 9 月改称济南市救济院。1945 年接收。	院内安老、育婴、育幼、残疾教养、习艺、助产、施医，民生工厂等。	省赈务会及市政府拨款	A
山东慈悲总社	1926 年冬（一说 1929 年 10 月），有时称山东慈悲社。	办理救济，冬赈。	自筹	ADEFGH
济南正宗救济会	1928 年 7 月（另说 1927 年、1929 年），又称正宗救济会。	春冬施放急赈	会员及社会人士捐助	AEFGH
济南贫民医院	1928 年 10 月（一说 1929 年 10 月），又称山东慈悲社济南贫民医院。	慈善救济	山东厚德贫民工厂拨捐	AEFGH
世界红卍字会全鲁各分会联合救济办事处	1928 年 11 月成立，并组设全鲁卍联施诊总所及全鲁卍联第一施诊所、第二施诊所，设立全鲁卍联因利局。若遇灾害发生，临时组织全鲁卍联救济队，并设临时医院及难民收容所。	以联合全鲁各卍字会办理救灾恤难赈济饥民为宗旨	会费、捐款、募集	AEFGH

（续表）

名称	成立时间及沿革	宗旨及业务	经费来源	见诸文献
世界红卍字会山东分会附设施诊所	1928年，原为世界红卍字会全鲁各分会联合救济办事处施诊总所，1937年8月改为临时医院，1950年因条件不符，复改为诊所。	对贫苦市民免费治疗及一般营业治疗	自筹	A
济南红卍字会因利局	不详	贷款接济小本营业商人	自筹	EF
全鲁卍联因利局	1928年	贷款接济小本营业商人	自筹	EF
济南哲院	1929年12月	慈善救济	自筹	AG
济南普善医疗所	不详	医疗救济	自筹	DEF
济南麻疯疗养院	不详。据《济南大观》记载美国人海贝殖为负责人，在齐鲁大学南。	治疗麻疯病人	自筹	EF
全鲁卍联施诊第一分所	1929年8月	施诊	自筹	EG
山东民众慈善医院	1930年（另说1923年、1932年）	救济一般贫苦病人	由各慈善殷实商民随时捐助	AGH
济南道德总社	1921年设立，称道德社。1933年改称济南道德总社。	早期专办慈善，重组后研究真道为主。	自筹	AG
世界红卍字会济南妇女分会	1934年10月，又称世界红卍字会历城妇女分会、世界妇女红卍字会济南分会	办理慈善事业	自筹	AEFGH
世界红卍字会山东省妇女分会	1944年	慈善救济	自筹	A

（续表）

名称	成立时间及沿革	宗旨及业务	经费来源	见诸文献
广裕堂针灸施诊所	1936 年 7 月	办理施诊	自筹	AG
济南诚善社治疗所	1928 年成立,后无形取消,1938 年恢复。	施舍药品	自筹	AGH
万国道德会济南分会	1938 年 8 月	慈善救济	自筹	AG
世界红卍字会全鲁各分会联合救济办事处附设恤养院	1940 年 12 月 1 日	收容残老孤儿,附设小学,织布工厂	自筹	A
济南施棺瘗骨贫民救济会	1941 年	施棺瘗骨及赈济	会员捐款	A
世界红卍字会山东省分会	1944 年由世界红卍字会历城分会改组而成,历城分会设立于 1928 年(一说 1932 年)	慈善救济	自筹	A
社会部育幼院	1946 年,又称社会部山东育幼院。	抚育幼童	社会部、地方政府拨款、募捐	A

说明:文献代码:A. 济南市档案馆藏济南市社会局、民政局档案。B. 叶春墀著《济南指南》,大东日报社 1914 年版,中国文联出版社 2004 年重印。C. 周传铭著《济南快览》,济南世界书局 1927 年版。D.《历城县乡土调查录》,1928 年。E. 济南市社会局编《济南市社会局十八年度工作报告》,1930 年。F.《济南大观》,1934 年。G. 济南市公署秘书处编《济南市政概要》,1940 年。H. 兴亚宗教协会编《华北宗教年鉴》,新民印书馆 1941 年版。

二、组织与管理

近代济南的慈善机构有官办和民办之分,因此,在组织形式上也有所不同。官办慈善机构的负责人由政府任命,但其组织与政府机关仍有明显的不同,一般都设有监察或稽查人员,有些也设有董事会。民办慈善机构一般实行会员制,建有董事会,董事长或会长由董事会或会员(代表)大会选举产生。董事或董事长、会长一般是由富有社会声望或经济实力的人士担任。本机构的重大事项须经全体会员会议或常务会议讨论决定。每一机构内根据经费和业务分工设置不同的部所,聘请或招募职员和工人从事具体工作。

以成立较早的山东省会慈善事业公所为例。在1914年时它属于官办慈善机构,其章程规定,本公所设督办一人,由民政长(即当时本省的最高行政长官)于住在省城之现任司道各员遴委之,综核本所事务,进退员司。设参事一人,由民政长从居住在省城的士绅中遴委之,随同督办办理本所事务,另设文牍、会计各一人,稽查二人。各局所各委任一人为主任。

章程还规定,除本公所职员外,应由民政长于有寄附金各慈善家内委任议绅四人以上,不支薪水,其权限如下:(1)议决本公所预算决算,(2)议决本公所款项筹集方法,(3)议决本公所款项处理方法,(4)得议绅过半数之同意随时检查本公所款项之收支,(5)条陈本公所办理得失于督办或民政长。按章程规定,本公所拟设以下各局所:养老院、孤儿院、贫儿学校、恤嫠所、济良所、因利局、掩骼所、免囚保护所、惜字局、临时设置之慈善事业机关。而当时实际设置的院所只有孤儿院、养老院、济良所、恤嫠所、全节堂、育婴堂等。

1929年6月,山东省会慈善事业公所组成董事会,并改名为山东省会慈善公所。1929年至抗战前省会慈善公所设置的院所有慈幼院(即前孤儿院)、恤老院(即前养老院)、妇女救济所(即前济良所)及国民小学。在济南解放前,只剩下安老、育幼二所。①

济南市立救济院在1945年9月接收后,院长由市政府任命,院长下设总务、业务、工厂三组及附设小学一处。由济南市政府聘请董事9人,于1946年12月18日成立董事会。②

1946年初,山东省立救济院的组成是:设院长1人,秘书1人,科长2人,科员4人,办事员、助理员各3人,分设一、二科,办理院内一切事务。其下分设九所一校(即安老所、育幼所、习艺所、施医所、麻疯病疗养所、平民学校,以上已成立;拟添设残废教养所、妇女教养所、助产所、育婴所),分别办理教养、学习工艺、治疗疾病、救济儿童等事宜。连同各所主任、管理员、医士、助理员、技术员,现共有职员36名,勤务10名。③

以上三家都属于官办慈善机构,再看民办机构的组织情况。以最有名的红卍字会为例,《世界红卍字会大纲》规定:本会以会员代表大会为最高决议机关,会长为执行负责人。本会会长由代表大会共同推举,并得聘任名誉会长若干人。本会事务计分六组:总务组、储计组、防灾组、救济组、慈业组、交际组。《世界红卍字会山东分会章程》规定,本会设会长一人,副会长若干人、会监若干人。本会会长、副会长、会监均由会员大会共同推举之,任期四年,期满后均得连选连任。本会设以下六股办理一切会务,即总务股、储计股、防灾股、救济股、慈业股、交际股。④

---

① 叶春墀:《济南指南》,第46~48页。《山东省会慈善公所概况》,济南市档案馆藏档,档案号:70—1—28。

② 《济南市立救济院组织规程草案》,济南市档案馆藏档,档案号:22—1—5。《施政报告》,济南市档案馆藏档,档案号:22—1—11。

③ 《山东省立救济院概况及三十五年度业务发展计划》,稿本。山东省图书馆藏。

④ 《世界红卍字会大纲》、《世界红卍字会山东分会章程》,济南市档案馆藏档,档案号:22—1—19。

正宗救济会简章规定，本会设名誉会长、名誉副会长，均无定额。设会长一人，副会长二人，均由大会公同推举，任期三年，期满后得再被推举连任。本会事务计分六部，即总务部、储计部、筹防部、灾施部、慈业部、交际部，每部设主任干事一人，副主任干事二人，商承会长办理各本部一切事务。①

山东厚德贫民工厂创办章程也规定，本厂设常务董事九人，总董一人，任期定为三年；监察二人，任期一年；名誉董事无定额，任期无年限。本厂设厂长一人，由董事会推举，对于厂中一切进行事宜均负完全责任。②

综合以上事例可以看出，近代济南民办慈善机构的组成一般有三个系统：一是决策系统，由会员会议、常务会议、董事会或理事会组成，选举本机构负责人，决定本机构预算及业务等；二是执行系统，由机构负责人及各所（院）主任及职员组成，具体执行会员大会或董事会作出的决策；三是监督系统，由若干监察或稽查人员组成，监督本机构的财务收支与业务运行情况。以上三个系统虽然并非每个慈善机构都完全具备，但大部分略具形态，体现出近代慈善机构公益性、自主性、民主性的特点，是近代社会组织的重要组成部分。至于官办慈善机构，虽机构负责人由政府任命，经费依赖于政府，但在决策及运作方面同政府机关相比，仍有较大的自主性和灵活性。

除独立的慈善救济机构外，近代济南还出现若干联合救济机构，最有名的当属世界红卍字会全鲁各分会联合救济办事处。1928年11月，为联合救济山东灾民，山东各红卍字分会推举代表来济研讨联合救济办法，决定组设世界红卍字会全鲁联合救济办事处，简

---

① 《正宗救济会简章》，济南市档案馆藏档，档案号：70—1—28。

② 《山东厚德贫民工厂创办章程》，济南市档案馆藏档，档案号：76—1—534。

称全鲁卍联处,并组设全鲁卍联施诊总所及全鲁卍联第一施诊所、第二施诊所、全鲁卍联因利局。办事处内分六部:总务部、文牍部、会计部、庶务部、交际部、调查部、奖惩部。若遇兵燹水旱灾劫发生,临时组织全鲁卍联救济队,实施救护赈济,并设临时医院及难民收容所等。据《世界红卍字会全鲁各分会联合救济试行简章》规定,全鲁各卍会组设联合救济总办事处,办理救济事宜,联合进行,嗣后有新组之分会得随时报告成立,准予加入。全鲁各卍分会筹办救济事务,应先报告总办事处并母院、总会、总处及通布各分会。全鲁各卍分会联合办理救济事宜得分若干组,每组酌设办事处。① 1937 年 8 月至 1938 年 6 月间,全鲁卍联处对济南附近的灾民及北来难民进行大规模的救济,取得了明显的成效,显示出了联合救济的优势。

慈善机构的管理可分为内部管理和外部管理。内部管理是指每一机构内的经营,由于近代济南慈善机构规模一般都不太大,结构也不复杂,再加上资料缺乏,对其内部管理难以详述。这里主要论述其外部管理,即政府对慈善组织的审核、注册与监督。

1928 年 5 月,南京国民政府颁布了《各地方救济院规则》,要求各省区省会、特别市政府及县市政府所在地,依本规则规定设立救济院。救济院分设养老所、孤儿所、残废所、育婴所、施医所、贷款所。各地方原有之官立公立慈善机构,其性质有与以上各所名义相当者,得因其地址及基金继续办理,改正名称使隶属于救济院。各地方慈善事业由私人团体集资办理者,一律维持现状,但须受主管机关监督。从规则条文可以明显看出,国民政府设立救济院的目的就是为了整合官办或公办慈善机构,使其隶属于救济院。对其他私人或私人团体办理的慈善机构仍允许保持现状,并由政府监督。

---

① 《世界红卍字会全鲁各分会联合救济试行简章》,济南市档案馆藏档,档案号:22—1—19。

此后，国民政府又颁布了《管理私立慈善机关规则》、《监督慈善团体法》、《监督慈善团体法施行规则》等法规。其中《管理私立慈善机关规则》规定，各地方私立慈善机构应将机关名称、所在地址、所办事业、财产状况、现任职员姓名、履历，详细造册，呈报主管机关查核，转报内政部备案。各地方私立慈善机构每届月终应将一月内收支款目及办事实况逐一公开，并分别造具计算书及事实清册呈报主管机关查核。依据这一规则，各级政府开始对所辖区域的私立慈善机构实施登记、备案审查。

1929 年 7 月济南市政府成立，社会局也开始筹备。社会局掌理全市社会及教育事业，其中第三科掌理市内公益慈善事业，及其他团体调查统计、注册、监督、改良事业。济南市社会局成立后，立即开始办理本市公益慈善团体的注册工作。先后呈请注册者共 33 家，其中 4 家因宗旨不纯、办理失当予以批驳，另有 2 家因成绩不佳，暂准备案试办。经查内部组织适当，批准注册颁发执照及图记者共 27 家。后又有两家因故被撤销注册。至 1930 年 9 月，济南市经社会局注册的公益慈善团体共 25 家。①

在一个政府主导一切的社会里，能否注册对一个慈善机构的存在和发展至关重要。注册成功就是合法社会团体，可以开展募捐及其他业务，否则就是非法团体，无法开展业务。济南道院的遭遇就是一个最明显的例子。1928 年 10 月 21 日，国民政府通令全国各地，查封悟善社、同善社和道院，其理由是这些机关设坛扶乩，宣传迷信。1929 年 10 月 31 日，济南道院被查封。此后，道院对外都是以“世界红卍字会”的名义活动，“道院”则变成对内的称呼。这一重大变化，一方面使“道院”的自身发展受到限制，其宗教色彩的活动有所减弱；但另一方面，却迫使“道院”将主要精力放在“世界红卍字

① 济南市社会局编：《济南市社会局十八年度工作报告》，第 48 ~ 49 页。

会”的发展上,其结果,“世界红卍字会”这棵从“道院”根上萌发的小苗,成长为参天大树,反而遮住了“道院”本身,以至于世人只知有红卍字会而不知有道院。济南道院直到1935年7月才得以在中央立案,但只能从事公益慈善事业。因为以上缘故,故在近代济南慈善事业发展史上,济南道院的名称时隐时现。1914年出版的《济南指南》未见“道院”,或者此时尚未成立。1927年出版的《济南快览》和1928年出版的《历城县乡土调查录》均有“道院”,前书还将其列为慈善团体之首,或者此时正是道院大发展之际。可1930年出版的《济南市社会局十八年度工作报告》和1934年出版的《济南大观》则只见“红卍字会”,不见“道院”,或者此时已被查封。尽管1935年道院已恢复合法身份,但从事慈善事业的仍是“红卍字会”,直到抗战胜利后,“济南道院”才又出现在慈善团体的行列。

与道院一起被查封的“悟善社”、“同善社”,其具体情况不详,但在《济南快览》和《历城县乡土调查录》中都作为慈善团体出现过,之后再未见踪影。济南的“悟善社”、“同善社”的消失可能与这次查封事件有关,只是它们没有道院这样的根基,再也无法恢复。

抗战胜利后,在严峻的救济形势下,济南的慈善救济事业又迎来一个短暂的发展阶段,政府也恢复了对慈善机构的监督和管理,并牵头协调各慈善机构联合救济。1947年7月26日,山东省会各公私立慈善团体联席会议召开,出席会议的慈善团体有山东省会慈善公所等27家,基本上囊括了当时济南的主要慈善团体。会议报告对慈善团体的财务和组织作出诸多规定:一、筹募基金必须呈准主管官署核准,并按统一募捐运动办法及统一捐献金收支处理办法办理。二、各公私立慈善团体之财产及基金均应组织保管委员会负责保管。如变卖公有财产时,须先呈请主管官署核准,不得擅自处理。三、私立救济团体关于财产状况、款项收入、工作进度及人事考核等事宜,应于每年六月及十二月呈报主管官署查核。四、私立救济团体应建立董事会，由团体或创办人延聘 7 人至 15 人为董事，并以团体之负责人或创办人为董事长。国际或外人创办之慈善团体应有三分之一之华籍董事。① 上述规定反映出地方政府强化对慈善团体监督和管理的趋势。只是济南很快解放，上述规定就成了一纸空文。新政府在清算旧慈善团体“罪恶”的基础上，将一切私立的慈善团体逐渐变为公立、官办，最后实现由人民政府来主导和控制一切慈善救济事业的格局。

三、经费来源

经费的有无和多少是决定一个慈善机构能否存在和发展的关键。近代济南慈善机构的经费来源可分为四个途径，即会费、捐款、生产与经营性收入、政府拨款或资助。由于机构的性质、规模不同，其经费来源也有很大差异。一般说来，官办慈善机构以政府拨款为主，其他收入为辅；而民办慈善机构则以会费、募捐、生产经营为主，政府资助为辅。不同机构之间或者同一个机构在不同时期，其经费来源都会有所不同。

1. 会费

会费是民办慈善机构的基本收入之一，它具有普遍性和经常性的特点，而且能加强会员的认同感和责任感，有些机构还以交会费多少来区别不同的会员，强化某些会员的权利和荣誉。如《世界红卍字会大纲》就将本会会员分为四种，即会员及终身会员、特别会员及终身特别会员、名誉会员及终身名誉会员、学生会员。《世界红卍字会山东分会章程》对会员种类有更具体的规定：经本会会员 2 人介绍，每年纳会费 5 元以上者得为普通会员，会员一次交会费 36 元

---

① 《山东省会各公私立慈善团体联席会议记录》，济南市档案馆藏档，档案号：22—1—6。

以上者得为终身会员。会员年纳会费100元以上者,经会长认可得为名誉会员,名誉会员一次交会费在1800元以上者得为终身名誉会员。会员年纳会费在500元以上者得为特别会员,特别会员一次交会费3600元以上者得为终身特别会员。①

正宗救济会简章中也有类似的规定:经本会会员2人以上之介绍,年纳会费在12元以上者为普通会员;独捐会费在100元以上者,得为名誉会员;独捐会费在500元以上者得为特别会员。②

2. 捐款

与会费相比,捐款在民办慈善机构经费中所占的比例则更大,是民办慈善机构最主要的经费来源。在慈善团体登记表中,几乎每个慈善机构在经费来源一栏中都会注明"募捐"二字。捐款可分自捐与募捐(亦称经募),比较而言,后者更为重要。一个慈善机构的影响力主要取决于它的募捐能力,一个会员在机构中的身份与地位也主要与他的募捐能力和募捐数额有关。担任董事或名誉董事、监理或监察的会员一般都具有较强的募捐能力,是机构经费来源的主要功臣。

在有些机构的章程中,直接注明募捐或自捐多少就能够成为某类会员或享有某种权利。如《世界红卍字会山东分会章程》规定,会员年募会费500元以上者得为名誉会员,年募会费2000元以上者得为特别会员。《正宗救济会简章》规定,会员募捐会费在500元以上者得为名誉会员,募捐会费在2000元以上者得为特别会员。《山东厚德贫民工厂创办章程》规定,凡代募捐款在2000元以上或自行捐资在千元以上者,有被选为本厂总董之权;代募200元以上或自捐在百元以上者,得为本厂董事,并有被选为常务董事之权;其捐款在十

① 《世界红卍字会大纲》、《世界红卍字会山东分会章程》,济南市档案馆藏档,档案号:22—1—19。

② 《正宗救济会简章》,济南市档案馆藏档,档案号:70—1—28。

元以上者得为本厂名誉董事,并有被选为监察之权。

一般民办慈善机构的日常开支主要依靠捐款,募捐对象主要是从事工商业经营的各类企业、公司以及它们的联合组织如同业公会、商会等。济南钱业公会是济南金融业的联合组织,也是济南各慈善机构募捐的主要对象。如 1933 年 1 月,中国红十字会济南分会就收到钱业公会捐大洋 51 元。同月,山东慈悲总社也收到钱业公会冬赈捐助大洋 450 元。山东民众慈善医院在 1932 年曾得到钱业公会的月捐,1933 年全年又得到钱业公会的月捐,每月大洋 10 元。①

捐款在慈善机构的临时救济中发挥的作用更为明显,有时甚至成为当次救灾的唯一收入。1937 年 8 月至 1938 年 6 月,世界红卍字会全鲁各分会联合救济办事处对济南附近的灾民和北来的难民进行大规模的救济。从事后印发的总报告《征信录》来看,这次救济的经费全是来自捐款,其中捐助现款 50433.03 元,捐助物品作价 78210.24 元。在这些捐款中,有红卍字会系统的捐款,也有其他机构、公司或个人的捐款,其中张星五会长(总监理,历城卍会会长)捐洋 410 元,苗杏林会长(名誉监理)、崔少莲会长(监理,历城卍会副会长)各捐洋 500 元,历城红卍字会捐助救济款 5274.69 元,捐助赈济款 11361.6 元。值得注意的是经募情况,其中山东赈务委员会捐洋 2000 元,李荫轩捐洋 500 元,都由张星五经募;成大纱厂、成丰面粉厂、成通纱厂各捐洋 500 元,都由苗杏林经募;仁丰纱厂捐洋 300 元,成通纱厂、成大纱厂、宝丰公司、成丰公司、成记公司各捐洋 200 元,都由苗兰亭(监察)经募。苗杏林不仅是红卍字会名誉监理,还是成丰公司、成记公司经理。苗兰亭不仅是红卍字会的监察,还是济南市商会会长。从这一次救济实践中既能看出捐款、募捐在慈善

---

① 《省赈务会、红十字会、救济院等关于慈善捐募的公函通知捐册》,济南市档案馆藏档,档案号:77—16—15。

救济中发挥的作用,也能看出慈善机构主要负责人的身份及其在经募中发挥的作用。[①]

3. 生产与经营性收入

主要指机构内部工厂产品的销售收入,房屋和土地的出租收入,基金、债券、存款的利息收入等。济南各慈善机构内附设工厂极为常见,从幼儿到老年及残疾人几乎都要从事力所能及的劳动,其产品销售收入有些还相当可观,甚至能达到自足。

山东厚德贫民工厂就是以救济贫民、传习技艺、俾能自谋生活为宗旨的慈善机构。在其创办章程中规定,本厂工徒分两部分,甲部专收贫苦无告儿童充之,乙部则收有家属之贫民在厂内传习。本厂每年所得余利于年终结账后分作十二成,以六成扩充厂务或兴办其他救济贫民事业,由董事会议决处理之,其余六成分别用作公积金、厂长酬劳、职员花红及工师工徒奖金。[②] 山东厚德贫民工厂还为济南贫民医院提供经费。

在济南解放后撰写的一份《公立慈善事业方案》中,曾提到某些慈善机构,发挥每人一技之长,选择适合各个不同对象而作不同生产,不使有不劳而获现象。如天主堂内的老妈子扎花,女孩子刺绣,瞎子推磨,小孩子纺毛线等。有些慈善机构利用少量生产工具、生产资本,可得大量的盈利,如恤养院(红卍字会恤养院)仅开 12 部织布机,便能养 100 余人,每月还有 100 余万剩余。[③] 这份方案对当时慈善机构的评价是"立足于批",但也不得不承认某些机构在生产经营方面有一定成绩。在 20 世纪 40 年代末那个动荡的年代,某些慈

---

① 《世界红卍字会全鲁各分会联合救济办事处救济水兵灾总报告》,济南市档案馆藏档,档案号:22—1—20。

② 《山东厚德贫民工厂创办章程》,济南市档案馆藏档,档案号:76—1—534。

③ 《公立慈善事业方案》,济南市档案馆藏档,档案号:22—3—43。

善机构能依靠自己的生产艰难维持实属不易。

4. 政府拨款与资助

官办慈善机构主要由省市政府拨款。根据1928年5月颁布的《各地方救济院规则》，救济院基金由各地方收入内酌量补助或设法筹集。救济院经费以基金利息及临时捐款充之，但成绩优良之救济院应由省款补助之。以上经费应分别列入省预算及县地方预算，作为固定之款，不得挪减。

1933年济南市救济院的经费系属省政府拨款，按月由财政厅领洋4054元，育婴所经费洋279元。而实际用出每月三千数百元，育婴所每月用一百数十元。每月所存结余奉令不准移作别用，俟年度终了呈财政厅。①

山东省立救济院在1946年5月编制的发展计划中称，本院经费由山东省政府发给，预算数目迄未核定，孤贫口粮由山东省政府请领。②

民办慈善机构也不时能得到政府的资助。1946年8月，山东省政府训令：各慈善救济机关团体每月按照分配名额径向省立救济院支领，关于报销手续，仍由省立救济院负责办理。所开列的机关团体名称及补助名额是：济南市立救济院分配名额20人；普济孤儿院、省会慈善公所、红卍字会第一残废院，各分配名额10人；红卍字会第一育婴堂分配名额5人，天主堂孤儿残老院分配名额15人，仁慈堂孤儿残老院分配名额10人。③

抗战胜利后的一段时期内，山东的善后救济工作主要由行政院善后救济总署鲁青分署来承担，该机构在济南设有办事处，于是济

---

① 《民国二十二年本院概况及改善计划报告表》，济南市档案馆藏档，档案号：77—16—15。

② 《山东省立救济院概况及三十五年度业务发展计划》，稿本。

③ 《山东省政府训令》，济南市档案馆藏档，档案号：22—1—5。

南各慈善团体纷纷请求济南市政府转请鲁青分署济南办事处给予物资资助。如1946年12月济南红卍字会附属残废院、育婴堂、施诊所请求救济的物品就有：第一残废院需食粮、衣服、被褥等物用布；育婴堂需食粮、被褥、布匹、婴儿用牛乳及乳粉等；第一、第二施诊所需西药品及卫生医疗器械。济南市普济孤儿院请求资助布匹、棉花、食粮，以及纺纱机、织布机、新式农具等。万国道德会济南分会请求补助面粉粮食衣服等。世界红卍字会全鲁各分会联合救济办事处请求发给药品器械。① 这些请求的结果不得而知，但请求本身就说明有得到资助的可能。

需要指出的是，以上分类只是为了强调慈善机构经费来源的种类，其实绝大多数的慈善机构在实际运作中，都是从多个渠道募集经费，只靠单一的经费来源很难生存和发展。

如1914年山东省会慈善事业公所的经费共分四项：(1)官款，(2)基本生息，(3)不动产生息，(4)慈善家寄附金。②

山东厚德贫民工厂在开办时，本厂基金除由慈善家捐助外，并呈请山东省政府拨款补助，基金总额定为二十五万元，暂以募集洋六万二千余元先行开办，余俟陆续募集。③ 既向政府申请拨款补助，又先用募集资金开办。

山东省会慈善公所在1929年后有地324亩，除办公自用房屋外，尚有外租房348间，并接受省政府补助，每月500元。④ 这其中有房屋外租的经营性收入，也有政府的拨款。

---

① 《市社会局关于冬赈委员会施赈情形等》，济南市档案馆藏档，档案号：22—1—8。

② 叶春墀：《济南指南》，第46页。

③ 《山东厚德贫民工厂创办章程》，济南市档案馆藏档，档案号：76—1—534。

④ 《山东省会慈善公所概况》，济南市档案馆藏档，档案号：70—1—28。

济南市立救济院虽是官办慈善机构，但其经费除市政府拨给一部分外，还有工厂内之生产，另外由理事会设法募集添补之。①

在济南解放后的一份调查表中，万国道德会山东省支会在经费来源一栏中注明四项：(1)织业班，(2)消费合作社，(3)会员入会费，(4)社会贤达暨善士乐捐。②

最能体现多种收入来源的是红卍字会系统的慈善机构。红卍字会系统最主要的收入应该是捐款和会费，特别是工商界的捐款最为突出。除此之外，红卍字会的收入来源还有银行、印刷所、股金、房地产等。济南道院在 1922 年曾设立一所“道生银行”，预计资本 50 万元，实收 30 万元，后改为“道生银号”。济南道院暨红卍字会在济南还开办慈济印刷所。红卍字会还吸收会员(公司)入股，世界红卍字会济南分会入股资金曾达到 184230 元。济南各红卍字会的房地产收入也相当可观，另外还有义演、展览等社会劝捐。③ 红卍字会系统的慈善机构之所以存在时间长，业务发达，与它广泛的融资渠道、雄厚的资金来源有密切的关系。

四、救济实务

慈善机构所从事的救济活动大体可分为两类：一是经常性的救助和收容孤贫，二是临时性的灾难救济。近代济南的大部分慈善机构由于规模较小，经费有限，日常业务以扶贫济困、救助孤儿残老等弱势群体为主。只有红卍字会系统的慈善机构是经常性救济与临时性救济并重，既有永久性的慈业，又积极参与自然灾害和战争灾

---

① 《济南市立救济院》，济南市档案馆藏档，档案号：70—1—1。

② 《济南市公私立慈善团体调查表》，济南市档案馆藏档，档案号：22—3—43。

③ 见李光伟：《道院·道德社·世界红卍字会——新兴民间宗教慈善组织的历史考察》，第 122 ~ 131 页。山东师范大学硕士论文，2008 年。

难的救济，几乎涵盖了当时所有的慈善救济领域。

（一）经常性救济

主要是指对鳏寡孤独及残疾人等社会弱势群体的救助。这类救济规模有限，救济人数不多，但救济周期长，具有经常和流动的特点，是慈善机构的日常业务。

各慈善机构的经常性救济可分院内救济与院外救济两种。院内救济需要有固定的场所和设施，一般持续时间较长；而院外救济则比较灵活，包括施粥、施钱、施粮、施药、施衣等等。为便于叙述，将救济内容分以下几类：

1. 施粥（包括施钱、施粮、施衣等）

施粥（包括施钱、施粮、施衣）这几乎是所有慈善机构都开展过的救济活动，其救济对象主要是城市贫民及外来的饥民、乞丐，一般在冬腊月进行。如1929年冬，因众多无依无食之贫民麇集济南，济南各慈善机构在1929年12月至1930年3月间，向贫民施粥、施粮、施钱。事后，经市社会局调查，施粥者（包括施钱、施粮等）共有九家，分别是：济南市私立第一恤贫所、济南正宗救济会、山东贫民救济会、济南理教会、山东慈悲总社、济南红卍字会施粥厂、济南市临时贫民收容所、济南市私立慈善事业公所、世界红卍字会全鲁各分会联合救济办事处，共用款36331.5元，其中济南红卍字会施粥厂用款18376.92元，济南市临时贫民收容所用款13200元，领粥人数合计512555人。①

2. 诊疗

这类慈善机构较多，有些从名称上即可以看出，如济南红卍字会第一施诊所、济南红卍字会第二施诊所、全鲁卍联施诊总所、普善医疗所、济南贫民医院、山东医药总会附设中西慈善医院、济南麻疯疗养院、中国红十字会济南分会、山东民众慈善医院等。另外一些综合性

---

① 济南市社会局编：《济南市社会局十八年度工作报告》，第33、52页。

的慈善机构如救济院、恤养院一般也都设有施诊所或医疗所。这些诊疗机构大部分对贫民免收或少收费用,也有些开展经营性事业。

3. 贷款

从事这项救济业务的主要是因利局,如济南红卍字会因利局、全鲁卍联因利局。还有一些综合性慈善机构内设有因利局或贷款所,如省会慈善事业公所就设有因利局。这类贷款一般面向小经营者,数额较小(1 至 10 元),无息或低息,主要目的是资助小经营者从事经营以达到自给。

4. 育婴、抚孤与养老、助残

从事这类救济业务的慈善机构也较多,有些从名称上就可以看出,如济南红卍字会第一育婴堂、济南红卍字会第一残废院、天主堂孤儿残老院、仁慈堂孤儿残老院等。一些综合性的慈善机构也都以育婴、抚孤、养老、助残为重点业务,如省会慈善公所、救济院等。

济南红卍字会第一残疾教养院 1922 年 10 月成立时,共收容残疾人 130 名,学编藤器、打毛衣等技术。1933 年收容人增至 160 余名,从事手工雪茄烟生产。1937 年收容人减至 110 名。1947 年,收容人减至 60 名。

另据 1950 年调查,天主堂孤儿残老院,原为育婴堂,专收无主的私生子,至 1914 年孤儿增至百余名,随将院址扩大,并增收残老,添设诊所。女孤儿至十八岁后经人介绍由该院审查可以结婚,开办以来,出嫁人数百余,多嫁给乡间教徒。现收容孤儿 75 人,残老 27 人。仁慈堂孤儿残老院最多时收容孤儿残老近二百名,后因经费来源断绝,遂缩小范围,只向外遣出,不向里收容。现在只有 22 人。先后出嫁百余名。①

---

① 《济南市社会救济福利团体概况》,济南市档案馆藏档,档案号:70—1—28。

5. 收容与恤养

这是官办或综合性慈善机构最主要的业务，其收容和恤养对象主要是无家可归的孤儿和老人、残疾人，有些机构还收容寡妇和不愿为娼及被拐女子。

如济南市临时贫民收容所，成立于1929年12月1日，至1930年3月底结束，总计入所贫民男816人，女410人，共计1226人。病死人数：男24人，女2人。因事出所人数：男165人，女32人。实有人数，男627人，女376人，共计1003人。①

再以济南市救济院为例，1933年2月份的收容情况是：养老所，定额为150人，收容60岁以上之贫民与乞丐，现有男贫民70余人，女贫民有40余人。残废所，定额为150人，专事收容四肢五官残废之贫民与乞丐，现有男贫民一百一二十人，女贫民20余人。孤儿所，定额为200人，凡年在16岁以下之贫儿或乞丐皆予收容，现有男孤儿二百一二十人，女孤儿20余人。育婴所，以20人为限，专收私生子或无力抚养之子女（以初生者为限），现有男女孤儿5名。②

全鲁卍联处附设恤养院成立于1940年12月1日。其起因是1937山东水灾及日寇侵占华北，大量灾民难民麇集济南。当时全鲁卍联处一面收容，一面遣送，最后一批无家可归之残老孤儿137名，设恤养院予以收容。该院成立后，完全由红卍字会山东分会主持行政事宜，并设有董事会。到1951年8月调查时，该院收容孤儿34名，残老8名，另外还设有小学和织布工厂。③

6. 开办工厂和学校

---

① 济南市社会局编：《济南市社会局十八年度工作报告》，第33页。

② 《民国二十二年本院概况及改善计划报告表》，济南市档案馆藏档，档案号：77—16—15。《市立救济院调查记》，《山东民国日报》，1933年2月6日。

③ 《济南市社会救济福利团体概况》，济南市档案馆藏档，档案号：70—1—28。

近代济南的慈善机构大多遵循养、教、劳兼施的原则，在机构内附设工厂或小学的情况也较常见。如山东省会慈善公所在1914年前就曾设有义学十余处，后又设立国民小学。① 济南市私立慈善救济公所在1942年设立宏德小学，免费收生。到1951年调查时，该机构除设有宏德小学外别无其他组织，由此可见学校在此机构中的地位。②

1933年2月，济南市救济院的孤儿上课分甲乙丙丁戊五班及幼稚班，每日课程有国文、算学、党义、常识、武术、国语、体育、唱歌、习字等科目。院内设有制鞋、音乐、织席、织布各组，使男孤儿半工半读，以期学成致用。并计划添设缝纫组，为女孤儿谋出路。③

1946年5月，山东省立救济院设有平民学校，专为贫苦儿童求学，免费授以国民小学之课程，以补义务教育所不及。当时收容学童120人，并计划增加班次，添收学生为200人。同时注重劳作课程以增强其将来自谋生路之能力。④

全鲁卍联处附设恤养院之业务性质为收容救济孤儿残老，并附设免费小学。到1951年调查时，其附设小学有教员3人，教室两座，学生80余人（本院收容人其中仅有6名），学生多系附近街道儿童，学杂费一律免收。织布工厂有木制布机22台，织布工人22人，其他工役29名（内有11名为本院孤儿），职员5名。⑤

需要强调的是，以上分类叙述只是为了突出救济种类，若从每个慈善机构来看，大多是多种救济业务并行，很少有固守某一项救济业务的慈善机构。

---

① 《山东省会慈善公所概况》，济南市档案馆藏档，档案号：70—1—28。

② 《济南市私立慈善救济公所概况》，济南市档案馆藏档，档案号：70—1—28。

③ 《市立救济院调查记》，《山东民国日报》1933年2月6日。

④ 《山东省立救济院概况及三十五年度业务发展计划》，稿本。

⑤ 《济南市社会救济福利团体概况》，济南市档案馆藏档，档案号：70—1—28。

如济南施棺瘗骨贫民救济会的主要业务是施放棺木瘗埋孤骨，历年来并就财力所及冬施赈粮，夏施茶药。① 山东省立救济院为山东省立之慈善机构，承省政府命令办理收养无自救力之年老鳏寡无依孤儿，治疗麻疯病人，诊疗贫民疾病，救济失学儿童，并施放赈衣、赈粮、茶水、药品等各项急赈。世界红卍字会济南分会的业务包括施送医药、茶水、棉衣、棺木、粮米，冬季施粥并随时拯济各地水旱疫疠兵火各灾。②

（二）临时性救济

这里所说的临时性救济是对突发大灾大难的救济。这类救济主要由中央或省政府动员全国或全省力量进行救灾。慈善机构由于其性质和规模所限，主要是以济贫为主，救济对象主要是鳏寡孤独等弱势群体，但在大灾发生后，有些慈善机构也积极参与救济，如红卍字会，它有一套独立的救济系统，特别是 1928 年全鲁卍联处成立后，在重大灾害发生时，经常派出联合救济队，在救灾中发挥着重要的作用。

五、特点与评价

综合以上论述，可以总结出近代济南慈善机构的几个特点：

1. 从时间上看，近代济南慈善机构的发展呈现出阶段性。

20 世纪二三十年代和 40 年代末是济南慈善机构发展较快的两个时期，而 30 年代末至 40 年代初日占期间是济南慈善机构发展的低谷。这种变化主要是由救济环境和政局变动所决定的。20 年代山东水旱灾害及兵灾频仍，政局动荡，饥民遍地，而官方又救济不

---

① 《济南市公私立慈善救济团体登记表》，济南市档案馆藏档，档案号：22—1—11。

② 《济南市公私立慈善救济团体登记表》，济南市档案馆藏档，档案号：22—2—19。

力，这就为慈善机构的发展提供了契机。30 年代初，随着政局的稳定和一系列有关慈善救济法规的颁布，济南的慈善救济事业进入了一个大发展时期。30 年代末至 40 年代中期，在日本占领期间，尽管济南亟待救济的饥民众多，政治环境的变化却极大地影响着救济工作的开展。济南原有的慈善机构经过改组和解散，元气大伤，数量明显减少，慈善救济事业陷入低谷。40 年代末日本投降后，在紧迫的救济形势下，济南的慈善救济事业很快又得到恢复和发展，特别是救济院系统的恢复和发展最为明显。山东省政府、济南市政府、行政院善后救济总署鲁青分署济南办事处等政府机构在财力和物资方面对慈善机构有很大的资助。

2. 从慈善机构的规模和影响来看，红卍字会系统一枝独秀，占据了济南慈善救济事业的大半部江山。

20 年代道院出现后，红卍字会系统就逐渐成为济南慈善救济机构的主体，直到 40 年代末一直未有改变。红卍字会系统的慈善救济机构不仅数量多，实力雄厚，救济范围广泛，而且随着全鲁卍联处的成立，越来越呈现出联合救济之势，在济南慈善救济事业中发挥着极为重要的作用。济南是道院和红卍字会的发源地，也始终是红卍字会的大本营，其救济机构之多，救济规模之大，都是其他城市所无法相比的。在红卍字会的光芒映衬下，济南的其他慈善机构就显得比较暗淡。红卍字会的一枝独秀是近代济南慈善机构的最大特点。

3. 大部分慈善机构带有宗教色彩。

宗教与慈善活动自古就有不解之缘，在近代济南亦是如此。道院本身就是儒、释、道、耶、回五教归一的民间宗教组织，日常活动就是扶乩、劝善，其外延组织红卍字会虽以慈善救济为主，但也有宗教色彩。有一份济南解放后编写的《公立慈善事业方案》，将济南当时仍存的 34 家公立慈善机构分为三大类：(1)宗教系统——基督教、天主教及道院所主办之慈善事业，主要有东关天主教孤儿残老院、仁慈堂孤儿残老院、山东基督教灵修院、济南红卍字会第一育婴堂、红卍字会第一残老院、红卍字会恤养院、国际麻疯院(国际麻疯会与齐鲁大学合办)、泰山教养院(济南分院,耶稣教主办)。(2)会门迷信团体兼办的慈善事业,主要有圣教慈善会、诚善社、济南道院、正宗救济会、哲院、慈悲总社、崇实佛教会、明德慈善公所等。(3)以营利为目的的慈善机构,主要有厚德贫民工厂及附设的贫民医院、普济孤儿院、慈善公所、慈善救济公所等。很明显,前两类慈善机构都带有宗教色彩。值得注意的是,这份方案把红卍字会与道院列为不同的类别,前者是道院所办的慈善机构,属于宗教系统,后者属于会门迷信团体。① 这份方案虽带有明显的意识形态倾向,但从中也可以看出近代济南慈善机构与各类宗教的密切关系。

4. 大部分慈善救济机构奉行养、教、劳兼施的原则,以培养受助者的谋生能力为目标。

1934 年 5 月,济南市市长闻承烈在总结本市救济事业时指出:“救济机关所收容之贫民,不仅消极解决其最低生活为已足,亟应积极授以生产之智识技能,勿使其成为单纯之消费者。诚能如是,庶可驱社会之游民偕于生产阵营,以谋产业之发展,以图社会之繁荣。”“吾人理想之救济院,乃一广大之场所,能尽量收容市内贫民,内有各种工艺之设备,足供贫民学习,以期教养兼施,使贫民进院如进一公费之初级职业学校,既能解决生活问题,又能学习技能。救济院更可利用其无给劳动以发展生产事业,诚一举而数善备焉。”② 从“救济实务”一节中可以看出,近代济南规模较大的慈善机构,在收养孤残的同时,都附设有学校、习艺所或工厂,其目的既是为了增加收入,更是为了训练被收容者的谋生能力,希望他们出院后能自

① 《公立慈善事业方案》,济南市档案馆藏档,档案号:22—3—43。

② 闻承烈:《本市救济事业实况》,《山东民国日报》1934 年 5 月 5 日。

谋生路。这种养、教、劳兼施的救济原则，对慈善机构自身的持续发展和被救助者自身技能和道德的培养，都具有积极的意义，反映了近代慈善救济事业发展的新方向。

5. 民办慈善机构是近代济南慈善机构的主体。

在20世纪40年代末的有关统计资料中，一般把慈善机构分为公立和私立两种。如果依据经费来源，把主要依靠政府拨款的机构定位为公立或官办，把主要依靠会员会费、捐款及募捐的机构定位为私立或民办，那么，近代济南的慈善机构明显以私立或民办为主。大体说来，救济院系统主要依靠政府拨款，属于公立，除此之外的其他慈善机构基本上都是依靠会员会费、捐款及募捐来维持，应属于私立或民办，特别是红卍字会系统的慈善机构主要依靠捐款，属于民办无疑。民办慈善机构的发展符合近代慈善事业发展的大趋势，可这种发展势头一再被战争和政权变动所打断。济南解放后，新政权将所有的民办慈善机构大加拆分、改组，完全收归政府所有。此后几十年间，民办慈善机构几乎消失，这其中的得失教训，值得深思。

要客观地评价近代济南慈善机构的作用，应注意两点：第一、这类机构以日常救济为主，是城市济贫扶困、救助弱势群体的主体。慈善机构的救济优势首先表现在经常性和长期性。经常性就是指这类机构存在时间较长，有固定的救济场所，能够一年四季对鳏寡孤独等弱势群体进行救济；长期性是指这类机构对救济对象的救助不是一次性的，而是几个月、几年或更长，直到救济对象死亡或长大成人能够自立为止。如省会慈善公所、济南市私立慈善救济公所、天主教孤儿残老院、仁慈堂孤儿残老院等都有很长的救济历史，救助的孤儿残老难以数计，而官办的救济院虽然存在时间较短，但规模较大，其救济的人数也相当可观。其次，这类机构大多贯彻养、教、劳三结合的原则，不光是延续弱者的生命，更重要的是培养他们的生存能力，最后实现其自谋生路。济南众多慈善机构都设有学校、习艺所或工厂，正是要实现这一救人自救的目的。第二、部分慈善机构积极参与灾后救济，是整个慈善救济体系中不可忽视的一支重要力量。如红卍字会在1928年济南惨案、1928至1933年胶东兵灾、1930年中原大战、1933年鲁西水灾、1937年济南水灾救济中都发挥了极其重要的作用。当然，济南的大部分慈善机构仍以济贫为主，规模、经费有限，在大灾大难的救济中只能发挥辅助的作用。一个完备的慈善救济体系应该是平时经常性救济与灾后临时性救济相结合，但在近代中国，由于大灾大难频发，后者在救济中的地位和作用更为突出，政府及社会力量对此的重视程度也更高。

总之，由于经济、政治等多方面的原因，近代济南的慈善事业虽不算很发达，但因红卍字会表现突出，仍有自己的特点，故在近代中国城市慈善救济史上应有一席之地。

第十三章　青岛慈善救济机构

自1898年开埠以后，由于特殊的政治、经济和地缘因素，青岛由一个小渔村迅速成长为一个著名的工商业城市。在青岛城市化进程中，本市贫民的不断增加和外地难民的大量涌入，形成了一个广大的待救济领域，刺激着各类慈善救济机构的建立，推动着慈善救济事业的发展。

一、青岛市救济院

青岛市救济院是近代青岛最重要的官办慈善机构，它延续时间长，救济范围广，发展形态完整，不仅在青岛救济史上占有重要的地位，也可视为民国时期救济院系统的代表之一。

1. 历史沿革

1928年，国民政府颁布《各地方救济院规则》，要求各地成立救济院。青岛市救济院于1929年开始筹备，因经费及人选关系颇费周折，直到1931年5月才正式成立，院址设于上海路63号。

依据《青岛市救济院组织规则》，青岛市救济院的职能是办理本市区各项救济事业，由社会局指挥监督。本院设残老所、育婴所、孤儿所、济良所、贷款所、施医所、习艺所七所，将原有慈善机构分别改组归并。本院经费以基金利息、临时捐款及政府补助金充之。本院设院长一人，综理院务，副院长一人，襄理院务，由市政府就地方公正热心公益者选任之。[①] 由此可见,青岛市救济院是一个官办的综合性的慈善救济机构。

青岛市救济院成立初期,除残老、施医两所未能设置外,其育婴所、习艺所、济良所均系前胶澳商埠局所倡办,乃经接收改组而成。孤儿所因限于经费及所址关系称为孤儿组,附设于育婴所内。[②]

日本全面侵华后,青岛沦陷,青岛市救济院随即迁往济南。1938年青岛治安维持会成立后,伪政府训令青岛市商会筹划恢复救济院。此时迁往济南的人员由于交通梗阻、经济困难,又迁回青岛。经过地方绅商的努力,救济院于1938年12月1日恢复成立,改名为"青岛特别市救济院",院址设于台西五路。

日占青岛期间,救济院原有房屋包括育婴所、贷款所、济良所所址及另外两处院产都被敌伪以"敌性财产"为名没收,院产仅余天门路1号1处及荣成路楼房1处。"不动产收益已告绝,而收容人员日常饮食之需又不能一日稍停,敌伪当局不但不予以协助,反以消耗机关不能生产为口实几被命令取缔,影响所及,经费艰难"。[③]限于院址和经费,救济院不得不将各所合并,改称为部。原定设八部,但残老、恤嫠二部未能举办,只成立了育婴、孤儿、济良、贷款、恤产、施舍六部。

这一时期的救济院的管理层也进行了变革,设立理事会。1941年,由曾经捐有巨额捐款及襄赞院务有劳绩的邹道臣等十九人组成救济院理事会,并公推邹道臣为理事长,杨玉廷、王芗齐为副理事长,王玉箴、方百川、王寿山、李淑周为常务理事。理事会作为救济院的最高机构,设立了完备的人事体系和议事原则,保证了院务的正常处理。理事会的职权包括:救济院长之遴选及呈请任用;救济

---

① 《青岛市市政法规汇编》上册,第二编社会,1932年。

②③ 《青岛市救济院历经概况报告书》,青岛市档案馆藏档,档案号:B21—3—336。

院各项基金及不动产证件之保管；救济院预算决算及收支之审核；救济院基金及经临各费之筹划募集；救济院内部各项进行事宜之督察促进；救济院兴革大端之提议及决议。① 由此可见，救济院的院长不再是由政府任命，而是由理事会进行遴选并呈请任用。救济院的基金及各项事项也都由理事会来指导、监督，这表明救济院由原来的官办慈善机构向民间慈善组织转化。

日本投降后，救济院由青岛市社会局接管。1946 年 6 月 1 日，改组后定名为“青岛市市立救济院”，并将原有的市立感化所并入习艺所，院内设有育婴、育幼、习艺、助产、贷款五所。到 1947 年，救济院内设有育婴所、育幼所、习艺所、残疾教养所、妇女教养所、安老所、小本贷款所、助产所、施医所九所。② 院长之职由社会局呈请市政府聘任，首任院长由社会局视察韩质生兼任，各所主任，由院长提请社会局核准后转呈市政府备案，其他人员，由院长遴选派充。1949 年青岛解放后，救济院被青岛市人民政府民政局接管。

2. 经费来源

救济院成立初期，经费的主要来源是市政府拨款与商会筹募。成立初期有基金 8053 元，房屋 90 间折合基金 3.92 万元。1936 年，因经费困难，院址狭小，救济院请求市政府补助，青岛市市长沈鸿烈下令将市产四处——福山路 7 号房屋一座、栖霞路 11 号房屋一座、荣成路 34 号房屋一座、巨野路 7 号空地一处拨给救济院，以收益补助经费。并另拨天门路地皮一处，计四十余亩作为救济院建筑大规模院址之用。③

---

① 《青岛特别市救济院理事会组织规程》，青岛市档案馆藏档，档案号：A21—1—505。

② 《青岛市市立救济院概况》，青岛市档案馆藏档，档案号：A21—1—505。

③ 青岛市史志办公室编：《青岛市志 · 民政志》，中国大百科全书出版社 1999 年版，第 159 页。

日伪统治时期,救济院的经费来源包括:(1)官署及各公私团体补助费。(2)理事会代募之捐款。(3)各项慈善暨公益附捐并中外士绅之捐助。(4)官商士绅之特别赠与。(5)基金利息及院产收益金。(6)请领婴孩、孤儿暨配偶者之捐助。(7)其他各种收入或捐输。[①] 这一时期,救济院经费除由日伪市政府月助一千元及财政局代收宰畜育婴附捐月仅数百元外,大部分均赖各理事之奔走劝募及各界善士之自动捐输,入不敷出现象非常明显。[②]

抗战结束后,青岛市社会局接管并改组了救济院。初期,由于救济院既无固定款项,更无收益,所有敌军封管之院产尚未归还,再加上物价飞涨,筹募维艰,经费来源完全断绝,艰困之状况更甚于前。此后,救济院的经费主要是由中央政府的拨款和行政院善后救济总署鲁青分署的资助,特别是鲁青分署成为战后青岛市最主要的救济机构,它对救济院给予定期补助,并曾委托救济院代办小本贷款。

救济院为筹集经费也开展了许多活动。1947 年 3 月份,救济院为扩大救济范围,增进社会福利,拟兴办施医、安老、残疾、妇女教养等四所,但因为地方财政支绌,鲁青分署的特赈也将停止,救济院只得自筹资金。经市政府及参议会的许可,并与青岛市戏影业公会议妥,各戏影院举办义演六天,所筹费用均捐给救济院。[③]

3. 救济业务

大体说来,青岛市救济院的救济业务可分为院内救济与院外救济两大类。院内救济主要是依托院内各所收养鳏寡孤独残疾者及其他无家可归者,以及为小本经营者提供小额贷款;院外救济主

---

① 《青岛特别市救济院简章》,青岛市档案馆藏档,档案号:A21—1—505。

② 《青岛市救济院历经概况报告书》,青岛市档案馆藏档,档案号:B21—3—336。

③ 《平民报》,1947 年 3 月 6 日,青岛市档案馆藏档,档案号:D142—12—11。

要是向无法收养的难民、流民及其他弱势群体施粥、施衣、施医、施茶、施棺等等。院内救济属于经常性救济，而院外救济则多属临时性救济。

救济院的育婴所、孤儿所、残老所分别收容六岁以下之被弃婴儿、六岁至十五岁之贫苦孤儿及无人扶养之衰老男女。

济良所收容的对象是：凡在本市境内无论为娼妓、姬妾、婢女、童养媳或流落无依或被人诱拐及其他一切被压迫之无告妇女。此类妇女，无论由公安局或法院及慈善团体移送或自身投奔或他人引导，一经本所审查合格收容后，即由本所保护，不受未入所前任何习惯契约之拘束。

济良所收养的妇女，以三个月为教养期，一经教养期满，立即呈请救济院准许其由本国人择为配偶。呈准后，本所即将该女照片悬诸门首以示征配之意，但未成年及具有特殊情节者不在此例。凡已逾教养期及悬照无应征之所女，本所当察其所长与平日成绩，请由救济院转呈社会局准予介绍相当职业，俾得自立。未成年之所女，逾教养期，经本所呈报救济院核准后，得由永住本市境内年逾五十之本国人觅保领为养女，但不得为姬妾、娼妓、童养媳。①

截至1933年底，济良所留存所女38名。1934年1至6月，济良所共入所20名，出所23名，尚留存35名。②

除院内各所收容外，救济院还发放小额贷款救济小本经营者。1932年1月制定的《青岛市救济院贷款所实施办法大纲》规定，贷款所附设于救济院内，基金为1万元，凡在管辖区域内的贫民，志愿做

---

① 《青岛市救济院济良所收遣所女简则》，青岛市档案馆藏档，档案号：B21—5—179。

② 《青岛市救济院济良所所女出入统计表》，青岛市档案馆藏档，档案号：B21—3—178。

小本经营,缺乏资本,而年在15岁以上60岁以下,确无吸烟赌博及其他不良嗜好者,觅有本市殷实铺保或保人,可向贷款所借款从事小本经营,每人每次可贷1~10元,无息使用,借期为3个月,分9期偿还。

日占时期,青岛特别市救济院的主要工作有贷款、施棺、施水、施药、收容等。以1941年8月份为例,其工作报告如下①:

甲、关于救济事项

一、贷款:本月贷款外借款数四千零三十三元,累计贷款国币一万四千六百三十四元,贷户七百四十八户。

二、施棺:本月施出棺木五具。

三、施水:本月施水数量为一千一百八十担。

四、施药:本月施出各种药品共计国币三十元零四分。

乙、关于收容人事项

一、收遣:本月各部收进八人,遣出院者十人,收遣相抵计存八十二人。

二、认领:本院济良部收容人芹华,原名田玉美,高密县人,前因流落下流经警察局函送本院转知其家属田为达(乃父),昨已来院领去。

丙、关于其他事项

一、防疫注射:本院全体员役及收容人第二次虎疫预防注射已于本月一日开始施行,当日完毕,经过情形异常良好。

二、筹设恤产部。

抗战胜利后,原救济院已无法维持,收容人数仅48名。1946年6月改组为青岛市市立救济院后,救济范围进一步扩大,收容人数也

---

① 《青岛特别市救济院工作报告》,青岛市档案馆藏档,档案号:B23—1—773。

大量增加。如1947年2月份,救济院育婴所、育幼所、习艺所、安老组(所)、残疾组(所)累计实收人数654名,累计遣出人数340名,本月底结存人数314名。① 从1947年1月1日起至4月6日止,救济院助产所恤产人数累计达100名。②

二、中国红十字会青岛分会

1914年,一战爆发,日本向占据青岛的德军发动进攻。战争不仅造成了军队的伤亡,还波及无辜的平民。在此情形下,中国红十字会总会长吕海寰约集青岛名流组成中国红十字会青岛分会,德国传教士卫礼贤任会长,会址设在礼贤书院。当时该会下设医疗队,有医生、护士45人,救护车2辆。③ 战事结束后,青岛分会也随之解散。

1927年3月22日,青岛工商界人士李涵清、程伯良等人重新组建中国红十字会青岛分会,会址设在广州路34号,程伯良担任理事长,职员6人,会员107人。1928年6月,青岛红十字会定名为万国缔盟中国红十字会青岛分会,仍由李涵清为会长,张玉田为副会长,程伯良为理事长。1929年改名为中华民国红十字会青岛分会,并推举蓝田、张云璞为青岛红十字会名誉会长和副会长。1932年宋雨亭出任会长,姚仲拔、张立堂为副会长。④

抗日战争期间,青岛分会一度陷入困境,发展缓慢。抗战结束后,中华民国红十字会青岛市分会于1946年4月17日重新组建,会

---

① 《青岛市市立救济院每月收容情形报告表》,青岛市档案馆藏档,档案号:A21—1—505。

② 《青岛市市立救济院助产所恤产报告表》,青岛市档案馆藏档,档案号:A21—1—505。

③ 山东省红十字会编著:《山东红十字事业九十年》,第3页。

④ 山东省红十字会编著:《山东红十字事业九十年》,第7页。

址设于观海一路33号。青岛市市长李先良任名誉会长，葛覃、延国符任名誉副会长，宋雨亭任会长，姜黎川、赵士英为副会长，程伯良任总干事，另设常任理事6人，理事9人。① 1952年9月，经青岛市人民政府批准，正式改组成立了中国红十字会青岛分会。

青岛红十字会作为民办慈善救济机构，它的经费来源主要有会费、捐款、政府补助以及自筹等。青岛红十字会实行会员制，并且依据捐款或募捐的多少分为名誉会员、特别会员、正式会员第几种。据《中华民国红十字会管理条例施行细则》第十八条之规定，征求会员奖则及条例如下②：

一，凡个人独捐洋1000元以上者，除推赠名誉会员外，并奖给匾方以及大号银盾一座以酬荣誉。

二，凡个人独捐洋500元以上者，推赠特别会员并奖给中号银盾一座、纪念绸旗一面。

三，凡个人独捐洋200元以上者，除推赠特别会员外，并奖小号银盾一座、奖状一纸。

四，凡个人独捐百元以内25元以上者，除推赠正式会员外，并奖给奖状一纸；其在10元以上者，赠普通会员；一元以上者，赠学员。

五，凡经募款达1000元以上者，除推赠名誉会员外，并奖给银盾一座、纪念绸旗一面。

青岛红十字会在进行各项工作时，经常向政府所属各机关取得电报、铁路、轮船的免费凭证，仅此一项，即可省去不少费用，实际上也是政府以另一种方式资助红十字会工作。如1929年2月，青岛红十字会请求中国红十字会上书南京国民政府，要求重新对红十字会

---

① 山东省红十字会编著：《山东红十字事业九十年》，第10页。

② 《青岛市社会局训令红十字会》，青岛市档案馆藏档，档案号：A21—1—226。

的电报往来实行免费，重新发放免费执照。1929 年 3 月 8 日，南京国民政府交通部批准给予青岛红十字会电报免费的执照，青岛红十字会重新获得电报免费的权利。①

1930 年 3 月 21 日至 6 月 22 日，青岛红十字会曾派救护队前往诸城救护。其全部收入包括收鲁中银号洋 250 元，诸城县交会费洋 300 元，诸城县政府补助费 50 元，个人捐助洋 100 元，共计 700 元。待救护结束时，共支出洋 572.53 元，净剩 127.47 元。② 这次救护虽规模不大，但所需经费分别来自银行捐助、会费收入、政府补助、个人捐款，颇能说明红十字会经费来源的一般情况。

青岛红十字会的主要业务有“设医院而送诊，舍丹药而疗疾。夏季则施茶以利行人，冬季则施寒衣并放冬赈以济贫民。其在战时，则组织救护队出发前方办理救护事宜”③。

如 1929 年 5 月，青岛红十字会设特赈处，为胶东一带受战争影响的难民施放面粉 18000 袋；又设粥厂，为胶县无依无靠之难民放粥，施放红粮、大米计 400 包。④

1930 年诸城之战，青岛红十字会曾派救护队前往救护。同年，福山、牟平、栖霞、掖县、昌邑等县，或遭匪扰，或受蝗灾，哀鸿嗷嗷，待哺者众。青岛红十字会与上海济生会接洽，拨运面粉 18000 袋，防疫药水两箱，分别散放。⑤

---

① 蔡勤禹、李娜著：《民国以来慈善救济事业研究》，天津人民出版社 2010 年版，第 151 页。

② 《民国十九年三月二十一日救护队出发诸城收支款项报告表》，青岛市档案馆藏档，档案号：B38—3—1460。

③⑤ 《中国红十字会青岛分会赈济事务的公函、电报、通告》，青岛市档案馆藏档，档案号：B38—3—1467。

④ 《中国红十字会青岛分会三周年历行救护赈济考绩表》，青岛市档案馆藏档，档案号：B23—1—236。

三、世界红卍字会青岛分会

世界红卍字会以"促进世界和平，救济灾患"为宗旨，是民国时期最有影响的民办慈善机构之一，在全国各地设有众多的分会。

世界红卍字会青岛分会（以下简称"青岛红卍字会"）于1922年10月成立，原设在新泰路，后迁至今大学路7号。青岛红卍字会实行会员制，《世界红卍字会青岛分会章程》对会员的类别作了如下规定①：

（甲）特别会员：一、捐款五百元以上者；二、募捐二千元以上者；三、会员办事异常出力者。

（乙）名誉会员：一、独捐一百元以上者；二、募捐五百元以上者；三、会员办事寻常出力者。

（丙）会员：经本会会员二人以上介绍，每年捐纳五元以上者。

（丁）学生会员：经本会会员二人之介绍纳一元者。

青岛红卍字会设会长一人，总理一切会务；副会长二人，辅助会长办理本会一切会务。会内设立总务、储计、防灾、救济、慈业、交际六股，每股设主任干事一人、干事若干人，均由本会副会长就会员中聘任。

青岛红卍字会的救济范围十分广泛，在其内部六股中，救济股与慈业股都直接与救济有关。救济股下设：赈济科，凡灾区急赈、常赈等项均属之；收容科，凡被灾人民随时设法收容及给养等类均属之；施与科，凡医药、棺木、衣物等类均属之；捍卫科，被灾区域应需捍卫消弭等类均属之；救济科，凡救济队之筹划均属之。慈业股下设：感化科，凡关于提倡道德辅助社会及本会所设学校均属之；教养

---

① 《世界红卍字会青岛分会章程》，青岛市档案馆藏档，档案号：B63—1—247。

科，凡关于设立慈善学校及对于失业游民并残废无依之教养均属之；保育科，凡关于育婴、慈幼等项均属之；工艺科，凡关于贫民工厂、妇女工厂及习艺所等项均属之。大体说来，救济股主要负责临时性救济，慈业股主要负责永久性救济。由此可见，青岛红卍字会的救济范围几乎涵盖了当时所有的救济业务。

青岛红卍字会在 1927 年 11 月即设立因利局，发展迅速。至 1931 年之后，贫民一人可获得无息贷款大洋三元，以便经营小本生意，还款则是每三日还本三角，一个月还清，如果信用良好，可以继续借贷，并规定借款人须照章有担保，以确保还款。至 1938 年每月可借出 120 元。①

医疗救济是青岛红卍字会最经常的慈善活动之一，除临时发放药品、防疫外，还设立施医所、治疗所等固定诊疗机构。1927 年 11 月，青岛红卍字会开设施医所。1930 年 4 月，附属于青岛红卍字会的平民治疗所成立，有中西两部，两部各设主任一名，西医免收医药费，中药收取半价费用。1944 年，青岛红卍字会附设的慈济院成立，平民治疗所并入慈济院内。

青岛红卍字会在慈善教育方面也颇有成绩，它附设的孤儿教养部和孤儿习艺部分别收养十二岁上下、孤苦无依的男女孤儿，对他们施以小学教育，直至长大能自立为止。它还附设有第一平民小学校、慈济女子小学校，这两所学校专门对无力上学的儿童进行综合教育。② 第一平民小学成立于 1935 年，对贫民儿童施以初级教育，所有书籍用具都免费。初设立时有甲乙两班，共 80 名学生，从 7 岁到 17 岁不等，学期四年。甲班上午上课，乙班下午上课。后经过扩

---

① 《世界红卍字会青岛分会工作概况》，青岛市档案馆藏档，档案号：B63—1—32。

② 《世界红卍字会青岛分会暨附设各部三十五年度慈业工作概况一览表》，青岛市档案馆藏档，档案号：A31—1—417。

招，学生人数达160余名，自1942年又招收高级生。慈济院正式成立后，平民小学也划归慈济院管理。

青岛红卍字会还经常举行冬赈、春赈，以及对因突发事件造成的难民进行救助。除在青岛市区救济外，青岛红卍字会还经常救济外地的灾难，如1932年至1933年对胶东战事的救济、1933年对鲁西水灾的救济，其救济力度都比较大，效果也很显著。

四、行政院善后救济总署鲁青分署

在世界反法西斯战争即将胜利之际，1943年11月9日，中、英、美、苏等44国在美国华盛顿签署了《联合国救济善后公约》，随后正式成立了联合国善后救济总署（简称"联总"），对受战争破坏区域的人民实施救济。

1945年9月，国民政府行政院任命延国符为行政院善后救济总署（简称"行总"）鲁青分署署长，负责山东全省及青岛区的善后救济业务。鲁青分署原定设在济南，但分署各主要负责人在1945年12月份抵达青岛之时，胶济交通被破坏，并且青岛各县的难民大量涌入青岛，迫切需要救济。本着"救灾救急"的原则，鲁青分署暂将署址设在青岛，并在1945年12月1日正式成立"行政院善后救济总署鲁青分署"（以下简称"鲁青分署"）。

鲁青分署致力于战后的重建和恢复工作，其业务主要有两大项：一是救济，二是善后。救济难民是急务，善后恢复是根本。鲁青分署主办的善后救济业务，主要包括急赈、特赈、遣送难民回籍、医疗救助、以工代赈、农业救济与善后、工矿业善后等等。这其中的特赈业务，主要目的就在于协助各地原有慈善机构，使其发展扩充，以奠定永久性社会福利事业之基础。因此，鲁青分署在青岛市区举行各种救济活动的同时，还对青岛市原有的慈善机构进行资助。

鲁青分署在青岛的特赈业务主要有：

1. 自办营养供应站五处。按照青岛市实际需要救济的儿童数目，鲁青分署设营养供应站五处：第一营养供应站设在城阳路信义会医院后院内；第二站设在台东镇天主教堂内；第三站设在台西镇嘉祥路平民院内；第四站设在大学路红十字会内；第五站设在四方车站。由分署派员与外国专家随时到站指导。①

在青岛设置的五处营养站，原为鲁青分署自办，后委托青岛各界组织的营养站管委会代办，所需物资及经费，仍由分署完全供给，每日就食者平均为3442人。②

2. 委办者有：(1)胜利托儿所：原系委托青岛儿童健康促进会办理，鲁青分署共拨发9个月所需物资及经费，使其利用，自立发展。(2)小本贷款：青岛方面委托青岛市救济院代办，基金初为200万元，后增至500万元，期满后全部基金拨作该院小本贷款永久基金，继续贷放。(3)儿童家庭助养：委托青岛市妇女救济会代办，共计助养家庭500户，儿童500名，时间3个月。③

3. 合办者有：(1)青岛流亡女生辅导所：与青岛妇女救济会合办，收容流亡女生150人，教以家事及缝纫刺绣等，分署共补助物资12个月。④ (2)青岛护士训练班：联总、行总与青岛市立医院合办一护士训练班，聘请联总专家华特女士主持，招收难民中年轻妇女受训，第一期毕业20人。⑤

4. 定期补助的机构有：青岛慈幼院、少怀托儿所、盲童工艺学院、英华聋哑学校、青岛救济院、天主堂孤儿院、博爱教养院、失业职工补习班、麻风病院、高级医事职业学校护士科、崂山天主堂疗

---

① 张鸿瑗：《青岛营养供应站》，《行总周报》第30期（1946年11月9日），第10页。

②③ 延国符编：《行政院善后救济总署鲁青分署业务总报告》第四章，第3页。

④ 延国符编：《行政院善后救济总署鲁青分署业务总报告》第四章，第4页。

⑤ 《青岛护士训练班》，《行总周报》第35期（1946年12月14日），第8页。

养院等。

5. 临时补助的机构有：青岛残废教养所、感化所、戒烟医院、暑期儿童补习班等。①

总之，以战后救济与恢复为己任的鲁青分署，因为有国际性的援助，资金物资比较雄厚，救济范围也十分广泛，再加上分署就设在青岛，对青岛市区的救济最为便利，因此，青岛受益最多。可以说，自1945年12月鲁青分署成立起，至1948年初最后结束止，鲁青分署成为青岛慈善救济事业的主体，对这一时期青岛慈善事业的发展产生了重要影响。

五、其他慈善救济机构

除上述机构外，青岛还有若干慈善救济机构，它们有的救济业务单一，有的存在时间较短，但也是近代青岛慈善救济体系的重要组成部分，在某些救济领域或特殊时期为青岛慈善救济事业的发展作出了自己的贡献。

1. 救济难民过境委员会

青岛为北方重要口岸，每届春冬，尤为难民过境出入孔道，年达数十万人。不肖客栈，勒索诈骗，难民如鱼肉，任其宰割。有鉴于此，1927年，青岛总商会发起成立难民过境救济会，官商均有捐助，然有名无实，并未按时实行救济。青岛市社会局成立后，为救济难民，拟请市政府提倡主持，联合有关系各局会，共同组织救济难民过境委员会，官商协力，以谋救济。按其计划草案，该会具体组成人员包括：市政府派员2人，市指委会派员2人，总商会、公益慈善团体、铁路局、港务局、公安局、社会局各派员1人。拟请市政府指拨官产一处，作收容过境难民之地。夫役及各项杂费年约二千五六百元，

---

① 延国符编：《行政院善后救济总署鲁青分署业务总报告》第四章，第4页。

开办费及第一年开支拟由官商两方捐募，以后每代购车船票一张收手续费五分，如按二十万人计算，春冬两季，约收万元，除经费开支，可剩七千余元，即以此款拨充本市公益慈善费用。如此，难民所出无多，而可免奸商流氓之欺凌诈骗，公益慈善复可得有协助，一举而数便。①

1931 年 7 月，旅居朝鲜的华侨因"万宝山案"，纷纷逃难回国。过境委员会对由青岛过境的困难侨胞给予资助。1931 ~ 1936 年，共救助资遣难民 22651 人。②

2. 青岛市立感化所

1929 年 12 月，青岛市社会局成立乞丐收容所，初设于团岛，分残废、习艺、妇女、童稚等 4 组，主要负责收容乞丐、残老、孤儿和谋生无着的游民。1931 年 10 月改称青岛市立感化所，迁台西纬四路，分总务、管教、工艺等 3 股。

1931 年冬，将公安局的游民习艺所归于感化所，扩大收容法院、警察局移送的偷窃、诈骗、贩毒及少年犯罪分子。感化所进行劳工习艺，设立毛巾、线球、鞋工、木工、铁工、印刷、绳索、缝纫、扫帚等科，分科授艺。游民中的残老、妇女则分配轻微劳动。后又设立习勤组，挑选年轻力壮的人送往工务局修筑道路、清扫街道等劳动。1933 年 7 月，感化所设"悔过室"，对品质过劣的游民进行惩戒。感化所对收容人员，根据不同情况分配到各科劳动，并根据其表现情况，随时遣发出所或遣回原籍。1932 年底，所内共有收容人员 534 人。1933 ~ 1938 年共收容 44442 人，出所 4480 人，死亡 338 人。1939 年 1 月该所更名时，仍有 154 人。

1938 年 1 月，伪青岛治安维持会勒令感化所迁贵州路海军宿

---

① 《救济难民委员会计划草案》，《青岛社会》1930 年第 2 期。

② 青岛市史志办公室编：《青岛市志 · 民政志》，第 157 页。

舍,一度停止收容。1939 年 1 月 10 日,将原青岛市立感化所更名为青岛特别市社会局感化所,并颁布了组织规则,规定感化所隶属社会局,掌管犯罪少年、无业游民、偷窃惯犯及其他应受管教者的感化事项。

抗战胜利后,南京国民政府接管青岛市。1946 年 6 月 1 日感化所合并于救济院习艺所。①

3.青岛市冬令救济委员会

冬令救济委员会是临时性的救济机构,由市政府于 1940 年 10 月起每年冬季设立,次年春季末即行撤销。其剩余款物,移交地方其他常设救济机构,不留结余。该会救济的对象包括:青岛市残废、疾病、贫苦无告者;流青的难民未入难民收容所及未参加工赈者;抗战烈士遗族无生活来源者;生有子女 5 人以上,家境赤贫者。其救济办法是:由流入青岛市的各县(流亡)政府或者同乡会,将难民名册送往该会或由难民推派代表直接到委员会登记,经过调查后发给登记证。一般贫民按保甲编制名单,经过检查后发给登记证;失业工人及其眷属,则由各个工厂直接向该会报名登记,经查后发给登记证,凭登记证领取赈济物品。

1945~1947 年间,由于物价高涨,原料缺乏,工厂未能完全开工,商业萧条不振,大量的小本经营者和普通劳动者生活困难,需要赈济者达十数万人。1945 年,全市人口 59.4 万人,受救济人数 14.89万人,占总人口的 25%。1947 年,冬令救济委员会筹集的救济款总数超过 78 亿元,比 1945 年救济款总数 3 亿多元增加了 25 倍之多。1948 年,该会预算救济经费 340 多亿元,但实际上地方自筹 100 亿元,不敷经费 240 多亿元,救济工作已难以维持。②

---

① 青岛市史志办公室编:《青岛市志·民政志》,第 157~158 页。

② 青岛市史志办公室编:《青岛市志·民政志》,第 160~161 页。

4. 青岛市难胞管理委员会

为救济流落在青岛的难胞，1946 年 5 月 17 日，青岛区难胞管理委员会在青岛市阳信路 1 号正式成立。其最初采取的办法有两种：一、向敌产管路局及经济部分别交涉敌伪房产，以便收容散漫市区露宿街头及新由乡间逃来之难胞。二、调查自行进住敌伪房屋之难胞，其一处有住三十人以上者，准其就近凑集约百人，成立一收容所以便管教。

难胞管理委员会由鲁青分署按月供给物资，通过设立收容所来救济难民。截止到 7 月 15 日，设收容所计 76 处，收容难胞人数 20699 人。并且将难胞按年龄编组，18 岁至 45 岁编为壮丁队，6 岁至 18 岁编为学童组，由难胞遴选曾充教员者担任教授。除此之外，将男女有工作能力者编为劳动、缝纫、杂役、炊事各组，分别担任各种工作。截止到 9 月 23 日，收容所增加到 84 个，共收容难胞 29093 人。①

9 月 10 日，青岛区难胞管理委员会改组为青岛市难胞管理委员会。1947 年 6 月，因鲁青分署结束救济物资，停止供给，青岛市难胞管理委员会宣告解散。

5. 鲁东流亡难胞救济委员会

1947 年春，鲁东战局趋于紧张，鲁东各县民众为避战祸，纷纷逃至青岛。由于正值较为寒冷的初春，且难民缺衣少食，情形极惨。鲁东留青各专署县府及民间团体等机关，联合组织发起了鲁东流亡难胞救济委员会，并于 1947 年 3 月 3 日召开成立大会，将会址设在张村。

该会成立之后在沧口、城阳、女姑口及其他各站收容难民，至

---

① 《青岛区难胞管理委员会工作简要报告》，《青岛区难胞管理委员会工作概况》，青岛市档案馆藏档，档案号：A21—1—234。

1947年3月底,共收难民7083人,4月初达8340人。从1947年4月下旬开始,该会对难胞进行重新分组,分别编为鲁东战地服务总队、儿童队、少年队、妇女队等,施以各种训练,以便就业。

该会进行赈济的物资一开始主要由善后救济总署鲁青分署供给,后由于鲁青分署所发食粮和衣物不足以分配,该会便通过变卖和募捐等方式筹款救济。①

6. 青岛市社会救济事业协会

1947年1月,青岛市政府成立青岛市社会救济事业协会。该协会负责促进各救济机构之业务联系,辅导推行救济法令,协助筹集经费基金,举办紧急救济事项,运用各方力量扩大救济,以及调查统计各经常救济机构的业务状况。

青岛市社会救济事业协会是一个在青岛市社会局领导下的各救济团体的联合与协调机构。从它向社会局转报各救济机构员工额数表中,可以看出它所联合或协调的团体有:青岛市市立救济院、青岛市乡区救济委员会、青岛市儿童健康促进会胜利托儿所、青岛市市立盲童工艺学校、抗战烈士遗族会、青岛市妇女会、流亡女生辅导所、青岛市私立儿童教养院、青岛市私立英华聋哑学校、青岛市私立少怀托儿所、红十字会青岛分会、私立青岛慈幼院、基督教青年会、世界红卍字会青岛分会、中国佛教会青岛分会、中国回教协会青岛分会、天主教救济会。② 由此可见,该协会基本上囊括了当时青岛主要的公私立慈善救济机构。

青岛市社会救济事业协会1947年所办业务有以下几项:(1)分配拨交各救济慈善机构基金三亿元。(2)发动募捐救济流亡师生。

① 《鲁东流亡难胞救济委员会工作总报告》,参见高建华:《国民政府时期青岛慈善事业研究》(1945~1949),青岛大学硕士论文,2008年,第16、33页。

② 《青岛市社会救济事业协会转报各救济机构员工额数表》,青岛市档案馆藏档,档案号:A21—1—238。

(3)举办救济会报。(4)筹设施茶站。(5)改组博爱教养院及难童学校。(6)举办小本贷款。(7)筹购电厂发余煤灰以充救济。(8)办理救济贫民、难民及冬令救济等事。①

7. 青岛区(市)临时赈济委员会

青岛市难胞管理委员会解散后,为救济日益增多的难民,1947年6月,青岛市政府及有关各机关又成立青岛区临时赈济委员会(注:原名中的"振济",除文件名称外,在叙述时一律改为现今通用的"赈济"),继续办理难民及流亡学生的救济工作。委员会公推市长李先良为主任委员,委员定为25人,由下列各机关团体首长及社会名流士绅组成:青岛市政府、青岛市政府社会局、青岛市参议会、山东省政府鲁东行署、青岛市商会、青岛市记者学会、青岛市妇女会、青岛基督教青年会、青岛市社会救济事业协会、山东难民救济协会青岛分会、青岛基督教长老会、青岛基督教信义会、山东万国救济会、世界红卍字会青岛分会、青岛天主教救济会、青岛基督教救济会、万国道德会青岛支会以及社会名流士绅。② 由此可见,这是一个由市政府牵头、集合全市力量而组成的联合救济机构。

赈济委员会经费来源原计划由市政府及市商会各月拨一千万元,后因商会经费困难,未能照拨,仅以市政府所拨一千万元作为经费开支,后由市政府再行追加五百万元,每月薪公各费统由该款内支付。至于赈款收入,除由中央拨给外,悉依各界人士之捐助及赛马协会、汽车彩票等收入充之。自成立至十月止,五个月来共收入国币42.5亿余元,统收统支,按月发放,并由鲁青分署拨给杂粮面粉先后共二批,会同该署第一工作队签收发放。③

---

① 《青岛市社会救济事业协会三十七年度工作计划及分月进度表》,青岛市档案馆藏档,档案号:A21—1—238。

②③ 《青岛市临时振济委员会组织规程》,青岛市档案馆藏档,档案号:A21—1—239。

成立之初，青岛区临时赈济委员会主要接收青岛市难胞管理委员会及鲁东流亡难胞救济委员会所移交的难胞及流亡学生。后来由于难民不断增多，该会的救济业务范围包括：(1)经常救济难胞约计71771人，其中集中居住者有收容所81处，共有49493人，散居者有22278人。(2)鲁东各县联立临时中学附属各校流亡学生及昌潍地区流青学生共计3902人。(3)山东省立青岛临时师范中学部甄审及格学生400名之膳食费。(4)本市各慈善机关团体亦不时发给救济物资，藉资补助。(5)难胞转地谋生之资遣与筹建难胞之住所，过境难胞、伤兵之补助，以及天灾人祸临时发生灾情之救济事项。(6)由于本市难民麇集已达三十万人，为维持社会秩序，管训重于救济，如八十余收容所之管理，难民工赈之编制，督导发放及难民之调查统计，纠纷之排解，生活环境之改善及卫生等事项。①

青岛区临时赈济委员会发放赈款受惠人数统计表
(自成立起至1948年2月止)②

年月	难胞	流亡学生	其他	合计
1947年7月	5196	7311		12507
1947年8月	26164	4278		30442
1947年9月	4452	4078	275	8805
1947年10月	11434	4222	217	15873
1947年11月	6320	3434	194	9948
1947年12月	10260	3459	16	13735
1948年1月	1762	3959	51	5772
1948年2月	3990	1500	62	5552
总计	69578	32241	815	102634

① 《青岛市临时振济委员会工作概况》，青岛市档案馆藏档，档案号：A21—1—505。

② 《青岛区临时振济委员会工作概况》，青岛市档案馆藏档，档案号：A21—1—239。

1948 年 3 月 20 日，青岛区临时赈济委员会改名为青岛市临时振济委员会（在改名之前，两名称亦时常混用）。截止到 1948 年 6 月 30 日，青岛市临时振济委员会共收救济款 91 亿余元，共支出救济款 88.5 亿余元，结存 2.4 亿余元。①

六、特点与评价

综上所述，我们可以总结出近代青岛慈善救济机构的几个特点。

1. 慈善机构种类多，功能齐全，救济范围广泛，初步形成了救济网络。

近代青岛的慈善机构就主办者而言，可分为官办与民办两类，官办的慈善机构有救济院、善后救济总署鲁青分署、冬令救济委员会等，民办的慈善机构有青岛红十字会、青岛红卍字会等。就救济功能而言，可分为综合性和单一性，综合性是指对各类弱势群体普遍给予救济，如救济院、红十字会、红卍字会等等，单一性是指专门救济某一类弱势群体，如救济难民过境委员会、青岛市难胞管理委员会、鲁东流亡难胞救济委员会等，分别以救助过境难民或流亡青岛的难民为主。就机构存在时间长短而言，有经常性的慈善机构，如救济院、红十字会、红卍字会，也有临时性的慈善机构，如鲁青分署及其他难民救济机构。除上述专门的慈善机构外，青岛还有诸多公益性团体、同乡会、宗教团体也参与慈善救济活动。就救济范围而言，青岛的慈善机构几乎涵盖所有的救济领域，包括对鳏寡孤独残疾者的救助，对灾民、流民、难民的救助，对失业者、轻微犯罪者的救助，对小本经营者的资助，等等。就救济区域而言，青岛的慈善机构以青岛市区为主，但不限于青岛，有时惠及胶东其他地区及山东

---

① 《青岛市临时振济委员会第四次常务委员会议记录》（1948 年 7 月 3 日），青岛市档案馆藏档，档案号：A21—1—239。

其他地区，如红十字会、红卍字会对胶东战事及鲁西黄河水灾的救济等等。青岛的慈善救济事业虽然起步较晚，基础薄弱，但发展迅速，在短短几十年的时间里就机构林立，涵盖广泛，初步形成了一个比较完善的救济网络，这在全国城市中也是极为少见的。

2. 慈善机构的近代化特征明显。

近代青岛的慈善机构是在一个全新的政治、经济环境中建立起来的，青岛的开放性、国际性和发达的工商业赋予了慈善机构更多的近代化特征，这主要表现在组织管理、经费筹集和救济方式三个方面。就组织管理而言，近代青岛的民办慈善救济机构基本上实行会员制和董事会制（会长制），尤其以红十字会、红卍字会最为明显。救济院尽管是官办慈善机构，隶属于社会局，但也与政府机关有别，内部设有院务会议，院长由商会会长兼任，在管理和经费上有相当大的自主性，特别是日占期间，救济院成立了由地方士绅组成的理事会作为最高机构，一度向民间慈善机构转变。就经费筹集而言，官办慈善机构以政府拨款为主，社会捐助为辅，民办慈善机构基本上是依靠会费和募捐，特别是红十字会和红卍字会都以交费或募捐多少作为区分不同会员的标准。在此背景下，集财富与声望于一身的工商业领袖就自然成为各慈善机构的领导者，如青岛市救济院院长宋雨亭，既是青岛总商会会长，又是青岛市物品证券交易所理事长，普利股份有限公司经理，后又兼青岛红十字会会长。青岛红卍字会创始人兼会长从良弼，是振兴火柴股份有限公司的经理。因为只有他们才能在捐款和募捐方面大有作为，从而为慈善机构的生存和发展提供充足的资金保证。青岛慈善机构的经费主要来自本市工商业者的捐助，这与传统慈善机构主要依靠地丁银及官绅捐款完全不同，这一点最能体现出慈善机构近代化的特征。就救济方式而言，近代青岛的慈善机构基本上都贯彻“救人救彻”的近代救济理念，在实施救助过程中，养、教、劳相结合，使被救助者得以恢复自救的能力,成为自食其力的劳动者,这与传统慈善救济机构单纯供养被救助者的救济模式也有根本的不同。如青岛市市立救济院的教养方针是"收容孤苦无依之男女儿童,教之,养之,俾其成为健全国民,为国家储人才,为社会谋福利,以完成继往开来之使命",其具体规定包括:一、思想训练,养成三民主义为中心思想、养成国家民族观念、养成团体观念、养成服务精神;二、智识训练,了解国内国际情形、灌输各科常识、健全幼稚园及小学教育、学习专门技艺等;三、体育卫生训练,注重身体平均发育、注重疾病预防;四、行动训练,加强自治能力、养成新生活习惯、养成活泼精神等。① 这种教养方针在当时虽然难以实现,其目标和方向却体现出近代化的特征。

3. 官办与民办慈善机构并存发展,协同救济。

1928 年,国民政府颁布《各地方救济院规则》。这项规则尽管要求各地将原有官办慈善机构分别改组归并到救济院之中,但并不限制民办慈善机构的发展,只是要求重新登记,置于社会局监督之下。这就为民办慈善机构的发展留下广阔的空间,进而出现了官民共举、协同救济的局面。就青岛慈善机构而言,除救济院及后来的善后救济总署鲁青分署等是官办外,其他多为民办,还有一些是官民共办。官办与民办慈善机构各有其优势,能取长补短,相得益彰。以救济院与红十字会、红卍字会为例,救济院以救助城市鳏寡孤独、残疾者及其他贫民为主,而红十字会在战地救护、疾病治疗方面有优势,红卍字会救灾与济贫并重,其救济对象及救济范围、救济区域更广,因此,后两者能弥补前者救济之不足。况且,后两者上有总会,旁有其他分会,有时能得到总会或其他分会的资助,也可以与其他分会联合救济。还有,青岛红十字会及红卍字会与工商界关系密切,在筹集经费方面比官办慈善机构更胜一筹。再以善后救济总署

① 《青岛市市立救济院概况》,青岛市档案馆藏档,档案号:A21—1—505。

鲁青分署为例，它作为特殊时期的官办慈善救济机构，在 20 世纪 40 年代以特赈的方式资助各官办与民办慈善机构，成为这一时期青岛各慈善机构的主要物资提供者。另外，1947 年 1 月成立的青岛市社会救济事业协会，其目的就是要联合和协助各慈善机构共同救济。总之，近代青岛官办与民办慈善机构的并存发展与合作救济，对当时慈善事业的发展产生了积极的影响，也为当今慈善事业的发展提供了有益的借鉴。

4. 在所有的慈善机构中，以救助外来难民的机构为最多。

近代青岛的慈善救济机构在救助过境或流亡入青的难民方面表现突出，以救助难民为主的慈善机构也最多，如 1927 年成立的难民过境救济会及后来重组的救济难民过境委员会，20 世纪 40 年代末相继成立的青岛市难胞管理委员会、鲁东流亡难胞救济委员会、青岛市临时振济委员会等。除这些专门救助难民的机构外，其他慈善机构也均救济难民。之所以会出现这种情况，与近代青岛特殊的政治、经济和地缘环境有关：(1) 近代以来青岛政局相对比较稳定，除 1914 年日德在此交战外，其余大部分时间没有发生大规模的战事和大的自然灾害，这与山东其他地方天灾人祸接连不断形成了鲜明的对比。特别是 1946 年内战爆发后，山东大部分沦为战区，而此时相对平静的青岛，无疑成为难民的避风港。据青岛市临时赈济委员会统计，自 1947 年 10 月至 1948 年 2 月，青岛市内外新旧难胞已达 26 万余人。① 1948 年 5 月，青岛市难民麇集已达约 30 万人。② 如此庞大的难民潮，如果不给予适当的赈济和管训，将会给城市秩序带来严重的影响。(2) 近代青岛工商业发达，救济资源丰富，难民到此

① 《青岛区临时振济委员会工作概况》，青岛市档案馆藏档，档案号：A21—1—239。

② 《青岛市临时振济委员会工作概况》，青岛市档案馆藏档，档案号：A21—1—505。

能够得到救助。而青岛各慈善机构对难民的大力救助,反而又加剧了难民的涌入。(3)青岛地处沿海,海运便利,又有胶济铁路连接内地,是山东人出省或出境的门户,便捷的交通为难民的聚集提供了方便。难民的大量聚集一方面给青岛慈善机构带来了巨大的压力,但另一方面也刺激了青岛慈善机构的建立和慈善事业的发展,最终形成了青岛慈善机构以救助难民为主的特点。

主要参考文献

一、史料

于治:《得一录》,1887 年四川臬署重刊。

丁宝桢:《丁文诚公奏稿》,1896 年。

黄玑:《山东黄河南岸十三州县迁民图说》,光绪二十二年点石斋石印本。

光绪朝《钦定大清会典事例》,1899 年。

席裕福等辑:《皇朝政典类纂》,1903 年。

《山东赋役全书》,无编者和出版年月,山东师范大学图书馆藏。

张曜、杨士骧修,孙葆田等纂:《山东通志》,山东通志刊印局 1915 年至 1918 年排印,《山东文献集成》第一辑第 21 ~ 27 册,山东大学出版社 2007 年版。

林修竹编:《山东各县乡土调查录》,商务印书馆 1920 年版。

山东灾赈公会编:《山东灾赈公会征信录》,1921 年。

山东省赈务处编:《山东省赈务处征信录》,1923 年。

北京国际统一救灾总会编:《北京国际统一救灾总会报告书》,1922 年。

赵德三编:《烟潍路工赈纪略》,1926 年。

山东灾民救济会编:《山东灾民救济会赈务征信录》,1927 年。

河北山东赈灾委员会编:《河北山东赈灾委员会报告书》,

1928 年。

叶春墀著:《济南指南》,大东日报社 1914 年出版,中国文联出版社 2004 年重印。

周传铭著:《济南快览》,济南世界书局 1927 年版。

《历城县乡土调查录》,历城县实业局印行,1928 年。

济南市社会局编:《济南市社会局十八年度工作报告》,1930 年。

《青岛市市政法规汇编》,1932 年。

张育曾、刘敬之编:《山东政俗视察记》上下卷,山东印刷局 1934 年印行。

罗腾霄著:《济南大观》,济南大观出版社 1934 年版。

黄河水灾救济委员会灾赈组编:《国民政府黄河水灾救济委员会灾赈组工作报告书》,1934 年。

黄河水灾救济委员会编:《黄河水灾救济委员会报告书》,1935 年。

实业部中国经济年鉴编纂委员会编:《中国经济年鉴续编》,商务印书馆 1935 年版。

山东黄河水灾救济委员会编:《山东黄河水灾救济报告书》,1935 年。

世界红卍字会烟台分会编:《世界红卍字会烟台分会恤养院三周年纪念册》,1936 年。

《世界红卍字会全鲁各分会联合救济办事处救济水兵灾总报告》,1938 年。

忏庵编:《赈灾辑要》,上海广益书局 1939 年版。

青岛特别市社会局礼教科编:《青岛指南》,青岛新民报印务局 1939 年印行。

济南市公署秘书处编:《济南市政概要》,1940 年。

兴亚宗教协会编:《华北宗教年鉴》,新民印书馆 1941 年版。

《山东省立救济院概况及三十五年度业务发展计划》,1946 年,稿本,山东省图书馆藏。

尹致中编:《青岛指南》,中国市政协会青岛分会 1947 年印行。

《社会救济》,行政院新闻局印行,1947 年。

延国符编:《行政院善后救济总署鲁青分署业务总报告》,1947 年。

《行政院善后救济总署业务总报告》,1948 年。

朱寿朋编:《光绪朝东华录》,中华书局 1958 年版。

秦孝仪主编:《革命文献》,第八十二辑,台北"中央文物供应社"1980 年版。

山东师范大学历史系中国近代史研究室选编:《清实录山东史料选》,齐鲁书社 1984 年版。

山东省财政科学研究所、山东省档案馆合编:《山东革命根据地财政史料选编》,1985 年(内部资料)。

山东省档案馆、山东社会科学院历史研究所合编:《山东革命历史档案资料选编》,山东人民出版社 1983 ~ 1986 年版。

李文海等著:《近代中国灾荒纪年》,湖南教育出版社 1990 年版。

李文海等著:《近代中国灾荒纪年续编》,湖南教育出版社 1993 年版。

戚其章辑校:《李秉衡集》,齐鲁书社 1993 年版。

蔡鸿源主编:《民国法规集成》,黄山书社 1999 年版。

山东省红十字会编著:《山东红十字事业九十年》,山东友谊出版社 2002 年版。

李文海、夏明方主编:《中国荒政全书》第二辑,北京古籍出版社 2004 年版。

李文海、夏明方主编:《民国时期社会调查丛编 · 社会保障卷》,福建教育出版社 2004 年版。

文芳主编:《天祸》,中国文史出版社 2004 年版。

[英]李提摩太著:《亲历晚清四十五年——李提摩太在华回忆录》,天津人民出版社2005年版。

郭大松译编:《中西文化交流的先驱和桥梁——近代山东早期来华基督新教传教士及其差会工作》,人民日报出版社2007年版。

[美]费丹尼著,郭大松、崔华杰译:《狄考文》,中国文史出版社2009年版。

[美]狄乐播著,郭大松译:《中华育英才——狄邦就烈传》,中国文史出版社2009年版。

庄建平主编:《近代史资料文库》第十卷,上海书店出版社2009年版。

殷梦霞、李强选编:《民国赈灾史料初编》,上海书店、巴蜀书社2008年版,《民国赈灾史料续编》,国家图书馆出版社2009年版。

李文海、夏明方、朱浒主编:《中国荒政书集成》,天津古籍出版社2010年版。

二、地方志、文史资料

乾隆《莱州府志》,凤凰出版社、上海书店、巴蜀书社1990年版。(以下地方志版本同)

乾隆《平原县志》。

乾隆《夏津县志》。

嘉庆《续掖县志》。

道光《济南府志》。

道光《济宁直隶州志》。

咸丰《青州府志》。

光绪《栖霞县志》。

光绪《利津县志》。

光绪《昌邑县续志》。

光绪《陵县志》。

光绪《临朐县志》

光绪《益都图志》。

民国《单县志》。

民国《齐河县志》。

民国《续修平原县志》。

民国《长清县志》。

民国《临清县志》。

民国《阳信县志》。

民国《续修临邑县志》。

民国《无棣县志》。

民国《重修莒志》。

民国《商河县志》。

民国《济宁直隶州续志》。

民国《夏津县志续编》。

民国《重修泰安县志》。

民国《潍县志稿》。

民国《高密县志》。

民国《平度县续志》。

民国《续修广饶县志》。

民国《冠县志》。

民国《齐东县志》。

民国《四续掖县志》。

民国《沾化县志》。

民国《济宁县志》。

民国《续修莱芜县志》。

民国《续修曲阜县志》。

民国《陵县续志》。

民国《牟平县志》。

民国《德县志》。

山东黄河河务局黄河志编纂办公室编:《山东黄河大事记(1946~1984)》,1985年。

山东省政协文史资料委员会编:《山东文史资料选辑》第24辑,山东人民出版社1987年版。

烟台市民政志编纂办公室编:《烟台市民政志》,1987年。

山东省水利史志编辑室:《山东水利大事记》,山东科学技术出版社1989年版。

临沂地区史志办公室编:《临沂百年大事记》,山东人民出版社1989年版。

山东省地方史志编纂委员会编:《山东省志·民政志》,山东人民出版社1992年版。

淄博市民政局编:《淄博市民政志》,1993年。

《山东省地方政权沿革丛书》编纂委员会编:《山东省历届政府施政》,新华出版社1993年版。

山东省政协文史资料委员会编:《山东文史集粹》民族宗教卷,山东人民出版社1993年版。

济南市政协文史资料委员会编:《济南文史资料选辑》第7辑。

淄博市志编纂委员会编:《淄博市志》,中华书局1995年版。

青岛市史志办公室编:《青岛市志·民政志》,中国大百科全书出版社1999年版。

三、报刊

《万国公报》。

《申报》。

《大公报》。

《晨报》。

《民国日报》。

《山东民国日报》。

《东方杂志》。

《黄河水利月刊》。

《山东省政府公报》。

《山东省政府行政报告》。

《济南市政府市政月刊》。

《黄河史志资料》。

四、论著

何汉威著:《光绪初年华北的大旱灾》,香港中文大学出版社1980年版。

张玉法著:《中国现代化的区域研究:山东省(1860~1916)》,(台北)"中央研究院"近代史研究所1982年版。

顾长声著:《从马礼逊到司徒雷登——来华新教传教士评传》,上海人民出版社1985年版。

吕伟俊著:《张宗昌》,山东人民出版社1989年版。

李文海等著:《中国近代十大灾荒》,上海人民出版社1994年版。

吕伟俊著:《韩复榘传》,山东人民出版社1997年版。

冯柳堂著:《中国历代民食政策史》,商务印书馆1998年版。

刘大可著:《民国山东财政史》,中华书局1998年版。

邓拓著:《中国救荒史》,北京出版社1998年版。

夏明方著:《民国时期的自然灾害与乡村社会》,中华书局2000年版。

庄维民著:《近代山东市场经济的变迁》,中华书局2000年版。

池子华著:《中国流民史》(近代卷),安徽人民出版社2001年版。

池子华著:《流民问题与社会控制》,广西人民出版社2001年版。

王守中、郭大松著:《近代山东城市变迁史》,山东教育出版社2001年版。

梁其姿著:《施善与教化——明清的慈善组织》,河北教育出版社2001年版。

张玉法主编:《民国山东通志》,山东文献社2002年版。

吕伟俊等著:《山东区域现代化研究》,齐鲁书社2002年版。

蔡勤禹著:《国家、社会与弱势群体——民国时期的社会救济(1927~1949)》,天津人民出版社2003年版。

[法]魏丕信著,徐建青译:《18世纪中国的官僚制度与荒政》,江苏人民出版社2003年版。

黄河水利史述要编写组著:《黄河水利史述要》,黄河水利出版社2003年版。

[日]小滨正子著,葛涛译:《近代上海的公共性与国家》,上海古籍出版社2003年版。

苏新留著:《民国时期河南水旱灾害与乡村社会》,黄河水利出版社2004年版。

刘大可主编:《山东重要历史事件》(北洋政府时期),山东人民出版社2004年版。

唐致卿著:《近代山东农村社会经济研究》,人民出版社2004年版。

王林主编:《山东近代灾荒史》,齐鲁书社2004年版。

王德春著:《联合国善后救济总署与中国(1945~1947)》,人民出版社2004年版。

孙绍聘著:《中国救灾制度研究》,商务印书馆2004年版。

陈桦、刘宗志著:《救灾与济贫——中国封建时代的社会救助活动

(1750～1911)》，中国人民大学出版社2005年版。

[日]夫马进著，武跃等译：《中国善会善堂史研究》，商务印书馆2005年版。

赵宝爱著：《慈善救济事业与近代山东社会变迁》，济南出版社2005年版。

王卫平、黄鸿山著：《中国古代传统社会保障与慈善事业——以明清时期为重点的考察》，群言出版社2005年版。

蔡勤禹著：《民间组织与灾荒救治——民国华洋义赈会研究》，商务印书馆2005年版。

朱浒著：《地方性流动及其超越——晚清义赈与近代中国的新陈代谢》，中国人民大学出版社2006年版。

周秋光、曾桂林著：《中国慈善简史》，人民出版社2006年版。

张建俅著：《中国红十字会初期发展之研究》，中华书局2007年版。

池子华著：《中国近代流民》(修订版)，社会科学文献出版社2007年版。

行龙著：《走向田野与社会》，生活·读书·新知三联书店2007年版。

孙善根著：《民国时期宁波慈善事业研究》，人民出版社2007年版。

任云兰著：《近代天津的慈善与社会救济》，天津人民出版社2007年版。

张艳丽著：《嘉道时期的灾荒与社会》，人民出版社2008年版。

孙语圣著：《1931年救灾社会化》，安徽大学出版社2008年版。

杨琪著：《民国时期的减灾研究》，齐鲁书社2009年版。

安作璋主编：《山东通史》(近代卷)，人民出版社2009年版。

徐畅著：《鲁商撷英》，山东人民出版社2010年版。

王娟著:《近代北京慈善事业研究》,人民出版社 2010 年版。

池子华、郝如一主编:《红十字运动与慈善文化》,广西师范大学出版社 2010 年版。

蔡勤禹、李娜著:《民国以来慈善救济事业研究》,天津人民出版社 2010 年版。

周秋光著:《近代中国慈善论稿》,人民出版社 2010 年版。

高鹏程著:《红卍字会及其社会救助事业研究》,合肥工业大学出版社 2011 年版。

黄鸿山著:《中国近代慈善事业研究——以晚清江南为中心》,天津古籍出版社 2011 年版。

王卫平等著:《中国慈善史纲》,中国劳动社会保障出版社 2011 年版。

赵晓华著:《救灾法律与清代社会》,社会科学文献出版社 2011 年版。

池子华等著:《近代河北灾荒研究》,合肥工业大学出版社 2011 年版。

郝平著:《丁戊奇荒——光绪初年山西灾荒与救济研究》,北京大学出版社 2012 年版。

后 记

本书是山东省社会科学规划研究项目《山东近现代社会救济研究》(批准号:08JDC069)的结项成果。

在项目申请过程中,山东师范大学历史与社会发展学院的朱亚非教授、王克奇教授曾给予指导,在此表示感谢。本书亦是山东地方史研究基地的项目,在出版时得到基地的部分资助。

本书第二章由聊城大学历史文化学院袁滢滢博士提供初稿。中国人民大学的李光伟博士、北京大学的张德明博士曾参与项目的研究,本书第十一章部分内容参考了他们的研究成果,在此表示感谢。

在查阅资料的过程中,山东师范大学图书馆特藏部、山东省图书馆古籍文献部、地方文献部、文献缩微部、山东省档案馆、济南市档案馆、青岛市档案馆的各位工作人员曾给予友好的接待和帮助,在此深表谢意。

本书在写作过程中,曾参阅大量前贤和今人的著作,均在文中和参考文献中注明,在此对提供学术营养的前辈和同行表示深深的谢意,对各种资料的编者、整理者、外文书籍的翻译者也表示敬意和感谢。

齐鲁书社的副总编辑赵发国先生热情接纳本书的出版,责任编辑刘强先生提出了诸多宝贵意见,在此深表感谢。

本书虽只是研究一省的救济活动,但由于时间长、涉及面广,在结构和内容上肯定存在诸多不足及疏漏之处,敬请学界同仁批评指正。本人也将以此书为基础,继续从事中国近现代救济史的研究。

王 林

2012 年 3 月 4 日

图书在版编目（CIP）数据

山东近代救济史 / 王林著. —济南：齐鲁书社，2012.12
ISBN 978-7-5333-2712-5

Ⅰ.①山… Ⅱ.①王… Ⅲ.①社会救济—研究—山东省—近代 Ⅳ.①D693.66

中国版本图书馆 CIP 数据核字(2012)第 290060 号

山东近代救济史

王 林 著

出版发行 齊魯書社
社　　址 济南市英雄山路 189 号
邮　　编 250002
网　　址 www.qlss.com.cn
电子信箱 qilupress@126.com
印　　刷 日照日报印务中心
开　　本 880mm×1230mm 1/32
印　　张 12.75
插　　页 2
字　　数 330 千
版　　次 2012 年 12 月第 1 版
印　　次 2012 年 12 月第 1 次印刷
标准书号 ISBN 978-7-5333-2712-5
定　　价 **39.00 元**